KB272769

신뢰와
존경을 받는 언론

즐거운지식 18

취재 보도의 이론과 실제

신뢰와 존경을 받는 언론

박석흥 편저

이담 Books

베를린 장벽이 무너지고 소련과 동구 공산권 국가가 붕괴된 20세기 말의 대변혁의 요인으로 역사학자들은 마르크스 체제의 한계, 종교의 힘 그리고 모든 것을 상대화하며 대항 이미지를 제기하는 미디어 영향이라고 열거했다. 역사 발전의 동력이 되는 언론은 한국 근·현대사에도 변혁의 주역이었다. 이승만, 남궁억, 주시경 등 한국언론사의 서장을 장식하는 언론인과 그들이 만든 신문은 한국을 일본제국주의 식민지 질곡에서 벗어나 선진국 대열에 들어서게 하는 지표가 되었다. 건국 60년 한국의 산업화와 민주화에도 언론은 크게 기여했다. 그러나 한국언론은 2001년 김대중 정부의 언론개혁 선포 후 집권 세력에 의해 청산해야 할 구악으로 몰리고, 노무현 정부가 공식 선언한 정치와 언론의 전쟁이 이명박 정부에서도 종식되지 않고 있다. 21세기 초 한국언론은 정파저널리즘의 최악의 사태를 노증하고 있다.

2001년 여름 이승만·박정희 두 권위주의 정권 장기집권에 종지부를 찍게 하는 데 앞장섰던 동아일보·조선일보 사주 구속이 도화선이 된 지난 8년의 정치와 언론의 전쟁은 한국 정치와 언론의 후진성을 드러낸 이전투구(泥田鬪狗)였다. 언론은 탈세·불법판촉활동·권언유착·일제하 굴절 등으로 인민재판을 받았고 언론과 전쟁을 시작한 김대중 정부도 IPI(국제언론인협회)로부터 언론자유 감시 대상국으로 경고를 받았다. 대통령선거 운동기간 중 조선·동아와 전쟁을 예고한 노무현 전 대통령도 취임 초 언론과의 전쟁을 공식 선포하고 2005년 1월 '신문 등의 자유와 기능 보장에 관한 법률'과 '언론 중재 및 피해 구조 등에 관한 법률'을 제정·개정하여 법적 통제를 구체화 한 데 이어 2007년 5월에는

'취재 선진화 방안'을 발표하고 취재도 통제하는 등 언론과의 싸움을 집권 말기까지 멈추지 않았다. 김대중·노무현 정부와 신문의 전쟁은 노무현 정부가 제정·개정한 언론 관계 법률을 헌법재판소가 2006년 일부 위헌판결을 했고, 대법원이 조선일보 등 언론사 사주의 탈세 혐의를 유죄로 확정함으로써 법적인 논의는 일단락지었다. 그러나 21세기 초 불명예스런 정부와 언론의 전쟁으로 건국 이후 이명박 정부까지 잔존한 한국언론의 뿌리 깊은 병인 정파저널리즘과 상업주의의 문제가 노증된 것은 그런대로 가치가 있는 것이다.

　헌법재판소가 위헌판결한 언론관계법은 18대 국회가 난투극을 벌려 2009년 7월 22일 일부 개정되었다. 이명박 정부 출범 후 미디어법 개정으로 노무현 정권식의 언론 통제는 일부 풀었다. 그러나 한국언론의 권언유착 정파저널리즘 등 기본적인 윤리문제와 상업주의는 언론 스스로 해결해야할 과제로 남았다. 한국언론은 자유와 독립·객관보도·공정성 추구 등 언론인의 직업적인 윤리를 재정립하기 위해 정파저널리즘 단계도 탈피하지 못한 아마추어 수준의 후진성 극복 등 언론인의 체질개선을 서둘러야 할 것이다. 정파저널리즘과 상업주의의 함정은 이른바 진보·보수 양 진영 모두에게 해당된다. 이른바 진보를 표방한 언론의 이데올로기 선전 선동은 물론이고 이른바 보수진영 언론의 정파저널리즘(partisan journalism)의 적대적 비판보도 관행도 뛰어넘어야 할 대상이다. 노무현 정부가 개혁 대상으로 지목한 신문들은 노무현 정부와의 전쟁에서 노정권의 근본적인 문제를 공론화하지 못하고 대통령 비판 공격과 정치인의 비행을 폭로하는 정파저널리즘의 구태의연한 적대적 보도로 일관했다. 책임 있고 공정한 입장에서 진리를 추구하는 언론 본연의 기능 수행과는 다소 거리가 있었다. 논쟁을 일으켜 정치가의 이미지를 훼손시키고 피상적인 비난에 중점을 두면서 투쟁과 불협화를 주제로 삼는 선정적인 보도가 많았다. 한국언론은 공정하고 객관적인 사회 감시 기능 수행보다도 사회에 불협화를 초래하는 갈등과 충돌을 의식적으로 조장하기도 했다는 신문기사분석 논문도 나왔다. 기자들이 조용한 관찰자가 아니고 스스로 싸움 무대에 뛰어 오르기도 했다. 비판저널리즘이 적대감을 증폭시키는 분노의 저널리즘으로 변질되기도 했다. 그 결과 갈등이나 충돌을 강조해 수용자들에게 갈등과 충돌이 문제 해결하는 방법이란 인식을 심어 주기도 했다. 정확하고 객관적인 사실을 전달하지 못해 수용자의 불신을 자초하기도 했다. 21세기 한국신문은 정파저널리즘의 모순뿐만 아니라 정보통신 혁명에 따른 매체 환경과 수용자의 변화로 큰 위기를 맞고 있다. 신문구독자 감소, 신뢰성 상실, 경영 부실로 도산위기의 신문사도 늘고 있다. 구독률, 열독률까지 떨어지고 있으며 언론의 사생활 침해와 명예훼손 보도에 대한 제소도 늘었다. 거대 언론기업으로 성장했으나 파산 직전의 신문이 한둘이 아니고 경영과 윤리의 취약점도 드러냈다. 한국의 경제, 과학, 스포츠, 무대 예술, 기술 제반 분야가 선진국 수준에 진입했으나 언론만은 아직 그 대열에 끼지 못하고 있는 것이다. 선진언론의 기본 조건인 언론자유와 독립 언론인의 윤리가 모두 낙제점이기 때문이다. 언론 윤리 확립은 정치적 탄압으로부터 언론의 자유와 독립 못지않게 한국언론이 21세기 초에 풀어야 할 과제다. 2001년 1월 김대중 전 대통령의 이른바 '언론개혁' 발언이 있기 전에 언론계 내부에서도 21세기 한국언론의 새 좌표를 모색하는 언론개혁이 90년대 중반부터 활발하게 논의됐었다. 관훈클럽, 한국언론학회, 한국언론연구원 등이 벌인 언론개혁 논의의 쟁점은 ① 신문 편집, 지면 구성, 정보 선택의 문제, ② 언론 소유주와 기자의 문제, ③ 언론인의 윤리 및 언론사의 관행적인 비리, ④ 취재 시스템, ⑤ 언론 소유 및 시장 구조, ⑥ 언론의 편견, ⑦ 언론의 뉴스 가치 선택과 배제 기준, ⑧ 언론의 권력화, ⑨ 권력과 언론의 유착, ⑩ 과열 경쟁에 의한 자원 낭비, ⑪ 언론인 선발과 교육시스템 등 대체로 언론의 윤리 확립과 교육이 의제였다. 이런 논의를 집약해 관훈클럽 '한국언론 2000년 위원회'가 5년간의 토론을 거쳐 2000년 10월에 발표한 '한국언론의 좌표'는 21세기 한국언론의 새 방향을 제시했다. 그러나 미국 허친스 위원회의 '자유롭고 책임 있는 언론' 보고서에 비견되는 관훈클럽의 '한국언론 2000년 위원회 보고서'는 김대중 정부 주도의 '언론개혁 파동'에 밀려 선언으로 그치고 말았다. 애석한 일이다. 한국언론은 스스로 개혁하고 자성하는 기회를 놓쳤고 민주주의를 역설한 김대중 정부도 언론을 탄압한 비민주적인 정부로 전락하고 말았다. 김대중 정부의 언론 사주 구속을 신호로 이른바 급진 좌파 세력에 의해 한국언론은 비리와 부조리로 얼룩진 '똥 치운 막대기'로 매도당했다. 일부 노사모는 특정 신문 비방 운동을 공공연하게 벌여 젊은 세대에게 유력 신문을 나쁜 신문으로 각인시키는 한 역할을 하기도 했다. 언론 개혁이라는 미명하에 특정 언론 죽이기가 8년간 지속됐다. 필자는 60년대 말 신문사에 입사하여 동아·조선 사주 구속이 초읽기에 들어간 2001년 여름 퇴직하기까지 33년간 학술전문기자로 편집국에서 신문을 제작했고 신문사 퇴직 후에도 8년간 대한언론인회 논설위원·편집위원, 서울신문 명예논설위원, 대전일보 박석홍 세상보기 고정 칼럼기고와 2001년부터 대학 언론학부 강의를 맡아 40년 간 한국 미디어 현장을 지켜봤다. 납활자에서 컴퓨터로 제작 체제가 바뀐 지난 40년간 한국언론은 역사적 과오도 있었고 개혁할 대상으로 자주 지적 받았던 것도 사실이다. 그러나 보수 언론에 대한 과격한 비판은 설득력이 없다. 정파저널리즘과 선정주의를 탈피하지 못했지만 그런대로 사회 감시기능을 했고 고급지로 가는 과정이다. 몇 차례 언론 개혁 기회가 있었으나 항상 일과성 정치 파동으로 끝났던 것은 아쉽다. 21세기 한국언론의 새 방향 설정을 위해서는 패러다임 시프트가 필요하다. 그러나 이 패러다임 시프트나 언론인 체질개선은 쉽지 않다. 새로 충원되는 언론인에게 기대해야 할 것 같다. 언론인 선발제도 양성교육 재교육 개선이 언론개혁의 관건이다. 대학 언론인 양성 교육부터 보완돼야 할 것이다.

이 책은 33년 신문 제작 및 문화일보 고급지 개선작업 경험과 언론 학부·대학원 학생들과 8년간 토론하고 강의했던 강의록을 토대로 바른 언론의 기본인 취재 보도 방법을 정리하여, 신뢰와 존경을 받는 새 언론의 기본 방향 설정을 제시한 것이다. 정치 싸움의 도구로 전락한 언론의 공정 보도와 진실 추구가 이 시대 아젠다가 된 상황에서 필자는 기초적인 신문 방송 제작 원칙 준수와 언론윤리 확립을 강조했다. 한국언론의 정파저널리즘을 분석·비판하며 참언론인을 지망하는 젊은 언론 학도들에게 취재, 기사 작성, 신문·방송 제작 과정을 바르게 이해시키고 숙달시키는 것을 제일 목표로 했다. 신문·방송 뉴스 기사, 심층 분석 기사, 의견 기사 쓰기와 인터넷·잡지·출판·광고 PR 선전 분야의 글쓰기도 다루었다. 신문·TV·방송 등 대중매체의 윤리 확립과 바른 방향을 제시하기 위해 언론역사와 특수저널리즘의 변화과정도 일별했다. 이 책 최종 원고를 정리하는 시간에 타계한 고 김진홍 한국외국어대학교수(전 언론법학회장)와 지난달 역저 '한국 진보세력 연구'를 펴낸 남시욱 전 문화일보 사장님께 감사드린다.

고 김진홍 교수는 이 책이 나올 수 있게 저자를 언론학계에 입문시키고 지도해 준 언론학계 선배교수고, 문화일보 고급지 전환과 오피니언면 2면 확장 등 획기적인 신문개혁 작업을 착수하고 이 작업에 참여했던 저자를 지도했던 남사장은 저자가 처음 대학강의를 맡았을 때 출판전의 저서 '인터넷시대의 취재보도론' 별쇄본을 주며 격려해 준 언론계 선배다. 이 책은 두 분의 지론과 저술을 기초로 한 것이다. 두 분에게 거듭 감사드린다. 이 책을 정리하면서 Writing for the Mass Media(James Glen Stovall) 인터넷시대의 취재보도론(남시욱), 취재보도론(조용철, 김진홍, 송정민), 커뮤니케이션학 개론(차배근), 미디어와 정보사회(오택섭, 강현두, 최정호) 등 국내외 학자들의 많은 저술과 한국언론학회 언론법학회 논문 등을 인용했다. 인용한 저술의 저자와 학자들에게도 깊은 감사를 드린다. 채종준 한국학술정보㈜ 대표이사와 김남동 기획위원, 장성용, 장선희 편집자의 수고로 이 책이 나오게 되었다. 뜨거운 여름 수고한 출판사 여러분에게 고마움을 표한다.

2009년 7월 박석흥

차 례

제1장

미디어 글쓰기

1. 미디어 글이란 무엇인가

미디어 글은 신문, 잡지, 통신, 방송 등 대중 매체가 불특정 다수 대중에게 메시지를 전달하기 위해 만드는 글이다. 특정한 전문 조직이 공적인 사항을 대중에게 보내는 문장이다. 다수가 알기 쉽게 써야 한다. 방송 시간과 신문지면이 제한돼 있어 미디어 글은 경제적이어야 하기 때문에 고유한 틀이나 관행이 자리 잡게 마련이다. 신문, 방송마다 특유의 문장에 맞추어 편집하거나 편성하여 대중에게 전달한다. 언론사마다 특유의 문체와 관행이 있다. 견습 기자는 이것을 먼저 익혀야 한다. 글쓰기는 항상 어렵다. 글쓰기가 힘들지만 글쓰기를 즐기며 좋은 글을 동경하며, 항상 좋은 글과 필자를 경외한다. 어떻게 위대한 사상가와 작가들이 시대를 초월한 사상서와 명작을 창작할 수 있었을까? 어떻게 언론인들이 자신의 생각에서 정수만을 뽑아내어 힘 있고 통렬한 글을 만들어 낼 수 있었을까? 이것이 처음 기자가 되었을 때 갖는 의문이었다. 이 의문에 대한 정답은 무엇일까. 분명한 것은 글 잘 쓰고 남을 설득하는 사람들은 많은 노력을 한다는 사실이다.

훌륭한 글을 쓰는 재능은 소수의 사람들에게만 주어진 것이다. 그러나 좋은 글쓰기는 노력하면 도달할 수 있는 것이다. 글쓰기를 향상시킬 수 있는 방법이 있다. 제일 먼저 많이 생각하고 글을 써 보는 것이다. 이 책은 많은 글 중에서도 불특정 다수인 대중이 쉽게 이해하고 대중에게 감동을 주는 좋은 미디어 글쓰기를 목표로 한다. 다행히 미디어 글은 몇 가지 정형을 익히게 되면 좋은 글로 인정을 받는다. 미디어 글쓰기에 앞서 글쓰기 방법부터 이해하는 것이 순서다. 글쓰기는 기본적인 가이드라인은 있지만 글 쓰는 사람들은 거의 독학 과정으로 익힌다. 대중을 상대로 한 매스미디어 글쓰기 교육의 역사는 서양의 수사학과 동양의 제자백가의 대화록으로 올라간다. 로마시대 웅변가·정치가·철학자였던 키케로(Marcus Tullius Cicero, BC 106~43)는 '수사학론'에서 글(연설)을 3가지 문체(식장·법정·정치연설)로 분류하고 '가르치고·즐겁게 하고·감동시키는 것'을 글의 기본 기능으로 제시했다.

"말로 사람을 사로잡을 수 있거나, 호의를 얻어 낼 수 있거나, 원하는 방향으로 유도해 갈 수 있거나, 상대가 바라는 바를 하지 못하게 할 수 있는 것보다 더 위대한 것은 없네. …… 격분한 민중, 시비를 가릴 양심적인 재판관, 국정을 결정할 품위 있는 원로원이 한 사람의 연설로 조정되는 것보다도 더 영향력 있고 강력한 것이 있을까. 한가로운 시간에 나누는 세련되고 우아한 대화보다 교양인을 행복케 할 수 있는 것이 무엇이며, 또 무엇이 교양인의 특성일 수 있겠는가. …… 자신의 명성뿐만 아니라 국가 전체의 안위도, 결정적으로 진정한 웅변가의 영향력과 총명함에 달려 있다. 젊은이들이여 공부에 집중하게, 자신에게 명예를, 친구에게 신뢰를 국가에 이득이 되는 인물이 될 수 있기 위해." 2000년 전 키케로가 수사학론에서 서술한 이 말은 현대 언론문장론에도 적합한 것이다. 로마 수사학자 퀸틸리아누스(AD 35~100)는 '연설 교육체계'에서 수사학은 '설득하는 능력'과 '말 잘함의 지식'을 가르치는 것이라고 정의했다.

1) 글쓰기교육은 소통·설득·추론·작문을 배우는 것

크로스화이트는 "대학에서 글쓰기는 학생들의 생각을 형식화하고 사고를 발전시키고 명료화하고 자기 생각과 논지를 옹호하고 검토함으로써 학생들에게 추론 능력을 배양시키는 중요한 모태를 제공하는 것을 학습 목적으로 한다."고 했다. 글쓰기를 통하여 학생들의 의사소통하는 일반적인 설득 능력, 추론하는 능력, 다양한 전문적인 자료에서 인용하는 능력, 다양한 청중에게 적응하는 능력, 삶에서 대면하게 되는 모든 다양하고 급속도로 변화하는 의사소통 상황을 이해하고 여기에 합리적으로 반응하는 능력을 배양하는 것이다. 대학의 언어 교육이 표현에만 치중한 글쓰기와 사고 교육으로서의 형식적 타당성에만 치중한 논리학으로 분리된 교육은 맹점이 있다. 읽기, 쓰기, 듣기, 말하기는 사고 추론과 결합하여 통합적으로 배양되는 것이 이상적이다.

글쓰기를 가르치는 것은 추론(推論)을 가르치는 것이다. 글쓰기를 돕는 것은 최고의 그리고 가장 깊은 의미의 진실 탐구 노력을 전수하는 것이다. 그것은 정형화된 지식을 전달하려는 시도만이 아니라, 문어적 의사소통의 맥락에서 학생들의 착상을 발견하고 명료화하도록 격려하고 인도하는 것이다. 그들이 가지고 있는 최상의 착상을 가장 설득력 있는 형태로 이끌어 내려는 시도이며 개개인들이 글쓰기라는 매개를 통해 상상하고 추론하고 판단하는 능력을 계발하고 강화하려는 시도인 것이다.

생각은 사회를 변화시킨다. 자유, 독립, 개인주의, 종교, 사회의 규칙에 대한 생각은 처음에는 사람들의 머릿속에 있다가, 위대한 작가나 사상가에 의해 글로 구체화된 것이다. 생각과 글은 사람이 갖고 있는 가장 강력한 힘 중의 하나이다. 글은 생각과 정보를 전달할 수 있고, 사람을 즐겁게 하거나 혼란시킬 수도 있으며, 개인과 나라의 운명을 바꾸어 놓을 수도 있다. 글쓰기를 좋아하지 않는 사람은 글쓰기의 위대한 힘을 간과한다. 그러나 정보 전달과 사상을 전파하려고 하는 사람들은 이러한 글쓰기의 위대한 힘을 사용할 수 있다. 어떻게 하면 글을 잘 쓸 수 있을까? 그 질문에 쉽고 간단하게 대답할 수 없다. 우선 교과서에 나온 좋은 글을 외우는 것이 글쓰기의 기초가 된다. 미디어 글쓰기도 신문 방송의 보도자료를 베끼는 것이 기본이 된다. 글쓰기는 재미있고, 신나고, 가치가 있는 것이지만, 어떤 사람에게는 쉬운 것이 아니고, 어려운 작업이다. 그러나 글쓰기는 단순하다. 컴퓨터 앞에 빨리 글쓰기를 착수하는 것이다. 컴퓨터 앞에 앉아서 고민하는 습관을 갖는 것이 능률적이다. 글쓰기가 어렵다는 것은, 책 읽기와는 다르게 온전히 필자 스스로를 글쓰기에 전념시켜야 한다는 것이다. 글쓰기는 단 몇 분간이라도 몰입을 필요로 한다. 좋은 글쓰기의 첫 단계는 주제에 몰입하고 내용 전개 방법 구성에 전념하는 것이다.

2) 매스미디어 글은 독자를 위한 글

　매스미디어 글쓰기는 다른 형태의 글쓰기와 여러 측면에서 다르다. 매스미디어 글은 다양한 주제를 활용해야 하고, 뉴스 기사, 특집 기사, 광고, 편지, 사설 등 다양한 형식을 사용해야 한다. 매스미디어 글은 정보 전달, 오락, 설득의 3가지 주된 목적을 가지고 있다. 매스미디어 글은 다양한 독자를 대상으로 한다. 이러한 사실은 주제뿐만 아니라 글이 쓰인 방식 또한 중요함을 보여 준다. 매스미디어 글은 같은 일을 하는 다른 사람들 앞에서 쓰인다. 매스미디어 글은 주로 마감의 압박 속에서 쓰이며, 많은 경우에 여러 사람이 한 가지 소재에 대해 글을 쓰고 편집한다.

　매스미디어 좋은 글쓰기는 명확하고, 간결하고, 쉽고, 적절해야 한다. 정보와 아이디어와 감정들을 독자들에게 명확하게 전해야 하고, 과장되어서는 안 된다. 매스미디어 좋은 글쓰기는 독자들이 상상으로 생각을 채울 수 있도록 생각들의 요점을 전달하는 것이다. 좋은 글쓰기는 효율적이어야 한다. 요점을 전하기 위해 최소한의 단어를 사용하며, 독자들이 시간을 낭비하지 않게 해야 한다. 좋은 글쓰기는 정확해야 한다. 훌륭한 필자는 부주의하게 단어들을 낭비하지 않으며, 명확한 의미를 전할 수 있는 단어를 사용한다. 좋은 글쓰기는 분명해야 한다. 독자들이 글의 의미를 의심할 여지가 없어야 하며, 혼동이나 혼란을 주어서는 안 된다. 마지막으로, 좋은 글쓰기는 객관적이고 공정하고 중도를 지켜야 한다. 포장된 글이 독자의 관심을 끌고 주제를 흐리게 해서는 안 된다. 메시지가 독자에게 정확하게 전달돼야 한다. 좋은 글쓰기는 작가의 지성을 나타내기 위한 것도 아니다. 글의 내용이 스스로 드러날 수 있어야 하며 독자가 글의 메시지를 바로 이해할 수 있어야 한다. 좋은 글은 독자들이 읽기 원하는 방식과 내용으로만 쓰여서도 안 된다. 그러나 신문사·방송사의 글은 기자가 독자와 청취자를 설득하려는 메시지가 우선한다. 매스미디어 글쓰기는 글 쓰는 사람이 쓰고자 하는 것의 함축된 의미를 이해해야 한다. 그리고 글 쓰는 사람은 자신이 더 이상 개개인에게 글을 쓰는 것이 아니라 많은 독자들을 대상으로 글을 쓴다는 것을 생각해야만 한다. 글 쓰는 이의 자신을 위한 글쓰기가 아니다. 초·중등교의 글쓰기는 학생들에게 자기표현의 수단으로 정의했다. 이러한 글쓰기는 개개인들에게 의미 있는 연습일 수는 있으나, 매스미디어 글에는 적중하지 않는다. 독자들은 기자가 어떻게 느끼는가, 기자가 무엇을 생각하는가에 관심을 갖는 것이 아니라, 기자가 갖고 있는 정보와 아이디어가 관심의 대상이다. 이 사실은 미디어가 필요로 하는 문체는 꾸밈 없이 있는 그대로의 묘사임을 의미한다. 김대중·노무현 시대 일부 매체와 언론인이 지나치게 그들의 관심사와 특정 사상과 의견을 전달하려고 하는 것은 미디어 글의 기본 요건을 다소 일탈한 것이다.

대부분의 매스미디어 글이 자신만의 표현 수단이 경시되는 것은 미디어 글쓰기가 불특정 다수의 독자를 대상으로 한 집단적인 노력의 성과이기 때문이다. 기자는 기사 하나를 쓰기 위해서 많은 사람과 협력해야만 한다. 기사는 처음 기자가 쓴 글을 선배, 차장, 데스크 편집자, 교열기자들이 각 단계마다 작업을 해서 완성한 글이다. 글을 쓴 사람은 자신이 쓴 글이 원문대로 편집되어 공개되기를 바란다. 그러나 더 나은 글을 위해 누군가는 수정할 수 있는 능력과 권한이 있어야 한다. 편집 과정도 매스미디어 글쓰기의 일종의 게이트키핑 과정이다. 김대중 정부가 언론개혁 선언 후 일부 방송과 신문에는 게이트키핑이 거의 없는 기획과 기사들이 발표되었다. 매스미디어 종사자들은 완벽을 추구해야 한다. 부정확함이나 불명확함은 허용되지 않으며, 매우 높은 수준의 지적인 정직함을 강요한다. 언론인들은 그들의 직업에 대한 윤리적인 기준을 이해하고 동화되어야 할 것이다. 한국언론도 신문윤리강령, 신문윤리실천요강, PD 윤리강령 등의 규범이 있다. 매스미디어 종사 지망생은 그들 스스로가 보다 향상될 수 있고 더 나은 글을 쓸 수 있다는 확신을 갖고 글쓰기 과정에 대해서 충분히 이해하고 연습해야 할 것이다. 매스미디어 종사자 지망생은 자신의 글쓰기 능력을 겸손하게 바라보아야 한다. 아무리 경험이 많고 재능이 있다 하더라도 모든 필자는 빈 종이나 빈 컴퓨터 스크린에서 글쓰기를 시작한다. 기자가 그 빈 공간에 단어들을 채워 나갈 때는 과거의 경험이나 재능이 성공적인 글을 꼭 보장해 주지는 않는다. 좋은 글을 쓰기 위해 기자는 자신의 글을 향상시키기 위해서 항상 새로운 기초 준비를 해야 한다. 글의 주제를 정확하게 파악하고 쓸 내용을 충분하게 취재하고 그 소재에 맞는 형태를 선택해야 한다.

언론 문장은 뉴스와 의견 두 가지로 나눌 수 있으며 뉴스를 세분해서 정치, 문화, 기사 등으로 구분하고 사실 보도, 심층 보도, 인터뷰 해설, 의견 기사 등으로 세분되기도 한다. 언론사 시험 합격은 기사 쓰기와 논설문 쓰기에 달려 있다. 합격 후 기자 생활에서도 기사 쓰기는 기자 생활의 결정적인 조건이 된다. 신문의 칼럼, 사설, 해설 기사, 사건 기사 등을 읽고 베껴 써 보는 것도 좋은 글을 쓰는 훈련 방법이다. 좋은 글이 나오려면 기초 지식이 튼튼해야 한다. 다방면의 지식 탐구가 필요하다. 좋은 글을 쓰기 위해서는 먼저 소재를 잘 선택해야 한다. 신문 기사는 기삿거리를 잘 잡아야 한다. 경험과 노력이 필요하다. 경험과 함께 사색해야 한다. 간접 경험인 독서가 가장 쉽고도 좋은 방법이다. 기자가 되면 우선 선배들의 기사와 취재 방법을 배운다. 많이 써 보고 다듬는 습관을 길러야 한다. 표준말과 맞춤법을 지켜야 한다.

3) 글쓰기의 네 가지 가이드

(1) 생각을 언어로 바꾸는 도구(단어)를 알아야 한다

좋은 건축가가 설계도에 대해서 잘 알듯이, 좋은 필자도 그들이 작업할 때 사용하는 도구에 대해서 잘 알아야 한다. 문법과 맞춤법에 대한 지식은 반드시 필요하다. 반드시 맞춤법을 완벽하게 암기할 필요는 없지만 맞춤법 이해는 기초다. 기자는 항상 사전을 가까이에 두고 글쓰기 작업을 해야 한다. 기자는 단어의 분명한 의미와 용법을 알아야 한다. 기자들이 알고 있는 모든 단어를 사용하지는 않지만, 다양한 단어를 많이 알수록, 필요할 때 사용할 수 있는 도구도 많아지는 것이다. 미국의 경우 대중지는 5,000 내지 6,000단어를 사용한다. 윌리엄 셰익스피어가 약 30,000단어를 알고 있었다고 추정한다. 매스미디어의 경우용어 자체가 특수하다. 기자는 언어를 단지 아는 것뿐만 아니라 언어를 이해하고 즐길 수 있어야 한다. 우리 국어는 위대한 언어이며, 글 쓰는 이에게는 놀라운 도구이기도 하다. 새로운 단어가 만들어지고 오래된 단어가 사라진다. 매스미디어 종사자는 언어의 관리인으로서의 역할을 맡아야 한다. 매스미디어 종사자들은 국어가 오용되거나 악용되는 것을 제일선에서 막아야 한다.

(2) 주제를 알아야 한다

기자는 글을 쓰는 동안 글 전체를 올바른 길로 인도해 줄 명확한 개념을 가지고 있어야 한다. 기자는 자신이 무엇을 쓰고 있는지를 완전히 이해해야 한다. 그렇지 않으면 독자는 기자가 무엇을 쓰고자 하는지 이해하지 못한다. 초년생 기자는 이와 같은 좋은 글쓰기의 가장 기본적인 전제를 충족시키지 못한다. 기자는 주제에서 벗어나지 않고 글을 쓰기 위해서는 계속해서 쓰기만 하면 된다고 믿는 경우가 있다. 그러나 경험 많은 기자들도 자신이 쓰고자 하는 글의 주제를 이해하지 못할 때가 있다. 배경이나 근거를 충분히 조사하지 않고 피상적인 사건에 대해 쓴 경우 그런 기사는 독자들에게 난해한 기사가 된다. 광고 카피라이터는 제품이나 그 제품에 관심을 갖는 독자에 대한 이해 없이 광고를 만들 수도 있다. 이 두 경우의 글쓰기 모두 초점을 잃어서 혼란스럽고 비효율적인 글이 될 가능성이 높다.

자신이 이해하지 못하는 것에 대해서 글을 쓰고 있다고 판단되면, 글쓰기를 멈추고 써야 할 무엇을 알아야 할 필요가 있는지부터 찾아내야 한다. 자신이 쓰고자 하는 것에 대해 알고 있는 사람에게 질문을 하고 정보를 찾아내야 한다. 아니면, 그 주제에 대해서 더 깊이 생각해 볼 수도 있다. 자신이 쓰고자 하는 주제에 대한 이해나 확실한 개념 없이 글을 쓰는 것은 부러진 연필을 가지고 글을 쓰는 것과 같다.

글쓰기 준비

① 주제 발견 : 왜 글을 쓰는가. 무엇을 쓸 것인가.
② 글의 구상 : 설계가 필요하다(구상 : 서론, 본론, 결론, 도입, 발전, 전환, 정리).
　　　　　　　글의 개요를 적어 보자.

글쓰기 방식과 태도

① 글 쓰는 관점과 태도가 중요하다.
② 글의 성격은 목적에 따라 달라진다.
③ 제목 붙이기와 본문 쓰기 : 인상적인 제목을 붙인다.
④ 글의 첫 마디가 중요하다.
　　㉠ 자신의 경험과 생각을 먼저 전달한다.

　　ⓛ 주제문으로 서두를 시작한다.

　　ⓒ 개념 정의로 서두를 생각한다.

　　ⓔ 두 가지 사실을 인상적으로 대조시킴으로써 서두를 시작한다.

　　ⓜ 통계적인 사실을 제시하는 것으로 서두를 시작한다.

　　ⓗ 인용으로 서두를 시작한다.

⑤ 조리 있게 본문을 기술하라.

　　㉠ 논지의 일관성을 지켜야 한다.

　　ⓛ 논의의 객관성을 유지해야 한다.

　　ⓒ 참신한 글이어야 한다.

⑥ 간단명료하게 결말을 맺으라.

　　㉠ 앞에서 전개한 논의를 요약하여 결말을 짓는다.

　　ⓛ 논리적인 추론의 결과로 결말을 짓는다.

　　ⓒ 앞으로의 과제로 남은 일을 기술함으로써 결말을 짓는다.

　　ⓔ 글쓴이의 개인적이거나 공적인 소망 기원 등으로 결말을 짓는다.

문 체

① 수다스럽고 번잡스런 표현을 피해야 한다.

② 명확한 말을 쓰며, 비약적인 표현을 삼가야 한다.

③ 균형과 일관성을 지켜야 한다.

④ 간결체, 만연체, 강건체, 우유체를 선택한다.

(3) 앉아서 글을 쓰기 시작해라

이것이 무엇보다 가장 기본이 되는 요점이다. 종이나 컴퓨터 스크린에 단어들을 쓰지 않으면 기사가 될 수 없다. 사람들은 누구나 자신이 쓰고자 하는 것에 대해서 밤새 생각하고 말하고 고민할 수 있다. 누구나 글을 읽고 토론할 수 있고 누구나 글에 대해 조사하고 요약할 수도 있다. 그러나 자신의 생각을 단어로, 문장으로, 문단으로 옮기지 않으면 기사가 될 수 없다. 글을 쓰는 것은 어려운 일이며, 글을 쓰는 일에 매달리려고 결단하는 사람은 얼마 되지 않는다. 2,000자 칼럼을 쓰기 위해 저자는 하루 전날 주제를 정하고 자료를 모으고 확인을 하고 주요한 사항을 정리하고 글을 구상한다. 글을 보내는 날은 아침 5시 30분에 글쓰기를 시작하여, 2시간 30분 동안 글을 만든다. 아침 식사 후 추고를 해서 송고한다. 논설위원들은 철저한 규칙성을 가지고 글쓰기를 한다. 논설위원실은 논설위원마다 개인 사물함에 신문기사 발표자료 및 책들로 가득하고 조용하다. 집필을 맡은 위원만 여기저기에 확인하는 전화 문의가 있을 뿐이다.

글쓰기는 한 자세로 앉아서 오랜 시간 동안 집중하는 작업이기 때문에 육체적으로 어려운 일이다. 또 글을 쓰는 주제에 대해 충분히 이해하고 주제에 대한 자신의 생각을 글로 옮길 수 있을 만큼 분명하게 생각하는 노력이 필요하다. 기사를 끝냈다고 해도 사건이 종결되지 않아 한 문제에 대해 집중해야 할 때도 있다. 기자는 어떤 주제에 이야기할 수 있는 다양한 방법 중 적절한 선택을 해야 하는 고민에 직면하게 될 때도 있다. 이때 가장 적합한 문체를 선택해서 가장 잘 맞는 정보와 문맥을 골라내서 글을 쓸 수 있어야 한다. 글쓰기는 어느 정도의 위험을 동반한다. 기자는 절대로 완벽한 글이라는 확신을 하지 못한다. 기자라는 직업은 글을 쓰는 것이며 주변 환경이 기자에게 글을 쓰도록 강제한다. 기자는 마감에 맞춰야 하고, 주로 하루 단위로 글을 쓰게 된다. 기자는 개인의 독창성과 거리가 먼 미디어 글 생산에 도움을 주는 전형적인 형식이나 문체를 사용하기도 한다. 기사쓰기가 난관에 봉착해도 여전히, 기자는 글을 생산해 내야 한다. 기자는 소위 기자의 벽에 부딪치는 희생양이 되어서는 안 된다. 계속해서 신천지를 개척해야 한다.

(4) 편집하고 수정하기

글쓰기는 아주 힘든 작업이기 때문에 대부분의 사람들은 글쓰기를 한 번에 끝내고 잊어버리고 싶어 한다. 그것이 자연스러운 일이지만 좋은 기자는 이러한 경향에 빠지지 않는다. 좋은 기자는 다시 읽고 편집하고 수정하도록 잘 훈련되어 있다. 글을 수정하기 위해서 기자는 자신의 글을 비판적으로 읽어야 한다. 기자는 잘된 부분을 보면서 스스로를 칭찬해 주기 위해 이러한 과정을 거치는 것이 아니다. 기자는 자신이 쓴 글이 더 분명하고, 명확하고, 읽기 쉬운지 끊임없이 되물어야 한다. 기자는 "이건 내가 말하고자 했던 게 아니야.", "이건 좋지 않아."라고 말할 수 있는 용기가 있어야 한다. 기자는 자신이 쓴 글을 다른 사람들이 읽고 판단을 하는 상황에서 일을 하게 된다. 다른 사람이 자신이 쓴 글을 읽게 하고 그것에 대해서 정직한 평가를 하게 하는 것이 보통 더 좋은 글쓰기를 가능하게 만든다. 마감 시간에 쫓겨서 종종 자신이 쓴 글을 다시 읽거나 수정하지 못하는 경우가 많다. 처음부터 완벽한 글을 목표로 해야 한다.

맞춤법

① 모음이나 ㄴ받침 뒤에 오는 렬(烈列劣)과 률(律率慄)은 열과 율로 적는다.

: 나열 / 나렬, 규율 / 규률, 백분율 / 백분률, 선율 / 선률

ㄴ받침 뒤가 아닌 경우는 렬로 쓴다.

: 작렬, 합격률, 성장률

② 두 단어가 결합된 합성어의 경우 두음법칙

: 사육신, 실낙원, 사상누각, 낙화유수, 유유상종, 누누이, 연연불망

그러나 낭랑, 냉랭, 녹록, 늠름, 연년생, 역력, 적나라

③ 더욱이, 일찍이, 아무튼, 하여튼

④ 사이시옷

: 머릿기름 / 머리기름, 선짓국 / 선지국, 조갯살 / 조개살, 아랫니 / 아래니, 뒷머리 / 뒤머리, 빗물 / 비물, 베갯잇 / 베개잇, 나뭇잎 / 나무잎, 깻잎 / 깨잎, 자릿세 / 자리세, 전셋집, 탯줄, 햇수, 제삿날, 툇마루, 양칫물, 곳간, 셋방, 숫자, 찻간, 횟수

⑤ 가름 : 둘로 나눔, 갈음 : 연하장으로 세배를 갈음했다.

⑥ 그러므로(원인) : 부지런하므로 잘산다.

그럼으로(수단) : 열심히 공부함으로써 은혜에 보답한다.

⑦ 로서 : 사람으로서 그럴 수는 없다.

로써 : 대패로써 나무를 밀었다. 닭으로써 꿩을 대신했다.

⑧ 정확한 어휘 선택, 띄어쓰기도 지켜야 한다.

⑨ 조사를 잘못 쓰면 글을 버린다. 불필요한 '의' : 한 송이의 꽃, 우리의 교실

⑩ 접속어를 바르게 써야 한다. : 접속어는 문장과 문장을 연결시켜 주는 기능을 하고 문맥의 흐름을 분명하게 해 주는 기능도 한다. 그러나 접속어를 너무 자주 사용하면 문장이 번잡스러워지기 쉽다.

좋은 문장인가 항상 검토해야 한다

① 문장은 갖추어야 할 구성 요소를 갖출 때 정상적인 글이 된다.
  ㉠ 주성분 : 주어·서술어·목적어·보어
  ㉡ 부속성분 : 관형어·부사어·독립어·주어·서술어가 제대로 연결되고
     있는가.
② 피동형 문장을 피하라.
  조각품이 정교하게 만들어졌다. 난관은 극복되어야 한다. 노동법이 개정되
  어야….
③ 문장의 길이는 적절한가.
④ 문장의 어순은 올바른가.

글다듬기

① 글을 냉정하게 평가하라. : 글 내용과 짜임새가 잘돼 있는가.
  ㉠ 통일성이 있어야 한다.
  ㉡ 연결성이 있어야 한다.
  ㉢ 강조성이 있어야 한다.
  ㉣ 정확한 글 정서법에 맞는 글이어야 한다.
② 글을 다듬는 방법 : 전체적인 짜임새, 부족한 부분이나 빠진 내용이 없는
  지, 배열은 잘됐나. 맞춤법, 단어 선택, 어법, 의도했던 내용이 전달되었나
  를 검토해야 한다.

2. 미디어 글의 특성

매스미디어 글을 쓸 때에, 정확하고 명료하고 일관되게 글을 쓰는 것은 기본
이다. 글쓰기의 세부적인 부분에 관심을 기울이고 올바르게 쓰는 습관을 길러야
한다. 기자는 사실, 문맥, 메시지에도 관심을 기울여야 한다. 잘못 쓴 단어, 기호
등이 독자들이 중요한 정보를 글에서 얻으려고 할 때 관심을 흩어 놓을 수 있
다. 신문사마다 전통적인 스타일북이 있다. 미디어 글쓰기의 문체는 기자가 자
신의 작업에 대한 전반적인 지향점이다. 글쓰기와 일반적으로 받아들여지는 글

쓰기의 규칙과 특정 미디어에서의 용법의 기저에 놓인 일련의 관습과 과정에서 신문사마다 문체가 형성된다. 선동적인 글, 외래어를 남용하는 문체·문법, 사회정신도 무시하는 신문이 2000년대까지 있었다. 미디어 글쓰기에서 가장 중요한 세 가지 개념은 정확성, 간결성, 명료성이다. 이 중에서 가장 중요한 것이 정확성이다.

1) 정확성

모든 매스미디어 글 쓰는 이에게 가장 중요한 목표는 정확성이다. 시카고 선타임스와 데일리 뉴스 직업윤리강령은 뉴스의 순수성은 공정성과 정확성에 근거한다고 했다(정확성 : 뉴스 보도에서 정확성은 전문가로서 갖추어야 할 가장 중요한 덕목이다. 실수나 오류를 피하기 위해 모든 노력을 기울여야 한다. 사실 혹은 진위를 검증하는 데 실패했다는 것은 변명거리가 안 된다). 기자는 기사의 정확성을 위해 최선을 다한다. 모든 것들이 정확하고 적절하게 표현되었다는 것을 확신할 수 있는 합리적인 가설을 신문기자들은 세워야 한다. 미국 신문인협회 원칙성명(American Society of Newspaper Editors Statement of Principles)은 제4조 진실과 정확성을 설정 정확성을 강조했다.

> "독자에 대한 충실성은 건전한 저널리즘의 기반이 된다. 뉴스 내용이 정확하고 편견에 얽매이지 않고 문맥이 정연하고 모든 계층의 의견이 공평하게 제시될 수 있도록 하기 위해 온갖 노력을 기울여야 한다. 논설 분석기사 평론 뉴스보도가 모두 정확성의 기준에 따라야 한다. 오류는 즉시 눈에 띄게 정정해야 한다."

정확성은 여러 가지 이유에서 기자에게 강요되는 첫째 덕목이다. 먼저, 우리 사회는 진실과 정직함을 신봉하며 매스미디어가 정보를 정확하게 제시할 수 있는 합리적인 단계를 거칠 것을 기대한다. 매스미디어 독자들은 매스미디어에서 자신이 보고 읽는 것을 믿으려 하는 경향이 있다. 언론에 종사하는 사람은 독자의 이러한 기대를 충족시켜 주어야 한다. 정확성이 중요한 이유 중 하나는 사람들이 부정확하다고 믿는 미디어는 사람들이 구독하려 하지 않을 것이라는 데 있다. 진실을 말하지 않는 신문, 웹사이트, TV 방송국, 광고회사, 홍보부서는 이들이 영향력을 미치고자 하는 사람들로부터 신뢰를 얻지 못한다. 매스미디어 업계에 종사하는 개인들이 자신이 하는 행동이 거짓되길 원하거나 자신의 삶에서 벌어지는 일들이 속임수처럼 보이기를 원하는 사람은 없다. 도덕적인 욕구를 느낌으로써 자신이 할 수 있는 최선을 다하려고 하게 되는 것이다. 어떻게 하면 정확한 글을 쓸 수 있는가? 글에서 제시된 정보가 정확하다는 것을 확신할 수 있는 것은 취재부터 정확해야 한다. 기사의 정확성은 정보를 모으고 쓰는 두 과정에서 지켜야 한다. 정확한 기사를 쓰기 위해 기자들은 열린 마음을 가져야 한다. 새로운 생각과 다양한 관점들을 수용할 수 있어야 한다. 매스미디어 종사자들은 자신과 견해를 같이하는 사람들뿐만 아니라 자신과 다른 견해를 가진 사람들에게도 귀를 기울일 줄 알아야 한다. 기자들은 자신이 읽고 들은 모든 것을 글에 담지 않겠지만, 더 많이 알수록 자신이 쓰고자 하는 것의 정확성에 대해 더 잘 판단할 수 있다. 그렇기 때문에 기자는 다양한 분야의 것들을 읽어야 한다. 비디오 시대에도 여전히, 읽는 것은 작가가 되기 위한 준비를 할 수 있는 가장 좋은 방법이다. 기자는 자신이 쓰는 것과 쓰는 방법의 세부적인 것들에 관심을 기울여야 한다. 언어를 정확하게 쓰는 것의 중요성에 대해 생각해야 한다. 이러한 논의는 기사 문체에서도 강조된다. 정확성은 큰 건물이 작은 벽돌들로 만들어진 것에 견주어 생각해 볼 수 있다. 기자를 미장이에 비유하면 기자는 하나하나 쌓는 벽돌에 관심을 기울여야 한다.

2) 명료성

명료성은 매스미디어 기자의 주요 목표 중 하나이다. 불명확하게 제시된 사실은 독자들로부터 외면을 받는다. 기자는 이야기를 적절하고 명료하게 구조화하는 전문가가 되어야 한다. 명료성을 추구하는 것은 기자의 마음 상태에 달려 있다. 기자가 해야 하는 것은 글의 명료성을 향상시키는 것이다. 글을 한 편 쓰고 나면 기자는 글의 주제에 대한 너무 많은 지식으로 방해받지 않는 새로운 눈으로 완성된 글을 보아야 한다. 기자는 독자의 위치에서, 자신의 글을 한 번도 보지도 않았고 글의 주제에 대해 누구와 한 번도 이야기해 보지 않은 것처럼 자신의 글에 접근해야 한다. 이러한 접근법은 좋은 글의 첫 번째 규칙(글의 주제에 대해 완벽하게 알기)을 따른 기자에게는 두 배로 어려운 것이다. 명료하게 글을 쓰고 명료성을 위해 글을 편집하는 것은 매우 어려운 것으로서 훈련을 요구한다. 명확한 글은 예술이지만 기술이기도 하다. 생각, 개념, 사실을 명료한 방법으로 표현하는 것은 기자가 해야 하는 어려운 작업 중 하나이다. 생각은 우리가 쓰거나 타자를 치는 것보다도 빠르게 움직인다. 생각은 쉽게 뒤범벅이 될 수 있으며, 글 또한 마찬가지이다. 명료한 글쓰기의 가장 중요한 요소는 주제를 이해하는 것이다. 기자가 주제에 대한 개념을 명확한 용어로 표현할 수 있으면 주제에 대해 이해한 것이다.

명료성의 반대는 혼란이다. 혼란은 이야기에 다양한 방법으로 침투할 수 있다. 혼란의 가장 주요한 출처는 자신의 글의 주제를 이해하지 못하는 기자에서 비롯된다. 기자 자신이 쓰고자 하는 글의 주제를 이해하지 못하면 기자들은 다른 사람도 이해하지 못할 이야기를 쓸 가능성이 높다. 기자와 편집자가 글을 명료하게 하는 데 도움이 되는 몇 가지 비법이 있다.

① 쉽게 쓰기

많은 사람들은 복잡한 용어를 사용함으로써 스스로의 박학다식을 증명할 수 있다고 믿는다. 많은 사람들은 자신의 글이 다른 사람들에게 자신이 어려운 주제에 대해 통달했고 자신이 권위를 가지고 말하고 쓰고 있다는 것을 보여 주려고 한다. 결과적으로 이러한 사람들은 가장 간단한 개념을 표현하기 위해 큰 개념의 단어와 복잡한 문장을 사용한다. 이러한 글쓰기의 문제는 독자들에게 기자들이 애초에 글을 쓰고자 했던 목적, 즉 생각을 전달하는 것을 상실한다. 큰 개념이 관심을 끌어서 본래 쓰려고 했던 글의 내용으로부터 관심을 멀어지게 하는 글은 비효율적이다. 글은 가능한 한 간단하고 직설적이어야 한다. 기자들과 편집자들은 간단한 용어와 문장 구조를 사용해야 한다. 수식어와 상투적인 구절들을 남발해서는 안 된다. 독자를 말로 제압하기 위해서가 아니라 독자에게 생각과 사실을 가능한 한 효율적으로 전달하기 위해서 간단하고 직설적으로 글을 써야 한다.

② 전문용어 피하기

전문용어는 거의 대부분 전문 그룹에서 만들어진 전문화된 용어이다. 학생,

야구 매니저, 의사, 정원사는 다른 사람들은 알지 못하는 자신이 속한 그룹만을 위해 특수한 의미를 지닌 단어들을 사용한다. 언론인들이 이러한 전문용어를 독자에게 전달해도 괜찮다면 언론인이라는 직업 자체가 필요 없을 것이다. 언론인들은 전문용어를 번역하는 사람이 되어야 한다. 언론인들은 자신의 글의 주제가 되는 그룹에서 사용하는 전문용어를 이해하고 표현해야 한다. 전문용어를 독자에게 설명하지 못한다면 대중 미디어 글에 사용하지 말아야 한다. 언론인들은 이런 전문용어들을 독자들에게 그냥 우겨 넣고는 자신이 할 말을 적절하게 했다고 생각해서는 안 된다.

③ 분명하게 하기

언론인들은 독자를 위해 기사에 대한 사전 준비를 해야 한다. 언론인들은 독자들이 무슨 일이 언제, 어디에서, 어떻게, 왜 그 일이 일어났는지를 이해했다는 확신을 가질 수 있게 해야 한다. 기자들과 편집자들은 자신이 쓰고 편집하려고 하는 기사에 대해 독자들이 사전 지식이 있다는 가정을 할 수는 없다. 많은 군중, 아름다운 풍경과 같은 수식어로써 독자들에게 정확한 정보를 전달할 수 없다. 기사는 사실(작은 사실과 큰 사실)에 기반을 두고 써야 한다. 때때로 독자가 기사를 이해하는지, 이해하지 못하는지 여부를 결정하는 것은 아주 작은 사실에서 비롯되기도 한다. 기자들이 본 것을 보지 못한 독자들은 당연히 기자들이 말하는 것에 대해 알지 못할 것이다. 특히 경험이 부족한 기자의 경우 대명사 개념어들을 남발 사용함으로써 모호한 기사를 쓰게 된다. 문민정부, 국민의 정부, 참여정부 등이 어떤 정권인지 일반 독자는 헷갈린다. 대북기사에서 남북협상, 공동선언 등에 대해 독자들은 정확하게 파악하지 못한다. 6 · 25 1년 전에 있었던 남쪽 정치인이 김일성과 만난 것을 남북 협상으로 언론이 표기해 온 것은 잘못이라고 역사학자가 주장했다. 정치가들이 검증 없이 지껄이는 말을 함부로 대중에게 전달하는 잘못을 저지르지 말아야 한다.

④ 시간 순서 확인하기

대부분의 새로운 기사들은 시간 순으로 작성될 것이지만 독자들은 기사에서 사건이 보고되는 순서에 대한 생각도 가지고 있다. 시간 순서가 명확하지 않으면, 독자는 기사의 내용에 혼란을 갖거나 잘못 이해할 수도 있다.

⑤ 전환 포함하기

전환은 부드럽고 우아하고 명확한 글쓰기를 위해 필요하다. 이야기에서 각각의 문장은 앞 문장에 논리적으로 연결되어 있거나 어떤 방법으로든 앞 문장과 연관을 갖고 있어야 한다. 이야기 속에서 새로운 정보는 이미 소개된 정보에 연결되어 있어야 한다. 적절한 전환 없이 새로운 정보나 새로운 주제에 갑자기 마주친 독자는 놀라거나 혼란스러워할 것이다. 좋은 기자가 되기 위해서는 앞뒤의 연관 관계가 없는 조악한 생각하기나 글쓰기를 하지 않도록 정신적인 훈련이 필요하다. 좋은 기자들은 독자들이 자신이 쓴 글을 해석하기 위해 시간과 노력을 할 것이라는 가정을 하지 않고, 냉정한 눈으로 자신이 쓴 글을 다시 읽어 보아야 한다.

3) 간결성

기자들은 너무 많은 단어들을 난삽하게 쓰고, 구절들을 마구 쌓아 올리고 기자가 써야 할 이야기가 이미 다 떨어진 후에도 문장들이 계속 이어지도록 하는 경우도 있다. 진짜 이야기할 필요가 있는 것에 앞서 너무 많은 단어들을 사용하는 경향이 있다. 기자들은 독자들이 기사를 읽으며 지루해질 순간을 인지할 필요가 있다. 기자들은 맵시가 있지만 필요 없는 구절과 장황한 구절을 제거해야 한다. 물론 그러한 작업이 너무 지나칠 수도 있다. 정확성과 명료성은 간결성을 달성하기 위해 희생되어서는 안 되지만, 간결성은 기자의 주요 목표 중 하나가 되어야 한다. 기사의 간결성을 위한 비결을 다음과 같이 열거할 수 있다.

① 요점 이해하기

이 기사는 무엇에 대한 것인가? 독자에게 무엇을 말하고자 하는가? 기자는 이러한 질문에 가장 간단한 말로 대답할 수 있어야 한다. 이것은 글쓰기와 편집하기에 있어서 가장 어려운 부분이긴 하지만 일단 달성되기만 하면 글쓰기와 편집하기가 훨씬 쉬워질 수 있다.

② 장황한 구절과 반복되는 구절 수정

장황함은 한 가지 생각을 표현하기 위해 너무 많은 단어를 사용하는 것이다.

장황함은 자주 쓰이는 구절에도 많이 숨어 있다. 부활절 일요일(부활절은 항상 일요일이다), 구성 요소 부분(부분은 구성 요소이다), 장황함은 사고 훈련이 부족함을 드러낸다. 장황함은 가장 중요한 이야기를 지루하게 하고 초점을 흐리게 한다. 독자가 의미를 이해하는 데 필요 이상으로 단어와 구절을 반복하는 것은 편집자가 이야기에 집중하지 않았다는 것을 의미한다. 가끔 명료성을 위해 어떤 사실이 반복해서 제시될 필요가 있지만 일반적인 경우는 아니다. 기자는 한 개념도 다양한 단어를 사용할 수 있는 지식이 있어야 한다.

③ 불필요한 단어 삭제하기

이야기에 아무런 의미도 부여하지 않는 단어들이 있을 수 있다. 이러한 단어들을 찾아내기는 어렵지만 날카로운 눈을 가진 데스크는 그러한 단어들을 구별해 낼 수 있다. '정말', '아주', '사실'과 같은 단어들이 바로 그러한 단어들이다. 이러한 단어들은 구절을 만들어 내지만 독자에게 아무런 정보도 제공하지 않는다. 마지막으로, 쓸 것이 더 이상 없어지면 쓰는 것을 멈춰라.

3. 언론인의 글쓰기 관행과 스타일북

언론계 매스미디어 종사자들에게는 철저한 직업정신이 생겨났다. 이러한 직업정신은 매스미디어 글쓰기의 관행이라는 강한 전통으로 이어졌다. 문체의 규칙과 같은 이러한 관행들은 독자에게 기사에 대한 것들을 전달하기 위해서 훈련된 기자들이 알고 사용해야 할 것들이다. 대부분의 독자들은 신문을 읽고, 뉴스를 듣고, 웹사이트에서 뉴스를 볼 때, 이러한 관행들이 무엇인지 인식하지 못한다. 그러나 대부분의 뉴스 소비자들은 직업 언론인들이 뉴스를 만들 때, 이러한 관행들이 지켜지기를 기대한다. 이러한 관행들은 기사의 기본 구조, 사실들의 순서, 특정 형태의 기사에서 일반적으로 사용되는 단어와 문장 등을 포함한다.

1) 역삼각형 구조

역삼각형은 현대 뉴스 기사에 가장 일반적으로 사용되는 구조이다. 기자에게 역삼각형 구조는 두 가지를 의미한다. 먼저, 정보가 중요한 순서대로 육하원칙으로 제시되어야 한다. 가장 중요한 사실이 처음에 온다. 두 번째로, 필수적인 사실이나 기사의 일관성의 훼손 없이 삭제할 수 있는 요소는 삭제한다. 역삼각형은 뉴스 전달을 위해 필요한 유일한 구조는 아니지만 역삼각형 구조가 광범위하게 사용되고 있기 때문에 이 구조를 사용하지 않으려면 기자가 사용하고자 하는 다른 구조를 찾아야 한다.

언론계 안팎의 많은 사람들이 역삼각형 구조가 유용하다고 생각하면서도 언론인들이 다른 구조를 개발하고 사용해야 한다고도 생각한다. 역삼각형 구조에 대한 반대론 중에 하나는 TV나 다른 수단을 통해 즉각적인 커뮤니케이션이 일어나고 있는 시대에 역삼각형 구조는 더 이상 독자를 위해 필요한 구조가 아니라는 주장이다. 독자들이 다른 미디어를 통해 어떤 뉴스에 대해 보았거나 들었기 때문에 그 뉴스에 대해 이미 알고 있을 가능성이 높다. 또 다른 반대론은 역삼각형 구조가 기자의 창의성을 제한하고 기자의 정보를 전달하는 능력을 제한한다는 것이다. 기자들은 역삼각형 구조 외에 설명 구조나 연대기적 구조 같은 다른 형태의 구조를 사용하면 기사를 읽기 쉬워지고 정확해질 수 있다고 주장한다. 정보를 중요한 것에서부터 가장 덜 중요한 것 순으로 제시하는 것이기 때문에 역삼각형 구조는 기자들이 기사에 극적인 결말을 주는 것을 제한하기도 한다. 역삼각형 기사는 극적인 효과도 감소시킨다고 주장하는 기자도 있다. 이러한 지적에도 불구하고, 역삼각형 구조는 뉴스 쓰기 형식의 기본적인 형식으로 남아 있다. 웹사이트용 글쓰기에서의 유용성 때문에 오히려 그 힘을 더욱 되찾고 있다. 그러나 웹사이트가 뉴스 미디어로서 성장하고 있고 독자들의 웹사이트 사용이 확산되고 있기 때문에 역삼각형 구조를 대신할 구조가 성장할 가능성이 높아지고 있다. 매스미디어 종사자들은 미디어가 요구하는 글쓰기 구조를 배우는 데 탄력적인 자세가 필요하다.

기사는 자주 비슷한 사실을 다루기 때문에 이런 기사들이 작성되는 방법 등에 대한 일련의 표준적인 관습이 만들어진다. 예를 들어, 재난 기사는 사상자의 생존 여부가 기사의 앞부분에 나와야 한다. 신문은 부고란을 처리하는 고유의 문체를 개발시켰다. 어떤 신문에는 표준적인 부음기사 작성 양식을 지정하기도 한다. 예를 들어, 부음란은 "전 국회의원 ○○씨가 XX병으로 YY병원에서 사망했다. 향년 55세였다." 다른 형태의 전형적인 기사로는 정부의 활동, 법원 판결, 범죄, 명절, 날씨에 대한 기사가 있다. 이러한 기사들은 많은 뉴스와 기타 미디어에서 사용하는 표준적인 형식이 있다.

2) 균형과 공정성

언론이 기본적으로 신봉하는 것 중 하나가 공정성이다. 독자들은 언론인들이 뉴스 기사에 관련된 모든 사람들에게 그들 편에서 이야기하고 그들의 의견을 제공할 기회를 주었을 것이라고 기대한다. 뉴스의 출처가 다른 사람을 비난하기 위한 것이라면 표준적인 언론의 관행은 비난받는 사람이 그 기사에 대해 대답할 기회를 가질 것을 요구한다. 언론인들은 논쟁이 있을 때 한쪽 편을 들지 말아야 하며, 한쪽 편을 드는 것처럼 보이지 않도록 주의해야 한다. 워싱턴 포스트의 보도 기준 및 윤리는 공정성에 대해 구체적으로 다음과 같이 제시하고 있다.

> 포스트 기자와 편집자는 공정성을 엄수해야 한다. 객관성에 대한 논의는 끝이 없지만, 공정성 개념은 쉽게 이해하고 추구할 수 있는 그 무엇이다. 소수의 간단한 실천에서 결과한다. ① 중대한 사실을 생략하는 어떠한 보도도 공정하지 않다. 공정성은 완전성을 포괄한다. ② 중요한 사실을 희생시키고 기본적으로 무관한 정보를 포함하는 어떠한 보도도 공정하지 않다. ③ 독자를 의식적으로 또는 무의식적으로 오도하거나 속이기조차 하는 보도도 공정하지 않다. 정직성을 포괄한다. ④ 불구하고, 대량의 등 교묘하고 양면적인 해석이 가능한 표현을 이용하여 기자의 편견이나 감정을 숨긴다면 이런 보도도 공정하지 않다. 기자와 편집자는 보도를 끝낸 후 내가 공정한 보도를 위해 최선을 다했나를 일상적으로 물어야 한다.

균형 잡힌 기사를 쓰고 편집하는 것은 논쟁적인 상황이나 이슈를 공정하게 취재하는 것 이상의 것을 의미한다. 더 큰 의미에서, 균형은 언론인이 취재하는 사건의 상대적인 중요성을 정확히 인식해야 하고 그러한 중요성을 과대평가하거나 과소평가하는 기사를 써서는 안 된다는 것을 의미한다. 언론인들은 자주 어떤 사건을 지나치게 부풀린다는 의혹을 받고, 가끔 그러한 의혹이 타당한 경우가 있다. 언론인들은 뉴스 출처에 의해 이용당하지 않는다는 것을 확실히 해야 한다. 언론인이 뉴스를 창작하는 것이 아니고 뉴스가 발생하고 그 다음에 그것을 취재하는 기자일 뿐이라는 것이라는 사실을 확실히 해야 한다.

3) 객관적인 기사

균형과 공정성의 개념은 언론계에서 자주 듣는 용어인 객관성의 하부 개념으로 쓰이는 경우가 가끔 있다. 객관성은 뉴스 기자, 편집자, 발행인이 자신이 아는 것과 알아낼 수 있는 것에 대해서만 보도해야 한다는 것을 의미한다. 공정함에는 여러 가지 다른 의미가 많이 있지만 보도하는 과정에서 만난 개인 혹은 조직의 권리를 존중해야 한다. 논쟁적인 문제에 대해서는 모든 면에서 철저하게 공정해야 한다. 중대한 사실을 생략해서는 안 된다. 중요한 사실을 회생시키고 기본적으로 무관한 정보를 포함하는 보도는 공정치 않다. 객관적이기 위해서, 언론인은 자기 자신이나 자신의 견해를 보도에 포함시켜서는 안 된다.

우리나라 신문윤리실천요강 제2조(보도준칙) 1항(보도기사의 사실과 의견 구분)에도 기자는 사실과 의견을 명확히 구분하여 보도기사를 작성해야 한다. 또한 기자는 편견이나 이기적 동기로 보도 기사를 고르거나 작성해서는 안 된다고 규정했다.

언론인들은 어떤 기사를 취재할지, 누구를 취재원(source)으로 사용할지, 어떤 정보를 보도에 포함하고 제외할지를 결정해야 한다. 이러한 결정들을 내려야 한다는 사실 그 자체가 객관성의 이상적인 표준에 정면으로 충돌하는 것이다. 균형과 객관성의 개념과 밀접한 관련이 있는 것은 바로 비인격적인 기자 개념이다. 기자는 자신의 글에서 보이지 않아야 한다. 기자들은 자신의 관점과 견해를 멀리해야 할 뿐만 아니라 1인칭이나 2인칭을 사용해서 독자들과 직접적으로 접촉하는 것도 피해야 한다. 기자들과 편집자들은 어떤 사건에 대해서 글을 쓰고, 어떻게 글을 쓰고, 신문의 어느 부분에 기사를 실을지를 결정함으로써 뉴스에 대한 자신들의 견해를 밝힌다. 스스로가 완전히 치우치지 않은 객관적인 관찰자이며 정보의 전달자라고 주장할 수 있는 언론인은 없다. 그러나 의견을 직접적이고 노골적으로 밝히는 것은 일반적으로 받아들여지지 않는 관행이다.

김대중·노무현 정부시대 언론은 기자의 객관보도 규범이 균열을 보이기 시작했다. 많은 주관적인 문구가 뉴스 기사에 나타나고 기자들은 뉴스 사건에 그들 스스로의 개입을 공개하기 시작했다. 386세대 언론인들이 오랜 언론 규범과 틀을 깨는 새 바람을 일으키고 있다. 독자는 자주 기자들이 그들이 취재하는 기사에 관여하고 있다는 것을 인식하게 되었으며, 이러한 새로운 관행에 거부감을 나타냈다.

4) 공식적인 취재원에 대한 신뢰

뉴스 미디어에 발표되는 많은 정보가 소위 공식적인 취재원(source)에서 비롯된다. 이러한 취재원들은 뉴스 주제에 대해 전문가로 여겨지는 사람들이며, 단순히 그 주제에 대한 의견을 가진 사람들은 아니다. 예를 들어 이명박 정부의 운하 계획에 대한 기사를 쓴다고 해 보자. 운하에 대한 기사를 쓰는 언론인은 정부 보도자료, 평판이 높은 경제학자의 연구나 견해, 영향력 있는 정치인으로부터 얻은 정보를 사용할 것이다. 이러한 정보들은 공식적인 취재원이 될 것이며, 독자들로부터 많은 신뢰를 얻을 것이다. 비공식적인 취재원은 아마도 강 주변의 농부가 될 것이다. 농부도 분명히 운하의 효과·원인·해결책 등에 대한 견해를 가지고 있겠지만, 이러한 견해는 언론계에서 신뢰받는 정보가 되지 못할 것이다. 공식적인 취재원에 대해서는 많은 비판이 있다. 언론인이 사용하는 취재원은 자체가 상대적으로 숫자가 작고 그래서 범위가 제한적인 정보나 견해만이 독자에게 전달된다. 공식적인 취재원을 사용하는 것에 대한 다른 반대론은 사건의 영향을 받는 너무 적은 수의 사람들만이 인용된다는 것이다. 가정주부나 시간제 노동자 같은 비공식적인 출처는 주로 무시당한다. 결국 미디어 비평가들은 공식적인 취재원이 일부 제한된 사람들에게 편중될 가능성이 높기 때문에 공식적인 취재원에 대해 반대한다. 상대적으로 적은 수의 사람들만 공식적인 취재원의 영역에 포함되는 것은 지양돼야 할 것이다.

5) 취재원 밝히는 것과 인용

언론인은 독자에게 정보를 어디서 획득한 것인지를 확실히 해야 한다. 기사에서 대부분의 분명하고 일반적으로 알려진 사실들은 취재원을 밝혀야 한다. 기자가 기사의 취재원을 밝히는 것이 독자들이 기사를 이해하는 데 도움이 되고 기사의 신뢰성을 높인다. 일부 예외를 제외하고 모든 인용은 취재원을 밝혀야 한다. 취재원을 밝히지 않아도 되는 일부 예외는 인용의 취재원에 대해 의심의 여지가 없는 경우이다. 그러한 경우에도 편집자들은 주의해야 한다. 인용은 정확해야 한다. 뉴스 소스가 말한 것보다 기자가 말하고자 했던 의미로 인용구를 바꾸어서는 절대 안 된다. 소스의 말을 풀어 쓸 수는 있다. 마지막으로, 부정확한 문법, 은어, 비속어, 공격적인 언어가 직접 인용구에 포함되어야 할까? 대부분의 신문사들은 비속어나 공격적인 언어의 사용을 멀리하고 있다. 권위지들은 품위 있는 논조와 고급스런 신문 제작을 견지한다. 문법을 어긴 글이나 비속어를 난용하는 신문문장에 대한 반성이 언론인들 사이에 일어나고 있다. 언론인들은 뉴스 취재원이 사용하는 바로 그 단어를 사용해야 한다. 잘못된 문법을 사용한 사람의 말을 인용하는 것은 그 사람을 바보처럼 보이게 하고 독자의 관심을 흐트러뜨릴 수 있다. 대부분의 언론인과 언론사는 뉴스 소스가 말을 인용하도록 허락했다면 그들의 문법적인 실수도 인용구에 포함되어야 한다고 믿는다. 그러나 기사가 취재원(source)의 말을 직접 인용하는 경우 외에는 문법적인 실수를 수정하고 기술할 수 있다. 직접 인용의 경우에도 뉴스위크 등 잡지는 수정을 원칙으로 한다. 그러나 대부분 신문은 직접 인용은 변경하지 않는 것이 원칙이다. 이두 가지 관행은 모든 경우에 항상 적용되지는 않는다. 관행은 정확성이나 명료성을 희생하면서까지 지켜야 하는 임의적인 규칙은 아니다. 오히려, 이러한 관행들은 언론인이 무엇을 쓰고 어떻게 써야 할지를 결정하는 과정에서 아주 유용한, 건전한 관행들이다.

6) 스타일북

한국어는 매우 다양한 언어가 복합된 것이다. 순수한 국어, 한자말, 일본어, 영어 등 외래어가 복합되어 같은 의미에 다른 많은 표현 방법이 있다. 예를 들어, 8:00, 8시 정각, 8 A.M, 8시, 8am, 아침 8시는 모두 같은 것을 의미한다. 이 모든 표현은 기술적으로 올바르지만 언론인은 어떤 것을 사용해야 할까? 그리고 어떤 것을 사용할지 여부가 정말 중요할까?

첫 번째 질문에 대한 답은 언론의 문체, 즉 전문적인 관습과 사용 규칙에 의해 결정된다. 언론문장의 전문적인 관습은 오랜 시간을 통해 정리된 것이다. 지금은 대학 언론학과와 직업전문학교에서 직업훈련을 통해 가르치고 있다. 사용

규칙은 통신사, 신문사, 대학, 개인적인 출판, 뉴스 방송국 등이 발간한 스타일북에 나와 있다. 이러한 스타일북들은 널리 용인되는 것과 영향을 미치는 것들이 담겨 있다. 그 외의 것들은 개인 뉴스 조직에서 일하는 기자나 편집자들이 인정하는 독특한 문체의 규칙에 담겨 있다. 예를 들어, 출판물은 출판사의 스타일북, 신문기사는 각 신문사의 스타일북이 정한 표기 규칙을 따를 것이다. 논리적이고 일관된 문체를 갖는 것은 컬러 TV의 화면 조정을 하는 것과 같다. 화면 조정 전에도 TV에 색상이 있고 화면을 볼 수는 있다. 그러나 색상이 맞지 않고 화면이 뿌옇게 보이면 결국 시청자를 놀리는 것이 되고 시청자는 불만족스럽고 흥미를 느끼지 못할 것이다. 그러면 시청자는 TV 보는 것을 중지하게 될 것이다. 마찬가지로 일관된 문체는 출판물을 조화롭게 해서 독자가 읽기 쉽게 만들어 주고 독자가 내용에 집중할 수 있게 해 준다.

그래도 정말 기사 문체가 중요한 것인지 의문점이 남을 것이다. 대답은 물론 '그렇다!'이다. 많은 초보 기자들은 정형화된 문체를 창조성을 억압하는 족쇄로 생각한다. 그러나 그렇지 않다. 문체는 기자의 넘치는 창의성을 제한하기 위해 만들어진 엄격한 규칙이 아니다. 문체는 언론계 종사자의 모든 활동의 토대가 되는 글쓰기에 있어서 질서를 부여한다. 이는 언론인이 글쓰기에 있어서뿐만 아니라 사실과 생각도 정확해야 한다는 것을 의미한다. 일관된 문체는 프로의 보증수표이다. 『워싱턴 포스트 데스크북의 문체』의 서문은 다음과 같이 문체의 엄격성을 역설한다. "신문은 사회 기록의 일부분이다. 이 기록은 도서관과 전자 문서 속에 살아 있어서, 미래의 언론인들과 학자들이 계속해서 참조한다. 신문은 언어의 저장소이기 때문에 우리는 언어를 소중히 다뤄야 할 의무가 있다. 신문에 실린 구두점, 대문자, 맞춤법과 같은 문법 규칙들은 우리가 그러한 의무를 다하기 위해 노력하는 방식이다."

편집자들은 출판물의 문체를 총괄하는 사람들이다. 문체 규칙이 일관되고 합리적으로 적용되었는지 보는 것이 그들의 일이다. 예외를 허용하기 위해서는 기자의 일시적인 변덕이 아닌 명확하고 논리적인 이유가 있어야 한다. 일관된 문체는 출판물 안에 있는 모든 내용이 정확하다는 것을 독자에게 증명하는 한 가지 방법임을 편집자와 기자는 기억해야 한다.

스타일북은 매스미디어 종사자에게 생활의 일부로 기능한다. 신문사, 광고회사, 홍보회사에 이르기까지 글쓰기의 어떤 분야이든 스타일북이 글쓰기의 정형을 제시한다. 스타일북은 일관성, 용법, 정확성의 크게 세 가지 개념으로 구성되어 있다. 미디어 글쓰기에서 일관성을 향상시키는 것이 스타일북이다. 스타일북은 출판물의 글쓰기 규칙을 제시한다. 이러한 규칙들은 상오 대신 오전을 써야 한다는 등의 임의적인 규칙이다. 특히 사전에서 한 단어에 여러 가지 의미를 부여한 경우에 스타일북은 그런 용례도 다룬다. 좋은 스타일북은 한 단어가 적절하고 일관되게 사용되어야 하는 때를 말해 준다. 그 뿐만 아니라 좋은 스타일북은 기자가 필요로 하는 정확한 단어를 찾는 것을 도와준다.

AP 통신의 첫 번째 스타일북은 1953년에 만들어졌다. 많은 편집자들이 AP 통신으로부터 받은 기사와 일관성을 유지한 채 자신들의 신문사의 기사를 작성하기를 원했다. 많은 신문들이 UPI 등의 기타 주요 연합통신에 가입하고 있었기 때문에 신문들은 통신사가 일관된 문체를 사용하기를 원했다. 결국 AP와 UPI는 1960년에 공동으로 스타일북을 만들었다. 이러한 최초의 스타일북은 글쓰기의 주요한 것들에 대해서만 다룬 간단하고 작은 책이었다. 그 후 10년간 신문 편집자들은 용법까지도 다루고 있는 더욱 포괄적인 책을 필요로 하게 되었다. 1975년, AP와 UPI의 편집자 위원회는 매일 편집실에서 발생하는 의문에 해답을 주기 위해서 포괄적인 스타일북을 만들었다. 우리나라도 연합통신에서 스타일북을 만들어 신문사에 배포했다.

다른 언론사들도 포괄적인 스타일북을 만들었다. 미국에서 가장 영향력 있는 두 가지 스타일북은 뉴욕타임스 스타일북과 LA타임스 스타일북이었다. 이 스타일북들은 많은 참조문을 담고 있어서 주요 스타일북이 되었다. 그러나 대부분의 언론사들은 사소한 질문들에 대한 해답이 담긴 작은 스타일북을 갖고 있으며, 더 큰 문제에 대해서는 연합 스타일북과 같은 스타일북을 참조한다. 대학신문이나 연보를 출판하는 언론사도 스타일북이 필요하다. 일반 글쓰기 원칙이 해답을 주지 못하는 지엽적인 질문들에 해답을 주는 스타일북이 있어야 하기 때문이다. 예를 들어 학생의 신분은 어떻게 밝혀야 하는가? 어떤 대학신문 스타일북은 '박○○, 언론학 전공 1학년'과 같이 학년과 전공으로 신분을 밝혀야 한다고 나와 있고, 다른 학교 신문의 스타일북은 '박○○, 언론학 전공, 서울'과 같이 전공과 사는 곳으로 신분을 밝혀야 한다고 나와 있다. 이러한 문체의 문제는 지역 스타일북이 답을 주어야 할 필요가 있다. 스타일북은 직업 언론인에게 주의해야 할 주석이다. 문체 규칙을 임의적으로 사용하는 사람들이나 말도 안 되는 문체 규칙을 고집하는 사람들을 교열부는 스타일북으로 다스린다. 그러나 문체 규칙은 기자의 글쓰기에서 나오는 창의성과 독자성을 금지해서는 안 된다.

7) 어휘의 민감성과 미디어 글쓰기의 윤리

기자는 기사가 타인을 화나게 하는 경우가 많음을 알아야 한다. 매스미디어 독자와 시청자는 넓고 다양한 그룹에 속해 있다. 이들과 소통하는 언론인은 이러한 다양한 그룹에 속한 사람들의 언어의 민감성에 대해 알고 있어야 한다. 어떤 사람은 추측만으로 비난하기도 하지만, 글 속의 어휘에 대해 합리적으로 의문을 제기하고 변경해야 하는 용어를 골라내기도 한다. 기자들은 그러한 민감성에 관심을 기울이지 않았었다. 60년대까지는 핫바지, 38따라지, 병신 같은 어휘에 대해 차별이라는 비난을 받지 않았다. 기자들은 자신의 글이, 사람들을 공정하고 동등하게 취급하고 있다는 확신, 일반적인 고정 관념에 실수로 빠지지 않았다는 확신, 타인의 품위를 떨어뜨리는 구절이나 표현을 사용하지 않았다는 확신, 주제와 연관이 있는 모든 사람들이 기사에 포함되었다는 확신을 가질 수 있는지 자신의 글을 확인해 보아야 한다.

성차별적 대명사, 직함, 묘사 등을 피해야 한다. 여성에 대한 묘사를 할 때 성적인 표현, 지역 차별을 하는 용어 등의 표현은 금해야 한다. 우리 사회는 많은 고정 관념이 있다. 386세대 보수골통, 빨갱이, 친북좌파 등의 어휘와 장애나 약점을 가진 사람들에 대한 편견도 많다. 이런 것은 피해야 한다. 어떤 사람이 "장애가 있다."라고 말하는 것은 그 사람이 '장애인'이라고 말하는 것과 다르다. '교정을 거친 알코올 중독자' 대신 알코올 중독자였지만 더 이상 술을 마시지 않는 사람으로 '회복했다'고 표현하는 것이 더 좋다. '태생적인 결함'이 있다고 말하는 것은 그 사람의 품위를 떨어뜨리는 것이다. 이러한 것들은 기자가 민감하게 지속적으로 자신의 글에서 확인해야 할 필요가 있는 것들의 일부에 지나지 않는다. 자신의 글에 대해 계속해서 의문을 가지고 합리적으로 수정하는 것은 단지 좋은 기자라는 것을 나타내는 것만이 아니라 지각 있는 언론인으로 발전하는 것이다. 문체의 개념과 문체가 무엇을 의미하는지 논의하는 것도 진짜 프로가 되기 위한 것이다.

4. 미디어 글쓰기 기본적인 습관 익히기

1) 간단하게 쓰기

기자는 이 개념을 반복해서 생각하게 될 것이다. 명확함의 주요 요인은 간단함이다. 명확하고 간단한 글쓰기 문체는 몇몇 재능 있는 기자에게만 주어진 것은 아니다. 글쓰기를 이제 막 시작한 학생도 이러한 문체를 획득할 수 있다. 강한 메시지를 명확하고 간단한 언어로 전달하는 것이 중요하다.

2) 쉬운 단어 사용하기

짧은 단어는 사용하기 쉬울 뿐 아니라 효과 측면에서도 강력하며, 쓸데없는 음절들은 글의 생기를 늘여 주기보다는 줄어들게 한다. '쉽게 하다' – '용이하게 하다', '많은' – '숫자가 많은', '쓰다' – '활용하다'는 글에 따라 선택된다. 많은 사람들이 한자어와 외래어가 독자들에게 강한 인상을 준다는 생각에서 이러한 단어들을 사용하려 한다. 그러나 실제로는 그렇지 않다. 한자어 외래어가 오히려 그 반대의 효과를 가져다주기도 한다. 명확하게 쓰기 위에서는, 표현이 풍부한 단어보다는 가장 소박한 단어를 선택해야 한다.

3) 직선적인 문체와 단문표현

간단하고 직선적인 문체는 매스미디어 글쓰기에 필수적인 요소이다. 간단한 문체를 대신할 수 있는 것은 없으며, 대부분의 글 쓰는 이들은 종종 너무 많은 단어를 사용한다. 한 문장에 두 개 이상의 불필요한 단어들이 있는 경우도 있다. 기자들은 자신이 쓰고자 하는 내용에 부가적으로 덧붙인 단어, 구절, 문장이 없는지 살펴야 한다. 글과 기자를 돋보이게 만드는 화려한 구절이 내용에 쓸데없이 부가되지 않도록 해야 한다.

4) 은어, 상투어, 관료적인 표현 제거하기

매스미디어 종사자는 몇몇 사람들만 이해할 수 있는 전문용어보다는 대부분의 사람들이 이해할 수 있는 일반적인 단어와 구절을 사용해야 한다. 상투어는 더 이상 의미심장하지 않은, 진부하고 따분하게 된 단어들의 집합이다. 실용주의, 진보와 같은 말들은 너무 자주 쓰여서 원래 가지고 있던 광채를 잃어버렸다. 관료적인 표현은 언어의 심각한 오용 사례이다. 보도자료에 자주 나타나는 일제강점기 용어들은 버려야 한다. 글을 중요하게 보이도록 만들기 위해서, 불필요하고 부정확한 구절을 사용해서 자신의 글을 부풀리려고 한다.

5) 익숙하지 않은 단어나 외래어보다 익숙한 단어 사용하기

칼럼을 쓸 때마다 적어도 한두 단어 개념 정도는 독자들이 사전을 찾아보게 만드는 단어를 포함한 칼럼 집필자도 있다. 매스미디어 독자가 알지 못하는 단어를 작가가 써야만 했던 시대도 있지만, 그런 시대는 지나갔다. 기자는 독자에게 새로운 단어를 나열함으로써 기자의 박식을 과시하려 해서는 안 된다. 그러한 글쓰기는 독자들의 집중력을 떨어뜨린다. 독자들이 글의 내용보다는 글 자체에 대해 생각하게 만들고 결국 독자를 몰아내고 만다. 외래어도 주로 이와 같은 효과를 낸다. 외래어는 글의 내용과 잘 어울리지 못하며 종종 독자들을 짜증나게 한다.

6) 문장의 형태와 길이 다양하게 하기

문장의 구조에는 단문, 복문, 중문, 중 / 복문 등이 있다. 한 가지 형태의 문장만 사용하면 지겹다. 문장의 형태와 길이를 다양하게 사용하는 것은 글에 기분 좋은 속도를 부여한다. 그렇게 함으로써 독자를 편안하게 해주고 조금만 읽어도 생각과 정보를 전달받을 수 있게 해 준다. 이러한 다양성은 기자의 글을 돋보이게도 한다. 기자들은 종종 자신이 쓰고 있는 것에 지나치게 몰입해서 자신의 생각을 다양하게 표현하지 못한다. 기자들은 너무 많은 것을 한 단어 내지는 한 문단에 담으려고 한다. 복문과 중문을 단문으로 쪼개고 다시 이 문장들을 다양한 형태의 문장으로 다시 돌려놓으면 글의 명확성이 향상되는 경우가 많다. 기자들이 남용하지 말아야 하는 것 중에 하나는 도치된 문장이다. 도치문은 주어를 처음에 두지 않고 문장의 끝에 두는데, 이것은 미디어 글쓰기에 있어서 좋은 방법이 아니다. 기자는 생각과 정보를 독자에게 빠르고 효과적으로 전달해야 한다.

7) 명사와 동사에 주의 기울이기

명사와 동사는 가장 강력한 단어들이다. 문장은 명사와 동사에 의해서 만들어진다. 형용사와 부사는 명사와 동사를 지원하기 위해 사용한다. 특히, 매스미디어 글쓰기에서 형용사와 부사에 의존하면 나약하고 활력이 없는 글을 쓰게 된다. 동사는 가장 중요한 단어이다. 동사는 행동을 표현하고, 행동과 묘사를 표현하기도 한다. 형용사와 부사는 글을 수식하는 데 그치는 반면, 동사는 메시지를 결정한다. 기사 속의 동사는 다른 품사들과는 달리 독자가 글에 몰입하도록 만든다. 적합한 동사를 선택해야 한다.

8) 자신이 쓴 글이 유기적으로 엮이도록 바꾸기

독자는 멈추거나 놀라지 않고 글을 계속 읽어 나갈 수 있어야 한다. 이야기의 다른 부분과 적절하게 연결되지 않은 채 새로운 생각이나 정보를 소개하는 것은 독자를 멈추게 하는 한 가지 요인이다.

적절한 학습과 연습을 통해 누구나 더 나은 기자가 될 수 있다. 글쓰기는 타고나는 재능이 아니다. 글쓰기를 향상시키기 위해서 밟아야 할 몇 가지 단계가 있다. 글쓰기는 과정이다. 미디어 글쓰기의 규칙, 기술, 제안 사항이 자신만의 문체, 생각, 방식, 주제, 형태와 함께 결합되어야 한다. 좋은 글을 쓰기 위해서는 이 모든 것이 함께 이뤄져야 한다. 글쓰기는 건설이다. 좋은 글은 한순간에 우연히 나타나지 않는다. 설계도 만들고 완성된 건물의 가상도도 그려 본다. 좋은 글은 단어에서 단어, 문장에서 문장, 생각에서 생각들로 구성된다. 글쓰기 과정은 종종 느리고 지겹고 절망적이다. 그러나 이러한 과정의 결과물인 좋은 글은 그러한 절망을 극복하고 완성할 만한 가치가 있는 결과물이 될 것이다. 마지막으로 좋은 글쓰기의 유일한 철칙은 좋은 글쓰기에 대해 배우는 학습태도가 첫째 단계이다. 그 다음 단계가 좋은 글을 읽는 것이다. 좋은 글을 쓰는 것을 배우는 데 관심이 있다면 신문, 잡지, 책, 손에 잡히는 것은 무엇이든, 어떤 형태의 글이든 가능한 한 많이 읽어야 한다. 그 다음 단계는 글을 쓰는 것이다. 컴퓨터 앞에 앉아서 글을 쓰는 습관을 길러야 한다. 그것이 좋은 글 쓰는 기자가 되는 방법이다.

인용도서와 참고문헌

James Gren Stovall : Writing for the Massmedia
장원호 : 21세기 한국신문의 과제, 나남출판사
권영민 : 우리문장 강의, 신구문화사
남시욱 : 인터넷시대의 취재와 보도, 나남출판사
우한용 : 신문의 언어문화와 미디어교육, 서울대출판부
프레데릭 튀리엘 : 논술연습, 커뮤니케이션스북스
키케로 : 화술의 법칙, 유로서적

중요개념 및 용어

정확성, 공정성, 객관성, 스타일북

제2장

저널리즘 이해
커뮤니케이션 · 기자 · 언론윤리

1. 매스커뮤니케이션

커뮤니케이션은 정보나 의견을 주고받아 의견, 사상, 감정 등을 공유화 · 공통화하는 행동이나 과정이다. 미디어는 신문, TV, 인터넷, 영화, 소설, 책, 잡지 등 커뮤니케이션 활동에서 교환하는 메시지 또는 정보를 실어 나르는 용기 또는 수단이다. 미국의 문화인류학자 사피어(Edward Sapir)는 커뮤니케이션은 사회의 신경 계통에 비유하면서 "사회란 주로 커뮤니케이션에 의하여 유지되는 인간관계의 네트워크"라고 했다. 영국 역사학자 제랄드 베리(Sir Gerard Berry)는 "커뮤니케이션 없이는 인간들 사이의 협동적 생활은 불가능하다."고 했다. 공자가 논어 제1편 첫 구절에 "배우고 익히면 기쁘지 않겠는가(學而 時習之 不亦說乎).", "친구가 먼 곳으로부터 찾아온다면 즐겁지 않겠는가(有朋 自遠方 來 不亦樂乎)." 라고 한 것은 소통이 가능한 친구가 있으면 즐겁다는 소통(커뮤니케이션)의 중요성을 강조한 구절이다. 매스커뮤니케이션의 활성화로 사람들 사이의 교류가 활성화된다. 커뮤니케이션은 인간과 인간의 관계, 조직과 조직의 관계, 사회와 사회의 관계, 국가와 국가의 관계를 성립시키고 발전시키는 기능을 한다. 커뮤니케이션은 인간의 자아실현, 한 시대의 진리 구현, 합리적 조직 결정 도출, 균형 있는 사회 발전을 구현하는 데 기여한다. 캐나다 경제사학자 이니스(Innis)는 "인류 문명사는 커뮤니케이션 매체의 발달사"라고 주장했다. 이니스 제자인 맥루한은 인류 역사를 커뮤니케이션 매체 발전에 따라 세 단계로 나누고 있다. 청각형의 구두매체(oral medium)가 전달의 중심이었던 문자이전 언어시대(the prewritten language)는 인류가 청각적 세계에 살면서 직접 듣거나 볼 수 있는 주변 환경만 알았던 시대로서 순간적 감정에 의해 지배되는 사회였다. 법률보다 선과 악 이념과 정보보다는 감정과 감성의 문화가 지배하는 사회였다. 그 다음은 문자와 인쇄 매체가 지배하는 인간들의 선형적, 상호 관련적, 연속적 사고를 하도록 했다. 도덕적 규범보다 법률이 사회를 지배하게 되었다. 마지막으로 전파매체가 출현한 시대로 종래의 선형적 사고를 공간적이고 시간적인 것으로 바꾸어 놓았다. 지구를 지구촌시대로 만들었다.

인쇄술이 발달한 후 커뮤니케이션의 발달은 전광석화와 같았다. Wilber Schramm (1981)은 100만 년의 인류 역사를 하루 24시간으로 가정하고 미디어 기술 발전 시기를 24시간으로 산정했다. 언어(문자)로 소통하기 시작한 시각은 21시 33분, 금속활자가 발명된 시각은 23시 59분 14초, 라디오 출현시각은 23시 59분 53초 TV는 23시 59분 56초로 환산했다. 언어 문자시대에서 인쇄매체시대까지는 2시간 26분 14초, 인쇄 매체에서 방송매체시대까지는 39초, 비디오 케이블 TV 인터넷 등 뉴미디어시대 개발은 불과 3~4초 만에 이루어진 것으로 산정했다.

1) 커뮤니케이션의 개념

커뮤니케이션은 공통(共通) 또는 공유(共有)라는 뜻을 지닌 라틴어 Communis 에서 나온 단어다. "하나 또는 그 이상의 생물체가 다른 생물체들과 지식, 정보, 의견, 신념, 사상, 감정 등을 공통화 또는 공유화하는 행동이나 과정이다."

과정의 관점에서 본 커뮤니케이션 정의 : 정보 메시지의 송수신 과정으로 보면서 그 구조 자체에 중점을 두는 것이다. "인간들이 서로 정보나 메시지를 보내고 받는 과정", "정보나 메시지가 한곳으로부터 다른 곳으로 흐르는 과정"이다.

기능적 관점에서 본 커뮤니케이션 정의 : 기호를 통한 인간들 간의 의미의 창조나 공유 과정으로 보면서 기호화와 해독의 과정에 중점을 두는 견해다. "커뮤니케이션은 의미를 창조하는 과정이다." "커뮤니케이션은 인간들 간의 공통 의미의 수립 과정이다."

의도적 관점에서 본 커뮤니케이션 정의 : 한 개인이 주로 언어적인 자극을 통하여 다른 사람의 태도나 행동에 영향을 미치는 과정이나 행위로 보는 입장이다. "커뮤니케이션은 한 개인이 다른 사람들(수용자)의 행동을 변용시키기 위해 자극을 보내는 과정이다."

종합적 관점에서 본 커뮤니케이션 정의 : "인간이나 동물 등이 기호라는 수단을 통하여 서로 메시지나 정보를 전달하고 수신해서, 서로 공통된 의미를 수립하고, 서로의 의견이나 지식, 경험, 사상, 감정, 태도, 행동 등에 영향을 미치는 과정이나 행동이다."

2) 매스커뮤니케이션의 기능

(1) 미디어 중심의 거시적 분석

Harold D. Lasswel은 The Structure and Function of Communication in Society 에서 매스커뮤니케이션의 기능을 ① 환경 감시 기능, ② 통합 기능, ③ 유산의 전수 기능으로 분류했다.

Charles R. Wrigt는 라스웰의 3기능에 '오락' 기능을 추가하고 2번째 통합 기능을 '해석과 처방'으로, 3번째 사회적 유산 전수를 '사회화'로 했다. 매스커뮤니케이션의 4가지 기능(환경감시, 상관조정, 사회유산 전수, 오락 제공)이 4가지 대상(사회, 개인, 하부집단, 문화체제)에 대하여 미치는 그리고 그 영향이 매스미디어에 의해 미리 의도된 것인지 의도되지 않았던 우연한 것인지에 따라 2가지(현재적 기능 : manifest, 잠재적 기능 : latent) 영향으로 구분, 마지막으로 그 기능을 순기능(function)과 역기능(dysfunction)으로 12개 항목으로 나누어 정리했다.

거시적 입장에서 본 매스커뮤니케이션 기능

① 환경 감시 기능 : 파수견 기능(watch-dog function)-경고 경계적 환경 감시 기능과 도구적 환경 감시 기능(물가시세, 상품소개, 패션정보), ② 사회 문제에 대한 해설 기능 : 의제 설정 기능, ③ 사회 성원들의 사회 통합 기능, ④ 문화 전수 기능 : 사회화 기능, ⑤ 오락 기능으로 분류한다.

(2) 수용자 중심의 미시적 입장에서 본 매스커뮤니케이션 기능

McQuail, Blumer and Brown은 수용자들이 자신들의 현실 도피적 욕구, 대인 관계적 욕구, 개인적 정체성의 욕구, 환경 감시의 욕구를 충족시키기 위하여 매스미디어를 이용하며 매스컴은 수용자들의 이러한 욕구를 충족시키는 기능을 한다고 해석했다.

Rosengren and Windhal은 수용자들에게 새로운 변화, 그 변화의 보상, 현실로부터의 도피, 대리 경험의 욕구를 충족시키는 기능을 한다고 정리했다. 매스컴은 수용자에게 ① 지적 욕구의 충족 기능 : 환경 감시 기능, ② 감정의 자극과 이완 기능 : 오락 기능, ③ 현실 도피적 욕구의 기능, ④ 정체성과 유대감의 충족 기능을 한다.

(3) 사회적 기능

① 일반론 : ㉠ 감시자의 기능, ㉡ 해설자의 기능, ㉢ 교사의 기능,
㉣ 연예인의 기능, ㉤ 광고자의 기능
② 수용자 : ㉠ 즐겁게 한다. ㉡ 강조 역설한다. ㉢ 변화시키거나 설득한다.
㉣ 교육시킨다. ㉤ 지위를 부여한다. ㉥ 활성화한다.
㉦ 무감각하게 만든다. ㉧ 결속시킨다. 윤리적 결속 체계를 형성한다.

(4) 정치적 기능

① 사회 정치 환경을 감시한다.
② 의제 설정, 그날의 주요 이슈를 확정한다.
③ 지식의 강단 주창을 조명한다.
④ 다양한 견해를 토론한다.
⑤ 파워 엘리트의 속성과 권력 유지 메커니즘을 해부한다.
⑥ 시민들이 배우고 선택하고 참여하게 만드는 동원 능력.
⑦ 시민들을 무지하고 무관심하게 만들려는 미디어 밖의 획책에 대한 근본적인 저항.

⑧ 정치적 환경에 대한 감시와 개혁 의지가 있는 시민사회의 동지 후원자로
서의 역할 등 정치적 기능을 한다.

3) 매스커뮤니케이션의 중요성

① 전파성, ② 정보의 원천, ③ 오락의 원천, ④ 토론의 장, ⑤ 구속력 있는
영향력 등이다.

4) 매스커뮤니케이션의 분류

매스커뮤니케이션은 목적, 기호, 사용매체, 상황, 유통방향에 따른 기준으로
다음과 같이 분류할 수 있다.

목 적 : ① 정보적 커뮤니케이션, ② 교육적 커뮤니케이션, ③ 오락적 커뮤니
케이션, ④ 설득적 커뮤니케이션

기 호 : ① 언어적 커뮤니케이션(문자, 구두), ② 비언어적 커뮤니케이션(몸
짓 커뮤니케이션, 촉각 커뮤니케이션, 그림 커뮤니케이션, 그래픽 커뮤니케이션)

사용매체 : ① 매스커뮤니케이션 - 신문, 잡지, 방송 등 대중매체, ② 특수 커
뮤니케이션 - 전화, TV 비디오 등 미디어매체 사용, ③ 대인 커뮤니케이션,
④ 인쇄 커뮤니케이션, ⑤ 전파 커뮤니케이션

상 황 : ① 두 사람 간 커뮤니케이션, ② 소집단 커뮤니케이션, ③ 조직 커뮤
니케이션, ④ 문화 간 커뮤니케이션, ⑤ 국제 커뮤니케이션, ⑥ 대면 커뮤니
케이션, ⑥ 간접적 커뮤니케이션, ⑦ 사적·공적 커뮤니케이션, ⑧ 대인 집
단 커뮤니케이션

유통방향 : ① 일방적 커뮤니케이션 쌍방적, ② 수평적·수직적, 하향·상향
적 커뮤니케이션, ③ 인간 동물, ④ 정치, ⑤ 비즈니스, ⑥ 마케팅, ⑦ 캠페인
커뮤니케이션

5) 매스커뮤니케이션의 특성

첫째, 매스커뮤니케이션은 대중매체, 매스미디어를 사용하고 있다.

둘째, 매스커뮤니케이션은 그 커뮤니케이터가 신문사, 방송국, 통신사 등과
같은 조직체다.

셋째, 매스커뮤니케이션은 불특정 다수의 대중을 그 수용대상으로 삼고 있다.

넷째, 매스커뮤니케이션은 대인 커뮤니케이션과는 달리 그 메시지 내용이 보
편성 내지 대중성을 띠고 있다.

2. 신 문

1) 신문이란 무엇인가

국어사전 : "신문이란 새로운 사건이나 화제 등을 신속하게 보도, 해설, 비
평하여 매일 또는 일정 기간을 두고 전달하는 정기 간행물"로 정의.

신문 등의 자유와 기능 보장에 관한 법률 : "신문이란 정치 · 경제 · 사회 · 문
화 · 시사 · 산업과학 · 종교 · 교육 · 체육 등 전체 분야 또는 특정 분야에
관한 보도 논평 여론 및 정보 등을 전파하기 위해 동일한 제호로 월 2회
이상 발행하는 간행물로 다음 각 항목의 것을 말한다."고 정의. 일간신문,
특수일간신문, 외국어 일간신문, 일반주간신문, 특수주간신문.

협의의 신문 개념 : 협의의 신문 개념은 Newspaper다. 광의는 신문지를
매체로 사용하는 커뮤니케이션 현상이다. 신문은 문화적 소산이며 사회생
활의 현상이다. 언제나 새롭고 움직이고 있는 사회를 나타낸다. 신문은 사
회의식의 표현이다.

종합적인 정의 : 신문은 매스커뮤니케이션의 한 형태로 신문사라는 조직체
가 뉴스나 정보를 수집, 처리, 제작하여 신문지라는 대중 매체를 통하여 독
자들에게 정기적으로 제공, 그들의 정신적 욕구를 만족시켜 주고, 그 대가
를 받는 공공성과 기업성을 함께 지닌 커뮤니케이션 활동이다.

2) 신문의 특성

(1) 독일 신문학자 Otto Groth(그로트)가 제시한 신문의 특성적 기준 5가지

① 신문은 정기적으로 간행되어야 한다.

② 기계적인 방식, 혹은 전자적인 방식을 통한 복제가 이루어져야 한다.

③ 특정 계층만이 아니고 불특정 다수가 이용할 수 있어야 한다.

④ 다양한 내용을 담고 있어야 하며 소수의 선택된 그룹에 국한되지 않고 모두가 관심을 갖는 공적인 내용을 담고 있어야 하며 시의적(時宜的)이어야 한다.

⑤ 지속적으로 발행되어야 한다.

(2) 朴有鳳가 제시한 신문의 특성 4가지

① 현실성(現實性) : 신문은 최신의 현재 현상을 최단의 규칙적인 연속 형식으로 가장 광범한 공중에게 중계 전달하는 것, 신속한 보도, 소재 - 새로이 관심을 끌게 하는 것, 부패하기 전에 소비해야 한다.

② 공시성(公示性) : 공중을 형성 파악하는 힘이 신문의 사회적 기능을 수행하는 기본적 요인이다. 한 개인의 관계성을 떠나서 공중에게 동일한 내용을 전달하는 특성이 있다.

③ 정기성(定期性) : 일정한 간격으로 발행된다.

④ 기록성(記錄性) : 그날의 세계 역사이다.

(3) 쇼펜하우어 : 신문을 세계사의 초침이라고 했다.

(4) 영국의 신문왕 노스클리프(Northcliffe) 경 : 신문을 사 보는 것은 호기심과 습관 때문이다.

(5) 車培根

① 재독(再讀) 가능성(reviewability), 예독(豫讀) 가능성(previiewability)이 높다.

② 선별적(選別的) 접근성

③ 배포범위 무제한성

④ 전달메시지 무한대

3) 신문의 기능

(1) 전통주의적 시각

① 보도기능, ② 지도기능, ③ 오락기능, ④ 광고기능

(2) 현대 신문의 기능

① 진실 보도의 기능 : 진실하고, 알기 쉽고, 지성 있게 나날의 사건을 보도
하여야 한다.
② 논평과 비판을 교환하는 광장으로서의 기능 : 여론 수렴의 장, 지도 기능
해설 기능, 속보성 기능

(3) 정보 사회화 시대에는 인쇄 매체의 특성을 살려 지도 기능과 해설 기능 및
심층 보도 기능이 부각되고 있다. 인터넷신문의 경우 속보성에서 다른 매체
에 비해 속보성이 경쟁력이 있다고 보인다

(4) 매스미디어 중심의 거시적 · 미시적 분석과 정치 사회적 기능

① 미디어 중심의 거시적 분석
  ㉠ 사회에 대한 감시 기능 : 환경 감시 기능은 사회에서 일어나는 모든 일
    들에 대한 뉴스의 보도나 정보의 제공을 말하는 것으로, 이는 정부나 사
    회의 잘못을 감독하는 파수견 기능(watch - dog function)보다 광의의 개
    념이다.
    경고 경계적 환경 감시 기능(warning or bewaring surveillance)과 도구적
    환경 감시 기능(instrumental surveillance)으로 나누어 볼 수 있다. 전자
    는 태풍, 화산 폭발, 경제적 위기, 무력침략, 후자는 물가 시세, 새 상품
    소개, 패션 정보
    보도의 신속화를 위한 매스미디어들 간의 지나친 경쟁으로 보도의 부
    정확성, 왜곡 보도, 그릇되게 전달, 과잉 정보 전달, 지나친 경고, 대중
    을 마취시켜서 사회에 대한 무관심이나 냉담감을 조장, 불안감 야기 등
    역기능도 한다.

ⓛ 사회 문제에 대한 해설 기능 : 환경 감시 기능이 주변 환경이나 사건에 관한 사실이나 자료만을 단순히 제공만 해 주는 것인 데 반하여 해설 기능은 그러한 사건들의 궁극적 의미(ultimate meaning)와 중요성(significance)에 대한 정보나 의견을 제시해 주는 것이다. 논설·논평·해설·만평·음악·미술·연극·비평·해설 기능은 뉴스의 취재 선택이다. 뉴스의 선별이나 등급화를 통해서 해설 기능을 수행한다. 의제설정 기능(agenda setting function)도 해설 기능이다. 해설 기능은 사건이나 이슈에 대한 정확한 판단을 해서 현명하게 대처할 수 있게 한다. 올바른 여론을 조성하고 환기시켜서 그 문제들을 해결할 수 있게 만들어 준다. 그러나 선전·선동적인 해설 기능은 대중의 비판적 사고 능력을 약화시키는 역기능도 한다.

ⓒ 사회 성원들의 사회 결합 기능(linkage function) : 직접 연결되어 있지 않은 사회 성원들을 결합해 주는 기능이 있다. 공통된 유대감이나 생각을 공유케 하고 행동을 같이하게 만드는 것도 사회 결합 기능의 하나다. 역기능 국수주의

ⓔ 문화 전수 기능 : 한 세대에서 다음 세대로 문화적 유산의 전수 넓은 의미로는 지식·기술·가치관 등을 포함한 모든 사회적 유산의 전수뿐만 아니라 지역 국가 간의 전수·전파까지 의미한다. 새로운 사회 성원들에 대한 사회적 규범이나 가치관의 전수도 중요한 기능이다. 따라서 문화 전수 기능을 사회화 기능이라고도 한다.

ⓜ 오락 기능 : 고급문화의 대중화 교양, 사회 규범 강화, 외래문화 무분별 전파 역기능

② 수용자 중심의 미시적 분석

ⓐ 인지적 욕구의 충족 기능 : 환경감시 기능 외에 지식욕·탐구욕

ⓛ 감정의 자극과 이완 기능 : 오락 기능

ⓒ 현실 도피적 욕구의 기능

ⓔ 정체성과 유대감의 충족 기능

③ 신문의 사회적 기능

ⓐ 일반론 : ⓐ 감시자의 기능, ⓑ 해설자의 기능, ⓒ 교사의 기능, ⓓ 연예인의 기능, ⓔ 광고자의 기능

ⓛ 수용자 : ⓐ 즐겁게 한다. ⓑ 강조 역설한다. ⓒ 변화시키거나 설득한다. ⓓ 교육시킨다. ⓔ 지위를 부여한다. ⓕ 활성화한다. ⓖ 감각하게 만든다. ⓗ 결속시킨다. ⓘ 윤리적 결속 체계를 형성한다.

④ 신문의 정치적 기능

　㉠ 사회 정치 환경을 감시 의제설정, ㉡ 그날의 주요 이슈 확정, ㉢ 지식의 강단 주창 조명, ㉣ 다양한 견해의 토론, ㉤ 파워 엘리트의 속성과 권력 유지 메커니즘 해부, ㉥ 시민들이 배우고 선택하고 참여하게 만드는 동원 능력, ㉦ 시민들을 무지하고 무관심하게 만들려는 미디어 밖의 획책에 대한 근본적인 저항, ㉧ 정치적 환경에 대한 감시와 개혁 의지가 있는 시민 사회의 동지 후원자로서의 역할

신문의 중요성에 대한 이론은 다양하다

① ㉠ 전파성, ㉡ 정보의 원천, ㉢ 오락의 원천, ㉣ 토론의 장, ㉤ 구속력 있는 영향

② ㉠ 오락 강화, ㉡ 변화 / 설득, 교육, ㉢ 현상에 대한 논의, ㉣ 활성화, ㉤ 마취, ㉥ 연대감 형성, ㉦ 윤리성 부여

③ Michael Gurevitch and Jay G. Blumer는 8가지로 정리했다.

　㉠ 정치 / 사회적 환경 감시

　㉡ 의미 있는 아젠다 설정, 그날의 주요사건 지정

　㉢ 지성의 토론장, 지지하는 바를 밝히기

　㉣ 다양한 관점에서 대화

　㉤ 관료가 스스로 권력을 행사하는 방법에 대해 생각하도록 억제하는 메커니즘

　㉥ 시민들이 알고, 선택하고 관심을 갖도록 하는 인센티브

　㉦ 미디어의 독립성을 소멸시키는 외부압력에 대한 근본적인 저항력

　㉧ 스스로가 처한 정치적 상황에 대해 관심을 갖고 그것을 이해할 수 있는 잠재성이 있는 존재로 보는 독자에 대한 존중감

4) 신문의 역사

신문은 대중매체 중에서도 제1세대 대중매체에 속한다. 근대적 신문이 등장하기 이전 신문을 원시신문, 유사신문, 준신문, 신문유사물 등으로 불렀다. 유사신문 중 가장 오래된 유사신문으로 로마 제국시대의 석고판 신문이다. 관보적 성격의 악타 푸블리카, 악타 세나투스를 든다. 근대 신문은 종이 잉크 인쇄기술 등의 과학적 기술에 힘입어서 탄생한 것이다. 필사신문에서 인쇄신문으로의 발전에는 종이 제조술과 인쇄기술의 발전이 뒷받침된 것이다. 부정기신문에서 정기신문으로 발전하고 소량시스템에서 대량 인쇄시스템으로 발전하는 데는 도로교통, 통신수단의 발전에 힘입은 것이었다.

십자군 원정으로 상품 수요가 생겨 상인들은 정보를 주고받기 시작했다. 편지 말미에 적어 넣는 추신을 통해 정보를 교환하고 있었다. 이것이 서한신문의 효시다. 이러한 변화와 수요 발생에 착안해서 공급의 필요성을 느끼고 등장한 것이 필사신문이다. 구텐베르크의 활판 인쇄술 발달은 대량 인쇄 시대를 가능케 했지만 검열 허가 통제의 역사도 시작됐다. 교황청은 언론을 인간을 타락시키는 유혹자로 규정하고 금서 목록을 내놓고 통제했다. 가톨릭은 비오 11세(1922~1939)까지 언론은 검열 대상이었다. 비오 12세(1939~1958)가 자연법의 목록에 언론의 자유로운 의사 표시 권리를 포함시켜 언론자유를 인정했다.

주간신문 일간신문으로 발전하는 동안 신문에 대한 통제 방식도 발전했다. 영국에서는 인쇄 출판에 대한 사전 검열을 규정한 사전 허가법이 1662년에 제정되었다. 1695년에 폐지되지만 1712년에는 인지세법이라는 언론 통제 수단이 대신 등장한다. 1688년 영국의 명예혁명 1776년 미국의 독립선언 1789년 프랑스 대혁명으로 언론자유도 보장받는다. 18세기에는 새로운 뉴스 필자가 대거 등장한다. 다니엘 드 포우, 조나단 스위프트들이 정치적 에세이스트로서 활약했다. 대중신문이 보급되기 전 정파신문 시대가 있었다. 정파신문은 정파에서 직접 제작하거나 재정 지원을 통해 정치적 입장을 펼치는 신문이다. 염가신문의 등장은 정파신문 시대가 끝나 가고 있음을 의미하는 것이다. 염가신문 시대는 경쟁의 치열함과 객관주의 언론 보도가 강조되고 객관적 뉴스 보도를 지향하는 시대가 되었음을 알리는 것이다. 한편 미국에서는 1791년 12월 "의회는 언론 출판의 자유를 제한하는 어떠한 법률도 제정할 수 없다고”고 규정한 미국연방수정헌법 제1조가 제정됐다.

(1) 근대 이전의 신문

대중신문은 산업 혁명이 가속화되던 19세기 중반 이후에 등장한 매체다. 근대 신문이 등장하기 전에 있었던 것들을 학자들은 원시신문, 유사신문, 준신문, 신문유사물 등으로 불렀다. 유사신문 중에서도 가장 오래된 것으로 제정 로마시대 석고판 신문을 들 수 있다.

① 고대 사회의 커뮤니케이션 현상

로마 귀족은 정치·경제·사회 문제 또는 신기한 사건에 대해 노예에게 수집하여 보고하게 했다. 이 뉴스의 수집과 보고는 직업적으로 이루어졌고 노예가 손으로 써서 공급하게 했다. 노예 신문 기자 시대라고도 한다. 그러나 독일 신문학자 칼 뷔허는 로마 제국시대 시저가 정치 선전 도구로 사용한 악타세나투스, 악타, 듀르나, 포푸리, 로마니를 최초의 신문으로 보고 있다. 석고판에 문자를 새겨 일반 시민에게 공시한 일종의 방문(榜文)으로 원로원과 평민원의 의결사항, 군대의 동정, 국민제에 대한 보고사항 등을 수록했다. 필사되어 지방청이나 군대 등에 보내어 일반 시민에게 읽혔다. 악타세나투스는 시이저 사망 후 사라졌으나 악타, 듀르나는 로마제국 멸망 때까지 존속하였다. 동양에서도 조정이 지방 제후들에게 보낸 저보(邸報)가 한·당·송·청대까지 발행돼 뉴스 전파 구실을 했다. 청대에는 경보(京報)로 개칭했다. 한국에서도 고구려 중원비, 신라 진흥왕 순수비가 비슷한 성격의 공시였다.

② 서한신문(書翰新聞)과 필사(筆寫)신문

11세기 말 편지 형태의 문자 신문이 나타난다. 상인들의 상업 통신에서 비롯된 것이다. 1096년 십자군전쟁이 발발하자 군수품 상인들이 이스라엘 등지의 지점에서 본사로 보내는 상용 편지 말미에 추신 형식으로 전황을 적어 보낸 것이 서한신문의 효시다. 이태리 베네치아는 전수품 등을 전달하는 중심지였다.

이 서신에 먼저 상거래에 관한 상황을 쓰고 별항에 십자군전황을 써 보냈다. 이 별항의 머리 부분에 노벨라(Novelle Novela)라는 표제를 붙였다. 이 노벨라(Novela, 즉 뉴스)가 점차 일반인들에게도 배포되고 14세기에 공적인 성격을 띠게 된 아비시(Avvisi)로 발달했다. 이것은 외국 사정에 관한 중요한 정보원이 되었다. 직업적인 통신업자가 나타나서 이를 필사 복제하여 수요자들에게 판매했다. 13세기 영국에도 필사신문이 나타났다. 프랑스에서도 시중 잡보, 스캔들, 이야깃거리, 일기까지 보도되었고, 대중들로부터 호응을 받게 되어 15세기 중엽에는 필사신문이 기업이 되었다. 대규모 공개적 보급 판매를 최초로 시작한 필사신문은 1536년 이태리 베니스에서 발행된 가제트(Gazette)였다. 16세기 독일에서도 필사신문 푸거 짜이퉁겐(Fugger Zeitugen)이 나타났다. 국립도서관에 보관 중인 푸거 짜이퉁은 거상이었던 푸거 가문이 제작하고 그 후대가 수집한 300여 종의 필사신문으로서 황실 및 제후의 동정, 관공서 사절의 보고, 재판 기록, 여행기, 물가 시세, 새로운 상품 등 다양한 내용을 담고 있다. 그 무렵 프랑스에서도 Nouvelles a la Main이라는 필사신문이 나왔으나 정부의 비밀주의를 여러 차례 비판하여, 정부로 부터 심한 탄압을 받았다. 장사꾼들의 정보 수집을 위해 등장한 신문이었다. 필사신문은 구텐베르크가 발명한 활판 인쇄술을 이용 부정기 인쇄 신문으로 발전하게 된다.

(2) 근대적 신문

최초의 인쇄신문은 15세기 독일에서 나온 풀루크 블라트(Flug blatt)였다. 인쇄된 부정기의 속보 신문이다. 서점이나 가두에서 판매했다. 국내 뉴스보다 외국 뉴스를 많이 실었다. 콜럼버스의 아메리카 발견 브라질 탐색기가 풀루크 블라트에 게재됐다. 황제, 교황, 전쟁, 외교 등 기사가 많았고 천재지변, 형벌에 관한 것이 그 다음이었다. 발행자는 인쇄업자 조각사였고 필진은 승려, 학자, 우편국장 등이었다. 이 부정기 인쇄신문은 이태리, 네덜란드, 스페인, 프랑스, 영국으로 번져 갔다. 영국의 뉴스쉬트(News sheet), 이태리의 레라치온(Relation), 프랑스의 누벨(Nouvelle), 디스쿠르(Discours) 등을 꼽을 수 있다. 풀루크 블라트와 거의 같은 시기에 루터가 만든 풀루크 슈리프트(Flug Schrift)가 출현한다. 이것은 종교 개혁에 관한 논평과 주장을 실은 선전 문서였다. 인쇄술 발달과 뉴스 수요가 급증하여 정기 발행 신문이 나왔다. 세계 최초의 주간 인쇄신문으로 알려진 레라치온이 하이델베르크 도서관에 보관돼 있다. 네덜란드에서는 영자신문 쿠란트, 프랑스에서는 스의카젯트, 영국에서는 위클리 뉴스 등의 주간지들이 속출했다. 17세기 근대적 우편제도가 실시되어 일간 신문을 배달할 수 있게 되었다. 독일 스이프치히에서 1660년 창간된 최초의 일간지 스이프찌거 자이퉁을 선두로 프랑스의 쥬르날 드 파리(1777), 영국의 데일리쿠란트(1702), 미국의 펜실베니아 이브닝 포스트 앤드 데일리 애드버타이저(1783) 등이 창간되었다. 1785년 창간된 영국의 The Times는 불편 부당을 표방하고 나서 신문의 정도를 제시하고 명성을 얻었다. 18세기에 근대적 신문의 성립을 보게 된 것이다. 18세기에 저널리스트라 할 수 있는 뉴스 필자가 대거 등장했다. 다니엘 드 포우, 조나단 스위프트, 볼테르 루소 등이 문필가로 활동했다. 미국 신문의 초기 역사에서 뉴욕총독 코스비가 독일계 이민인 젱거가 발행한 위크리 저널에 기고한 글이 총독을 비방한 것이라 하여 발행인을 투옥하고 신문을 정간시킨 언론탄압 사건이 일어났다. 1735년 피터 젱거 사건은 해밀톤의 변론으로 무죄가 되어 미국 언론자유 쟁취 역사의 한 페이지가 되었다. 해밀톤은 "진실을 말할 권리는 자유인의 권리다. 훼손죄는 훼손의 사실만으로가 아니고 그 사실이 진실인가에 의하여 판정되어야 할 것이며. 진실을 위한 것이라면 무죄다."라고 주장했다. 1791년 미국 의회는 "의회는 언론 출판 자유를 제한하는 어떠한 법률도 제정할 수 없다."고 규정한 미국 연방 수정헌법 제1조를 제정했다. 공화파와 연방파 간에 비방전이 전개되는 정파신문 시대가 열리고 노동자를 위한 페니신문 황색신문시대를 거쳐 현대 신문으로 발전했다.

(3) 현대 신문

19세기 들어와 자유주의 사조를 배경으로 근대적 신문이 발전하였다. 1851~1860년간에 독일에서만 400여 개의 신문이 나왔다. 그러나 이 시기 신문 중에는 정파론적 성향을 띤 것이 적지 않아 대중을 위한 것이 아니라 주장과 정당을 위한 신문이었다. 미국에서도 19세기 초까지 이른바 정파신문이 판을 쳤다. 뉴스보다 정치적 견해를 주장하는 데 주력했다. 1833년 벤자민 데이의 penny paper New York Sun이 성공을 거두자 다른 신문들도 이를 모방하여 대중신문 시대로 돌입하게 되었다. 그러나 대중성을 빙자, 선정적 내용이 지면을 도배하는 황색

신문이 크게 유행했다. 허스트(뉴욕저널)와 퓰리처(뉴욕월드)의 부수 경쟁 과정의 선정주의를 워드만이 Yellow Journalism이라고 비판했다. 뉴욕타임스(1851), 워싱턴포스트(1877), 크리스천사이언스모니터(1908) 등 건전하고 독립적인 권위지들이 점차 황색지들보다 대중의 호응을 받게 됨으로써 자연히 황색신문은 사라지게 되었다.

5) 우리나라 커뮤니케이션의 발달

한국의 커뮤니케이션 발전 역사는 청동기시대 유적에서부터 찾아볼 수 있다. 천전리 암각화에는 청동기시대 이곳에 정착했던 고대인은 사슴, 원형 등을 조각하여 사유를 전했으며 화랑들의 기록도 보인다. 진흥왕순수비, 광개토왕비, 단양적성비, 중원고구려비, 대원군의 척화비 등은 지배자의 홍보를 표시한 매스커뮤니케이션 활동이다. 고려 때 출간된 삼국유사 권2 수로(水路)부인조에 보면 "여러 입은 쇠도 녹인다."며 여론의 힘을 강조하고 있다.

성덕왕(702~737) 때 순정공이 강릉 태수로 가다가 바닷가 정자에서 점심을 먹는데 용이 홀연히 나타나 수로 부인을 끌고 바다로 들어갔다. 공이 기절하여 땅을 치나 아무 방법이 없었다. 한 영감이 옛사람 말대로 "여러 사람의 입은 쇠도 녹인다 하였으니 지금 바다짐승도 어찌 여러 사람의 말을 두려워하지 않겠습니까. 당장 이 경내 백성들을 불러 노래를 지어 부르게 하며 몽둥이로 언덕을 두드리면 부인을 볼 수 있을 것입니다."라고 말해 공이 그대로 했더니 용이 바다에서 부인을 데리고 나와 바치었다고 한다. 이때 부른 해가(海歌)의 가사는 "거북아, 거북아, 수로부인을 내놓아라, 남의 부녀 약탈한 죄 얼마나 크다 할까. 네가 만약 아니 내다 바치면, 그물로 잡아내어 구워 먹으리."

삼국사기 신라조에 나오는 대간제도는 고려시대에 체계화되어 조선시대에 언관제도로 발전, 현대 언론의 환경 감시 기능과 견제와 균형의 정치적 기능도 했다. 1498년 ≪성종실록≫ 편찬 때 김종직이 쓴 <조의제문(弔義帝文)>(중국 진(秦)나라 때 항우(項羽)가 초(楚)의 의제(義帝)를 폐한 것과 단종을 폐위, 사사한 사건을 비유해 은근히 단종을 조위한 글)을 문제 삼아 김종직을 대역죄로 부관

참시(剖棺斬屍)하고, 김일손, 권오복, 권경유, 이목 허반 등이 세조를 무록(誣錄)했다는 죄명으로 능지처참(凌遲處斬)했다. 언론과 정치권력의 충돌이다. 조선시대 언로의 중심이었던 전랑은 3공 6경을 견제하고 왕까지 진절머리를 했던 사헌부·사간원·홍문관 언론 3사의 인사권을 쥐고 있었다. 전랑의 정3품 통정대부 이하의 관리를 추천하는 당하관 통청권과 전랑자대권은 전랑이 재상에 버금가는 권위를 가지게 했고 사헌부·사간원·홍문관 관원을 통솔하는 기반이 되었다. 전랑은 3사를 중심으로 한 신진사류의 영수이며 언론의 주재자였다. 3사는 사림정치의 중심이었다. 전랑이 아젠다 설정의 본체였다. 당쟁이 심화될 때 전랑직을 차지하기 위한 싸움도 격화되었다. 전랑의 당하관 통청권과 전랑자대권을 숙종 영조가 무력화시키자, 조선조 사림정치의 견제장치가 마비되고 김씨 일당 독제의 세도 정치로 조선왕조는 망했다. 1685년(숙종 11년) 전랑이 후임자를 스스로 정하는 자대권이 폐지되고 1741년(영조 17년) 통청권까지 폐지되어 언론의 주재자 전랑의 영향력은 박탈되었다. 영조는 전랑의 인사권을 빼앗고, 서원 정비도 단행했다. 소위 탕평책을 선택해 왕권을 강화한 영조는 효율적인 통치를 했으나 정조 다음 순조 대에 안동김씨가 정권을 장악하였을 때, 언론 삼사의 언로가 마비되어 국정이 문란해지고 나라는 기울기 시작한다. 당파적인 언론의 모순이 정치의 효율성을 떨어트리긴 하지만 그렇다고 언론을 죽이자 체제자체가 붕괴되었다. 조선 후기에는 언론을 사문난적으로 몰기도 했다. 관보적 성격의 승정원 발행 조보(朝報)가 고종 31년(1894)까지 발행되었다. 선조 때 민간 조보도 잠시 발행된 일이 있었다. 민간의 커뮤니케이션 수단으로 벽서(壁書), 방서(封書), 사발통문(沙鉢通文), 상소(上疏) 등이 있었다.

한국인에 의한 최초의 근대적 신문은 1883년 창간된 한성순보(漢城旬報)였다. 갑신정변으로 박문국이 불타 버려 1년 만에 폐간됐다가 3년 뒤 한성주보가 복간되었으나, 1888년 박문국 폐지로 문을 닫았다(1881년 부산에서 일본인들이 일문으로 제작한 '조선신보'가 먼저 나왔다). 1896년 4월 7일 독립신문이 창간되었고 근대적 민간 신문이 생겼으며, 1898년 뎨국신문, 황성신문 등이 창간되어 근대적 커뮤니케이션 시대를 열었다. 1920년대는 조선, 동아, 시대신문 – 시대일보 – 중외일보 – 중앙일보 – 조선중앙일보의 3민간지 시대였고, 일제(日帝)는 37, 40년에 이들을 폐간하였다. 해방 후 신문이 속간되었으나 좌우 싸움의 도구가 되기도 했다. 한국일보 창간은 상업지의 등장이었으며 65년 삼성의 중앙일보 창간으로 신문 기업에 변화가 생겼다. 80년 통폐합 이후 지속되던 카르텔이 무너지고 90년 자율 경쟁 체제로 돌입하면서 증면 경쟁, 매체 환경 변화 등으로 한국·경향·동아 등이 큰 타격을 받았다. 그러나 기사 선별 기준이 다소 바뀌고 편집국 체제가 팀제로 개편되는 듯했으나 아직도 구태의연하다. 90년대 후반 문화일보의 고급지 지향과 오피니언 정착은 특기할 만하다. 북한신문은 노동당과 그 외각 단체 및 정무원 산하기관이 내는 기관지다. 약 90만 부를 발행하는 로동신문은 하루 6면 나머지 신문은 6면 내지 4면이다.

6) 20세기 매체 환경의 변화와 신문

(1) 매체 환경의 변화와 미디어

정보통신 기술의 눈부신 발전에 따른 매체 환경의 변화와 오랜 동반자 관계였던 정치권력과의 갈등, 수용자(독자)의 변화 등으로 지금 한국 신문은 개혁과 대전환의 압력을 받고 있다. 그러나 매스미디어 가운데 가장 오랜 역사를 갖고 있는 신문은 환경 감시 기능과, 사회 규범을 강화하고 합의를 유지시키는 사회 통합 및 상호 연결 기능, 정보 및 가치 규범을 전달하는 문화 전수 기능 등 미디어의 기본 역할을 충실히 하고 있다. 끊임없이 새로운 토론 의제를 발굴하며 더 나은 사회를 추구하며 역동적인 사회에 새 뉴스를 제공하고 있는 신문은 영상 매체의 신속함과 화려함에는 미치지 못하나 여전히 지배적인 매체다. 현대의 대의 민주주의 체제하에서 신문은 가장 강력한 정치적 영향력을 갖고 있으며 우수한 인력이 종사하고 있어 당분간 신문은 그 영향력을 유지할 것이다. 미국 신문이 정당 대변지로 진실보다는 정파싸움에 이용되었던 시대를 뛰어넘고 20세기 매체 환경 변화의 충격을 잘 넘긴 것처럼 한국 신문도 이 대전환의 시기를 잘 넘길 것으로 본다. 21세기에 들어서 언론 환경의 변화로 기자의 역할도 달라졌다. 20세기 후반부터 시작된 정보 통신 혁명의 충격 때문이다. 컴퓨터와 인공위성으로 상징되는 정보와 통신 혁명은 디지털과 인터넷 기술로써 언론 매체를 크게 바꾸어 놓았다. 신문 제작에 컴퓨터가 도입됨으로써 신문 인쇄와 기사 작성이 전자화된 것은 80년대부터지만 기술 발달은 인터넷 뉴스의 등장으로 그 후 가속화했다. 미국텔레비전의 경우 ABC, CBS, NBC 등 5개 공중파 네트워크 체제에서 케이블 체제로 바뀌고 있다. 한국도 케이블 TV 시청자가 늘고 영향력이 확대되고 있다. 개인용 컴퓨터를 사용하는 시간이 텔레비전 시청 시간을 빼앗기 시작했다. 사용자 중심의 새로운 멀티미디어 커뮤니케이션 환경으로 급속하게 이동하고 있다. 대량의 수용자에 맞춘 내용물에서 특정 집단이나 개인을 대상으로 한 내용물로 변하고 있다. 하이텔, 천리안 등 PC통신 같은 온라인 서비스에 가입한 숫자가 기하급수적으로 늘고 있고 많은 컴퓨터들을 연결하는 인터넷의 보편화로 E-mail 웹사이트 사용이 늘어 그 역기능까지 지적되고 있다. 이 같은 매스미디어 환경의 변화로 지식과 정보는 도서관보다도 인터넷을 통한 사이버공간 내 상호 연결된 정보들 속에서 큰 변화를 가져왔다. 이처럼 매체 환경의 변화는 매스커뮤니케이션의 효과 이론 등에 대해서도 기존 이론과 다른 다각적인 접근을 불가피하게 한다.

(2) 새 매체 등장과 기사 취재 방식 변화, 쌍방향 의사소통과 독자 참여

인터넷 뉴스의 등장으로 누구나 원하는 시간에 원하는 뉴스를 개별적으로 서비스를 받을 수 있다. 과거처럼 신문이 오기를 기다리거나 텔레비전 뉴스 시간을 굳이 기다릴 필요가 없고 놓친 뉴스도 인터넷 신문이나 인터넷 방송을 통해 볼 수 있다. 국회 본회의 장관 해임안 처리 과정을 케이블 TV로 시청하고 간접 취재할 수 있다. 기존 신문에서 운영하는 인터넷 신문에는 기자들의 기사를 수시로 업데이트하기 때문에 새 뉴스를 볼 수 있다. 인터넷 시대를 맞아 기자들의 취재 보도 방식에도 큰 변화가 일어났다. 인터넷으로 새 정보를 얻고 이메일로 취재원과 인터뷰도 한다. 신문 독자나 TV 시청자가 일방적으로 제공되는 뉴스를 보기만 하던 구매체와는 달리 신매체에서는 이용자가 기자에게 질문하고 의견을 말하고 토론할 수 있다. 홈페이지를 개설한 기자에게는 취재에 유용한 정보가 들어온다. 새 정보가 쌍방향성이라는 매체적 특성으로 독자가 참여하는 것이다. 멀티미디어 시대에 모든 기사는 하나가 텍스트로 콘텐츠에 입력되어 다른 매체에도 이용된다. 언론사가 종합 미디어 기업으로 산하에 여러 매체가 있기 때문이다. 기자는 취재할 때 사진도 찍고 비디오로 녹화도 할 줄 알아야 한다. 기자들의 다기능 시대가 온 것이다. 인터넷 시대에는 누구든 기자다. 인터넷의 보급으로 정부 부처, 기업 단체, 개인 등이 인터넷 홈페이지를 운영함으로써 누구나 보도 매체를 통하지 않고도 뉴스를 직접 독자에게 전달할 수 있다. 앞으로 직업적인 기자는 탐사 보도와 심층 분석 해설 기사를 통해 정보의 바다 속에서 뉴스를 선별하고 해석하고 의미를 부여하는 전문가가 되어야 한다. 그것이 인터넷시대 직업 기자와 아마추어 기자의 다른 점이다. 그러나 이러한 대변화 과정에 아직도 언론을 정치 선전·선동의 도구로 이용하려는 구태의연한 정치권력과 스스로 앞잡이로 활동하는 언론인이 없다고 단언할 수 없는 것이 한국언론의 문제이다.

7) 커뮤니케이터로서의 신문사의 특성 — 뉴스 취재보도를 위한 조직

(1) 공공성을 지닌 사회봉사 기관

신문사는 공공성을 지닌 사회봉사 기관이다. 사회의 파수꾼으로서 사회 환경을 감시하고, 그에 관한 뉴스와 정보들을 전달해 주는 보도 기능을 담당한다. 해설이나 논평을 통하여 대처 방안을 제시해 주는 지도 기능도 담당한다. 오락 기능, 광고 기능도 한다. 신문사는 정보 유통 통로를 관장하는 수문장이기도 하며 의제설정(the agenda setting function) 기능도 한다. 신문사는 정부와 권력 집단에 대한 감시자(watchdog)로 때로는 저항자(antagonist)로서 사회의 부정부패와 부조리를 고발한다. 그리고 사회 환경을 정화시키며 국민을 계도하고 문화를 전수 발전시키면서 사회 이익을 위하여 봉사하는 공공성을 지닌 기관이다.

(2) 이윤을 추구하는 기업 조직

그러나 신문사는 사회에 봉사하는 공공기관인 한편 이윤을 추구하는 기업 조직이기도 하다. 사상의 자유시장(free market place of ideas)원리에 의해 정부에 대한 비판을 포함한 여러 가지 의견을 자유롭게 표현할 수 있는 다양한 논조의 신문이 존재하려면 신문사는 민간인에 의해 자유 기업으로 운영되어야 한다. 신문은 본질적으로 하나의 자본적 기업이다. Jeremy Tunstall은 신문사의 이러한 이중성을 수익 목표(revenue goal)와 비수익 목표(non revenue goal)로 구분한다. 전자를 판매 및 광고 수입 올리려는 것으로 후자를 권위 사회적 힘이나 영향력, 도덕적 목적 등을 발휘 또는 성취하는 것으로 보았다.

Denis McQuail은 공리적 요소(utilitarian factors)와 규범적 요소(normative factors)가 혼합된 조직이라고 보았다. 그러나 턴스탈과 맥퀘일은 공히 신문사의 조직 목표가 뚜렷하게 정형화된 명시적 설계가 아님을 지적하고 있다. 턴스탈은 관례화되지 않은 관료주의(non-routine bueaucracy)라고 했고 맥퀘일은 조직 목적의 애매성(ambiguity of organizational purpose)을 지적했다. 경영진과 편집진의 이중 구조가 문제가 되고 있다.

(3) 전문인(專門人)들로 구성된 전문조직

공공성 기업성과 함께 전문성을 지닌 전문조직이다. 신문사 조직이 만드는 제품은 시의성과 창조성이 요구된다. 그래서 고도의 전문성 직업규범 조직력과 협력 체계가 필요하다. 그러나 요즘 신문은 더 이상 전문조직이 아니다. 기업과 행정부가 전문 요원으로 충원되는 데 비해 신문은 전문성이 결여되고 있다는 지적을 받는다. 그리고 신문들은 점차 상업화되고 그 조직도 커지면서 경영진의 힘은 커지고 전문직인 편집자와 기자들은 점차 수동화되어 신문사가 관료 조직화되는 경향이 심화되기 때문이다. 언론인이 전문가(professional)라는 특성을 인정을 받기 위해서는 부단한 노력이 있어야 한다.

① 자기 전공 분야에 관한 체계적인 지식과 기능(expertise), ② 소속 집단의 윤리나 규범에 의한 자율적 규제 아래 자신의 직무를 스스로 판단해서 수행하는 자율성(autonomy), ③ 개인적 이익이나 보수보다는 사회의 공공 이익에 봉사하면서 그러한 일 자체에 만족하는 소명의식(commitment), ④ 자신에게 부여된 사회적 직무상의 책임을 끝까지 수행하는 책임감(resonsibility) 등을 갖추려고 노력해야 한다. 의무감이 따르는 명예가 주어지는 것이다. 업무 영역에 관련해서 전문 지식이 필요하고 언론이 미치는 영향력과 관련해서 사회적 책임이나 윤리 의식이 필요하다.

(4) 신문사의 체제-조직

신문사 조직에는 세 가지 직급이 있다. 기자 및 제작진과 신문사 운영과 관련된 구체적 지원 업무를 담당하는 일반 직원이 있다. 중간 단계의 부장 관리자가 있고 그 위에 경영진이 있다. 편집, 제작, 영업 세 부서로 크게 구분된다.

① 북한과 남한, 미국 신문사의 형태와 조직

　　㉠ 북한은 당이나 정부의 기관지다. 노동당 신문은 노동당 중앙위원회 선전
　　　선동부에 소속되어 책임주필이 최고 결정권자다. 그 아래 3명의 부주필
　　　이 있고 이들 밑에 논평원, 편집국장(교정부, 편집부), 재정경리부, 10개
　　　취재부(공업부, 당생활부, 당력사교양부, 농업부, 남조선부, 국제부, 과학
　　　문화부, 혁명교양부, 대중사업부, 사진보도부)를 두고 있다.

　　㉡ 미국의 경우는 모든 신문사들이 민간 기업으로 운영된다. 소유형태는 개
　　　인 소유의 단독 기업과 집단 소유의 공동 기업으로, 그리고 공동 기업은
　　　다시 주주 법인 종업원 소유 등의 기업 형태와 소위 기업집중이라고 부
　　　르는 체인 공동 수직적 소유 형태 등으로 나누어 볼 수 있다. 미국 신문
　　　의 편집국은 부서보다 사람을 중심으로 조직되어 있는 것이 특색이다.
　　　중소 신문사들은 사회부장만이 취재 기자들을 거느리면서 소재 지역의
　　　뉴스를 취재하며 나머지 부서들에서는 각종 통신사나 신디케이트에서
　　　보내온 기사로 신문을 만든다.

　　㉢ 한국 일간 신문사의 일반적 조직 구조는 사장, 전무, 상무 밑에 편집국,
　　　공무국(제작국), 광고국, 판매국, 총무국, 기획실, 논설위원실이 있고 각
　　　국에 주요 업무를 분장하는 부가 있다. 신문사에는 발행인, 편집인, 인쇄
　　　인이 있고 대개 회장이나 사장이 발행인이 되고 편집담당 임원이 편집
　　　인이 된다.

② 취재보도 업무와 조직 및 제작과정

　뉴스를 취재하여 보도하는 주요부서는 신문사의 편집국과 방송사의 보도국
이다. 21세기 언론 산업은 취재 체제에서도 변화를 보이고 있다. 전통적인 매
체인 신문과 방송의 취재 조직은 통폐합되는데 뉴미디어인 인터넷 매체는 확
대 강화되는 편이다. 그러나 변하지 않는 것 중의 하나는 집단 작업이라는 점
이다. 기자는 소속부장의 지휘 감독을 받거나 직접 국장의 명을 받아 임무를
수행한다. 취재 기자의 기사는 데스크가 시정 보완하며 다시 편집자가 편집하
는 과정을 통해 수용자에게 넘어간다. 신문 제작 과정은 기자의 취재에서 데
스크에게 보고하는 과정과 이 자료를 가지고 선택하여 제작으로 들어가는 2

과정이 있다. 취재기사는 이메일로 데스크에게 보내지면 데스크가 담당 차장에게 기사 보완을 지시하고 부장회의에 제출하여 이 회의에서 정리된 안을 다시 사장, 논설실장, 편집국장이 그날 신문의 안을 짠다. 그러나 그것은 안이고 실제 신문은 회의 후 2시간 사이 기자들이 보내는 기사에 의해 결정된다. 각 부서에서 데스크 본 기사는 편집부장을 거쳐 각 면 담당 편집자에게 넘어가 교열을 거쳐 제작국에 넘어간다. 조판이 될 때까지 요즈음은 전부 컴퓨터로 처리된다. 조판된 각 면은 사진판으로 만들어진 다음 공무국으로 넘겨져 인쇄되어 판매국을 통해 수용자에게 보급된다(컴퓨터에 의한 신문제작 과정 보도자료 - 이메일로 들어온 기사를 데스크에서 전산국으로 보낸 것을 교열부에서 교정본다. - 컴퓨터로 편집한 대장 상태 - 전산에서 필름 산출 - 공무국 인쇄 - 판매국 보급).

③ 한국신문 편집국 체제의 변화

50년대까지 한국 신문의 편집국 체제는 일본 신문을 그대로 모방했다(신문도 한국의 조선시대 언관, 사관의 전통이나 개화기의 애국 계몽시대 신문을 참고하지 않고 20년대부터 일본 신문을 모방하는 데만 급급한 결과였다)(과거를 창조적으로 진화시키지 못한 것은 식민지 근대화의 맹점이다). 1920년대 신문사 편집국 체제는 주필 밑에 편집국 안에 논설반, 편집고문, 정경부, 통신부, 사회부, 조사부, 정리부, 학예부, 사진반, 운동기자실 등으로 구성됐다. 정경부는 시장기자, 경제기자, 정치기자로 편성되었으나 그 역할이 미미했으며 사회부에 주동세력을 배치했다. 조선·동아의 경우에는 사회면과 학예면을 강화했다.

30년대에는 정경부가 정치부, 경제부로 분리되고 통신부는 외보부, 운동기자실이 운동부로 승격되었다. 40년 동아·조선이 폐간된 후 5년의 암흑기를 지나 동아·조선이 복간되었으나 좌우익 싸움으로 동아일보는 송진우 사장을 잃고 48년 5·10선거 이틀을 앞둔 8일, 공인사에 자리 잡고 있던 편집국과 공장 일부가 불타기도 했다. 서울신문이 매일신보를 개제하여 속간하고, 46년 경성천주교재단이 경향신문을 창간했다. 사실은 경향신문은 대한제국 말기 1906년 10월 19일 천주교가 발행했던 순 한글 주간신문 경향신문을 복간한 것이었다. 1910년 국권 상실 후 그해 12월 30일 220호로 종간호를 낸 경향신문은 한말애국계

몽을 편 신문으로 사설이 대한매일신보에 전재되기도 했다. 천주교는 경향신문을 종간하는 대신 경향잡지를 지금까지 내고 있다. 50년대에 경향신문이 학예부 대신 문화부로 명칭도 바꾸고 담는 내용도 다양화했다. 그리고 논설위원을 편집국에서 분리해 주필 밑으로 배치했다. 65년 중앙일보가 창간 대기업이 신문 사업에 끼어들어 여러 가지 변화가 왔다. 주간지, 스포츠지, 여성지를 신문사들이 앞다투어 내고 지면 증면과 판매부수 경쟁에 나섰다. 80년 통폐합 이후 지속되어 오던 카르텔이 무너지고 90년 자율경쟁체제로 돌입하면서 증면 경쟁, CTS체제 등장, 연중 무휴신문 발행 등 언론 환경 변화에 직면하였고 한국 경향, 동아 등이 경제적인 큰 타격을 받았다. 그러나 정보량이 늘어 레저 스포츠, 과학, 건강, 통일 문제 등에 관한 독자의 관심에 부응해 편집국 체제가 바뀌고 팀제가 도입되기도 했다. 90년대에 팀제와 행정부 취재 강화를 시도했으나 실패했다. 경찰 팀 위주로 취급하는 사건기사, 기획기사, 교육기사만이 크게 보도되는 관행을 깨지 못하고 구체제로 복귀했다. 90년대 후반 고급지 지향 신문이 출현하고 오피니언면이 2면으로 정착한 것은 특기할 만하다.

팀제로 변한 편집국 체제

㉠ 정치부 : 행정팀(총리실, 청와대, 감사원, 안기부), 정당팀 : 외교안보팀, 북한팀, ㉡ 경제과학부 : 정책팀(재정팀, 농수산팀, 조세팀), 산업팀(연구소 경련 신상품 쇼핑정보, 노동 취업정보), 부동산팀, 증권팀유통팀, 국제경제팀, 과학기술팀, ㉢ 사회부, ㉣ 문화부, ㉤ 스포츠레저부, ㉥ 국제부, ㉦ 편집부, ㉧ 여론독자부, 매체부

④ 미국 주요 신문사의 편집국 체제변혁

섹션편집에 바탕을 둔 미국 신문들의 편집국 조직

미국의 주요 신문들은 매일 4~5개의 섹션을 낸다. 주요 뉴스, 사회, 경제, 문화, 체육 등 분야별로 제작된다. 사실상 섹션 하나가 독립된 신문이다. 요일별 특집도 꾸민다.

㉠ 뉴욕타임스 : 1천여 명의 기자가 120만 부를 발행하고 일요판은 180만

부를 발행한다. 총편집인 밑에 편집국장, 7명의 국장보 ⓐ 비즈니스 미디어 종교 교육, ⓑ 외신, nationa(l45) 워싱턴 과학, ⓒ 문화(90) Style(70) Book 예술 레저, ⓓ Metro(140) 체육(60) 부동산 여행 부음, ⓔ 행정담당, ⓕ Magazine(40), News desk picture 그래픽 미술담당, 기술담당

ⓛ 워싱턴 포스트 : 발행인 – 편집인 – 편집국장 – 국장보(국제, 경제, Style, national, 미술, 사진, 편집, 추적보도) – 부장 – 편집부국장 – 건강, 요리, 가정, 주말판, 여행, TV, 책 – 옴부즈맨 – 편집인보 – 인사행정담당

ⓒ 유에스 투데이 : 전통적인 미국식 편집과 차별화. 4개 섹션 발행. A섹션은 뉴스, B섹션은 경제, C섹션은 스포츠, D섹션은 생활기사, 문화 관련 기사. News line, Moneyline, Sportsline, Lifeline

⑤ 일본신문의 편집국 체제

편집국에 편집국장 부국장 7~8명을 두고 있다. 일본 신문은 부국장과 차장 중심으로 운영되고 있다. 국장은 편집국을 대표해서 교류와 인사가 주관심사다. 국회에 사회부도 출입한다. 편집위원이 대기자다. 아사히신문은 편집위원이 100여 명이다. 기사심사부가 매일 지면심사 평가보고서를 편집회의에 넘긴다. 한국 신문에서도 자문위원회를 운영한다.

8) 신문과 정치

(1) 미국 정파저널리즘(Partisan Journalism)과 토크빌의 예언

Thomas Jefferson은 신문을 긍정적인 시각과 부정적인 시각으로 보았다.

"신문 없는 정부를 가질 것인가, 정부 없는 신문을 선택할 것인가를 나에게 결정하라면, 나는 후자를 택하는 데 조금도 주저하지 않을 것이다."(대통령이 되기 전) "신문에 드러난 사실은 믿을 바가 못 된다. 오염된 매체에 들어간 진리는 신뢰할 수 없게 된다."고 했다(Thomas Jefferson 두 번째 대통령 임기가 끝날 무렵). 수정 헌법을 통해 언론자유를 보장했던 제퍼슨이 이처럼 언론을 불신한 것은 독립 후 미국 신문들이 정파 신문으로 지나치게 당색을 띠었기 때문이다. 미국은 초대대통령 George Washington을 비롯해 Alexander Hamilton, John Adams,

Thomas Jerferson, James Medison 등 건국의 영웅들이 후대 국민들과 정치가들에게 엄청난 사상적 유산을 남겼다. 그중에서도 해밀턴과 제퍼슨은 미국 정치 역사의 두 뿌리라 할 수 있다. 해밀턴주의와 제퍼슨주의 양대 산맥은 미국 역사의 전통에 결정적 쐐기를 박았으며 시대를 거듭할수록 미국 역사는 해밀턴주의와 제퍼슨주의의 끊임없는 투쟁과 타협을 반복해 온 것이다. 해밀턴과 제퍼슨은 미국 정치의 정치 외교의 2가지 방향을 결정지은 장본인이고 미국 사상의 실질적인 선조들이다. 강한 중앙 정부와 중상주의(重商主義)를 주장한 해밀턴과 약한 중앙 정부와 중농주의(重農主義)를 주창한 제퍼슨의 전혀 상반되는 사상이 미국 건국의 기본 골격을 형성시켰다. 양대 산맥의 논쟁이 외견상 모순으로 보이지만 이것이 미국의 강점으로 나타날 때도 있다.

해밀턴은 영국령 서인도 제도의 이름 없는 상인의 아들로 태어나 거의 반고아처럼 생활하다 현 콜롬비아 대학 본신인 King's College에서 수학한 후 독립 전쟁에 뛰어들어 워싱턴 장군에게 발탁됐다. 제퍼슨은 버지니아 농장주 아들로 태어나 최고의 교육과 명성 재산을 마음껏 누리며 성장했다. 출신 성분이 다른 두 사람이 새로이 출범하는 합중국의 진로를 결정하는 사업에 숙명적으로 동참했다. 이 둘에게 공통적으로 신비로운 무기가 있었다. 문장력이었다. 해밀턴은 독립 전쟁 중에 워싱턴의 오른팔로 주요 문서와 책자를 집필하고 미국 헌법 비준 과정에서 결정적인 역할을 한 '연방주의자 논고(Federalist Papers)'의 대부분을 작성했다. 제퍼슨은 독립선언서의 작성자다. 워싱턴 행정부에서 해밀턴은 재무장관으로 정책을 입안 실천했다. 강력한 대통령을 중심으로 중앙 정부에 의한 통제하의 민주주의를 하는 것이었다. 해밀턴파의 선거권의 제한, 자유의 제한 등에 대해 제퍼슨 등 반연방주의자들은 일반 국민의 신앙 언론 출판 집회 청원의 자유 등 10개 항을 개정할 수 없다는 수정헌법을 탄생시켰다. 해밀턴은 전형적인 18세기 보수주의 인물이었다. 그는 귀족엘리트 중심 정치를 주장했다. 한편 제퍼슨은 100명이 넘는 노예를 거느린 대농장에서 자랐지만 평등주의를 표방했다. 워싱턴 정부의 국무장관으로 해밀턴과 번번이 이념적 마찰을 빚었다. 해밀턴 주도의 강한 중앙집권적인 상공업 중심 귀족엘리트 중심의 연방파와, 약한 중앙정부 농업 중심적 그리고 민중 주도적인 제퍼슨 매디슨 주도의 공화파의 대립은 오래 지속됐다(연방파 존 아담스 2대 대통령 시대 보안법 제정이 공화파를 단합시키는 계기가 되었다). 외교 정책도 대립했다. 해밀턴 친영 정책, 제퍼슨 친프랑스 정책. 워싱턴의 퇴임 고별사는 미국의 지역주의와 당파 싸움에 대한 한탄과 편견과 차별 해소 천명이었다. 이러한 대립 시대 미국 신문들은 양파로 갈려 정파의 대변지 역할을 했다. 민주 공화파 앤드루 잭슨(Andrew Jackson) 7대 대통령 재임 중 1831년 9개월간 미국에 체류하고 돌아가 '미국의 민주주의'를 저술한 토크빌이 민주공화파 앤드루 잭슨(Andrew Jackson) 대통령에 대한 언론의 공격 보도를 보고서 논평한 글은 제퍼슨의 신문에 대한 혹평의 배경을 알게 해 준다. '미국의 민주주의' 제11장 '합중국의 언론자유'에는 토크빌의 다음과 같은 글이 있다. "내가 아메리카에 도착해서 처음 읽은 신문에는 이런 기사가 실려 있었다. '잭슨의 언사는 자신의 권위를 부지하기에 급급한 무자비한 독재자의 언사였다. 그의 죄악은 야심이며 그 야심은 그에 대한 처벌로 변할 것이다. 음모는 그의 타고난 재질이며 그 음모는 자신의 계략을 뒤죽박죽 만들어서 권력을 잃게 만들 것이다. 그의 행실은 극악무도한 도박사의 행실이다. 나락에 떨어질 시간이 다가오고 있다. 한가한 가운데 자신의 미친 과거를 저주하게 될 것이다. 왜냐하면 그는 영원히 후회라는 덕성을 알지 못한 채 끝나 버릴 것 같기 때문이다 (Vincennes Gazette).' 아메리카 언론은 파괴적이며 분노할 만한 이유도 없이 횡포를 부린다. 이것은 개탄할 일이지만 이것이 공공질서를 유지시킨다."고 지적했다. 미국의 민주주의 가능성을 높이 평가했던 토크빌까지 미국 언론의 횡포에 놀랐다. 그러나 그런 언론의 전통이 미국 민주주의를 발전시킨다고 내다보았다. 당파적인 미국 신문이 선정적인 황색신문의 대중지 단계를 지나 진실을 보도하는 고급지 정론지로 발전했다.

(2) 한 국

한민당의 협조로 공산당을 제압하고 건국한 이승만 대통령이 한민당과 결별한 후 한민당을 지지했던 신문들의 이승만 건국대통령에 대한 일부 정파주의적 시각의 비판 공격은 이승만 대통령에 대한 역사적 평가의 객관성과 공정성을 의심하게 하는 편향성을 보였다는 지적도 받는다.

3. 방송 TV

방송사는 편성, 보도, 제작, 기술, 경영의 5개 본부가 핵심 부서다. 보도의 총 책임자는 보도본부장이며 그 아래 보도국과 보도제작국, 스포츠국이 있다. 보도본부장은 신문사의 주필 편집인과 같으며, 보도국장은 편집국장에 해당된다. 신문사 논설주간 같은 해설주간은 보도본부장 직속이다. 보도국에는 국장 아래 주간이 분담하여 취재 각부를 감독한다. 보도제작국은 특집 보도 프로그램을 만드는 국으로 신문 특집부에 해당한다. 1980년 초 컬러텔레비전의 출현으로 방송은 매스컴의 중요한 영역으로 부상했다.

1) 방송커뮤니케이션의 역사

1920년 피츠버그에서 첫 방송국(KDKA)이 개국되었고, 1922년에는 영국 BBC가 출범하였다. 1930년대부터 뉴스보도가 활기를 띠기 시작하여 한국은 1927년 일제 치하에서 경성방송국이 개국되었다. 텔레비전은 영국에서 1936년에 시작하였고, 한국에서는 1956년에 첫 전파를 발사하였다. 유선방송은 미국에서 1951년에 시작되었으나 한국은 1995년에 도입되었다.

2) 방송커뮤니케이션의 특성 : 기술, 법, 정치, 경제, 관습 측면에서 인쇄매체와 다르다

(1) 방송뉴스는 신문에 비해 완벽성·신뢰성이 떨어진다. 그러나 신속성과 근접성 수용자층이 두텁고 영향력이 크다.

(2) 법적·정치적 면에서 신문보다 공영성을 내세워 제재를 받는다. 사회적으로 논란이 되는 문제에 대해 인쇄 매체에 비해 허약한 논평, 비평, 비판의 전통을 갖고 있다. 인쇄 매체보다 공익성을 더 많이 요구 받기 때문에 정부로부터 정치적·법적 통제를 많이 받는다.

(3) 신문 수입의 50% 정도가 광고료인데, 방송은 거의 광고에 의존한다. 따라서 광고주의 압력이나 통제를 더 많이 받는다. 방송이 신문보다 대중의 취향에 편승한다.

(4) 의사(擬似)적 사건(pseudo events)의 조작 가능성, 내용의 색인화 가능성 (indexability), 비영구성, 강요성, 피상성 내지 일반성, 기계성, 역동성, 동시성, 현실성, 친근성, 대중성 등의 차별성이 있다.

3) 방송의 종류

(1) 상업 · 비상업, 국영 · 공영 · 민영, AM · FM, clear · channel · regional · channel localchannel, TV − VHF(Very High Frequency) · UHF(Ultra High Frequency)
(2) 전국 지역 지방
(3) 음성다중방송, 문자다중방송, 고화질TV(HDTV)방송, 지상파 공중파

4) 방송의 기능

보도 · 지도 · 오락 · 광고 기능, 교육 기능, 선전 기능

5) 방송제도

(1) 미국식 공영제도는 자유경쟁적 사기업 활동, 연방통신위원회(FCC)가 방송국 허가를 3년마다 받는다.
(2) 영국식 공영방송제도 BBC보도의 진실추구와 품위 있는 보도
(3) 소련식 국영방송제도는 마르크스 레닌주의 언론이론에 기초한 방송제도다. 집단적 선전자로서 선동자 조직자 기능을 중요시한다.

6) 방송 커뮤니케이터로서의 방송국 본질

(1) 정치적 · 문화적 조직으로 보는 입장 : 마르크스 레닌주의 언론 사상에 근거해 "당 정책에 대한 선전과 대중을 일정한 목표와 동일한 사상과 행동에로 고무 충동하고 선동할 뿐만 아니라 그들을 의식적인 투쟁에로 조직하고 동원하는 집단적 선전 · 선동자적 기능과 집단적 조직자의 기능을 담당해야 한다."
(2) 공공기관으로 보는 입장 : 영국 한국국영방송
(3) 기업조직 : SBS

7) 방송프로그램 – 보도, 교양교육, 오락, 광고

(1) 프로그램 편성에서 고려할 점

① 시청자나 국가 사회에 유익한 내용이어야 한다. 시청자들의 욕구를 충족
   시킬 수 있는 내용이어야 한다.
② 타깃 시청 대상자를 결정한다.
③ 시간대를 배정한다.
④ 방송형식(format) : newscast, disk jockey show, talks, interviews, panel, discussion,
   telephone chats, concerts, variety show, drama

(2) 영상의 기본단위 : 쇼트

연극 scene, 영화 cut, 라디오 cue, TV shot

쇼트란 카메라에 의해 창조되어 일정 시간 TV화면에 나타나는 장면이나 영
상, 카메라 또는 피사체가 움직임으로써 바뀌게 된다. 몇 초짜리에서 한 프로그
램이 한 쇼트가 될 수도 있다. 조형적 영상의 창조를 위해서 화면의 구도 원리
를 알아야 한다. 구도란 카메라로 영상이나 화면을 조형적으로 표현하는 수단으
로서 피사체를 다루는 방법이나 그것의 화면 배치 방법 등에 관한 것을 말한다.

(3) 프로그램 제작 과정

① 프로듀서에 의한 제작 기획 예산 책정
② 연출가에 의한 연출 대본 작성 연습 실제 연출방법 연출
③ 방송작가 원고 작성
④ 실연
⑤ 무대장치
⑥ 스튜디오 촬영

8) 방송커뮤니케이션 수용자론

방송 청취 동기는 환경 감시, 오락 내지 현실 도피, 대인 관계적 동기, 자기
확인적 동기 등 다양하다. 현대사회가 대중화 · 중산층화 · 정보화 됨에 따라 대

인 교호 작용이 방송에 의존하게 되어, 라디오·TV 수용자 증가하고 있다. 여가시간이 늘어남으로 방송의 오락기능이 대중매체의 총아로 군림하게 한다.

수용자의 현실 도피설은 방송을 통해 복잡한 현실로부터 탈피하여 피동적 즐거움을 얻고 환상 세계를 맛보며 해방되기 위해 방송을 듣고 본다는 것이다. 이용과 충족설은 1959년 KATZ가 제창한 것이다. 시청자들이 욕구 충족을 위해 시·청취한다는 이론이다.

9) 방송커뮤니케이션 효과론

탄환이론, 선별효과이론, 2단계 유통이론, 이용과 충족이론, 의제 설정기능이론, 의존이론, 의미이론, 문화계발이론

(1) 정보 확산 여론 형성 사회변동

(2) 사회관 형성과 사회화 과정

(3) 정치화 과정

(4) 문화효과

10) 방송커뮤니케이션 보도

(1) 방송기사의 특성

방송기사는 대체로 신문 기사와는 다르게 우선 기본 정보를 빠르고 간결하게 제공한다. 방송 기자의 임무는 상세한 내용 없이 기사의 주제를 알리는 것이다. 방송기사는 구어체와 존칭 사용이 눈에 띈다.

미주리그룹 언론 학자들은 방송 뉴스의 특성으로 즉시성(immediacy), 대화체(conversationl style), 간결한 어휘(tight phrasing), 명료성(clarity)을 열거했다.

(2) 방송기사의 선정 기준

기사의 기본적인 조건은 적절성, 유용성, 흥미이며 뉴스 가치의 측정 기준은 영향력, 신기성, 현저성, 근접성, 시의성이다. 방송의 특성상 강조되는 것이 있다. 시의성(timeliness), 정보 시청각 효과를 지닌 뉴스(news that has audio or visual impact), 그리고 사람이다.

(3) TV기사의 종류

 TV는 보도와 시사, 교양, 스포츠, 드라마, 연예, 오락을 위한 종합 매체다. 보도는 TV의 일부 기능에 지나지 않는다. 신문과는 다르다. YTN, CNN이 신문과 비슷한 보도 기능을 전문으로 하고 있다. TV의 보도 프로그램은 뉴스 시간, 뉴스 관련 프로그램 즉 각종 기획보도, 뉴스좌담, 인터뷰, 시사해설 프로그램 등 다양하다. 라디오 뉴스도 비슷하다.

① 뉴스보도 기사

 뉴스 캐스터가 읽는 스트레이트 기사와 앵커가 진행하는 종합뉴스 시간에 기자가 보고하는 리포트 기사 형식 2종류가 있다.

 ㉠ 뉴스시간별 : 종합뉴스, 간추린 뉴스, 임시뉴스, 토막뉴스
 ㉡ 기사양식별
  ⓐ 일반뉴스기사 : 스트레이트와 리포트 형식으로 보도하는 주 기사
  ⓑ 스케치·르포기사 : 텅 빈 국회 본회의장의 스케치, 아프가니스탄 현지 보도
  ⓒ 분야별 기사 : 스포츠뉴스, 경제뉴스, 북한뉴스, 환경뉴스, 문화뉴스, 해외뉴스

② 기획보도 기사

 신문의 읽을거리 기사와 해설, 탐사, 보도 등 기획기사와 유사하다. 기획보도 기사를 심층 취재 보도, 뉴스 보도 기사를 정글 뉴스 보도 기사라고 한다.

보도특집 : 남북정상회담 특집, 시사포커스
해설보도 : 법안해설 등 뉴스보도 기사를 보충하는 기사
심층 탐사보도 : KBS1 취재파일 4321, KBS2의 추적 60분, MBC, PD수첩
고발 다큐멘터리 : KBS1의 일요 스페셜, MBC의 MBC스페셜
심층인터뷰-토론 : KBS1의 KBS 특별회견, 생방송 심야토론
현장중계보도 : 대통령 기자 회견 중계, 국회중계 국정 보고 중계 등

③ 방송해설 및 논평

방송에 사설이 금지되었던 것은 방송의 공공성이 강조되기 때문이다. 방송 자원은 국민 전체의 소유로 방송업자가 위탁을 받아 방송을 하는 것으로 허가제이며 규제가 인정된다.

④ 설명형 기사와 리포트형 기사

보도 형식에 따라 스트레이트 뉴스(낭독형 뉴스)와 리포트 뉴스(설명형 뉴스)로 분류된다. 전자는 기자가 쓴 것을 정시 뉴스 시간에 뉴스 캐스터가 낭독하는 뉴스이며 후자는 앵커가 진행하는 종합 뉴스 시간에 기자가 리포터가 되어 설명하는 형식의 뉴스다.

　㉠ 낭독형 뉴스(tell story)

　　ⓐ 스트레이트 기사 : 뉴스캐스터가 읽는 기사라 해서 '이야기하는 기사(the tell story)'라 한다. 활기차게 전달하는 것이다.

　　ⓑ 르포 기사 : 낭독형 기사는 르포 기사 심층 탐사보도 등에도 쓰인다. 앵커 없이 기자 한 사람이 그림을 보여 주면서 이야기하는 형식의 기사다.

　　ⓒ 탐사보도 : 잔잔한 어조로 이야기하는 것이 시청자에게 어필할 수 있다.

　　ⓓ 다큐멘터리

　㉡ 리포트형 기사(news show story)

TV의 종합 뉴스 시간에 대표적으로 사용되는 설명형 뉴스 형식이다. 뉴스쇼 기사라고 한다. 기자가 나와서 앵커의 진행에 따라 뉴스를 보고한다고 해서 붙은 명칭이다. 리포트형 기사는 사건 보도 후 스튜디오에서 앵커와 함께 이를 설명하면서 문답식으로 진행할 때도 사용된다. 뉴스를 화제성 기사로 취급한 이른바 뉴스피처 기사를 쓸 때도 사용된다. 보도 특집에서 앵커와 함께 진행하는 리포트 형식에도 쓰인다.

　　ⓐ 사건보도, ⓑ 뉴스피처 기사, ⓒ 분야별(정치 · 경제 · 사회문화 등) 보도, ⓓ 보도특집

(4) TV기사의 작성 요령

TV기사 보도는 취재계획 수립에서부터 뉴스 송출에 이르기까지 전 과정이 여러 사람의 협조 아래 진행되기 때문에 철저한 사전 협력 체제가 필요하다.

① 일일 취재계획표 작성

취재 하루 전날 취재계획서를 데스크에 제출해야 한다.

② 일일 취재진행표 작성

기자나 PD가 수립한다.

③ 뉴스제작표 확정

방송기자가 취재를 마치고 기사를 작성하여 데스크에 제출한 다음에는 분 단위의 뉴스 제작진행표를 만들어 데스크와 협의한다. 기자가 화면에 등 장하는 on camera ment를 오프닝에서 내보낼지 중간에 내보낼지 맨 끝에 내보낼지 협의해 결정해야 한다. VOT 테이프, NSBG 테이프, 회견 테이 프 등의 배치를 결정한다. 이 계획이 확정되면 편집 제작에 들어간다. 편 집기로 그 뉴스에 알맞도록 비디오와 오디오를 배열해야 한다.

④ 뉴스진행표 작성

cue sheet라고도 한다. 뉴스 시간 전체의 진행표이기 때문에 부장회의에서 결정하여 국장의 승인이 나와야 한다. 방송될 뉴스를 순서대로 시간과 분 단위로 진행 계획을 마련하고 앵커의 멘트도 프롬티에 맞도록 준비한다. 스튜디오에 기자가 나갈 때는 자리까지 결정한다. 이것이 완료되면 뉴스 를 순서대로 송출기에 장전하여 스튜디오에서 송출하면 된다.

(5) TV기사의 문장구조

방송기사를 잘 쓴다는 것은 사람들이 잘 알아들을 수 있는 기사를 쓰는 것을 의 미한다. 듣는 기술을 연마해야 한다. 사람들이 어떻게 이야기하는가를 들어서 파악 하지 못하면 좋은 기사를 만들기 어렵다. 우선 기자가 핵심을 파악해야 한다.

① **제목 :** 화면에 나오는 제목은 평이하고 정확하고 압축된 것이어야 한다.

② **리드** : TV기사의 리드는 특별한 기법을 써서 만들어야 한다. 뉴스 캐스터가 읽는 스트레이트 기사의 리드와 앵커가 진행하는 종합뉴스 시간에 방송 되는 리포트의 리드가 있다. 뉴스 캐스터가 읽는 스트레이트는 신문기사의 리드와 차이가 없다.

③ **본문:** 기사의 본문은 단순한 구조여야 한다. 각 문장은 논리적으로 다음 문장으로 흘러야 한다. 각 문장은 짧아야 하며 한 문장에는 한 개의 주제만 있어야 한다. 만약 주제가 복잡하거나 문장이 길어지면 알아듣기 쉽게 쪼개서 써야 한다. 기사 작성에 있어서 기본적인 것은 사람들의 상상을 이용하는 것이다. 기억의 창고를 가지고 있다. 사건을 서술하는 데 이 기억의 창고를 이용하는 것이 좋다.

④ **녹화테이프와의 조화**

TV 기자는 항상 영상을 생각해야 한다. 그림에 맞추어 써야 하기 때문에 복잡하다. 녹화 테이프가 있는 기사는 주제의 선택과 녹화 방법의 선택에서 시작한다. 무엇을 쓰며 그것을 어떻게 쓸 것이냐 하는 것은 입수할 수 있는 비디오에 의존한다. '히트 앤 런'기술－즉 새 장면의 시작과 바뀔 때마다 그 내용을 설명해 주는 것－을 활용해야 한다. 녹화 테이프에 담기지 않은 내용을 기사로 설명하고 힘찬 마무리를 한다. wrapping up, strong ending이라고도 한다.

(6) TV기사 문장의 특징

TV기사 역시 그 표현이 적절·간결·명료함을 기본으로 한다. 우아하고 개성 있는 문장이면 더 좋다. AP가 강조하고 있는 '우아한 기사(graceful writing)'와 '개성적 스타일(an individual style)'을 강조하는 이유가 여기 있다.

① 문장은 50자 이내로 짧아야 하고 '1문장, 1개념, 1사실'의 진술 원칙으로 해야 한다.

② 문장 구조를 주어·목적어·술어 법칙에 합치시켜야 한다.

③ 부사구나 종속절로 기사를 시작하지 마라.

④ 능동형 동사를 써라. 쉽게 읽을 수 있는 단어를 써라.

TV기사는 ① 명료하고 함축적인 표현, ② 구어체, ③ 존댓말, ④ 표준말, ⑤ 품위 있는 말씨, ⑥ 속어나 야하거나 천박한 표현, 외설적 표현을 써서는 안 된다. ⑦ 복잡한 수치와 약어, 어려운 한자식 표현을 피해야 한다.

(7) 전파를 홍보에 이용하려는 시도와 균형 있는 보도

비평가들은 TV 기자들이 고위직 인사나 대통령 후보들에게는 일방적인 홍보를 대중들에게 그대로 내보내도록 허용하고 있다고 비난한다. 김대중 · 노무현 정부시대 일부 TV가 특정 이념의 도구로 전락되어 진실을 전달하지 않고 대중을 특정 정치 목적에 편향되도록 유도했다는 비판과 지적을 받았다. 방송 기자들을 메시지 전달자로 이용하려는 정치 세력 등 외부의 기도가 있다. 불순하게 악용되지 않도록 주의해야 한다. 방송기자들은 신문기자보다 더 엄격한 규제와 마감시간에 쫓기면서 활동하고 있으면서도 기사를 더 구체적으로 쓰도록 요구받고 있다. 사건의 공정하고 균형 잡힌 그리고 정확한 보도는 방송 기사의 기본이다. 크롱카이트는 미국 방송의 일부 앵커들은 제대로 교육도 못 받고 적당한 훈련도 받지 못했다고 비판했다. "그들의 유일한 자격은 예쁜 옷과 맵시 있는 머리 모양이다. 이것은 남성 · 여성 앵커 모두에게 적용된다. 저널리스트가 되기보다 스타가 되기를 원한다."고 방송의 상업성을 지적했다. 크롱카이트는 "그들은 쇼 비즈니스를 닮아 가고 있는 뉴스 외에는 관심이 없다."고 꼬집었다. 한국 방송 저널리즘은 어떤가.

김대중 · 노무현 정부와 신문이 전쟁하고 있는 와중에서 한국방송은 상업주의 오염과 함께 정파저널리즘의 홍역까지 치르고 있다. 사장이 시청자에게 오보를 공개 사과하고 방송 조작 책임을 물어 담당 PD를 해직하는 사태까지 벌어졌다. 그렇기는 하나 언론인이 되고 싶은 열망과 배짱을 가진 젊은 세대가 방송인이 되기 위해 몰려들고 있어 방송 윤리만 바르게 정립된다면 방송과 TV가 대중매체의 바른 역할을 할 것으로 기대된다.

(8) 라디오 기사

① 라디오 기사와 TV 뉴스의 차이

라디오는 그 매체적 특성으로 앞으로도 생명력을 가질 것이다. 라디오는 TV와 많은 공통점이 있으나 몇 가지 차이가 있다. TV가 '보고 듣는 매체'라면 라디오는 오직 듣는 매체다. '눈먼 매체'다. 라디오는 소리만 있기 때문에 상상력의 매체이기도 하다.

첫째, 라디오 뉴스는 TV 뉴스에 비해 빠르게 처리할 수 있다.

둘째, 음향만 있고 화면이 없기 때문에 현장감이 떨어지지만 음향을 담은 녹음으로 화면을 대신한다.

셋째, 취재과정이 단순한 것이 특징이다. 취재 경비가 적다.

넷째, 청취자도 간편하게 뉴스를 들을 수 있다.

② 라디오 뉴스 작성 요령

라디오 뉴스는 그 어느 다른 매체의 뉴스보다 알기 쉬워야 한다. 설명적 음성자료를 많이 공급해야 한다. 라디오 뉴스의 인터뷰 음성은 즉시성과 현장감을 청취자에게 주어야 한다. 귀를 위한 기사다. 우선 청취자가 정확하게 알아듣도록 하는 것이 가장 중요하다. BBC에서 라디오 청취자를 대상으로 방송 내용을 어느 정도 이해하는가를 조사한 결과 청취자의 28%만이 방송내용을 완전히 파악하고 있었다. 뉴스캐스터나 아나운서의 정확한 발음과 적절한 낭독 속도도 중요하지만 기사 자체를 알아듣기 좋도록 써야 한다.

라디오 기사의 리드는 신문기사의 표제 같아야 한다.

㉠ 간단하고 직설적인 구어체를 써라. 처음 만난 사람에게 말해 주듯 쉽게 기사를 써야 한다.

㉡ 청취자의 주의를 끌 강한 첫 문장을 찾아내라. 그리고 쉽고 논리적인 아이디어의 진전으로 이어 가서 역시 힘차게 끝내라.

㉢ 개인끼리 말하듯 기사를 써라.

㉣ 되도록 간단한 문장을 써라.

㉤ 부사와 형용사는 안 쓰도록 노력하라. 엄청난 언어 절약이 필요하다.

㉥ 복합 문장을 피해야 한다.

㉦ 수동태를 능동태로 고쳐라.

㉧ 대화체로 써라.

㉨ 등장인물들에게는 직함을 이름 앞에 써서 '환경 운동가 ○○씨'는 식으 로 써라.

㉩ 통계를 피하라. 꼭 써야 할 경우는 아주 단순화하라.

4. 기 자

기자는 뉴스를 발굴하고 취사선택하여 뉴스 기사로 작성한 뒤 이를 미디어를 통해 독자와 시청자들에게 전달하는 사람이다. The Wall Street Journal의 워싱턴 지국장이었던 앨버튼 헌트는 "기자는 지식이 풍부해야 하고 부지런히 일하고 호기심이 많아야 하고 공격적이어야 하고 역사관이 투철해야 하고 미래에 대한 넓은 시야를 가져야 한다."고 했다. 그리고 기자로서의 본능이 개발되어야 한다고 했다. Miami Herald 부국장이었던 피터 웨이첼은 "기자는 지적 호기심이 많아야 하고 인내심이 있어야 하고 자기 주장이 강해야 하고 공격적이어야 한다."고 하였다. 포브스의 주간 Jean Briggs는 "정보를 얻을 수 있는 능력이 있어야 하고 사건의 핵심을 파헤칠 능력이 있어야 하고 기사를 쓰지 못하면 귀가 하지 않는 열성이 있어야 한다."고 요구했다.

1) 기자의 기본 자질

(1) 교육과 훈련 : 기자는 전문적 지식을 가져야 한다. 적절한 교육과 재교육을 받아야 한다. 체계적인 교육이어야 한다. 인문사회과학에 대한 소양과 전문 분야에 대한 깊은 지식이 필요하다. 전문 분야는 혼자서 어떤 문제를 연구 조사할 수 있는 능력과 사물을 이론적으로 서술 설명할 수 있는 역량을 길러야 한다. 기사 하나하나가 전문 지식이 필요하고 독자를 설득할 수 있는 능력이 있어야 한다.

(2) 부지런하고 진취적이고 모험심이 강해야 한다. : 활동적이고 적극적이고 민첩한 행동으로 효과적인 업무 능률을 과시할 수 있는 사람이어야 한다.

(3) 따뜻한 마음과 미래를 예측하는 역사의식과 사물의 앞과 뒤, 밖과 속을 통찰하는 통찰력이 필요하다.

(4) 표현력이 기자의 가장 중요한 소질 중의 하나다. : 기자는 정확한 기사를 생명으로 삼아야 한다. 이해하기 쉽고 간단명료한 수용자에게 친숙한 언어를 사용해 수용자들의 사랑을 받아야 한다. 객관성을 바탕으로 간결하게 기사를 써야 하며 흥미 있게 써야 한다.

2) 기자의 바람직한 품성

(1) 용기 : 기자는 협박과 유혹을 받는다. 기자가 수용자에게 신뢰와 사랑을 받기 위해서는 부당한 압력을 뿌리칠 수 있는 용기가 필요하다.
(2) 공정성 : 성공적인 언론인은 공정하고 합리적이며 열린 마음이어야 한다. 엄격한 자신에 대한 엄격한 통제와 균형 감각과 형평성이 있어야 한다.
(3) 성실성 : 유능하고 취재 잘하고 글 잘 쓰는 언론인들이 불신받고 배척받는 이유는 그들이 성실하지 않거나 정직하지 않았기 때문이다 그들은 탁월한 능력으로 약삭빠르게 처신하다가 변절자로 낙인을 찍힌다. ─ 이광수 전 동아일보 편집국장, 한국 근현대사의 인물로 존경하는 언론계 선배 단재, 백암, 월남 등은 우직하게 지조를 지켰다. 일제(日帝)하 신문기자는 직업적인 기자와 사상과 경륜을 위한 방편으로 택한 2부류였다.

3) 기자의 임무 기본 원칙

(1) 취재기자는 부지런하고 기민해야 한다.
(2) 호기심이 많아야 한다.
(3) 문제의식과 시대감각이 있어야 한다.
(4) 균형 감각이 있어야 한다.
(5) 정의감이 있어야 한다.
(6) 끈질기고 철저해야 한다.
(7) 정직하고 성실해야 한다.
(8) 신의가 있어야 한다.
(9) 외부의 유혹에 빠지지 말아야 한다.
(10) 낙종을 하면 반드시 만회해야 한다.

4) 기자직의 역사

(1) 한국 기자직의 역사

19세기 말 조선시대 기자들은 두루마기를 입고 다니면서 붓으로 기사 작성을 했다. 60년대 말에도 편집국장이 OK대장을 붓으로 사인하기도 했다. 1920년대에는 인력거를 타고 다니면서 철필로 기사를 썼다. 70년대 볼펜이 지급되기 전 편집국 기자 책상 위에는 잉크와 철 펜이 지급됐다. 컴퓨터로 기사를 쓰기 시작한 것은 80년대부터며 이 시기에 납 활자와 동판 인쇄 체제가 사라지기 시작했다. 기자의 필기도구가 바뀐 것처럼 기자의 역할도 시대에 따라 변했다.

1883년에 나온 최초의 근대 신문 한성순보는 밖에서 취재하는 기자를 탐사인(探査人)·채방인(採訪人)·방사인(訪事人)이라고 부르고 안에서 일하던 사람을 주사·사사(司事)로 불렀다. 탐사인들의 취재는 난관이 적지 않았다. 유길준이 준비했던 한성순보 창간사 원고에는 "내국 사정을 취재하기가 어렵고 비밀로 하는 폐풍이 나라 안에 널리 퍼져 사건이 있더라도 물어 볼 곳이 없다."고 했다. 1896년에 나온 최초의 민간신문 독립신문은 외근기자를 탐보원(探報員) 안에서 기사를 쓰는 사람을 기재원으로 나누었다. 독립신문이 창간되자 정부는 탐보원들이 관청에 자유롭게 출입할 수 있는 출입증을 발부해 주었다. 창간 당시 논설은 서재필이 담당하고 국문판 조판 및 회계 겸 교보원에 주시경 그리고 2명의 기자를 채용하였는데, 한 사람은 물가를 조사케 하고 다른 한 사람은 관청을 출입한 기자였다. 내·외근 모두를 기자라고 부른 것은 1898년 황성, 뎨국, 매일 세 신문이 나올 무렵으로 추정한다. 이해에는 독립신문 사설에서도 기자라는 단어를 쓰고 있다. 일본신문은 1860년대부터 기자라는 용어를 써 왔다. 기자라는 용어가 정착된 것은 1901년부터라고 언론사학계는 본다. 구한말의 기자는 애국 계몽운동가 내지 지사들이었다. 주시경, 박은식, 신채호, 장지연(황성신문), 장도빈(대한매일신보), 이종일(제국신문), 이승만, 이상재 등이 그런 언론인이었다. 그들에게 기자직은 구국 반일 투쟁의 방편이었다. 이광수는 한때 이 대열에 섰던 지식인이었으나 변절하고 말았다. 해방 후에도 많은 기자가 활동하였고 한국언론사에 기록될 언론인이 배출됐다. 천관우, 홍종인에 이어 지금도 건필을 기고하는 조용중, 남시욱, 김진현, 유근일, 장명수 등이 있다. 박성래, 노재봉, 이상우, 정종욱, 한영우, 김진홍, 방정배, 강미은, 김정탁, 강인섭, 윤여준, 고흥길, 김우룡, 이근무 등이 언론계에 몸담았던 사람들이다.

(2) 외국 언론 기자직의 역사

① 유 럽

서양에서는 한국보다 200년 앞서 1609년 렐라치온 아비자를 시발로 근대적 인쇄신문이 출현하지만 17세기 후반에서 18세기 초 정기적인 일간신문이 나오면서 직업적인 기자가 등장한다. 이전에는 인쇄업자들이 외국 상인이나 카페에서 들은 이야기로 신문을 만들었다. 1720년 런던 커피하우스 주인들이 만든 팸플릿에 신문 발행인들이 고용한 사람들이 이것저것 캐내고 엿듣고 회견할 사람을 찾아 돌아다닌다고 비난한 기사로 보아 기자 취재 활동이 있었음을 알 수 있다. 1783년 프랑스에서는 기자들이 의회를 출입하면서 회의 내용을 속기했다. 1808년 런던 The Times는 기자 5명을 채용했다.

② 미 국

미국 최초의 신문은 인쇄업자 B. Haris가 1690년에 펴낸 퍼브릭 오커런스(Publik Occurences)이다. 미국 최초의 주간지 boston news letter가 1776년까지 72년간 존속하였다. 미국 최초의 일간지는 벤자민 타운이 1783년에 발행한 펜실베이니아 이브닝 포스트다. 1790년대에서 1800년대 보스턴 The New England Palladium 에서 일한 Henry Blaker를 미국 최초의 취재 기자로 공인하였다. 1883년부터 반세기 동안 통속신문 penny paper 시대의 기자는 이야기를 만드는 사람들이다. 19세기 말은 기자가 본격적으로 활동하는 저널리즘시대이다. 퓰리처와 허스트가 경쟁한 yellow paper 시대를 거쳐 매스미디어로서의 근대 신문 정형을 확립한다.

5) 기자채용과 재교육－국내신문

공개 채용에 의해 기자를 충원한다. 필기나 면접시험만으로 기자 자질 파악이 어렵다는 것이 판명이 났다. 수습기간의 교육도 주먹구구식이다. 업무에 시달려 능력 고갈 현상이 나타난다. 언론연구원 관훈클럽 LG상남 언론재단 등이 해외 연수를 보내고 있으나 확대되어야 한다. 신문사별로 연수프로그램이 있는 신문사도 있다.

지나친 공채 방식에 의존하는 것은 시정돼야 한다. 직무 분석 결과를 토대로 경력기자 스카우트 방식 등이 검토되고 있다. 프리랜서 제도를 도입해서 지면을 다양하고 질 높은 제작을 해야 한다. 능력과 기여에 따라 메리트 시스템을 도입해야 한다. 촉탁기자제도를 도입해야 한다. 면허증 가진 사람을 채용하는 것도 확대되어야 한다. 인턴제도 도입, 기자전문화, 기자가 소모품이 안 되도록 인력을 아끼는 경영마인드가 필요하다. 대기자 전문기자 시대가 열렸다.

6) 미디어 윤리

(1) IFJ : International Federation of Journalists 국제언론인연맹

국제언론인연맹은 1926년 창설되었고 1946년에 재조직되었다. 본부는 벨기에 브뤼셀에 있고, 100여 개국이 가입했다. 1954년 제2차 총회에서 언론인의 행동원칙에 관한 선언이 채택되었고, 1986년 18차 총회에서 수정했다.

언론인 행동 원칙에 관한 선언

공중의 진실에 대한 권리를 존중하는 것이 언론인의 제일 임무다. 정직한 수집과 공표의 자유 및 공정한 논평 비판의 권리를 수호한다. 출처를 알고 있는 사실에 관해서 보도하여야 하며 근본적인 정보를 은폐하거나 서류 위조를 해서는 안 된다. 공정한 방법으로 뉴스를 입수해야 한다. 공표된 정보가 부정확하다고 판명된 경우에는 최선을 다해 정정해야 한다. 취재원에 관한 직업적 비밀을 지켜야 한다. 인종, 성, 성적 취향, 언론, 종교, 정치적 의견과 국적이나 사회적 신분에 기초한 차별조장을 최대한 피해야 한다. 표절행위, 악의적인 허보의 제시, 중상비방 명예훼손, 근거 없는 비난, 뇌물수수 등 직업윤리 위반을 경계해야 한다. 언론인은 정부나 기관의 간섭을 배제하면서 다른 동료들의 판정(jurisdiction) 만을 인정해야 한다.

(2) 유네스코의 매스미디어 선언서

1978년 12월 22일 제20차 총회에서 평화와 국제이해의 강화, 인권증진, 인종주의, 인종차별 정책 및 전쟁선동 억제에 대한 매스미디어의 공헌에 관한 기본원칙을 채택했다. 11개조다.

(3) 국제신문인협회(FIEJ), 신문윤리실천강령

(4) 국가별 윤리강령

한국신문 윤리강령

우리 언론인은 자유롭고 책임 있는 언론을 실현해 우리에게 주어진 사명을 다할 것을 다짐한다. 우리는 자유롭고 책임 있는 언론이 민주 발전, 민족 통일, 문화 창달에 크게 기여한다고 믿는다. 이러한 신념에 따라 스스로 윤리규범을 준수하고 품위를 지키고자 1957년 4월 7일 「신문윤리강령」을 처음 제정한 바 있다. 이제 그 숭고한 정신을 바탕으로 한국신문협회, 한국신문 방송편집인협회, 한국기자협회는 정보화 사회의 출현 등 시대변화에 맞춰 새로운 신문윤리강령을 다시 채택한다.

제1조 언론의 자유

우리 언론인은 언론의 자유가 국민의 알 권리를 실현하기 위해 언론인에게 주어진 으뜸가는 권리라는 신념에서 대내외적인 모든 침해, 압력, 제한으로부터 이 자유를 지킬 것을 다짐한다.

제2조 언론의 책임

우리 언론인은 언론이 사회의 공기로서 막중한 책임을 지고 있다고 믿는다. 이 책임을 다하기 위해 우리는 무엇보다도 사회의 건전한 여론 형성, 공공복지의 증진, 문화의 창달을 위해 전력을 다할 것이며, 국민의 기본적 권리를 적극적으로 수호할 것을 다짐한다.

제3조 언론의 독립

우리 언론인은 언론이 정치, 경제, 사회, 종교 등 외부세력으로부터 독립된 자주성을 갖고 있음을 천명한다. 우리는 어떠한 세력이든 언론에 간섭하거나 부당하게 이용하려 할 때 이를 단호히 거부할 것을 다짐한다.

제4조 보도와 평론

우리 언론인은 사실의 전모를 정확하게, 객관적으로, 공정하게 보도할 것을 다짐한다. 우리는 또한 진실을 바탕으로 공정하고 바르게 평론할 것을 다짐하며, 사회의 다양한 의견을 폭넓게 수용함으로써 건전한 여론 형성에 기여할 것을 결의한다.

제5조 개인의 명예 존중과 사생활 보호

우리 언론인은 개인의 명예를 훼손하지 않고 개인의 사생활을 침해하지 않을 것을 다짐한다.

제6조 반론권 존중과 매체접근의 기회 제공

우리 언론인은 언론이 사회의 공기라는 점을 인식하여 개인의 권리를 존중하고 특히 독자에게 답변, 반론 및 의견 개진의 기회를 주도록 노력한다.

제7조 언론인의 품위

우리 언론인은 높은 긍지와 품위를 갖추어야 한다. 우리는 저속한 언행을 하지 않으며 바르고 고운 언어생활을 이끄는 데 앞장설 것을 다짐한다.

신문윤리실천요강

우리 언론인은 한국신문협회, 한국신문 방송편집인협회, 한국기자협회가 채택한 신문윤리강령을 구체적으로 시행하기 위하여 다음과 같은 신문윤리실천요강을 채택하고 이를 준수할 것을 다짐한다. 또한 우리는 이 신문윤리실천요강을 한국신문윤리위원회의 준칙으로 삼을 것을 결의한다.

제1조 언론의 자유 · 책임 · 독립

① (정치권력으로부터의 자유), ② (사회 경제세력으로부터의 독립), ③ (사회적 책임 : 언론인은 개인의 권리 보호에 최선을 기해야 하며, 건전한 여론 형성과 공공 복지 향상을 위하여 사회의 중요한 공공 문제를 적극적으로 다루어야 한다. 또한 특정 지방, 종교, 인종 등의 이유로 개인을 차별해서는 안 된다.)

제2조 취재준칙

기자는 취재를 위해 개인 또는 단체를 접촉할 때 필요한 예의를 지켜야 할 뿐만 아니라 비윤리적인 또는 불법적인 방법을 사용해서는 안 된다. 또한 기자는 취재를 위해 개인을 위협하거나 괴롭혀서는 안 된다.

① (신분사칭 · 위장 및 문서반출금지)

② (재난 등 취재)

③ (병원 등 취재)

④ (전화취재)

⑤ (도청 및 비밀 촬영 금지)

제3조 보도준칙

보도기사(해설 기사 포함)는 사실의 전모를 충실하게 전달함을 원칙으로 하며 출처 및 내용을 정확히 확인해야 한다. 또한 기자는 사회정의와 공익을 실현하기 위해 진실을 적극적으로 추적·보도해야 한다.

① (보도기사의 사실과 의견 구분) 기자는 사실과 의견을 명확히 구분하여 보도 기사를 작성해야 한다. 또한 기자는 편견이나 이기적 동기로 보도 기사를 고르거나 작성해서는 안 된다.

② (미확인 보도 명시원칙)

③ (선정보도의 금지)

④ (답변의 기회)=보도 기사가 개인이나 단체에 대한 비판적이거나 비방적 내용을 포함할 때에는 상대방에게 해명의 기회를 주고 그 내용을 반영해야 한다.

⑤ (보도자료의 검증과 영리이용 금지)

⑥ (피의 사실의 검증보도)

제4조 사법보도준칙

언론인은 사법기관의 독립성을 부당하게 훼손하는 취재, 보도, 평론을 해서는 안 된다.

① (재판에 대한 부당 영향 금지), ② (판결문 등의 사전 보도 금지)

제5조 취재원의 명시와 보호

보도기사는 취재원을 원칙으로 익명이나 가명으로 표현해서는 안 되며 추상적이거나 일반적인 취재원을 빙자하여 보도해서는 안 된다.

① (취재원의 명시와 익명조건) 기자는 취재원이나 출처를 가능한 한 밝혀야 한다. 다만 공익을 위해 부득이한 경우 익명을 받아들일 수 있다.

② (제3자 비방과 익명보도 금지)

③ (배경설명과 익명조건) 취재원이 심층 배경설명을 할 때 공익을 위해 필요한 경우 그의 익명요청을 받아들일 수 있다.

④ (취재원과의 비보도 약속) 기자가 취재원의 신원이나 내용의 비보도 요청

에 동의한 경우 취재원이 비윤리적 행위 또는 불법행위의 당사자인 경우를 제외하고는 보도해서는 안 된다.

⑤ (취재원 보호) 기자는 취재원의 안전이 위태롭거나 부당하게 불이익을 받을 위험이 있는 경우 그 신원을 밝혀서는 안 된다.

제6조 보도 보류 시한

기자는 취재원이 요청하는 합리적인 보도 보류 시한을 특별한 이유가 없는 한 존중하여야 한다.

① (보도 보류 시한의 연장 금지) 기자는 자의적인 상호 협정으로 취재원이 원래 요청한 보도 보류 시한을 연장해서는 안 된다.

② (보도 보류 시한의 효력 상실) 보도 보류 시한은 한 언론사가 이를 지키지 않을 때에는 그 시점부터 다른 언론사들도 지켜야 할 의무를 지지 않는다.

제7조 범죄 보도와 인권 존중

① (형사피의자 및 피고인의 명예존중), ② (정신이상자의 익명 존중), ③ (성범죄와 무관한 가족 보호) 기자나 편집자는 성범죄를 보도하는 경우 무관한 가족의 신원을 밝혀서는 안 된다. ④ (미성년피의자 신원보호), ⑤ (피의자 촬영 금지), ⑥ (참고인 등의 촬영 금지) 다만 공인의 경우는 예외로 한다.

제8조 출판물의 전재와 인용

제9조 평론의 원칙

평론은 진실을 근거로 의견을 공정하고 바르게 표명하되 균형과 절제를 잃지 말아야 하며 특히 고의적 편파와 왜곡을 경계해야 한다. 또한 평론은 정치적 입장을 자유로이 표현할 수 있으며 논쟁적 문제에 대해 다양한 공중의 의견을 폭 넓게 수용하여 건전한 여론 형성을 위해 노력해야 한다.

① (논설의 정론성), ② (정치적 평론의 자유), ③ (반론의 기회)=사설 등 평론이 개인 또는 단체를 비판하는 경우 비판받은 당사자의 적절한 해명과 반론의 기회를 주도록 노력해야 한다.

제10조 편집지침

제11조 명예와 신용 존중

언론인은 개인과 단체의 명예나 신용을 훼손하는 보도 및 평론을 해서는 안 된다.

① (개인의 명예·신용훼손 금지), ② (저속한 표현에 의한 명예훼손), ③ (사
  자의 명예존중)

제12조 사생활 보호

언론인은 공익을 위해 부득이 필요한 경우를 제외하고는 개인의 사생활을 보
도·평론해서는 안 된다.

① (사생활 영역 침해 금지), ② (전자개인정보 무단 검색 등 금지), ③ (사생
  활 등의 사진 촬영 및 보도 금지), ④ (공인의 사생활 보도)=절제를 잃지
  않도록 경계해야 한다.

제13조 어린이 보호

① (어린이 취재보도), ② (성범죄와 어린이 보호), ③ (유괴보도제한 협조),
④ (유해환경으로부터의 어린이 보호)

제14조 정보의 부당 이용 금지

기자는 취재 과정에서 얻은 정보를 본인, 친인척 또는 기타 지인의 이익을 위
해서 사용하거나 다른 개인이나 기관에 넘겨서는 안 된다.

① (기자 본인 및 친인척의 소유 주식에 관한 보도 제한), ② (소유 주식 및
  증권의 거래 금지), ③ (부동산 등 부당거래 금지)

제15조 언론인의 품위

언론사와 언론인은 언론의 사회적 공기성에 합당하는 높은 직업적 기준을 준
수함으로써 공인으로서의 품위를 지켜야 한다.

① (금품수수 및 향응 금지), ② (부당한 집단 영향력 행사 금지), ③ (부당한
  금전 지불 금지), ④ (기자의 광고·판매·보급 행위 금지)

제16조 공익의 정의

이 신문윤리실천요강에서 규정하는 공익을 위해 필요한 경우는 다음과 같은
사항을 포함한다.

① (국가안전 등) 국가의 안전보장, 사회질서유지, 공공복리를 위해 부득이한
  경우

② (공중안녕) 공중의 보건과 안전 및 환경보존을 위해 부득이한 경우

③ (범죄의 폭로) 반사회적 범죄 또는 중대한 비윤리적 행위를 방지하기 위해
  부득이한 경우

④ (공중의 오도 방지) 개인이나 단체의 성명 또는 행동으로 공중이 오도되는
   것을 막기 위해 부득이한 경우
한국신문협회, 한국신문 방송편집인협회, 한국기자협회는 개정된 신문윤리강
령 및 실천요강을 승인, 준칙으로 삼는다.

신문광고윤리강령

① 신문광고는 독자에게 이익을 주고 신뢰받을 수 있어야 한다.
② 신문광고는 공공질서와 미풍양속을 해치거나 신문의 품위를 손상해서는
   안 된다.
③ 신문광고는 관계법규에 어긋나는 것이어서는 안 된다.
④ 신문광고는 그 내용이 진실하여야 하며 과대한 표현으로 독자를 현혹시켜
   서는 안 된다.

기자협회윤리강령

　기자는 국민의 알 권리를 충족시키고, 진실을 알릴 의무를 가진 언론의 최일
선 핵심존재로서 공정보도를 실천할 사명을 띠고 있으며, 이를 위해 국민으로부
터 언론이 위임받은 편집·편성권을 공유할 권리를 갖는다. 기자는 자유로운
언론활동을 통해 나라의 민주화에 기여하고 국가발전을 위해 국민들을 올바르
게 계도할 책임과 함께, 평화통일·민족화합·민족의 동질성 회복에 기여해야
할 시대적 소명을 안고 있다. 이와 같이 막중한 책임과 사명을 갖고 있는 기자
에게는 다른 어떤 직종의 종사자들보다도 투철한 직업윤리가 요구된다. 이에 한
국기자협회는 회원들이 지켜야 할 행동기준으로서 윤리강령과 그 실천요강을
제정하여 이의 준수와 실천을 선언한다.
① 언론자유 수호, ② 공정보도, ③ 품위유지, ④ 정당한 정보수집, ⑤ 올바른
정보사용, ⑥ 사생활 보호, ⑦ 취재원 보호, ⑧ 오보의 정정, ⑨ 갈등·차별 조
장 금지, ⑩ 광고·판매활동의 제한

인용 도서와 참고 문헌

김진홍 · 조용철 · 송정민 : 취재보도론, 법문사.
차배근 : 커뮤니케이션학 개론, 세영사.
박용운 : 고려시대 대간제도의 연구.
남시욱 : 인터넷시대의 취재와 보도, 나남.
이성무 : 조선시대 당쟁사, 동방미디어.
박유봉 : 현대커뮤니케이션 원론, 서울대 출판부.
James Glen Stovall : Writing for the Massmedia.
김옥조 : 미디어윤리.

중요개념 및 용어

커뮤니케이션의 기능, 언론의 4이론 기사, 신문, 방송 기자 언론윤리

제3장
뉴스 · 취재 · 기사의 구조와 형식

1. 뉴 스

　2009년 5월 23일 토요일 TV를 시청하던 사람들은 깜짝 놀랐다. TV 화면에 긴급뉴스로 노무현 전 대통령의 자살이 자막으로 나왔기 때문이다. 노무현 전 대통령의 자살은 한 달간 TV의 중요 뉴스였다. 한국 TV에 노 전 대통령 자살이 보도되자 통신들도 긴급 타전 북한 무수단리 핵실험에 이어 한국 관련 뉴스가 세계 언론에 주요뉴스로 등장했다. 2001년 9월 11일 화요일 아침 미국 뉴욕 쌍둥이 빌딩 폭파 테러사건은 21세기 벽두의 충격적이고 상징적인 날로 전 세계인에게 각인되었다. 뉴욕과 워싱턴 공격에 대한 소문이 퍼지자 미국에서만 수백만 명의 사람들이 TV 앞에 모여들고, 라디오를 켜고, 뉴스 웹사이트를 방문했다. 전 세계 매체도 9 · 11테러 보도로 신문과 TV를 도배했다. 뉴스는 특별했고 눈을 뗄 수 없었다. 쏟아져 나온 뉴스는 충격적이었지만 사람들은 만족할 만한 충분한 정보를 얻을 수는 없었다. 하루 종일 뉴스가 포화 상태였음에도 불구하고 다음 날 미국 신문의 판매고는 기록을 깼다. 보통 주말에 발매되는 주간지도 화요일에 특별판을 발행했다. 9 · 11 테러사건에 대한 뉴스를 읽고 보는 것은 개인의 선택이었지만 모든 사람이 함께 공유한 경험이기도 했다. 모든 사람이 뉴스를 읽고 보고, 그것에 대해 이야기했다. 사람들은 친구, 지인, 또 전혀 모르는 사람과의 전화, 이메일, 인터넷 뉴스 게시판, 인터넷 채팅방, 웹 포럼 등을 선택해 이 사건에 대해 토론했다. 무슨 일이 일어났고 그 사건에 무슨 의미가 있는지에 대해 자신의 의견과 해석을 다른 사람에게 말했다. 모두가 공유했던 것은 9 · 11테러에 대한 뉴스였다.

뉴스는 다양한 사람들이 살아가는 사회를 하나로 묶어 주는 요소다. 개인이나 그들이 속한 그룹이 동일한 동시대의 정보를 공유한다는 사실은 이 그룹이 공동체로서 기능하도록 만들어 준다. 세상과 격리된 수도자나 환자이거나 타인과 의견 교환 없이 물리적인 접촉만을 하는 소그룹에 대해 이야기하고 있다면 뉴스는 쉽게 확산되지 않는다. 대중에게는 별로 중요한 것이 아니기 때문이다. 9 · 11사태는 뉴스가 몇 명이나 소수의 그룹을 넘어 전 세계 대중에게 관심이 뻗어 나가는 과정을 적나라하게 보여 준 중요한 사건의 하나였다. 이 사건은 뉴스의 요건과 미디어 글쓰기의 전형을 보여 주었다.

신문이든 비영리기관의 회보이든 어떤 형식으로든 매스미디어 글을 쓰고자 하는 사람은 뉴스의 중요성을 이해해야 하고 뉴스 기사 형식에 정통해야 한다. 매스미디어 글은 우리 사회의 공동체의 형태와 방향에 엄청난 영향을 미친다. 기자들은 사회에 속한 개인과 공동체 사이에 유대를 형성한다. 그들은 솔직해야 하고, 재능이 있어야 하고, 헌신적이어야 한다. 이 일은 자질을 갖지 않은 사람에게는 적합하지 않은 어려운 일이다. 매스미디어 기자는 두 가지 일을 한다. 하나는 정보를 모으는 것이고, 또 하나는 기자가 종사하는 미디어에 적합한 형식으로 이 정보를 상품으로 만드는 것이다. 모든 매스미디어 조직이 뉴스라는 정치적이고 문화적인 정보를 다루는 것은 아니지만, 대부분의 미디어 조직은 뉴스와 정보 보도 기능을 갖고 있다.

매스미디어에 연관된 사람은, 통상적으로 생각하는 뉴스 조직에서 일하지 않는 사람이라 하더라도, 뉴스 문화의 일부분으로 이 문화가 부과하는 직업적인 기준과 요구를 이해해야 한다. 뉴스 문화 종사자는 미디어가 정보를 다룬다는 사실부터 인식해야 한다. 직업 언론인은 정보를 모으고 특정 목적을 위해 여러 독자에게 배분되는 형태로 정보를 가공한다. 이러한 목적에는 정보 전달, 설득, 오락 등이 포함될 수 있지만, 정보가 직업 언론인의 일에서 가장 중심이 된다. 이러한 정보의 중요성 때문에 직업 언론인은 몇 가지 직업적인 의무가 있다.

첫째, 정확한 정보 획득이다. 좋은 정보를 얻는 것과 이것을 정확히 전달하는 것은 기자의 질에 달려 있다. 기자가 다뤄야 하는 정보의 질은 기자의 창의성과 연결되어 있다. 정확한 정보 획득이 기자가 얼마나 훌륭한 프로인지를 결정해 준다. 글의 목적이 무엇이든 간에 정확한 정보를 획득하고 이것을 정확하게 전달하는 것이 기자의 가장 중요한 임무이다.

둘째, 뉴스 문화의 또 다른 고려는 정보를 효과적으로 전달하는 것이다. 뉴스, 광고, 홍보 글 등 여러 형태의 미디어 글들은 효율적인 정보 전달이 그 글의 가치를 평가하는 척도가 된다. 이러한 효율성은 뉴스 문화에서도 중요하다. 그것은 바로 조직의 경제적 건전성과 연관되기 때문이다. 언론인은 시장 논리에 종속된 조직에서 일한다. 조직의 생존은 독자와 광고주를 모으고 비용을 충당할 수 있는 수익을 내는 능력에 달려 있다. 기자들은 시장에서 조직이 기능하는 역할에 대한 인식과 이해가 필요하다.

셋째, 뉴스 문화에서 기자들은 조직의 프로세스를 완전히 이해해야 한다. 좋은 글을 생산하는 것뿐만 아니라 조직이 정한 마감 시간을 지켜야 한다. 마지막으로 개인과 회사의 통합에 대한 개념이 언론인의 매일의 삶의 일부가 되어야 한다. 개인의 정직, 공정성, 윤리적 기준에 대한 신념은 강해야 하고, 기자의 회사의 기준에 대한 확신은 잘 조화를 이루어야 한다. 개인의 직업 정신은 회사에서 내려지는 모든 결정에 동의할 필요는 없지만 조직에 대한 전반적인 확신은 있어야 한다.

정확성, 효율성, 프로세스, 마감시간, 미디어 윤리는 모두 뉴스 문화의 중요한 요건이다. 이러한 규율 속으로 들어가는 언론인들은 이러한 환경에서 일하게 될 개인들의 중요성과 요구에 대해 이해해야 한다.

1) 뉴스란 무엇인가 – 뉴스는 역사의 한 페이지다

(1) 뉴스는 역사 자료를 패키지로 다듬어 놓은 것이다. 뉴스는 현대 문명 변화의 바퀴를 돌리기 위해 제공되는 연료다. 뉴스에 의한 사회적 · 기술적 변화가 없었다면 20세기의 빠른 변화 속도는 걷는 것처럼 느렸을 것이다.

(2) 뉴스는 대중이 이용할 수 있는, 현재 무슨 일이 일어나고 있는지를 알려 주는 정보다. 어떻게 생각하고 어떻게 행동해야 할지 결정하려는 사람들에게 정보는 매우 중요하다.

(3) 사건을 적절한 시기에, 간결하게, 정확하게 기술한 보고서이다. 뉴스는 독재자의 죽음, 대통령 선거 자체가 아니다. 뉴스는 죽음, 선거, 부패와 협잡 등으로 걷잡을 수 없게 된 사회 모순, 사회 발전에 대한 기자의 기록이다.

사건에 대한 정보가 사람들에게 알려지기 전까지는 사건은 뉴스가 아니다. 사건의 발생과 사건의 발생을 커뮤니케이션을 통해 아는 것 사이에 확실한 구분이 필요하고 뉴스와 사건 사이의 확실한 구분이 필요하다. 살인이 일어났다는 사실이 청중에게 전해질 때까지 살인은 보도되지 않은 사건일 뿐이다. 뉴스엔 사건, 보도, 독자 세 가지 주요한 요소가 있다. 사건 보도는 그 수용인 또는 수용자의 일부를 자극시켜서, 생각하거나 행동하게 하기도 하고 또는 그렇게 생각하거나 행동하지 못하게 한다. 사건의 보도가 적어도 독자들 중 일부분에게라도 의미를 가지며, 그리고 보도를 통해 신문이 팔리고 독자를 형성할 것이라는 기자의 결정에 따라 일반적으로 사건이 뉴스가 되어 상품으로 제작된다. 보도는 뉴스가 될 수도 있지만 그것이 반응을 불러일으키게 될지는 알 수 없다. 뉴스가 되기 위해서 보도는 잠재적인 독자가 이용할 수 있는 현재의 정보를 만들어 내야 한다. 현대는 뉴스가 대중에게 전해지는 많은 채널들이 있다. 제1차 세계대전이 종결될 때까지 뉴스는 신문이 독점했다. 1920년에 미국의 방송이 태동하였고, 1923년에 근대적인 주간잡지가 생겼다. 1, 2차 세계대전 사이에 특정한 종류의 뉴스를 보도하는 뉴스 영화(newsreel)가 제작됐다. 제2차 세계대전의 종결과 함께 TV가 발명되었다. 세계의 다른 지역의 뉴스 미디어도 미국과 같은 시기에 발전해 간 것은 아니지만 다른 나라들의 미디어의 확산도 이러한 일반적인 형태를 띠고 있다. 새 매체 등장으로 인터넷으로 누구나 보도 매체를 통하지 않고도 뉴스를 전달할 수 있고 쌍방향 의사소통이 가능하게 되었다. 뉴 미디어는 세계 사람들의 생활에 중대한 영향을 미쳤다. 더 많은 사람들이 그들이 살고 있는 세상(자신의 주변뿐 아니라 바다 건너에 대해서도)에 대해 예전보다 더 많이 알게 되었다. 기자의 책임은 그의 기사가 영향을 미치는 사람들의 숫자로 측정할 수 있다. 기자의 책임은 더욱 가중되고 있다. 보도 기사의 책임과 영향은 뉴스 미디어의 산물에 의해 확장되었지만, 뉴스의 근본적인 개념과 보도의 기술은 크게 변하지 않는다. 어떤 채널이나 매개체를 사용하더라도 취재보도(사건에 대한 정보를 모으고 독자를 위해 보도를 포장하는 과정)는 근본적으로 형식화된 과정이다. 이 과정 중, 특히 뉴스를 수집하는 부분에서 사실을 빠르게 수집하는 기술, 정확성, 균형적인 시각은 사실 다 같은 것이다. 표현하는 뉴스 패키지의 형태와 크기는 각 매체에 따라 다르지만, 보도 작업은 일정하다. 표현은 다양해질 수 있지만 모든 뉴스 분야에서 전문적인 수행 능력은 같은 기술과 기법은 물론이고 같은 윤리적이고 사회적인 원칙 위에 기초하고 있다. 서로 다른 커뮤니케이션 방식이나 서로 다른 표현 형식에도 불구하고 뉴스 보도의 기초 개념, 목적, 책임이 모든 미디어에서 같은 것이다.

뉴스를 모으고 배포하는 신문 시스템은 모든 미디어 중에서 가장 규모가 큰 것이고 영향력이 크기 때문에 뉴스 접근 방법, 기사 작성 등에 관한 논의를 신문 중심으로 하게 된다. 신문은 더 많은 종류의 뉴스를 다루고, 더 많은 종류의 뉴스 상황을 전달하여 독자를 만족시키고, 일반적으로 다른 미디어보다 더 자세하고 훨씬 더 긴 형태의 뉴스를 보도한다. 방송, 잡지, 영화를 보는 습관보다 신문 보는 습관을 가진 사람이 더 많았다. 그러나 신세대는 인터넷을 선호한다. 신문은 다른 직종에 비해 많은 기회를 제공하기 때문에 언론인들이 대부분 신문에서 시작했다. 기자가 신문에서 다른 형태의 근대적인 저널리즘(방송, 광고, 공공 관련, 정기간행물 등)으로 옮겨 가는 경우가 그 반대의 경우보다 많았다. 최근 방송이 경영면에서 신문을 압도하고 있으나 신문의 영향력을 아직 능가할 수는 없다. 특정 정치권력의 편향에 따라 그 우열이 일시적으로 나타날 수는 있으나 저널리즘의 본령은 신문에 있다. 어떠한 뉴스 분야를 독자가 택하든지 결국에는 독자들이 쉽게 읽고 독자들을 바르게 인도해야 한다. 신문 뉴스도 젊은 세대와 새로운 수용자의 변화에 부응해 달라져야 한다.

2) 뉴스 개념의 변화

(1) 뉴스의 초기 정의

뉴스는 '새로운 것'을 의미한다. news는 'new things(새로운 일)' 'new tidings(새로운 소식)'의 줄임이다. 자연, 개인 또는 사회에서 발생하는 새 사실의 보도를 말한다. 새롭고 흥미 있는 사건 사실은 뉴스로서의 가치가 있다. 이 가치로 뉴스는 상품으로 수집되고 교환된다. 기업은 선전 목적으로 미디어를 이용한다.

뉴스의 이런 특징이 신문을 상품화한다. 미국에서 신문학이 연구되기 시작한 1910년대 초 콜리어즈 위클리(Collier's Weekly) 잡지가 전국의 신문 편집인이 참가한 심포지엄을 열고 뉴스의 정의 문제를 토의했다. 이 심포지엄에서 제시된 뉴스의 정의는 ① 독자들이 알고 싶어 하는 것, ② 독자들이 흥미를 느낄 만한 사건, ③ 많은 사람들이 알고 싶어 하는 것, ④ 독자가 이야기할 만한 것, ⑤ 독자들에게 영향을 주거나 흥미를 일으킬 사건, ⑥ 의견, 사안에 관한 정확하고 시의 적절한 보도 등 10가지였다. 이런 논의를 토대로 미국 신문학 창시자 중의 한명인 블레이어(Willard G. Bleyer)는 "뉴스는 독자들에게 그들의 개인적인 일들, 또는 사회와의 관계에서 흥미 있고 중요하고, 시의(Timeliness)에 알맞은 사건이며 최선의 뉴스는 최대 다수의 독자들에게 최대 수준의 흥미와 중요성을 지닌 것"이라는 정의했다. 이런 정의가 적용되는 뉴스의 요소로 ① 시의성(즉시성), ② 흥미성, ③ 특이성, ④ 최고 지위를 위한 투쟁, ⑤ 로맨스, ⑥ 미스터리, ⑦ 모험, ⑧ 어린이에 대한 흥미, ⑨ 동물이야기, ⑩ 오락과 취미, ⑪ 지방적 흥미, ⑫ 저명인사에 대한 흥미, ⑬ 가정과 사업상 흥미 등을 들었다. 이런 뉴스의 정의와 선정 요소는 오늘날에도 적용될 수 있는 것이다.

(2) 뉴스와 기사

TV나 신문을 보면 흥미 있고 중요한 모든 사건이 보도되지 않는다. 뉴스란 보도된 것 즉 사건의 기술이며 사건 자체가 뉴스가 아니다. 1970년대 영국 BBC 방송이 뉴스에 관해 내린 고전적인 정의는 다음과 같다. "뉴스는 새롭고 정직하게, 그리고 정확하게 보도된 정보다. 그 정보는 과거에 뉴스로서 수집된, 정직하고 정확한 다른 정보의 배경과 비교해서 볼 때 손색이 없고, 세계 모든 곳에서 현재 일어난 모든 사건에 관한 것이며, 훈련받은 언론인(言論人)에 의해 공정하게, 그러나 인위적인 균형 잡기나 정치적 동기 또는 편집상의 채색 없는 정보이며, 언론인들의 눈으로 볼 때 흥미 있거나 중요하거나 뉴스 속보로 적절하기 때문에 뉴스 속보에 포함되며, 두려움 없이, 그리고 객관적으로, 그러나 법률과 품위와 편집 기준에 관한 BBC 자체 규칙을 존중하여 방송된다."(방송 뉴스의 임무, 1975) 여기서도 뉴스가 '보도된 정보'라고 규정하고 있다. 최근에는 이러한 뉴스 정의에도 변화가 왔다. 기자가 더 이상 뉴스의 수문장이 아니기 때문이다.

기자가 보도하지 않는 뉴스도 인터넷을 통해 곧바로 독자와 시청자에게 전달된다. 정부나 기업의 홈페이지에서 직접 뉴스를 접하고 있다. 그렇다고 모든 뉴스가 직접 독자와 시청자에게 공급되는 것은 아니다. 기자가 독점 공급자의 지위와 뉴스의 수문장 지위를 잃었을 뿐이지 기자의 역할이 모두 끝난 것은 아니다. 그 뉴스의 진정한 의미가 무엇인지 해석하고 보도하는 작업은 기자의 몫이다.

(3) 뉴스 가치와 한국언론의 전통

① 계몽 · 교육 · 의제 설정

뉴스의 취사선택은 기자와 편집자의 판단이 작용한다. 우리나라 최초의 근대 신문 한성순보까지 거슬러 올라가면 2009년 현재 한국 신문의 역사는 126 년이 되었다. 1883년 10월 1일 발간돼 월 3회 통리아문 박문국에서 펴낸 이 신문의 뉴스 취급 기준도 현대 신문과 크게 다를 것이 없다. 한성순보는 일본신문과 중국신문의 영향을 받았고 이 신문들은 서양신문의 영향을 받았다. 한성순보는 순보 서문에 "외보를 폭넓게 번역하고 아울러 내사까지 기재하여 나라 안에 알리는 동시에 열국에까지 반포하기로 한다."고 했다. 그리고 "시세를 살펴 흐르지도 말며 빠르지도 말며 좋고 나쁜 것을 취사선택하여 도리에 맞게 구해서 바른 것을 잃지 않는다면 신문 발간 취지를 달성하는 것" 이라고 밝혔다. "백성의 견문을 넓히고 나라의 외모(外侮)를 막으며 하의를 상달하는 데 있다."고도 했다 (1884년 10월 9일 36호까지 보관. 40호 정도 나오고 종간). 뉴스 선택 기준은 국민 계몽과 언론의 개방을 우선으로 삼았다. 이러한 전통은 지금도 살아 있다. 신문의 훌륭한 의제설정(agenda setting)원리에 따른 것이다. 한성순보는 중역이긴 했지만 The Times 기사와 Reuters 통신도 전재했다.

② 유익한 기사에서 흥미 있는 기사로

<한성순보>와 <한성주보>에 이어 1896년에 나온 <독립신문>은 논설 (1898년 4월 12일자)을 통해 당시의 전체 조선의 신문사 기자들에게 "결단코 인민들이 들어서 쓸데없는 말(기사)은 내지 말며, 헛되고 뜻 없는 말을 기재 말며"라고 권했다. 쓸데없는 말(기사)을 내지 말라고 부탁한 것은 <한성순보>가

'한가하고 쓸데없는 말(기사)'을 싣지 않겠다고 한 것과 공통점이 있다. 이 논설은 이어서 신문이 사회를 이끌어 갈 힘이 없으면 "차라리 없는 이만 같지 못하다."라고 주장했다. 이것은 같은 시기 미국의 황색신문에 대한 모방을 발행인이 경고한 것 같다.

한국언론은 <독립신문>에 뒤이은 <황성신문>, <뎨국신문> 병립 시대와 1904년에 나온 <대한매일신보>, 1920년대의 <동아일보>, <조선일보>의 이른바 민간지 시대를 거쳐 해방 후에 이르기까지 개화·국권 수호·항일·국가 보위의 전통 아래서 기사를 선별하여 정론지적 성격을 굳혔다. 이 역시 오늘의 한국언론에 남아 있는 특성이다. 그러나 민간지 시대에는 상호 경쟁에서 비롯된 부수 확장 정책 때문에 점차 대중지적 색채를 띠기 시작했다. 민간지 시대는 일제 통치시기에 해당하기 때문에 자연적으로 일본 신문의 영향도 받지 않을 수 없었을 것이다. 당시 식민지 조선의 신문들은 <아사이(朝日)>, <마이니치(每日)> 등 일본 유력지들의 대중지 색채를 모방한 것으로 보인다. 한국인으로 미국에 처음 신문학을 전공하고 귀국하여 동아일보 기자가 된 김동성은 그의 저서 말미에서 황색언론을 맹렬하게 비판하여 그것을 '악덕신문'이라고 규정했다. 이런 이론은 당시 미국에서 지배적인 신문 이론이기도 하다. 1930년 <조선일보>에서 일하던 한 언론인은 당시의 조선 언론이 흥미 본위의 '모던 저널리즘'을 추구하여 "사면팔방으로 일반적 인기의 총아가 되려고 애쓰게 되었고 그 경영 방침에 있어서 종래의 희생적 정신보다는 영리주의 흐르게 되었다"고 비판했다. 해방 후 신문 산업이 상대적으로 안정기에 들어선 1960년대에 한국 신문업계에서는 상업지의 출현을 보게 되어 오늘과 같은 뉴스에 대한 기준이 정착되기 시작했다.

(4) 서양 신문의 뉴스 가치 변화

① 정부의 공지 목적

로마시대 관보인 악타 디우르나는 정부의 활동과 공지 사항을 기재했다.

② 모험 진기한 이야기

1513년에 발행된 <트루 인카운터(The Trewe Encounter)>라는 유럽 최초의 인쇄된 뉴스북(news book, 소식책자)은 스코틀랜드의 제임스 2세가 잉글랜드 침략 도중에 전사한 플로든(Flodden) 평원의 전투를 기사화하고 있다. 전쟁에 가담한 참전 장교들의 이름과 전투 장면이 기사 안에 묘사되어 있다. 이 뉴스북에는 인간의 모험과 여행과 범죄에 관한 이야기들이 재난 소식과 함께 기록되어 있다. 당시의 독자들은 진기하고 불가사의한 사건에 흥미를 느끼고 감동했다. 초창기의 유럽 신문 독자들은 현대의 독자들이 히말라야 설인(雪人)과 스코틀랜드 네스(Ness)호의 괴물 이야기를 선호하는 것처럼 괴수와 용의 이야기를 좋아했다.

③ 상업뉴스

17세기로 들어오면 유럽 상업 중심지에 배부된 전근대적 신문의 일종인 뉴스시트(news sheet)에는 상업 뉴스가 주된 내용이다. 이들 신문들의 상업뉴스는 무역의 발달에 기여했다. 경제와 무역이 현대 신문에도 주요한 뉴스가 되는 것은 이때부터의 전통이다. 17세기 후반에 들어와 지금의 신문과 모양이 비슷한 근대적인 신문이 출현해서는 주로 외국 뉴스를 다루었다.

④ 정파 위주의 주장

18세기 미국의 정파 신문 시대(Partisan Period)에는 뉴스보다는 정치적 견해를 주장하는 데 주력했다.

⑤ 독자 흥미 위주

19세기 중엽의 대중신문시대, 즉 '새 언론(New Journalism) 시대'를 맞이한다. 뉴스가 오늘날과 비슷한 척도에서 판단되기 시작한 것은 이때부터였다. 노동자들이 부담 없이 살 수 있는 동전신문(penny paper)이 등장하고 기사도 대중 언론(popular journalism)이 판을 쳤다. 당시의 신문 편집자들은 문자 해독력이 있는 노동자들을 위해 대중적인 뉴스를 실었다. 많은 독자들에게 흥미 있는 뉴스 발굴의 필요성을 터득했다. 이 통찰력은 현대 언론에도 유효한 뉴스의 척도다. 1883년에 창간한 Benjamin H. Day의New York Sun은 치안재판소 사건, 화재 강도 자살에 관한 기사 등 사람에 관한 뉴스를 많이 실었다. 2년 후 New York Herald를 낸 베네트(James Gordon Bennett)는 전보를 기사 송고의 수단으로 이용 상업 및 정치 뉴스 외에 뉴욕 시민의 일상생활과 범죄 스캔들에 관한 기사를 실어 독자의 호응을 얻었다. 뉴스는 상인들과 교육받은 사람들과 함께 노동자 기술자들도 다함께 독자가 되어야 한다고 생각했다. 데이와 베네트는 독자들의 기호와 취향에 따르면서도 한편으로는 독자를 계도하고 교육하려고 노력했다. 이 같은 오락과 정보, 그리고 공공봉사의 혼합 방식은 퓰리처에 의해 더욱 강조되었다. 그 역시 독자들이 원하는 기사, 즉 선정적인 사건기사와 특집기사를 실었으나 오락에만 만족치는 않았다. 그는 독점을 방지하는 반독점 캠페인과 소득과 상속에 대해 중과세 하라는 캠페인에 기자들을 동원했다. 1883년 그는 자신의 <뉴욕 월드(New York World)>의 기자들에게 다음과 같이 지시했다.

"항상 진보와 개혁을 위해 투쟁할 것이며, 부정과 부패를 방관하지 말고 언제나 모든 정당의 선동가들과 싸울 것이며, 어떤 정당에도 소속되지 말고 특권층과 공공재산의 약탈자에 반대하고 가난한 사람에게 동정심을 잃지 말 것이며, 항상 공공복지에 헌신하고 단순히 뉴스를 내보는 데 만족하지 말고 엄격히 독립적이 될 것이며, 약탈 행위를 하는 부유층이든 빈곤층이든 그들의 과오를 공격하는 데 두려워 마라."

허스트는 퓰리처의 <뉴욕 월드>를 모방한 <모닝 저널>이란 신문을 창간하여 퓰리처의 월드에 맞섰다. <저널>의 지면은 풍부한 사진, 범죄기사, 사진기사, 스캔들기사 등으로 <월드>이상으로 선정적으로 꾸몄다. <월드>와 <저널>의 치열한 경쟁은 허스트가 <저널 선데이>를 발행함으로써 격화되었다. <월드>는 만화를 연재하여 인기를 끌었다. 이 만화에 나오는 노란 꼬마(The Yellow Kid) 작중인물은 인쇄공이 인쇄 작업 중 실수로 노랑 잉크를 쏟아 '노란 꼬마'가 되었다. 허스트는 '노란 꼬마'의 만화가 옷컬트를 '월드'에서 빼내어 <저널>에 만화 '노란 꼬마'를 연재케 하였다. 옷컬트를 뺏긴 퓰리처는 류크를 대타로 내세워 '노란 꼬마'를 계속케 하였다. 두 개의 '노란 꼬마'가 일요일마다 뉴욕의 독자에게 나타나게 되었으며, 이에 따라 두 일요지의 경쟁은 절정에 달하였다. 당시 뉴욕의 화제에서 '노란 꼬마'를 빼놓고는 할 말이 없게 될 정도였다.

허스트(William R. Hearst)의 뉴욕 저널(New York Journal)과 퓰리처의 뉴욕 월드는 격렬한 부수 경쟁을 벌였다. 허스트는 1898년에 쿠바에서 스페인에 반대하는 민중 반란이 일어난 것을 계기로 스페인과의 전쟁을 부추겼다. 그는 미국이 스페인에 선전을 포고하고 미군이 군대를 파견하자 기사의 정확성과 객관성을 무시하고 상륙 포격 해상 전투에 관련하여 가공적인 기사를 썼다. 그는 신문 값도 내리고 경쟁지인 월드의 좋은 기자들을 스카우트했다. 이 중에는 인기

만화인 '노란 꼬마(The Yellow Kid)'의 작가도 포함되었다. 두 신문의 독자 영합과 부수 늘리기 싸움은 '노란 꼬마' 연재만화가 절정이 되어 'Yellow Journalism (황색저널리즘)'이라는 말까지 나오게 되었다. <저널>과 <월드>는 이러한 새로운 형식의 선정주의적 신문의 전형처럼 간주되었다. 프레스(press)의 워드만(E. Wardman)은 이런 신문을 황색 신문(yellow paper)이라 지칭하였다. 그로부터 옐로우 페이퍼, 옐로우 저널리즘(yellow journalism)은 저속하고 저질의 신문을 의미하게 되었다. 이 같은 치열한 경쟁으로 신문 부수는 무려 100만 부로 치솟았다. 한 해 이익이 50만 달러에 이르러 신문의 전성시대를 맞았다.

황색저널리즘(Yellow Journalism)의 외형적 특징

① 대형의 제목을 사용한다. 포스터만큼의 대형 활자를 사용한다거나 붉은 색깔, 푸른 색깔을 사용하기도 하였다.
② 사진의 과대한 사용, 별다른 뜻도 없는 사진을 지나치게 크게 취급, 또한 몽타주의 악폐를 남겼다.
③ 정치, 사회, 과학, 인간생활의 모든 방면의 센세이셔널한 사실을 소재로 한다.
④ 또한 모든 종류의 감동, 분노, 공포, 연민의 정에 호소하는 소재를 가지고 인간의 본태적 자극을 촉발시킨다.

신문이 상품화됨으로써 시장을 상대로 한 신문을 제작하지 않을 수 없었다. 다른 기업과 마찬가지로 자유 경쟁에서 이겨 나가지 않으면 안 되었다. "신문은 대중이 소비하는 상품이다."라는 것을 신문 경영의 모토로 삼은 미국의 신문인은 <뉴욕헤럴드>의 베네트, <뉴욕선>의 데이를 들 수 있고, 그 밖에 <뉴욕월드>의 퓰리처와 <뉴욕 저널>의 허스트 등을 열거하는데 그중에서도 근대 신문의 혁기적인 변혁을 이룩하여 현대신문의 정형을 확립한 것은 퓰리처다.

퓰리처는 <세인트 루이스 디스패취(St. Louis Dispatch)>를 발간하고 이것을 대신문으로 성장시켰다. 1883년에는 뉴욕에서 적자에 허덕이는 <뉴 월드>를 새로운 형의 신문으로 만드는 데 성공하였다. 퓰리처가 창안한 근대 신문의 타입은 현대 신문의 전형을 제시한 것이다.

① 뉴스 정책으로서 용감하고 끈덕진 기자를 채용하여 탐방 기사를 쓰게 하고 센세이셔널한 제목을 달아 지면은 언제나 자극적이고 생기가 감돌게 하였다.

② 개혁운동(crusade)과 스탄츠(stunts)에 주력하였다. 철도, 석유회사, 전화 회사의 부정 등을 폭로하였다.

③ 평론 페이지를 고급화하였다. 뉴스 면에서 캠페인뿐 아니라 논설에서도 신문의 사회적 기능을 십분 발휘하였다.

④ 지면을 다채롭게 하고 구독료가 저렴하게 하였다.

⑤ 신문에 삽화를 실었다.

⑥ 구독을 권유하기 위해 쿠폰을 붙였다.

이 퓰리처의 신문 제작 방침은 오늘날까지 세계의 신문 사업에 큰 영향을 주었고 그 센세이셔널리즘은 비판받기도 하였다. 센세이셔널리즘은 특히 프라이버시의 침해, 즉 죄 없는 사람의 사생활이 지면에 폭로됨으로써 비난의 대상이 되었고 신문의 품위를 저하시켰다. 그러나 퓰리처의 <월드>지의 이런 센세이셔널리즘은 다투어 대중 신문에 채택되었고 <월드>의 성공과 신문의 새 구조는 미국의 대중신문에 새로운 위상을 부여하였다. 옐로우 저널리즘이 매우 결점이 많은 것으로 규정될지는 모르나, 반면에 이것이 현대 신문의 기조를 형성하는 데 공헌했다. 이어서 현대적 타블로이드(tabloid) 신문의 출현이다. 타블로이드 신문은 관능 본위의 매우 야단스러운 뉴스를 실었다. 그 당시 유행한 재즈(jass)와 결부하여 재즈 저널리즘이란 명칭으로 불리었다. 타블로이드 신문의 특징으로는 기사가 짧고 흥미와 선정적인 자극이 강한 범죄와 섹스를 기사화했다. 관능 본위의 기사를 최대한 구사하여 도시 노동자들을 새로 신문 독자권에 끌어넣을 수 있었다. 현재 영·미 신문의 타블로이드 신문은 여기에 기원하며, 물론 그 시대와 같은 극단적인 면은 수정된 것이다. 개중에는 스탠다드형의 신문에서 찾아볼 수 없는 신선미와 명쾌한 논저로서 잘 팔리는 신문도 있다.

19세기의 이러한 뉴스 개념은 전자시대인 현대의 미국 편집자들에게도 여전히 유효한 기준으로 적용되고 있다. 뉴스의 메뉴를 정보, 오락, 공공봉사의 혼합물로 보고 있는 것이다. 19세기 말에 <뉴욕 선(New York Sun)>을 운영한 다나(Charles A. Dana)는 "뉴스는 공동체의 다수가 흥미를 가질 수 있는 사건과 그전에는 결코 그들의 주목을 끌지 못했던 사건이다."라고 규정했다. "개가 사람을 물면 기사가 안 되지만 사람이 개를 물면 기사가 된다."는 고전적인 정의도 그의 편집자 중 한 사람인 보가트(John B. Bogart)가 설파한 명언이다.

동전신문(penny paper)에 이어 허스트의 뉴욕저널과 퓰리처의 뉴욕월드 사이의 황색저널리즘(Yellow Journalism) 경쟁에 이어 현대적 타블로이드(tabloid) 신문이 출현하고 뉴욕타임스(1851), 워싱턴포스트(1877), 크리스천사이언스모니터(1908) 등 건전하고 독립적인 권위지들이 점차 황색지들 보다 대중의 호응을 받게 됨으로써 자연 황색 신문식의 뉴스 가치 기준은 도태되었다. 미국의 경우 '사상의 자유시장 원리'에 의해 정부에 대한 비판을 포함한 여러 가지 의견을 자유롭게 표현하기 위해 신문 기업은 자유 기업으로 운영되었다. 뉴스 가치도 자유시장 원리에 따른다. 그러나 1930년대의 <뉴욕 헤럴드 트리뷴(New York Herald Tribune)>의 사회부장인 워커(Stanley Walker)는 중요 뉴스를 3개의 W, 즉 women, wumpun, wrongdoing(성, 돈, 범죄)라고 했다. 1970년대 중반까지 미국은 3종의 위기, 즉 월남 전쟁, 워터게이트사건, 정치·경제적 정책실패(국제분쟁, 인종 간의 긴장, 빈곤 문제의 해결책이라고 찬양을 받던 50~60년대의 미국의 정치·경제·사회적 정책 실험의 실패)였다. 이 때문에 뉴스를 결정하는 기준에 변화가 생겼다. 세계는 안전한가, 나의 가정과 가족은 안전한가 등 국민 생활 기사가 중요성을 띠게 되었다. 라이프스타일 같은 현실 도피적인 기사도 유행했다. 1990년대에 미국 편집자들은 독자친화적(reader-friendly story) 기사를 고안해 냈다. 다이어트, 육아법, 투자 방법 등 중산층과 여성, 특히 근로 여성이 선호하는 기사를 많게 한다는 지침이 마련되었다. 독자를 뉴미디어에 빼앗기지 않기 위해서이다.

3) 뉴스 가치 판단의 세 척도

뉴스의 가치는 독자와의 관계에서 적합성, 유용성, 흥미라는 세 가지 척도에 따라 판단된다. 어떤 사건이든 그것이 뉴스가 되려면 독자와 시청자들이 관심을 가질 만한 것이어야 한다. 예컨대 휘발유 값 인상은 자동차 소유주들이 관심을 가질 사안이다. 이것을 적합성(relevance)이라고 한다. 뉴스는 독자에게 필요한 정보여야 한다. 구정이나 추석 귀성객에게 고속도로 정보나 항공기 표 예약 관련 뉴스는 필요한 정보이다. 이를 유용성(usefulness)이라고 한다. 뉴스는 독자에게 흥미를 끌만한 것이어야 한다. 먼 아프리카의 홍수 소식보다는 당장 자기가 사는 곳의 가랑비 소식이 더 흥미 있는 뉴스이다. 이를 뉴스의 흥미성(interest) 이라 한다. 기자는 이 세 가지 척도로 뉴스의 가치를 판단한다. 구체적으로 뉴스의 어떤 요소가 기사의 가치를 결정하는가? 만약 휴전선에서 무력 충돌이 일어났다면 한국인들에게는 큰 뉴스이다. 북한의 핵개발과 미사일 실험, 금강산 관광객 살해, 개성공단 파견인 구속 등은 큰 뉴스다. 그만큼 충격과 영향이 크기 때문이다. 개가 사람을 물었다면 뉴스거리가 안 되지만 사람이 개를 물었다면 뉴스거리가 된다. 왜 그런가? 그런 사건은 좀처럼 일어나지 않는 진기한 사건이요 비정상적인 사건이기 때문이다. 뉴스의 이론적 정의는 다양하다. 그러나 지금까지 수많은 언론인들과 언론학자들이 그들의 경험과 이론에 따라 정리한 뉴스의 요소들은 대체로 영향력, 시의성, 현저성, 근접성, 갈등성, 진기성(희귀성), 인간적 흥미, 유행성, 감성적 호소력 등으로 요약될 수 있다.

4) 뉴스의 요소

사건을 뉴스로 만드는 것은 무엇인가? 똑같은 사건이 다른 장소의 다른 두 사람에게 일어날 수 있다. 한 가지는 뉴스 기사가 될 수 있고 다른 하나는 그렇지 않을 수 있다. 예를 들어, 아무런 상해가 없는 경미한 자동차 사고는 지역 신문에도 실리지 않을 것이다. 미국 대통령에게 똑같은 사고가 일어난다면 그 사고는 아마도 저녁 뉴스 시간의 첫 기사가 될 것이다. 사건들을 뉴스와 뉴스가 아닌 범주로 나누는 것은 뉴스 가치의 평가 기준에 따른 것이다. 뉴스 기자와 편집자는 뉴스의 가치에 기초하여 사건에 대해서 보도 가치 결정을 내려야 한다. 뉴스의 가치는 기사에 필요한 정보의 종류를 결정하고 기자가 가장 중요하고 흥미로운 정보가 독자에게 가장 효율적인 방법으로 전달될 수 있도록 기사화하는 데 사용된다. 모든 글쓰기의 기본은 글쓰기 과정에 필요한 정보를 보유하는 것이다. 매스미디어 글쓰기는 특정 정보를 글쓰기 과정의 초반에 수집하는 것을 필요로 한다. 정보를 모으고 기사를 쓰는 언론인은 독자가 갖는 6가지의 기본적인 질문에 대해 해답을 주려 한다. 영향력(Impact) 충격 · 시의성(Timeliness) · 즉시성(immediateness) · 중요성 · 현저성(Prominence) · 갈등(Conflict) · 진기성(Novelty) 또는 특이성(The Unusual) 등이 있다.

(1) 영향력(Impact) 충격

뉴스에서는 무엇보다도 중요한 요소는 그 사건이 미치는 영향력이다. 영향력이 크면 클수록 그 범위가 넓으면 넓을수록 큰 뉴스이다. 사람들의 삶을 변화시키는 사건은 뉴스로 분류된다. 사건 그 자체는 몇몇 사람들에게만 연관이 되어 있지만, 그 결과는 널리 영향력을 미친다. 예를 들어, 국회가 세금을 인상하는 안건을 통과시키거나 연구원이 암의 치료법을 발견해 내는 것은 두 가지 모두 아주 많은 사람에게 영향을 미친다. 이러한 사건들은 영향력이 있는 뉴스로 선택될 것이다.

(2) 시의성(Timeliness) · 즉시성(Immediateness)

적시성은 대부분의 뉴스 기사에 일반적으로 나타나는 특성이다. 이것은 얼마나 오랫동안 그 사건이 일어났는지를 나타낸다. 적시성 없이는 대부분의 사건들이 뉴스가 될 수 없다. 예를 들어, 10년 전에 지방에서 일어났던 형사사건 재판은 뉴스가 아니다. 그러나 지금 서울 고등학교에서 학생이 교사에게 폭행한 형사사건 재판은 뉴스가 될 수도 있다. 사건이 더 이상 뉴스가 아니라고 여겨지는 데까지 걸리는 시간은 어느 정도일까? 모든 사례에 적용되는 답은 없다. 대부분의 사건들은 하루 내지 하루 반 정도가 지나면 뉴스라고 생각되지 않는다. 큰 뉴스도 시간이 지나면 진부하게 된다. 프랑스 작가인 앙드레 지드(Andre Gide)는 "모든 뉴스는 내일에는 가치가 없다."고 말했다.

(3) 중요성 · 현저성(Prominence)

아주 사소한 것을 하고 있더라도, 중요한 사람들은 뉴스가 된다. 미국 대통령이 바로 그 예이다. 단지 개인적인 이유에서 여행을 가더라도 교황이나 대통령이 여행을 가면 언론에서는 일거수일투족을 다룬다. 교황이나 대통령이 영향력 있고 중요한 사람이기 때문이다. 대통령이 하는 거의 대부분의 일들은 국가에 영향을 미치기 때문에 사람들은 대통령의 행동에 큰 관심을 갖는다. 대통령은 뉴스를 만드는 중요한 사람의 유일한 예는 아니다. 영화배우, 유명한 정치인, 사회적인 소송과 관련된 변호사 등 이런 대부분의 사람들은 아주 잘 알려져 있고 사람들이 그들이 하는 일에 관심이 있기 때문에 이런 사람들은 뉴스를 만들어 낸다.

(4) 근접성(Proximity)

지리적으로나 정서적으로 가까운 곳에서 일어나는 사건들이 다른 곳에서 일어나는 사건들보다 뉴스가 될 가능성이 높다. 지역에서 일어난 2명의 자동차 사고 사망자에 대한 사건이 몇 천 마일 떨어진 곳에서 일어난 자동차 사고보다 지역 미디어를 통해 보도될 확률이 높다. 일본과 미국은 국제 뉴스 중 가장 관심을 끈다. 일본은 지리적으로 한국과 가깝고 미국은 한국 교포, 즉 우리들의 친척과 유학생들이 많이 사는 곳이어서 그렇다.

(5) 갈등(Conflict)

사람들이 반대하고, 싸우고, 논쟁이 있을 때, 그리고 중요성과 같은 다른 뉴스의 가치가 연관되어 있을 때, 뉴스가 된다. 갈등은 언론인이 가장 좋아하는 뉴스 가치이다. 왜냐하면 그곳에는 재미있는 기삿거리가 확실히 있기 때문이다. 소송 기사가 신문 구독자들과 TV 시청자들에게 인기가 있는 것은 중심 주제가 갈등, 즉 상대방을 쓰러뜨리기 위해 경쟁하는 두 가지 힘과 연관이 있기 때문이다.

(6) 진기성(Novelty) 또는 특이성(The Unusual)

드문 사건은 가끔 뉴스로 여겨진다. 언론계에는 이런 격언이 있다. "개가 사람을 물면 뉴스가 아니지만, 사람이 개를 물면 뉴스이다." 평범하지 않은 사건들은 상대적으로 중요도가 낮고 연관된 사람들이 별로 중요하지 않더라도 독자들의 관심을 끌고 출판물에 활기를 불어넣어 준다. 예를 들어, 누군가의 자동차 운전면허가 취소된 것은(그 사람이 중요한 사람이 아니라면) 뉴스가 아니다. 그러나 어떤 사람이 지난 2년간 12번의 사고를 내서 '주에서 가장 운전을 못하는 사람'으로 불리는 사람의 운전면허를 교통 당국이 취소한다면 그것은 뉴스가 된다.
북한의 대규모 매스게임도 외국인들에게는 진기하여 보여 좋은 보도사진거리이다.

(7) 유행성(currency)

현재 유행하는 관심을 가진 이슈는 뉴스 가치를 갖는다. 그러한 이슈 주변에 있는 사건들도 가끔 뉴스가 된다. 9·11 사건이 있기 몇 주 전 유행하고 있던 미국의 주요 뉴스 기사는 캘리포니아의 의원과의 로맨스와 관련되어 있는 실종된 워싱턴의 여성 인턴에 대한 이야기였다. 이 뉴스는 세부적인 것들까지 기사에 보도되었고 토크쇼와 논평의 주제가 되었다. 9 · 11 사태가 발생하자, 실종된 여성 인턴에 대해 더 이상 관심을 갖지 않았다. 이러한 것이 많은 뉴스 사건과 주제의 사이클이다. 보통 때는 별로 사회 문제로 취급되지 않던 빈민층 문제가 대통령이 빈곤과의 전쟁을 선포하자 빈곤 문제가 갑자기 중요한 언론의 의제로 등장하는 것 등을 뉴스의 유행성이라 한다.

어떤 것이든 매스미디어 글쓰기를 하는 데 필요한 정보를 획득하는 것은 글쓰기 과정에서 필수적인 부분이다. 정보는 항상 자명하거나 사용 가능한 것은 아니다. 정보를 모으는 것을 포함한 보도의 절차는 상당한 기술, 창의성, 끈기가 필요하다.

5) 뉴스 가치의 상대성

뉴스는 상대적이다. 과거에는 기삿거리가 안 되던 사건이 시대의 변화에 따라 기삿거리가 된 예가 정치 지도자들의 여성 관계이다. 그 전형적인 경우가 미국의 루즈벨트, 케네디, 클린턴 대통령의 여성 문제이다. 제퍼슨 루즈벨트 케네디 때는 그들의 웬만한 여자 스캔들은 언론의 보도 대상이 아니었다. 그러나 지금은 달라졌다. 그 이유는 여권 신장에 있다. 다른 말로 하면 사회의 가치관이 그만큼 달라졌기 때문이다. 뉴스는 또한 기자와 편집자에 따라 기준을 달리하기 때문에 상대적이다. 이 편집자에게 뉴스가 되는 것이 저 편집자에게는 뉴스가 안 될 수 있다. 뉴스는 편집자의 주관적인 판단으로 편집되면 또한 독자와 시청자의 주관적 판단 아래 읽히거나 시청된다.

지난 수십 년간, 특히 1950년대 이래로 언론과 보도와 뉴스의 의미에 관하여 여러 가지 개념이 등장했다. 비교 언론학적 입장에서 언론을 설명한 이들 이론들의 기본적인 원칙은 그 언론이 처해 있는 사회의 정치제도를 반영한다는 것이다. 그 대표적이고 선구적인 이론가가 슈람(Wilbur Schramm)이다. 그에 의하면 뉴스의 가치는 정치 체제에 따라 달라진다.

뉴스 선택 기준으로 편집자와 기자의 본능, 수용자, 지면과 시간 사정, 기사의 공급 가능성, 매체의 뉴스를 결정하는 철학, 그리고 발행인의 압력, 광고주의 영향, 기사의 안배, 매체 간의 경쟁, 인구 추세의 변화를 드는 학자도 있다. 정치체제에 따라 뉴스의 개념과 판단 기준이 달라지는 전형적인 예가 과거 공산권 언론의 뉴스관이다. 그들은 자유국가의 뉴스에 관한 모든 이론들을 자본주의사회의 타락한 상업주의적 잔재로 규정했다. 지금도 북한에서는 그렇게 보고 있다. 그들에게 뉴스는 사회주의 건설을 위한 선전·선동 도구로서만 의미가 있는 것이다. 온 나라의 김일성주의화와 주체사상 교육, 사회주의 건설상과 김정일의 활동 및 교시가 주된 뉴스다.

북한의 신문학 이론에 따르면 신문의 기능은 선전·선동자적 기능, 조직자적 기능, 문화 교양자적 기능을 가진다. 뉴스는 사건이 아니라 사회과정이며, 사회주의 건설 과정에서 필요한 것이다. 뉴스는 '사실에 의한 선동' 또는 '사회과정의 해석'으로 정의된다.

프레드 시버트(F.S.Sibert), 테오도어 피터슨(T.Peterson), 윌버 슈람(W.Schramm)의 언론의 4이론(Four Theories of the Press)을 공동 저술했다. 이 책은 매스커뮤니케이션은 대중 전달이라는 사회적 커뮤니케이션의 한 형태로 상정했다. 봉건사회에서 자본주의사회로 이행하려고 한 시기, 즉 소위 절대주의 시대에 대중매체가 성립되었다고 보았다. 프레드 시버트, 테오도어 피터슨, 윌버 슈람은 권위주의형으로 시작된 신문은 자유주의형, 사회책임형 및 공산주의형의 4가지 유형으로 변모했다고 정리하여 신문과 사회체제의 관계를 비교했다.

(1) 권위주의형

무엇이 정의이며 진실인가 하는 것을 결정하는 일은 정치권력의 임의적인 표준에 의거하며 이것에 반대하는 자에게는 엄중한 제재를 가해 왔고 또 가하고 있다. 영국 스츄어드 왕조기의 절대주의 시대 국왕은 신문에 대한 검열 특허권을 가졌다.

(2) 자유주의형

특허 검열 제도는 인정되지 않는다. 언론자유는 자연권적인 철학과 민주주의 사상을 바탕으로 개인 경영에 맡겨야 한다.

(3) 사회책임형

매스미디어 경영자들의 무제한적인 자유의사, 자유 경영은 부정된다. 공익성, 책임성이 강조되고 공익과 대중에게 객관적이고 공정한 정보, 유익한 교양과 오락을 전달해 줘야 할 사회적 책임이 있기 때문이다.

(4) 공산주의형

사유는 부정되고 국영제 · 공영제다. 공산당 정부 노동조합이 운영주체다. 당의 노선에 부응한 정보만이 발표된다. 지도하고 통제한다. 당이나 정부를 비판하는 것은 허용되지 않는다. 단일 이데올로기를 위한 사상이나 정보만이 위에서 아래로 주입되는 매스컴의 통제적인 획일성이 지배제도이다.

6) 뉴스 구성의 원칙

(1) 정확성(accuracy)

뉴스에 담긴 내용이 정확하고 분명해야 하는 것은 물론, 뉴스에 인용되는 인명, 지명, 나이, 직업 등 사소한 사항들까지도 틀리지 않아야 한다. 정확하고 분명하지 못한 뉴스는 언로나 자체에 대한 수용자의 신뢰를 떨어뜨릴 뿐만 아니라 심한 경우에는 기자나 언론사가 법적 소추를 당하게 만든다.

(2) 균형성(balance)

뉴스의 균형성은 그 대상이 된 사안들에 대해 공정성을 유지함은 물론, 전후 상황과 정황이 잘 연결되어야 함을 말한다. 전체의 부분만을 강조하거나 편파적, 불균형적인 뉴스는 사회의 여러 가지 문제들을 은폐, 왜곡하고 결과적으로는 사회의 통합까지 방해한다.

(3) 객관성(objectivity)

정확하고 균형적인 것은 객관적이라고 할 수 있다. 즉 뉴스의 대상들이 지니고 있는 다양한 국면들과 문제들을 있는 그대로 기사화하는 것이 객관성이다. 객관적인 뉴스 개념은 그 실천성과 관련하여 비판이 없지도 않으나 전통적으로 언론인들이 가장 신봉하는 윤리적 원칙으로 되어 있다.

뉴스를 취재보도에서 정확성과 균형성을 기하고 객관성을 유지한다는 것은 무척 힘든 일이다. 뉴스의 대상이 되는 사건이나 문제들이 너무 많고 다양한 국면들을 지니고 있을 뿐만 아니라, 언론 매체가 갖고 있는 시간적 제한과 기자 능력의 한계 때문에 더욱 그렇다. 또한 뉴스의 정확성, 균형성, 객관성을 완벽하게 유지할 수 있는 취재보도의 기제도 확실하게 마련되어 있지 않다. 그러나 뉴스의 정확성, 균형성, 객관성이 추구되어야 함은 언론의 본질적 의무이자 당위이다. 언론의 현실로 볼 때 이 개념들이 다분히 이상적이기는 하지만, 그래도 노력하는 만큼 정확하고 균형적이며, 객관적일 수가 있기 때문이다.

2. 취 재

1) 취재의 기본 원칙

(1) 취재는 기사의 자료 수집

취재는 뉴스거리를 기사화하기 위해 자료를 수집하는 과정이다. 사건의 전모를 알기 위해서는 먼저 육하원칙에 따라 사건의 구체적인 내용을 파악해야 한다. 육하원칙, 5W1H원칙은 기사를 쓸 때와 취재에서 꼭 체크해야 한다. 취재와 기사 쓰기에서 이 6요소는 필수적인 것이다. 이 6요소 중에 어느 하나라도 깊이 살펴보면 의외의 사실을 발견하여 좋은 기사를 만들 수 있다. 한국 현대 정치사의 물줄기를 바꾼 박종철 군 고문치사 사건의 보도는 경찰에서 조사를 받던 박군이 왜(why) 죽었을까라는 기초적인 의문에서부터 취재가 시작되었다. 육하원칙은 취재 기자들에게 중대한 취재 지침인데도 요즘 신문 기사에는 이 요건을 충족시키지 못한 기사가 의외로 많다. 정보를 모으고 기사를 쓰는 언론인은 독자가 갖는 6가지의 기본적인 질문에 대해 해답을 주려고 노력해야 한다.

① 누구 : 기사에 관련된 중요한 사람은 누구인가? 기사가 정확하고 적합하게 전달되도록 모든 사람이 포함되어 있는가? 모든 사람의 신분이 적절하게 밝혀져 있는가?

② 무엇 : 기사의 주요 행위나 사건은 무엇인가? 덜 중요한 행위나 사건은

무엇인가? 기자는 기사의 주요한 행위를 한 문장으로 표현 할 수 있어야 하고 이 문장은 기사의 주제가 되어야 한다.

③ 언제 : 사건이 언제 일어났는가? 뉴스 스토리의 독자는 기사가 언제 일어났는지에 대한 명확한 개념이 있어야 한다. '언제'라는 요소는 기사를 시작하는 가장 좋은 방법이 아니다. 대부분의 경우 '언제'는 전달해야 하는 가장 중요한 정보가 아닌 경우가 많지만 기사에서 앞부분에 위치해야 하고 명확하게 언급되어야 한다.

④ 어디에서 : 어디에서 사건이 일어났는가? 언론인은 독자가 사건이 어디서 일어났는지 알거나 생각해 낼 수 있다고 가정해서는 안 된다. 사건이나 행위가 일어난 장소를 명확히 밝혀야 한다.

⑤ 왜, 어떻게 : 독자는 사건에 대한 설명을 기대한다. 기사가 이상하고 평범하지 않은 것에 대한 것이라면, 필자는 독자의 생각 속에서 일어나는 사건에 대한 질문에 답할 수 있도록 독자에게 설명을 제공한다. 독자가 사건을 더 완전히 이해할 수 있도록 필자는 기사 내에서 적절한 문맥에 따라 사건이나 행위를 배치할 필요가 있다. 독자의 이해를 돕는다면 앞선 사건이나 행위를 언급해야 한다.

매스미디어 글쓰기에서 필요한 정보를 얻는 것은 필수적인 요건이다. 정보는 항상 자명하거나 사용 가능한 것은 아니다. 정보를 모으는 것을 포함한 보도의 절차는 상당한 기술, 창의성, 끈기를 필요로 한다. 물론 기자가 필요로 하는 것은 기자가 무엇에 대해서 쓰려고 하는지에 달려 있지만 기본적으로 기자는 사람, 기록(다른 사람들이 알아볼 수 있게 쓰거나 축적해 놓은 모든 정보), 개인적인 관찰의 정보의 3가지 근본적인 출처를 갖고 있다. 그러나 이들 여섯 가지 기본 사항만 파악한다고 해서 완벽한 취재가 되는 것이 아니다. 사안의 전모를 파악하려면 종합적인 관점을 가지고 자료를 수집해야 한다. 그래야 사안을 제대로 알 수 있으며 그 배경도 파악할 수 있다. 모든 사안에는 반드시 양면이 있으므로 양쪽의 이야기를 다 들어야 한다. 일방적인 주장만 듣는 취재는 낙제점이다. 취재에서 다른 중요한 원칙은 정보의 사실 확인이다. 사건의 발생 장소에서부터 관련자의 이름, 나이, 직업을 잘못 쓰기 쉽다. 이보다 더 주의해야 할 것은 세상에는 잘못된 정보, 과장 정보, 왜곡된 정보, 모략용 루머 유포가 많다는 점이다. 취재기자는 여기에 넘어가지 말아야 한다. 그렇게 하자면 다각도의 취재와 '확인, 또 확인하는 습관'이 필수 불가결하다.

(2) 직접 취재와 간접 취재

기자의 취재 방법에는 직접 취재와 간접 취재 두 가지가 있다. 국회 법원 리포트 TV기사를 보면 수십 명의 기자들이 취재하고 있는 광경을 볼 수 있다. 기자들은 사태가 계속되는 동안 줄곧 자리를 지키면서 내용을 메모하거나 녹음하거나 사진을 찍거나 녹화하고 있다. 이런 취재 방식을 직접 취재라고 한다. 직접 취재는 기자가 직접 사건 현장에 뛰어들어 관찰하는 취재 방식을 말한다. 이와 다른 경우도 있다. 지방에서 대형 교통사고가 일어났다. 사건 현장에는 기자가 한 사람도 보이지 않았다. 그런데 이튿날 조간신문에는 사건 내용이 상세히 보도되었다. 기자들은 현장에 오지 않았지만 지방 경찰청에서 자료를 제공받아 기사를 쓴 것이다. 이런 취재 방식을 간접 취재라고 한다. 간접 취재 방식은 경찰, 검찰, 법원 및 행정부서 관계자를 통해 자료를 수집하는 방식을 말한다.

직접 취재 방식은 현장 관찰이 대표적인 예이다. 기자가 발로 뛴다는 것은 이런 경우를 말한다. 기자가 시위 현장에 나가 취재하는 것이나 종군기자가 전선에 나가 전투 장면을 취재하는 것이 직접 취재 방식이다. 기자는 자신의 눈으로 생생한 현장을 포착할 수 있다. 이렇게 취재하면 그 분위기가 그대로 독자와 시청자에게 전달될 수 있다는 장점이 있다. 직접 목격하더라도 기자는 관계 당국에 물어 보충 자료를 수집해야 한다. 예컨대 화제사건을 취재하는 경우 기자가 생생한 화제 현장을 직접 취재했다고 하더라도 소방 당국이 공식 조사한 화재의 발생 시간, 장소, 화재 원인, 인명 피해, 재산 피해 등 상황을 알기 위해서는 소방 당국에서 취재해야 하며 만약 이 화재가 방화인지 실화인지를 경찰에서 조사하고 있다면 기자는 경찰에서도 취재해야 한다. 어떤 인물의 프로필 기사를 쓰기 위해 기자가 본인과 인터뷰를 하는 것은 직접 취재방식에 속한다. 만약 그 인물의 사회적 평가를 알아보기 위해서 다른 사람과 인터뷰했다면 이것은 간접 취재라고 해야 할 것이다. 따라서 일반적으로 취재는 직접 취재와 간접 취재를 병행해서 진행된다. 그런 방식이 서로 보완적이어서 보다 많은 정보를 수집할 수 있기 때문이다.

(3) 취재원의 종류

기자가 취재를 하는 데는 정보 소스가 있어야 한다. 특히, 간접취재를 할 때
는 기자에게 필요한 정보를 제공할 사람을 만나거나 기록을 구해야 한다. 이것
을 취재원이라고 한다. 이 취재소스는 사람일 수도 있고, 문서 같은 물건일 수
도 있다. 취재소스가 사람일 경우는 인적 취재원, 문서 같은 것일 경우는 물적
취재원이다.

① 물적 취재원

취재 대상이 되는 물건들, 자연, 지구, 우주, 천체 및 각종 인공 시설물(나) 기
사스크랩, 보도자료, 성명서, 공문서, 진정서, 광고 등 서면상의 기록(다), 인터
넷 등 온라인의 데이터베이스와 CD‒ROM, 비디오테이프, 녹음테이프 등 오
프라인의 입력자료

② 인적 취재원

　㉠ 정부 공무원, 경찰, 소방서, 기업 단체 등 뉴스원이 되는 사람들
　㉡ 사건의 가해자, 피해자 등 당사자와 관련자 및 증인
　㉢ 전문가와 감정인

③ 자급자료와 타급자료

취재 자료 제공자가 누구인가를 기준으로 나누는 방법이 있다. 기자가 직접
취재하거나 능동적으로 입수한 자료는 자급자료라고 부른다. 외부에서 언론사에
보도용으로 제공된 발표문 같은 것은 타급자료라고 한다. 이런 분류 방식에
의하면 자급자료는 기자가 목격하거나 경험(취재)한 소재와 간접적으로 입수한
소재(직접 관련자 또는 간접 관련자로부터 듣는 소재와 출입처에서 취재 입수
하는 소재 등)이고, 타급자료는 통신사에서 보내오는 통신과 다른 신문사의
기사, 그리고 외부에서 보내온 보도자료와 각종 정보 제보 진정 등 남이 제공
하는 소재다. 자급자료는 그 자료를 만든 기관이 고유의 목적을 위해 제작한
것이어서 자료 가치와 신빙성이 상대적으로 높다. 이에 반해 타급자료는 통신
사의 기사나 통계청의 통계 발표 등 공신력 있는 자료를 빼고는 홍보용으로
만든 것이 많아 신빙성이 적다. 이런 기사를 그대로 기사화하면 발표저널리즘

이 된다. 최근 인터넷이 널리 보급되어 이런 사정에 변화가 생기고 있다. 인터넷 웹사이트에 믿기 어려운 정보가 범람하고 있다. 이런 자료는 일방적이고 검증되지 않은 내용이 많다. 기자는 이 같은 타급자료에 특별히 유의해야 한다.

④ 취재 도구들

기자가 취재하는 데는 여러 가지 도구가 필요하다. 취재기자에게는 연필, 볼펜 등 필기도구와 기자수첩, 메모지, 노트북컴퓨터, 디지털카메라, 녹음기, 계산기 등 용구 및 휴대폰이 필요하다. 그리고 야간이나 산악지대 등 특수 장소에서 특별한 취재를 할 때는 사안에 따라 플래시, 망원경, 나침반, 고도계 같은 장비도 필요할 것이다. 또한 취재 및 기사 작성에 도움이 되는 자기 회사의 기사스타일북과 사전, 연감, 통계연보, 인명사전, 지도, 전화번호부, 인터넷 홈페이지 주소록 등 각종 편람 사전을 책상 위에 두어야 한다.

2) 취재 3단계

(1) 기사 아이디어

취재안테나를 여러 곳에 세워 놓아야 한다. 기사 취재는 탐광 기술자의 탐광과 같다.

(2) 단계별 취재 방식

취재 제1단계는 표면적 사실의 취재 단계이다. 보도자료, 발표문, 연설, 성명, 기자회견 등을 기사화하는 단순한 과정이다. 제2단계는 사실과 자료의 검증, 관찰, 조사보도, 사건 현장 취재, 배경 취재, 자생적 이벤트(spontaneous events) 취재 등 통상적 취재와 취재 기획(reportorial enterprise)을 하는 다음 단계의 취재 활동이다. 3단계는 해석과 분석(interpretation and explanation)이다.

(3) 제1단계 취재과정

제1단계 취재는 취재원으로부터 나오는 자료-발표문, 기록 연설문, 기자회견-의 주의 깊고 정확한 필사 작업이다. 제1단계는 정보가 취재원으로부터 나오고 또한 통제된 취재원으로부터 수집된다. 이 같은 사실들에 기초하여 작성된 기사는 거의 전적으로 취재원이 공급하는 정보에 의존하고 있다. 제1단계의 취재는 광산의 지표면에서 채광하는 것에 해당한다. 기자는 지표면의 자료로 만족한다. 지표면의 정보 중 일부는 홍보 관계자나 정보 전문가들이 제공한 것이다. 기자의 업무는 대부분 제공된 사실을 분류하여 재구성하고 주소, 날짜, 이름의 철자 등을 체크하는 데 한정된다. 제1단계 취재의 한계에 대한 비판이 많지만, 이 단계의 기사도 긴요한 기능을 한다. 날씨, 뉴스, 주식변동은 유용한 정보다. 이들 기사는 또한 가장 기초적인 수준에서는 그 지역공동체에서 일어난 일들에 관한 정보를 제공한다. 교통사고, 도로 폐쇄, 범죄사건 재판, 자선모금, 지역사회의 중요인사 발령, 시의회 활동 등이 포함된다. 이런 일들은 지역 주민들의 시민으로서의 공적 생활에 영향을 준다.

제1단계 취재에서 주의할 점

① 정보 조작과 독자 기만

언론사와 뉴스원은 다 같이 제1단계 취재로 재미를 본다. 기사 자료는 취재원에서 나온 정보에 의존하여 빨리, 그리고 값싸게 획득할 수 있다. 그러나 제공된 자료는 한계가 있다. 독재 국가에서는 민주주의 국가의 기자들이 전시나 무력 분쟁 취재 때 가해지는 취재 제한 조치를 항상 받고 있다. 이런 국가들에 관한 기자들의 기사는 가끔 그 나라의 어두운 현실과는 정반대일 경우가 있다. 중국사의 권위자 패어뱅크(John K. Fairbank)는 1970년대에 중국 농민들이 모택동의 혁명을 '훌륭한 업적'으로 알고 있다고 썼다가 나중에 "우리의 보도는 대단히 피상적이었다. 중국 농민들의 말은 영어로 통역된 것이며 또한 그들이 농촌 현장에서 말한 것도 아니다. 내가 전쟁 중의 중국에 있던 3~4년 동안 나는 한 번도 농민들과 이야기해 본 기억이 없다."고 고백했다. 소련에 관한 상당한 분량의 보도에도 불구하고 1989~91년에 벌어진 이 나라의 급격한 붕괴는 미국의 신문독자와 텔레비전 시청자들에게 충격으로 받아들여졌다. 미국 독자들은 소련의 황폐한 경제 상황과 국민들 사이에 만연된 공산당 간부들에 대한 증오심에 깜짝 놀랐다. 많은 서방 기자들이 쓴 소련 국민들의 삶에 관한 많은 기사에 이런 대목은 없었다. 매체의 조작으로 소련의 이런 억압적인 사회의 상황 발전을 숨길 수가 있었던 것이다. 그러나 검증이 가능한 데도 제1단계 자료를 그대로 받아들이는 것은 기자로서 변명의 여지가 없다.

② 의사사건(擬似事件, pseudo - event)

　매스미디어, 특히 텔레비전이 미국에서 영향력 있는 전파자가 되자 뉴스원들은 사진을 필요로 하는 텔레비전 화면에 맞도록 현실을 조작하려고 애썼다. 뉴스원들은 사건의 영상 자료가 첨부되지 않은 보도자료와 발표문은 뉴스 시간에 취급되더라도 20초 이상 할애되지 않는 것을 알아차렸다. 그 결과 뉴스원들은 자생적인 사건(spontaneous event)에 유사한 이벤트를 언론을 위해 만드는 것을 배웠다. 언론사 세무조사에 대한 친김대중적인 단체의 신문 비판 시위가 방송 보도에 효과적이었다. 그러나 이것은 실제로는 보도자료나 준비된 연설문과 똑같이 뉴스원들이 만드는 것이다. 이렇게 준비된 이벤트는 매체이벤트(media event) 또는 의사사건(pseudo - event)이라고 한다. 계획된 이벤트의 관리자는 언론 매체에 끊임 없는 이벤트의 흐름을 제공함으로써 뉴스의 기사가 시간마다 다르게 되도록 만들고 석간기사와 그 이튿날 조간기사를 다르게 한다. 일반 대중은 모든 뉴스 시간과 신문 지면에서 생생하고 극적인 새 뉴스를 바라도록 체질화되어 있기 때문에 의도된 이벤트의 흐름이 독자들의 식상할 줄 모르는 왕성한 뉴스욕을 만족시켜 준다. PR 담당자는 이것을 만들 줄 알아야 한다.

　의사사건이라는 용어를 만든 사회역사학자 부어스틴(Daniel J. Boorstin)은 "우리의 경험의 보다 더 많은 비율, 즉 우리가 읽고 보고 듣는 것의 보다 더 많은 비율이 의사사건으로 이루어진다."고 말하고 "만들어진 생생한 이미지가 그에 비해 색 바랜 현실을 덮게 되었다."고 설명했다. 의사사건의 성격에 대해 그는 "자생적인 사건이 아니고 누군가가 계획하거나 유도했기 때문에 발생한다. 그것은 기본적으로 신문기사나 방송의 재생보도라는 당장의 목적을 위해 - 그러나 항상 배타적으로 그것만을 위한 것은 아니다. - 계획된 것이다. 따라서 그 이벤트의 발생은 기사나 방송 보도의 편의를 위해 마련된다. 그 의사 사건과 상황에 내재된 상관성 간의 관계는 애매하다."고 말했다. 5공 독립 기념관 건립 국민 성금 모금의 빌미가 된 일본 역사교과서의 애국주의에 대한 국내 일부 언론의 일본의 황국사관 부활 비판은 당시 장영자 사건 탈출에 쏠린 국민의 관심을 다른 사건으로 옮기게 한 것으로 보는 시각도 있다. 2000년대 일부 반정부 시위에는 주동자들에 의해 의사사건이 만들어져 선전선동을 극대화한 면이 있었던 것으로 드러났다. 반정부 반미운동을 하는 얼굴들이 항상 TV 화면에 단골로 나왔다.

③ 매체의 조작

일반 대중을 위해 마련한 의사사건 개최는 정부와 정계에서 자주 일어나는 일이다. 대중의 주목과 지지를 얻기 위해 정치인들은 매체 조종 수법에 의존하며 가끔 그들의 계획을 무사히 수행한다. 1987년 노태우 민정당 대통령 후보는 역사적인 6·29 민주화선언을 전두환 대통령과 협의해서 결정한 것임에도 불구하고 자신의 이미지를 높이기 위해 단독 결심인 양 언론에 발표하고 비장한 표정으로 국립묘지를 참배하고 원로댁을 방문하는 등 연출을 벌여 극적인 정치적 효과를 거두었다. 당시 신문 방송은 그의 연출을 충실히 보도할 수밖에 없었을까. 매체 조작에 밀려 리더십 자질 검증도 하지 않은 신문의 직무유기는 비판받아 마땅하다.

④ 시험풍선

관리들은 시험풍선(trial balloon)을 띄움으로써 미디어를 관리한다. 소스를 밝히지 않고 정보를 흘려 국민들의 반응을 보고 여론이 나쁘면 계획을 취소한다. 인사 문제도 여기에 포함된다. 김영삼 정권의 초기 인사에서 이런 쇼가 여러 번 벌어졌다.

⑤ 제1단계의 취재의 위험

취재가 1단계에 머물면 기사와 홍보의 구별이 어렵다. 사회의 공적인 생활은 조작된 모습으로 충만하여 현실의 참모습을 인식하기 어렵다. 그 결과 모든 공적인 겉모습을 불신하기 시작하여 매체와 공적 제도에 대해 무관심과 냉소, 절연, 불신에 빠진다.

⑥ 뉴스 관리술

관리들은 여러 가지 방법으로 뉴스에 영향을 미친다.

 ㉠ 설명브리핑 : 관리의 견해를 밝힐 기회로 삼는다. 오프더레코드
  (off－the－record)이기 때문에 책임이 없다.
 ㉡ 제어된 타이밍 : 마감시간 임박해서 기자회견을 하여 검증할 시간이 없
  도록 한다.
 ㉢ 호감을 조성 : 특종 등의 제공으로 기자에게 호감을 조성한다.
 ㉣ 안보라는 방패 : 난처한 정보를 국가안보로 덮는다. 민족 통일.

　　⑩ 방해용 기사 : 관리들이 우려하는 사태가 발생했을 때 다른 큰 정보를
　　흘 려 그것이 제대로 보도되는 것을 막는다.

(4) 제2단계 취재과정

출입처 취재는 제2단계 취재에 해당한다. 제1단계에서 제2단계로의 이동은
기자회견에서 볼 수 있다. 성명서 낭독은 취재원이 자료(제1단계)를 제공하는
것이며 질의응답 시간에 주고받는 것은 자생적(제2단계)인 것이다.

① 사실의 체크

제2단계 취재에 필수적인 것이 사실의 점검이다. 2001년 언론사 세무 및 공
정거래 조사 때 일부 언론사의 계열사 지원 사실을 조사 대상에서 제외한 것을
기자들이 밝혀낸 것이 그 예이다. 한국인쇄기술사가 나왔을 때 그 책 중에 기술
된 고려금속활자 실물 소개 사진을 근거로 박물관에서 실물관계 자료를 보완해
고려금속활자 기사를 보도한 것이 그런 예다.

② 사실을 캐고 들어야……

컴퓨터 활용 취재를 CAR(computer－assisted reporting) 통해 사실을 밝히는 제
2단계 취재가 기사의 신뢰를 높이다. 미국 텍사스 주의 한 신문은 데이터베이스
로 이 주의 402개 댐이 호우가 내리면 붕괴 우려가 있고, 텍사스 주의 운전자 6
분의 1이 법 규정을 무시하고 자동차 보험에 들지 않았으며, 주내 공립학교의 4
분의 1에 흑인과 중남미계 교사가 한 사람도 없다는 것을 알아내어 기사화했다.
전교조 실태를 조사한 정부 발표문을 컴퓨터로 분석해 보도한 탐사보도가 전교
조와 학교 교육의 상관관계를 파악케 했다.

③ 취재원

제2단계 취재는 여러 가지 기법으로 행해진다. CAR(computer－assisted reporting)
과 탐사보도도 여기에 속한다. 탐사보도는 제2단계 취재 중 가장 깊이 들어가는
취재 방식이다. 기자가 발표 자료에만 의존하지 않고 독자적으로 취재하려면 뉴

스 소스, 즉 취재원을 발견해야 한다. 취재원은 정치 자금 기부에 관한 데이터베이스로부터 국회 회의록에 이르기까지 광범위하다. 여론조사 결과와 범죄 통계도 여기에 포함된다. 가장 도움이 되는 취재원은 제도적 소스이다. 건설문제를 취재한다면 건설협회라는 제도적 취재원이 있다. 취재원은 한 소스로부터 다른 소스로 계속 연결된다. 유신 말기 서울시장이 노량진 사육신 공원에 김문기를 배향하기 위해 사육신 유응부 대신 김문기로 바꾸는 결정을 문교부에 문의하고 김문기로 바꾼 적이 있었다. 서울시의 강압적인 질의에 국사편찬위원들이 동의해 김문기로 바꾸었으나 실록을 정독한 문화재 전문위원으로부터 잘못된 것임을 확인할 수 있었다. 국편의 잘못이 학술취재 기자의 보도로 공개됐으나 사실은 서울시가 노량진 사육신 공원을 정화한다는 명목으로 김재규 당시 정보부장을 호가호위(狐假虎威)한 김문기 사육신 현창사업을 밀어준 것이었다. 서울시청 출입기자가 아직도 시정 안 된 노량진 사육신 공원의 왜곡을 바로잡아야 할 것이다.

④ 취재원의 협력 문제

대부분의 취재원은 협력적이다. 그러나 어떤 취재원은 진실을 파헤치는 기자의 일을 어렵게 만든다. 회견에 익숙지 않은 취재원은 성격이 수줍어서 질문에 답변을 피하는 경우가 있다. 협력하기를 거부하는 공무원이나 회사 중역들은 합법적인 질문에 답변하도록 압력을 가해야 한다. 기자는 국민은 공무원에게 정보 공개를 요구할 권리가 있다는 것을 말해야 한다. "이 질문에 답변을 거부했다고 쓰겠습니다."라고 말할 수 있다. 또는 "답변한 내용에 관해 설명을 하지 않았다고 쓰겠습니다."라고 말하고 기사에 그렇게 써야 한다. 취재원이 그래도 아무 효과가 없을 경우에는 기자들은 다른 취재원으로부터 정보를 얻어야 한다. 취재원이 사실을 현저하게 왜곡했을 경우는 기자는 그것을 기사에 쓸 자유가 있다.

(5) 제3단계 취재과정

① 사건의 배경

제3단계 취재는 판단과 추리의 영역으로 이동하는 것이다. 복잡한 여러 정치 · 경제 · 사회 문제에 관한 해설적이고 설명적인 기사는 기자의 전문성을 요구한다. 미국에서 신용카드 문제점을 보완한 로드리게즈법은 AP 기자의 탐사보도에 의한 문제 제기로 입법이 추진됐다. 한 회사원의 자살 사건을 다룬 시카고발 AP통신 기사는 1970년 월남전 후 미국사회의 어두운 배경의 한 단면을 파헤친 제3단계 취재과정의 예이다. 손쉬운 신용 구매 때문에 자살한 사건 전모를 밝히며 채권자인 가게 주인들은 그의 회사에 이 사실을 알리겠다고 협박했으며, 조사 결과 싸구려 상품을 비싼 값으로 신용 구매를 한 것도 고발했다. 이 사건 보도가 사회문제가 되자 주 의회는 신용카드 이자를 내리는 '로드리게즈법(Rodriguez Law)'을 제정했다. 최근 한국언론이 신용카드와 사채업자 횡포를 고발해 서민 대중 보호에 나선 것도 비슷한 탐사보도의 실 예다.

(6) 취재 기자에 대한 충고

단계별 취재에 공통된 취재상의 유의 사항

① 어떤 분야에서나 일어나는 일에 대해 항상 최신 정보를 확보함으로써 어떤 돌발 뉴스에도 대비할 것이다.

② 거의 모든 사건의 배경에는 기삿거리가 있다. 워터게이트 사건의 진상을 파헤쳐 대통령을 사임케 한 사건은 워싱턴 시내의 한 임대 건물에 침입한 3류 사건에서 비롯된 것이다.

③ 사람 이름이 정확한지 확인하기 위해 인명록과 도서관을 체크할 것이다.

④ 돈을 추적할 것이다. 그 돈이 어디서 나왔는가, 어디로 갔는가, 어떻게 거기로 갔는가, 누가 취급했는가를 체크하라. 그것이 세금인지 선거자금 헌금인지 일반 기부금인지 주시하라.

⑤ 거꾸로 행동하는 버릇을 가질 것, 하기 싫은 일, 하기가 두려운 일을 하라. 그렇지 않으면 뉴스를 파헤치지 못할 것이다.

⑥ 모든 가정을 의심할 것이다.

⑦ 권위를 의심할 것. 직함이나 학위가 무오류를 보장하는 담보가 될 수 없다.

⑧ 인적 출처 : 대부분의 뉴스 기사에서 대부분의 정보는 인적 출처, 즉 사람에서 나온다. 뉴스 기자는 글을 쓰지 않는 대부분의 시간을 대면하거나 전화 통화를 통해 사람들과 대화하는 데 사용한다. 기자가 더 많은 사람들과 이야기할수록 더 좋은 기사가 만들어질 가능성이 높다고 주장한다.

3) 관 찰

가능하면 기자는 쓰려고 하는 사건 현장에 가 보아야 한다. 무슨 일이 일어났는지 보고 확인해야 한다. 관찰은 사건을 지켜보거나 사건 장소에 있는 것 이상을 의미한다. 좋은 기자는 관찰자이다. 기사를 쓰기 위해 봐야 하고 분석 기사를 위한 정보를 확인하기 위해 상황 속으로 들어가는 경우도 많다. 좋은 관찰은 기자에게 무엇이 문제이고 중요한지에 대한 사전 지식을 갖게 한다. 교육개혁안이 여러 번 만들어지고 사회합의까지 이루진 것이지만 담당 행정부서인 교육부로 들어가면 변질되어 무용지물이 된다. 한국교육의 비극에 행정 관료와 교육학자 사교육 시장의 복잡한 거래와 부조리가 있다. 이것은 기자의 예리한 관찰과 지속적인 고발로 풀어야 할 난제다. 좋은 기자는 자신이 볼 필요가 있는 것을 볼 수 있는 위치에 있어야 한다. 가능 하다면 사건이 일어나기 전에 그 장소에 있는 것은 좋은 생각이며, 기자가 사건에 대한 통찰력을 얻는 데 도움을 준다. 기자는 자신이 쓴 것에 대해 사람들이 좋게 보든 나쁘게 보든 기사에 그들이 본 것을 넣어야 할 의무가 있다. 어떤 행동이나 정보는 사람들에게 당황스러울 수 있다. 기자는 취재원(source)의 희망에 근거하여 기사에 어떤 것을 포함시킬지 판단해서는 안 된다. 기자의 의무는 사건에 대한 정확한 설명을 기대하는 독자에 대한 것이다. 일반적으로 기자는 사건에 참여하지 않는다. 사건이 시위에 대한 것이라면 기자는 피켓을 들고 사람들과 함께 행진하지는 않는다. 시민들이 시 의회에 질문을 하고 주장을 하는 곳인 시 의회 회의에서 기자는 독자들이 알고 싶어 하는 것을 의원들에게 질문하고 의원들의 이상한 결의의 배경을 취재해서 쓰는 것이다. 기자가 회의에 영향력을 미치거나 의회 표결을 사주해서는 안 된다.

(1) 관찰의 중요성

기자는 관찰을 통해 취재한다. 관찰은 기자가 보고 듣고 냄새를 맡고 맛보거나 접촉하는 것이다. 기자는 관찰을 통해서 사실을 수집하는 도중 여러 가지 제약에 부딪힌다. 마감시간, 출입금지, 교란 등이 기자의 판단을 흐리게 한다. 1986년 김일성 사망 허위보도 사건은 일선 병사의 잘못된 관찰에서 비롯된 것이지만 언론이 국방부의 발표를 너무 단정적으로 해석한 과오에 대한 책임을 면할 수 없다.

(2) 관찰의 기술

좋은 취재는 열심히 적극적으로 일하는 것만으로 불충분하다. 효과적인 취재 방법을 익혀야 한다. 기자의 직무는 사건의 미스터리(의문)를 푸는 데 있다. 기사의 핵심이 되는 중요한 정보를 찾아야 한다. 과거와 달라진 것이 무엇인가를 기자는 찾아내야 한다. 그런 의문들을 기사에 남겨서 독자가 풀도록 해야 한다. 기자는 중요하고 연관성을 지닌 적절한 관찰을 해서 독자에게 통찰력을 제공해야 한다.

(3) 적절한 관찰

① 사회 공동체의 관심을 파악하라 : 국민들이 무엇을 알고 싶어 하는지에 대해 감각과 이해력을 개발해야 한다.

② 주제를 발견해야 한다 : 가능한 한 빨리 취재의 주제를 찾아야 한다. 그러면 주제를 뒷받침할 사실들을 수집할 수 있다. 관찰을 주제에 한정시키는 것은 취재에만 한정된 것이 아니다. 정보를 전달하려는 모든 문장은 마음속에서 명확한 주제를 가지고 써야 한다. 경험 있는 기자들은 취재 임무를 받는 순간 기사의 주제나 아이디어가 머리에 떠오른다. 아이디어는 기자의 경험과 지식에서 나온다. 아이디어나 통찰을 직관, 육감이라고 한다.

③ 극적인 요소를 찾아라 : 정상으로부터의 일탈은 뉴스 가치가 있는 기사의 요소 즉 기사의 리드를 제공한다. 기자는 특이하고 비정상적인 것을 감지할 수 있는 감성을 개발해야 한다. 이런 작업은 그의 지식과 경험에 의존한다.

(4) 보기와 듣기

기자는 보는 것이 예리하고 민첩하고 좋은 뉴스 센스를 가져야 한다. 취재 때는 좋은 위치에 있어야 한다. 가끔 기자들은 상궤를 벗어난 사실과 이상한 주장에 대해 더 이상 알아보려고 하지 않는다.

(5) 관찰과 기사의 한계

기자가 부닥치는 가장 강력한 장애물은 마감시간이다. 기자가 찾지 못하는 취재원, 분실된 기록, 기자가 접근하지 못하는 사건, 취재원이 누설을 꺼리는 은폐, 기자 자신의 한계, 내부 조직의 잘못된 통제 관행, 권언유착, 상업성, 본질호도, 물 타기 보도, 여론영합주의, 비본질적인 문제 대서특필 등 다양하다.

기사의 스타일을 위해 진실이 왜곡돼서는 안 된다. 취재기자는 가끔 기사를 간단하게, 극적으로 그리고 개인적인 스타일로 쓰도록 지시를 받는다. 때로는 화려한 문장이지만 사태를 오도하고 특정 상황을 지나치게 강조하다가 사실을 왜곡할 수가 있다. 외교관이 마신 술 이름, 긴장된 청문회에서 피운 담배량 등을 세다가 본질을 흐리는 보도를 하기도 한다.

(6) 조용한 관찰과 방해꾼으로서의 기자

관찰을 받는 사람에게 기자의 신분이 노출되지 않는 조용한 관찰방법(unobtrusive observation)과 기자가 보도되는 사건에 참여하여 그 일부가 되는 참여관찰법 (participant observation) 두 가지가 있다. 리프만은 기자를 '담장 위의 파리', 즉 그 존재 자체가 사건에 영향을 주지 않는 초연한 관찰자로 규정했다.

유신시절 이서옹 대한불교 조계종 종정이 불교 분규의 책임을 지고 물러나라는 문공부 종무과 직원의 압력에 따르기로 결정한 것을 기자가 번복케 해서 물의를 일으킨 일이 있었다. 정부의 종교에 대한 부당한 간섭은 잘못이었으나 기자가 국면 전환에 참여한 것은 잘못이었다.

(7) 참여관찰

불개입적이고 초연한 관찰자로서의 역할을 버리고 취재 대상이 된 사람이나 집단의 활동에 동참하여 기자들이 가난한 사람들과 장기간 같이 살면서 빈곤과 질병, 마약, 매춘, 범죄 따위를 리얼하게 파헤친 경우가 많다.

(8) 참여관찰의 장단점

참여관찰은 문제를 일으킬 수 있다. 사건에 영향을 줄 수 있는 개연성과 함께 취재원에 너무 깊이 개입할 수 있다. 감정이 사실 보도에 앞설 위험이 있다. 참여 관찰자는 취재원 악용이라는 비판도 있다. 참여관찰은 사회 문제에 대한 냉담한 기자의 초연한 태도를 시정하는 데 도움을 준다. 기자들의 새로운 통찰을 가능케 하고 스테레오 타입에 빠져드는 경향을 피할 수 있도록 일상적인 환경에서 벗어나도록 한다. 기자는 복잡한 사회 상황을 단순화하는 폐단에 빠질 우려가 있다.

4) 육감과 고정관념

(1) 취재와 직관

기자가 취재할 때 때로는 직관이 결정적인 역할을 할 때가 있다. 10 · 26 뒤 서울대 철학과 3명의 교수가 각각 3김의 브레인 역할을 한 적이 있다. 그러나 당시 서울대 사회대 인문대 교수들은 3김의 집권이 어렵다고 보았다. 인문대 사회대 교수들의 그런 예측을 신뢰한 당시 정치 상황을 분석한 기자의 직관은 정확한 전망이었다. 그러나 3김정치에 관여한 철학과 교수들은 차례로 김씨들이 정권을 잡을 때마다 유네스코 위원장이나 장관이 되었다. 기자의 직관과 교수들의 개인적인 직관의 차이는 차원이 다른 문제다.

(2) 육감이 기사를 만든다

문화재 발굴기사나 학술기사 특종은 육감이 만든다. 사육신 교채, 구석기 청동기 발굴, 국사교과서개편, 재야사학과 강단사학의 논쟁, 정문연 논쟁, 김용섭 신용하 논쟁, 구석기 논쟁발굴은 오랜 시간 관찰의 결실이었으나 결정적인 것은 기자의 육감이었다.

(3) 육감은 경험에서 나온다

유능한 기자는 사건의 의미를 직감적으로 감지하거나 사건의 사소한 요소들 속에 감추어져 있는 핵심을 단숨에 꿰뚫어 보는 능력을 지녔다. 초감각적 지각, 육감이라고 한다. 육감과 직관은 유능한 기자에게 작동한다. 기자는 능력에 실천과 경험을 더하면 모든 분야에서 뛰어나다. 유능한 기자는 재능과 열성과 경험의 총화로 이루어진다.

(4) 감 정

감정의 개입은 취재기자의 냉정한 판단을 방해한다. 그러나 감정은 자산이 될수도 있다. 시인 로버트 프로스트는 "작가에게 눈물이 없다면 독자에게도 눈물이 없다."고 했다. 도덕적 분개심은 기자에게 큰 성취를 준다. 약자에 대한 동정심 불의에 대한 분노 부정을 시정하겠다는 사명감, 민족주의 의식 등이 강력하고 지속적인 힘을 발휘했다. 그러나 무비판적인 열광이나 비합리적인 적개심을 경계하지 않으면 안 된다.

(5) 고정관념과 편견

취재에서 편견과 고정관념은 가끔 문제를 일으킨다. 합리적인 토론과 증거와 물적 증명을 중시해야 하는 취재를 그르치게 한다. 어릴 적부터 태도, 가설, 편견, 공포, 욕망, 편향성, 고정관념 등을 갖고 있다. 우리 자신을 둘러싸고 있는 문화의 피조물이다. 기자는 대부분 다른 사람이 색칠한 렌즈를 통해 세계의 대부분을 본다. 기자는 고정관념을 만드는 가해자인 동시에 피해자이기도 하다. 한국의 뿌리 깊은 지방색, 미국의 인종 차별, 일본의 한국인 멸시 등이 대표적인 예다. 철학자들은 사람들이 어떻게 무엇을 보고 있는가를 연구해 왔다. 플라톤은 공화국의 동굴의 비유(比喩)에서 지하 동굴에 갇힌 인간은 그림자를 실물(진실)로 오인하지 않을 수 없음을 비유했다. 그것을 밝히는 것이 철학자의 임무라고 했다. 기자가 철학자의 일을 해야 한다는 것이다. 리프만은 그의 책 '여론'에서 "대부분의 경우 우리는 사물을 본 다음 정의를 내리는 것이 아니라 먼저 정의를 내린 다음에 사물을 본다. 우리는 외부 세계의 엄청난 혼란 속에서 우리 문화가 정의해 놓은 것을 골라 우리 문화에 의해 고정관념화한 방식으로 인식하는 경향이 있다."고 했다. 고정 관념은 긴 역사를 가지고 있다. 인종적·종교적·이념적 갈등이 그것이다.

(6) 관찰의 대용물

기사는 기자와 사건의 상호 작용의 산물이다. 만약 기자가 어떤 사건에 미리 제목을 붙인 형태로 그 사건을 본다면 사건을 예단하여 그들의 고정관념에 일치하게 만들 우려가 있다. 기자가 고정관념에서 헤어나지 못하면 올바른 기사를 쓸 수가 없다. 기자는 고정 관념의 부작용에서 벗어나기 위해서도 열심히 관찰해야 한다.

(7) 위험한 판단

① 잘못된 인과관계 해석

기자는 발생한 사건 자체에만 만족하지 말고 원인과 결과도 추적해야 할 것이다. 어떤 상황이 어떤 사건이 일어나기 전에 함께 일어났다는 것만으로 그 상황이 사건의 원인으로 단정해서는 안 된다. 충분한 사실을 포착했을 때 스스로 추리를 해야 한다.

② 양극적 대안의 위험 사물을 이분법적으로 보는 양극적 대안의 사고방식은 사실을 왜곡할 위험이 있다. 이것 아니면 저것이란 식의 사고방식은 피상적인 보도에 빠지게 할 위험이 있다. 기자는 백과 흑 사이에 무한한 색과 그늘이 존재한다는 사실을 알고 이른바 양자택일적 의식에 저항해야 할 것이다.

③ 사실의 결합

기자의 임무는 여기서 끝나지 않는다. 그것은 절반에 지나지 않는다. 여러 사실들을 의미 있는 형식으로 묶어 하나의 기사로 종합하는 데 있다. 견고한 기초에서 출발해야 한다. 훌륭한 기자는 화이트헤드가 말한 장기판의 전 국면을 보는 시각과 하나의 사상 체계가 다른 사상 체계에 대해 분석 비판하는 관점을 동시에 가져야 한다. 위대한 기자의 재능은 무한한 정력, 공정한 마음, 완전한 기억과 자료의 종합 능력이라고 할버스탬은 권력의 길에서 말했다.

④ 연관성의 발견

청소년문제, 교육문제가 왜 해결되지 않을까. 교육부관료, 사범교육과 교육학의 한계 등을 연관시켜 문제를 접근해야 한다.

5) 배경지식(background) 쌓기

첫째는 일반지식, 둘째는 기자가 담당 분야를 보도하는 데 도움을 주는 전문지식이다.

(1) 정보저장 창고

  기자는 넓고 깊은 지식을 간직해야 한다. 광범위하게 흥미를 가져야 한다. 국
가제도, 관행, 정치 제도, 인맥, 정부, 재정, 새사조, 21세기 국제질서 개편 등에
대해서도 알고 있어야 한다.

  "찾아보라!"고 데스크는 기자에게 말한다. 데스크가 기자들에게 말한 것은 대
부분의 사람들이 아는 것이다. 많은 양의 정보가 널려 있다. 기자가 접근할 수
있는 책, 보도자료, 기사, 신문, 문서, 컴퓨터에 저장된 정보들이 있다. 축적된
정보원은 정부의 문서, 회사의 기록, 책, 잡지 등 어디에든 있다. 기자는 지역
도서관이 보유하고 있는 정보에 익숙해야 한다. 도서관의 정보가 축적된 정보의
주요 뉴스원이 될 수 있기 때문이다. 현대 언론인은 컴퓨터 자판만큼이나 도서
관에 가까워졌다. 이 도서관은 물론 웹사이트이다. 대부분의 도서관들과 많은
회사들이 인터넷에 연결되어 있어서 기업주들은 그 어느 때보다 쉽게 정보를
'찾아볼 수 있다.' 온라인이나 전자 정보 서비스의 축적된 정보는 인터넷에 가깝
다. 정보를 가지고 일을 하는 사람들, 특히 매스미디어에 종사하는 사람들은 갈
수록 이러한 온라인 데이터베이스에 더욱더 의존하게 된다. 대부분의 경우 축적
된 출처에서 제공되는 정보(인적 출처에서 오는 정보와 마찬가지로)는 출처를
밝혀야 한다.

  축적된 정보는(출처가 도서관이든 인터넷이든) 두 가지 문제점이 있다.

  첫 번째 문제점은 관리이다. 필요로 하는 것을 어떻게 찾을 것인가? '찾아보
는 것'이 말처럼 그렇게 쉽지 않을 때가 있다. 특히 인터넷을 통해 찾아볼 수
있는 정보의 양이 어마어마할 때에는 문제가 복잡해진다. 대부분의 기자들은 경
험을 통해 정보 출처를 찾아내는 전략을 만들어 낸다. 기자가 더 많이 도서관을
이용할수록, 어떤 정보를 사용할 수 있고 어디에서 그 정보를 찾을 가능성이 높
은지를 더 잘 이해하게 된다.

  두 번째 문제점은 신뢰도이다. 얻어 낸 정보가 정확한 것인가? 어떻게 그것을
판단할 수 있는가? 정보의 신뢰도를 평가하는 것은 기자에게 항상 문제점이다.
이 작업 또한 사용 가능한 정보가 팽창하면서 복잡해졌다. 기자는 정보의 신뢰
도를 평가함으로써 정보의 출처를 신중히 고려해야 한다. 기자는 가능하다면 같
은 정보를 다른 출처를 통해 찾으려고 해야 한다. 특히 본래의 출처에 의심스러

운 점이 있다면 더욱 그렇게 해야 한다. 어떤 사실이 도서관에 있는 책에 나와 있거나 웹사이트에 실려 있기 때문에 그 사실이 정확하다는 것을 의미하지는 않는다는 것을 기억해야 한다.

(2) 배경지식

정규교육 역사, 철학, 인문학, 외국어 등 기초가 튼튼해야 한다. 미국 Illinois 주립대 신방과 교수들이 발행 부수 2만 5천에서 9만 부에 이르는 미국 신문 편집인들에 대한 조사에서 장래 기자들에게 주 전공인 언론학 이외에 부전공으로 정치학(23%), 역사학(18%), 경제학(17%), 영어(14%), 경영학(12%)을 추천했다. 기자 지망생은 각 분야의 사람을 사귀고 새로운 사상과 사물에 대한 새로운 시각을 받아들여야 한다.

6) 취재원 관리

① 권위 있는 취재원, ② 취재원과 가까워지는 법, ③ 의사 취재원 : 재야 사학자, ④ 취재원 보호, ⑤ 전문가, ⑥ 주의해야 할 취재원 : 거짓말쟁이, 사기꾼, 선전원, ⑦ 취재원과 기자의 오랜 관계 : 취재원 측에서도 기자를 평가한다.

7) 신뢰도

얻어 낸 정보가 정확한 것인가? 어떻게 그것을 판단할 수 있는가? 정보의 신뢰도를 평가하는 것은 기자에게 항상 문제점이다. 이 작업 또한 사용 가능한 정보가 팽창하면서 복잡해졌다. 기자는 정보의 신뢰도를 평가함으로써 정보의 출처를 신중히 고려해야 한다. 기자는 가능하다면 같은 정보를 다른 출처를 통해 찾으려고 해야 한다. 특히 본래의 출처에 의심스러운 점이 있다면 더욱 그렇게 해야 한다.

(1) 정확성의 중요성

매스미디어 기자의 최우선적인 목표는 정확성이다. 정확하려는 시도는 기자가 정보를 모으는 방법에서부터 정보를 전달하는 데 사용하는 언어까지 기자의 기사 만드는 전 과정을 지배해야 한다. 언어를 정확하게 사용하기 위해 기자는 사용하는 형식, 문체, 용법 등에도 주의를 기울여야 한다. 정확한 글쓰기에 기울이는 주의는 보도의 세부 사항에 대한 주의로 이어져야 한다. 정보를 수집하는 데 있어서 좋은 습관을 발달시키는 것은 기자에게 여러 방면에서 도움이 될 것이다.

① 이름을 정확하게

기자가 취재 과정에서 이름을 물어보는 것을 두려워하거나 당황스러워 해서는 안 된다. 이름을 정확하게 물어보는 것은 기자가 신중하려 노력한다는 것을 증명해 주며 취재원에게 기자에 대한 확신을 주게 한다. 장본인에게 확인해 보는 것이 항상 가능한 것은 아니다. 이런 경우에는 전화번호부와 시내 인명록이 일반적으로 믿을 만한 출처가 된다. 이러한 인명록을 함께 사용하는 기자가 프로이며 자신이 만들어 낸 자료가 다른 사람들에 의해 검증받을 것이라는 것을 이해하는 사람이다. 경찰이 보도하는 자료나 기타 이와 유사한 자료들은 믿을 만한 자료가 아니며 이름을 확인하지 않고 사용해서는 안 된다.

② 취재원 정확하게 인용

뉴스 보도에서 취재원으로 이용된 많은 사람들은 자신이 한 말이 잘못 인용되거나 문맥에 맞지 않게 인용된다고 불만을 토로한다. 보도 후에 취재원이 한 말을 철회하는 대부분의 이유가 이것이다. 그러나 뉴스 기자는 실수를 할 수 있기 때문에, 취재원이 한 말에 대해서 기자가 이해했는지 확인하는 것은 기자들의 책임이다. 취재원이 말한 것을 이해하지 못한 것에 대한 가장 간단한 해결책은 물어보는 것이다. 취재원이 사용한 단어와 취재원이 한 말의 의미 두 가지다 이해했는지 확인해야 한다.

③ 가능하다면 하나 이상의 취재원으로부터 정보를 얻어야 한다

일반적인 규칙에 따르면, 기자가 하나 이상의 취재원으로부터 정보를 수집하면 뉴스 기사가 더 좋아진다. 서로 다른 사람들은 똑같은 상황에 대해 다양한 것을 알고 있으며, 서로 다른 관점을 갖고 있을 것이다. 기자가 사건에 대해 더

많은 사람들과 대화하고 더 많은 기록을 하면 기자가 그 사건을 더 잘 이해할 가능성이 높다.

　다수의 취재원으로부터 정보를 얻으면 기자는 서로 모순된 정보들을 얻게 될 수도 있다. 모순이 명확하고 중요하다면 기자는 취재원들 사이에서 그 모순을 해결하려는 시도를 해야 한다. 그렇지 않으면 기자는 자신의 신뢰할 수 있는 취재원을 선택해야 한다. 어떤 방법으로든, 모순을 해결하는 과정은 기자의 정보에 대한 이해를 심화시켜 준다.

④ 마감시간

　기자의 주적은 시간이다. 어떤 형태의 미디어이든, 글쓰기를 종료하고 완성시켜야 할 그 시점이 마감시간이다. 기자는 어떤 형태이든 마감시간을 지켜야 한다. 마감시간은 미디어의 형태에 따라 다르다. 방송기자는 가장 즉각적이고 강한 마감시간을 지켜야 한다. 방송국 기자는 뉴스 시작 전에 글쓰기를 끝내야 한다. 신문기자는 하루에 적어도 한 번, 또는 여러 번의 마감시간을 맞이한다. 신문기자의 마감시간은 방송국 기자의 마감시간 만큼 고정되어 있지는 않다. 몇 분 정도 늦더라도 신문 발행이 계속 진행되는 경우도 있다. 그러나 여전히 마감시간의 압박은 부정할 수 없다. 많은 기자들은 잡지에 매력을 느낀다. 잡지의 경우 마감의 압박이 신문사나 방송국처럼 자주 일어나지 않기 때문이다. 그러나 마감시간은 여전히 존재하며, 잡지사 역시 기자에게 엄청난 압력을 행사한다. 광고나 홍보 관련 필자 역시 매일 마감시간을 맞이한다.

　뉴스 웹사이트의 마감시간은 발행시간보다는 사건 시간에 맞춰져 있다. 분 단위의 미디어를 추구하는 뉴스 웹사이트는 가능한 한 빨리 기사를 작성하도록 기자와 편집자에게 엄청난 압력을 가한다. 뉴스 정보는 준비되는 순간 웹사이트에 게시된다. 웹사이트 방문자들은 웹사이트를 방문할 때마다 사건에 대한 가장 최근의 정보를 보기를 원한다. 마감시간은 기자가 글을 만들도록 압박하기 때문에 축복일 수도 있다. 매스미디어업계에 종사하는 사람들은 자신에게 할당된 일을 완성하지 못하면 업계에서 살아남을 수 없다. 사실 점점 다가오는 마감시간의 흥분은 기자가 짧은 시간에 좋은 글을 쓰도록 기자에게 활력을 불어넣어 줄 수 있다. 마감시간은 또한 미디어 조직이 기능할 수 있게 해 준다. 마감시간은 발행 일정을 정할 수 있게 해 주고 뉴스가 방송될 수 있게 해 준다. 마감시간은 신문이 독자들에게 특정 시간에 전달될 수 있게 해 준다. 그러나 마감시간은 기자에게 심리적인, 때로는 신체적인 압력을 가한다. 이러한 압력은 짜증나 해 일 수도 있으며 기자가 매스미디어 업계를 떠나게 만들 수도 있다. 마감시간은 또한 기자가 정형화된 글쓰기에 의존하게 만들 수도 있다. 기자는 전에 했던 방식대로 글을 쓰는 것이 창의적인 방법이나 내용에 맞는 글의 형식을 선택하는 것보다 쉽다는 것을 알게 될 것이다. 뉴스와 정보 사업에서 마감시간은 적절한 사실 확인과 편집을 못 하게 만들어서, 결국 당황스럽거나 때로는 법적인 결과로까지 이어질 수 있다. 마지막으로 마감시간은 기자가 쓰려고 하는 것에 대한 정보와 개념을 자기 것으로 소화하고 정황을 이해할 시간을 단축시킨다. 이러한 약점에도 불구하고, 마감시간에 맞추는 글쓰기는 미디어 기자의 삶에서 없어서는 안 될 부분이며 앞으로도 남아 있을 것이다.

⑤ 윤리적인 행위

모든 매스미디어 관련 협회는 협회에 속한 회원들의 행동에 대해 권고할 수 있는 윤리 강령을 가지고 있다. 위조, 표절, 위장 등 부정직은 미디어 업계에서 가장 치명적인 죄이다. 정보를 위조하는 것은 사실이 아닌 정보를 만들어 내는 것이나 그러한 정보를 독자에게 제공해서 독자가 잘못된 결론에 이른 것을 포함한다. 대부분의 조직과 윤리강령은 뉴스 기자가 그들 자신을 독자에게 명확하게 밝힐 것을 요구한다. 언론인과 대화하는 사람은 그가 이야기하는 것들이 보도될 수 있다는 것을 인지하고 있어야 한다. 위장은 언론인이 그들 자신을 독자에게 소개하는 방법도 포함한다. 기자는 자신이 다루는 주제와 관련된 출처나 인터뷰 대상과, 기자의 정직성과 객관성에 의문을 제기할 만한 관계를 가져서는 안 된다. 기자는 자신이 취재하는 사람이나 조직으로부터 선물이나 물건을 받아서는 안 된다. 정직은 직업 언론인이 되고자 하는 사람들에게 가장 중요한 자질이다. 개인과 조직의 신뢰도는 작업의 정직성에 있으며 미디어 업계의 대부분의 사람들은 그 기준을 고수한다. 기자는 좋은 글쓰기 특징, 기술, 규칙에 대해서 공부해야 한다. 미디어 글쓰기는 규칙을 적용한 글쓰기이다. 미디어 조직에서 일하는 기자는 그들이 글을 쓰는 특정 미디어의 요구와 기대를 이해하는 것뿐만 아니라 정보와 개념을 자기의 것으로 만들어야 한다. 미디어 형식을 배우는 기자는 기사가 될 정보와 생각에 대한 판단도 내려야 한다. 기사 쓰기는 과거 언론인들의 글과 취재를 모방하는 것에서 시작된다.

3. 기 사

1) 기사의 요건

기사 쓰기의 첫 작업은 구상이다. 무엇을 쓰겠다는 다짐과 쓰는 목적이 있어야 한다. 기사를 쓰려는 기자는 진지함과 열정이 있어야 한다. 기사의 주제는 취재된 단순한 사실들과는 다르다. 사실은 소재일 뿐이다. 기자는 소재들 속에서 독자에게 전달하고자 하는 메시지를 담아야 한다. 주제가 설정되면 기사의 문장 구성이다. 구성(plot)이 중요하다. 기사를 만드는 데는 두 가지 과정이 있다. 첫째는 기사의 내용과 구성의 문제다. 둘째는 기사의 형식 문제다. 전자는 기사 작성의 과학, 후자는 기사 작성의 예술이다. 기사 안에는 반드시 들어가야 할 내용이 있어야 한다. 기사는 내용상의 요건을 갖추어야 한다. 사건의 전모를 정확하고 객관적으로 공정하게 포괄적으로 서술한 것이어야 한다. 사건의 전모를 보도하려면 5W1H 육하원칙은 기본이다. 기사가 육하원칙을 다 갖추었다고 그것만으로 기사가 되는 것은 아니다. 기자가 사건의 배경을 알기 쉽게 충분히 설명해 주어야 독자들이 이해할 수 있다. 비슷한 사건 사고 기사는 별로 뉴스 가치가 없다. 기자는 지금까지와는 다른 이상 상황이나 특이점을 찾도록 노력해야 한다. 뉴스 판단은 특이점을 찾아내는 기자의 안목이다. 그러나 기사의 내용은 신속 · 정확 · 간단명료하게 정리해야 하며 공정성 · 객관성 · 균형성 · 심층성 · 전문성을 갖추어야 한다.

(1) 정확성

기사의 공익성과 사회성 때문에 기사는 정확해야 한다. 퓰리처의 뉴욕월드 편집국엔 정확, "ACCURACY."라고 쓴 표어로 장식되었다고 한다. 사실과 진실은 다르다.

(2) 공정성

무고한 사람이 해를 입는다면 공정치 않다. 형평성과 정직한 기사는 기사공정성의 기본이다. 기사의 공정성을 위해서 기사에 중대한 일을 생략해서는 안 된다. 완전성과 포괄성을 요구한다. 기본적으로 무관한 정보를 포함하는 것은 공정치 않다. 독자를 오도하거나 속이는 보도는 공정치 않다(워싱턴포스트 윤리강령).

(3) 객관성

기자의 신념이나 가치관을 자제하지 않으면 안 된다. 불편부당 정파적 입장을 버려야 한다. 1848년 뉴욕 AP통신사의 탄생은 객관적 보도의 출발이었다.

① 기자 개인적 선호가 기사 속에 쉽게 나타나지 않아야 한다.

② 명백한 가치 지향적인 용어(바보, 반동적, 보수적 – 수구골통)를 피해야 한다.

③ 기사 안에 2～3개의 관점을 제시하는 것이 형평성이다. 다양한 각도에서 취재해야 한다.

④ 정보의 확실한 출처와 논쟁적인 주장에 대해 출처를 밝힌다. 의견 선택에서 기자의 주관적 편견이 개입될 수 있으므로 주의해야 한다.

(4) 심층성

(5) 전문성

2) 기사의 구조

뉴스 문장은 선형적인 구조(a linear structure)로 되어 있다. 시작 부분과 나머지 부분이 선처럼 계속적으로 이어져 있다.

(1) 시작 부분(the beginning)

가장 중요한 소재를 요약하여 전달하는 부분으로 독자에게 기사의 윤곽과 방향을 제시해 준다.

(2) 내용 부분(the remainder of the story)

잔여 내용, 시작 부분의 내용을 부연하여 설명하고 자료를 보강하며, 실례를 제시해 준다. 배경기사와 부차적인 자료가 이 부분에 포함될 수가 있다.

① 설명기사, 부연설명기사(explanatory and amplifying material)

② 배경기사(back ground)

③ 부차적 자료(secondary material)

3) 리드(lead) 전문

리드는 기사의 반이다. 핵심적 사항을 요약하거나 기사 내용을 암시하는 역할을 한다. 리드는 기사의 기관차다. 리드는 육하원칙의 의문에 대하여 설명해 준다.

① 기사의 핵심적 요소를 찾아라. : 단순화해야 한다. 복잡하면 독자가 혼란스러워 한다.

② 독자를 매료시켜 독자가 그 기사에서 눈을 떼지 못하게 한다.

③ 리드를 쉽게 써야 한다. 그러나 진실과 정확성이 희생되어서는 안 된다.

(1) 리드의 종류

다양하고 변형도 많다. 학자에 따라 리드 명칭과 분류 방식이 다양하다.

① 기본적인 분류 방법

   ㄱ 멘쳐 : 직접 리드(direct lead), 지연 리드(delayed lead)

   ㄴ 미주리그룹 : 일반 리드(lead), 대체 리드(alternate lead)

   ㄷ 이튤(Itule) : 요약 리드(summary lead), 특별 리드(special lead)

   ㄹ 리치(Rich) : 하드뉴스 리드(hard news lead), 소프트 리드(soft lead)

② 역삼각형 일반 리드와 여기서 벗어난 특수 리드, 대안 리드로 구분

   ㄱ 일반 리드

역삼각형으로 된 정치·경제기사 같은 경성(硬性) 기사에 많이 쓰인다. 직접 리드, 일반 리드, 요약 리드, 하드뉴스 리드가 이것이다.

ⓛ 특수 리드

지연 리드, 대체 리드, 소프트 리드라고 하며 사회 · 스포츠 기사 등 연성기사
나 읽을거리 기사에 많이 쓰인다. 특수 리드는 사건의 요약을 쓰는 것이 아니라
사건의 생생한 장면이나 에피소드로 독자들에게 흥미를 일으킨다. 기사의 핵심
이 리드 첫머리에 나오지 않고 늦게 나온다 하여 지연 리드 또는 간접 리드라
고도 한다. 읽을거리에 많이 쓴다 하여 피처 리드(feature lead)라고도 한다.

③ 리드에 주인공의 이름이 나오는 위치에 따른 분류

　　㉠ 즉각적 신원 공개 리드(immediate identification lead) : 사건의 주인공 이름
　　　을 리드에 쓴다.

　　ⓛ 지연식 신원 공개 리드(blind lead, impersonal lead, delayed identification
　　　lead)

④ 리드에 들어간 주제의 다과에 따른 분류

　　㉠ 단일 요소 리드 : 9일 서울과 경기지방에 최고 20센티 가량의 많은 눈
　　　이 내렸다.

　　ⓛ 다중 요소 리드 : 지난 7일 폭설에 이어 9일 또다시 눈이 내리면서 전
　　　국 주요 고속도로에서 접속사고가 속출, 교통이 심각할 정도로 지체되
　　　는 등 눈 피해가 컸다.

⑤ 일반 리드의 요점

　　㉠ 리드와 뉴스의 초점 : who, when, where, what, why, how

　　　ⓐ 누구를 강조하는 리드 : 문화재 전문털이 조직이 계획적으로 가정집
　　　　에까지 침입하여 국보급 그림을 털어 갔다.

　　　ⓑ 언제를 강조하는 리드 : 경찰이 선포한 '범죄와의 전쟁 기간' 중 형
　　　　사들이 잠복근무하고 있는 시간에 도둑이 주택에 침입하여 문화재를
　　　　털어 갔다.

　　　ⓒ 어디를 강조하는 리드 : 경찰 서장 집에 도둑이 들어

ⓓ 무엇을 강조하는 리드: 국보급 그림을 문화재 절도단이 가정집에서

ⓔ 어떻게를 강조하는 리드: 가정집 담장에 이동식 사다리를 놓고 문화
재 절도단이 가정집에 침입

ⓕ 왜를 강조하는 리드 : 외국에 밀반출할 목적으로 문화재 절도단이 가
정집에 침입하여

⑥ 요약 리드와 직접 리드

일반 리드를 요약 리드(summary lead)와 직접 리드(direct lead)로 나누는 방식
이 있고 두 가지를 같은 것으로 보는 방식 두 가지가 있다. 요약 리드는 리드에
사건의 요약을 쓰는 방식이고 직접 리드는 사건의 하이라이트를 쓰는 방식이다.

국회는 15일 본회의에서 '독점규제 및 공정거래법 개정안' 등 41개 법안과
국정감사결과 보고서 등 42개 안건을 처리했다. - 요약 리드

국회는 계좌 추적권을 3년간 연장하는 '독점규제 및 공정거래법 개정안'을 통
과시켰다. - 직접 리드

⑦ 속보식 리드

제2일째 리드(second day lead) - 10일 육로로 평양을 방문한 현정은, 현대그룹
회장이 12일 김정일 면담을 대기했으나 김정일의 현장지도로 평양에 없어 무산
되었다.

⑧ 영향력 리드

사건의 영향이나 효과를 언급하는 리드이다.

내년부터는 거래 은행이 파산할 경우 투자자가 보호받을 수 있는 금액이 원
리금을 합쳐 5천만 원으로 제한된다.

⑨ 출처 표시 리드

⑩ 특수 리드

    ㉠ 서술적 리드 : 인물, 장소, 사건이나 분위기를 생생하게 묘사하는 리드
       다. 기사의 핵심절은 리드 다음에 나온다.

    ㉡ 에피소드식 리드 : 사건 상황을 상징하는 에피소드나 일화를 소개하는
       리드다. 재미있는 에피소드나 일화를 소개하는 리드

    ㉢ 이야기체 리드 : 기사 리드에 이야기를 씀으로써 독자의 흥미를 끄는
       방식이다.

    ㉣ 각종 소프트 리드: 인물에 초점을 맞추는 리드(focus on a person lead),
       추측 리드(guess what lead), 미스터리 리드(mystery lead)

F. Fraser Bond

요약형 리드(digest or summary lead)

직접 호소형 리드(direct appeal lead)

인용문형 리드(quotation lead)

기술형 리드(descriptive lead)

흥미 유발형 리드(suspended lead)

열거형 리드 혹은 도표형 리드 : 뉴스 상황이 여러 국면으로 전개될 때 유용하다.

묘기적 리드(various 'stunt' lead)

상황적 리드(circumstantial lead)

Curtis D. MacDougall George Fox Mott Melvin Mencher

1-2-3-4-형 리드 : 중요도에 따라 순차적으로 번호를 매겨서 특징을 제
시하는 형

캡슐형 리드 : 짧거나 일반화된 요약된 형

탄약통형, 펀치형, 놀람형, 혼잡형, 대칭형, 의문형, 스타카토형, 비유형, 경구
형, 문학적 암시형, 풍자형, 인용문형, 대화형

⑪ 방송 리드

본문형, 요약형, 질문형, 나열형, 직접인용형, 고발형

(2) 리드의 아이디어

리드는 기자가 기사를 쓸 때 가장 고심하는 대목이다. 좋은 리드를 발견하려면 취재 내용이 좋아야 한다. 좋은 리드는 좋은 취재 내용 가운데서 주제를 파악해야 잘 쓸 수 있다. 주제의 명확한 이해야말로 리드의 전제다. 리드는 간결하고 명료하게 써야 한다.

① 리드에는 4개의 기본 요소가 들어가야 한다

독자에게 말할 특수한 무엇인가가 있어야 한다. 시간 요소는 거의 항상 들어가야 한다. 정보나 행동의 소스가 들어가 취재원의 신원이 공개된다. 행위가 행해진 장소가 들어가야 한다.

② 리드 쓰는 데 다음 5개항을 유의해야 한다

무엇이 특이점인가. 가장 중요한가. 이상한 점은 무엇인가. 누가 관여되었는가. 일반 리드, 특수 리드 중 어느 것을 선택할 것인가. 리드에 사용할 화려한 표현이나 극적인 구절이 무엇일가. 주제를 생각하고 어떤 단어를 선택할 것인가.

③ 알기 쉬운 리드
  ㉠ 알기 쉬운 리드의 요건
독이성은 기사의 주제와 기사 작성 순서, 표현하기 위해 선택된 단어와 문구에 따라 좌우된다.
  ⓐ 주제 : 가능한 한 한 리드에는 하나의 주제를 담아야 한다. 기사를 단순화 해야 한다.
  ⓑ 문장의 구조를 단순화해야 한다. 주어, 목적어, 동사의 단순구조가 가장 이해하기 쉽다.

④ 리드의 길이

이상적인 기사의 문장이 50자 내외이므로 리드는 이보다 짧아야 한다. 35~30자. 불필요한 취재원 표시와 그리고, 그러나 등으로 연결되는 복합문장, 그리고 긴요하지 않는 정확한 날짜와 시간을 과감하게 배제하는 것이 좋다.

⑤ 관련 기사의 리드

관련 기사나 속보의 리드에 '불구하고(despite)' 또는 '~에 따라'라는 접속사
가 들어가는 경우가 많다. 특별검사의 무혐의 결정에도 불구하고 검찰은 구속
기소했다.

⑥ 재치 있는 리드

⑦ 리드를 작문하지 마라

표현과 단어에 몰입되면 의미가 왜곡되는 작문 유혹에 빠지기 쉽다.
좋은 리드는 표현의 기교보다 사건을 독자에게 정확히 전달하는 것이 중요하다.

4) 기사의 문형

(1) 역삼각형 기사

뉴스의 핵심을 리드에 쓰고 나머지는 본문에 쓴다. 가장 중요한 것이 위에 오
는 모습이 삼각형을 뒤집어 놓은 것 같은 인상을 준다. 서양에서는 역피라미드
형(inverted pyramid)이라고 한다. 역삼각형 기사에는 리드가 있고 본문이 있다.
본문은 중요한 요소부터 시작하여 계속 설명을 이어 간다. 이런 방식은 마치 줄
(線) 같은 모형이라 선형(linear) 구조라 한다. 선형 구조이기 때문에 조직된 전
체로서 보는 눈을 가져야 한다. 문장 한 줄, 구절 하나라도 기사의 목적에 부합
되는 것이라야 한다. 불필요한 것은 쓰지 말아야 한다. 기사 작성은 리드(뉴스의
골자를 압축한 내용), 주제의 설명, 주제의 보충 설명 순으로 진행한다.

(2) 변형 역삼각형

기사를 읽는 재미가 나도록 하기 위해 맨 앞에 일화를 넣고 그 다음에 리드
를 넣는 역삼각형의 변형이다. 월스트리트 저널 방식이라고 한다. 처음에 주제
를 설명하는 상징적인 일화의 소개로 시작한다. 적절한 인용문으로 시작하기도

한다. 다음으로 주제 설명(사실상의 리드, 6번째 단락 이내에 있어야 한다. 이것을 핵심절이라고 한다)으로 이어진다. 이 같은 변형된 역삼각형 기사의 리드를 지체리드라고 한다. 지체리드는 상황이 발전해 가는 뉴스기사나 급보 기사가 아닌 기사, 즉 순수한 읽을거리 기사나 뉴스성의 읽을거리 기사에 자주 사용된다. 지체리드는 사고 일화 사례 등을 들어 상황을 묘사하거나 분위기를 조성한다.

읽을거리 기사, 프로필 기사, 탐사 보도 기사, 시리즈물, 시사 잡지류의 기사에는 대개 지체리드를 사용한다. 지체리드는 독자를 일관성 있게 사건의 핵심으로 이끌어 가야 한다. 그 다음에 주제의 중요성을 설명하는 내용(왜 내가 이 기사를 읽어야 하는가라는 독자 질문에 답을 주는 것)과 이를 보충하는 상세한 내용(주제의 증거와 설명) 순으로 쓴다.

(3) 이야기체 기사

사건의 시초부터 결말까지 일의 진행 순서대로 연대기적으로 서술하는 방식이다. 미국에서는 narrative 기사, story-telling 소설체 기사, pyramid 기사라고 한다.

(4) 모래시계형 기사

역삼각형 기사와 삼각형 기사(이야기체 기사)를 위아래서 결합시킨 형식의 기사다. 모래시계 구조(hourglass structure)로 부른다. 역삼각형식으로 시작하여 기사 앞에 요약형 리드를 쓰고 그 다음에 설명적인 내용을 넣은 다음 이야기체 형식으로 변하여 연대기적인 서술 방식으로 설명을 끝낸다.

(5) 혼합형 기사

역삼각형과 이야기체 기사를 혼합한 양식이다. hybrid structure라 부른다. 기사 맨 앞머리에 의문을 제기하거나 에피소드를 소개하거나 대화를 소개하는 식으로 주제에 관계되는 내용을 쓴다. 다음 단락에 지체리드를 쓰고 보충적인 설명을 하여 역삼각형 형식을 취한다. 그리고 이야기체로 변하여 결론을 쓴다.

(6) 초점형 기사

어떤 사건이나 상황을 서술할 때 먼저 개인이나 특정 집단의 경우를 대표적으로 제시한 다음 차츰 전체 상항의 설명으로 확대해 나가는 방식이다. focus structure라고도 한다. 한국의 교통사고를 다룰 때 교통사고 피해자의 특수한 예를 기사 맨 앞에 쓴다. 그 다음 인구 10만 명당 세계 최다이고 부상자는 약 40만 명이라는 숫자를 소개하면서 교통사고 전반적인 문제를 서술하고, 전문가 진단, 입원 환자의 입을 통한 결론으로 기사를 마무리한다.

(7) 나열식 기사

복합형 기사는 역삼각형 기사 형식에 리스트를 넣는 방식과 역삼각형 기사 형식에 섹션을 가르는 방법(section technique)의 두 가지가 있다.

5) 기사의 기본 유형

(1) 스트레이트(straigt) 기사
사건, 사고 등 일어난 현상을 사실적 객관적으로 기술한 기사이다. 육하원칙에 의해 사실을 일목요연하게 드러낸 기사다.

(2) 피처(feature) 기사
스트레이트를 보강해 주는 것으로 기사의 배경 전망을 설명해 줌으로써 독자들의 흥미를 불러일으키는 기사다.

(3) 에디토리얼(edotorial)
사안에 대한 평가를 함으로써 독자들의 판단에 길잡이 역할을 해준다.

6) 글의 유형

(1) 묘사적인 글 : 사물, 장소, 사람을 표현한 글이다. 아니다. 서술어

(2) 서사적인 글 : 사건묘사, 과거시제, 현재시제 사용

(3) 정보전달 설명적인 글 : 신문, 강의안, 직설법시제

(4) 명령적인 글 : 충고, 사설, 칼럼

(5) 논증적인 글 : 그러나, 그러므로 등 논리적 접속어

7) 좋은 기사 쓰기

기사는 그 구성 요건과 문장 구조 리드가 중요하지만 표현 기법도 중요하다.
마크 트웨인은 좋은 기사는 표현의 정확성, 명료성, 설득력, 적절성 등 4원칙
을 제시했다.

첫째, 표현이 정확해야 한다. 어휘가 상황에 알맞고 올바른 단어 선택을 해야
    한다.

둘째, 명료해야 한다. 간결하고 구체적이고, 막연하고 애매해서는 안 된다. 단
    어 문장 모두 구체적이어야 한다.

셋째, 설득력이 있어야 한다.

넷째, 적절성이다. 문체가 자연스럽고 무리가 없어야 한다. 글을 말하듯 평이
    하게 쓰되 생동감이 있어야 한다.

(1) 표현의 정확성

플로베르는 "표현하려는 사물이 무엇이든 거기에는 오직 하나의 명사, 하나의
동사, 하나의 형용사가 있을 따름이다."고 했다. AP는 기사 작성 지침으로 "기
사는 명료하고 구체적이며 정확하고 재미있어야 한다."고 규정하고 과장된 단어
와 현학적인 단어를 피하고 알기 쉬운 단어를 쓸 것을 권고하고 있다 모자란
기자는 언론조작자의 공범이 될 수 있다. '민족끼리', 6.15 공동선언, 10.4 선언
등의 전말을 심층 분석하지 않고 특정 정파의 통일론을 일방적으로 역설하면
남북문제 보도를 오도할 수도 있다.

(2) 기사의 명료성

문장, 자구, 단어 모두 명료해야 한다. 꾸밈없고 간결하고 정직해야 한다. 제
임스 레스턴은 맨 먼저 부인이 읽게 하여 추고를 했다. 좋은 기사는 뜻이 명확
하고 이해하기 쉽다. 조지 오웰은 "좋은 글은 유리창과 같다."고 했다.

(3) 문장의 설득력

① 서술하지 말고 보여 주라

기사 안에 대화 행동 서술이 들어 있어야 한다. 멘처는 독자에게 말하지 말고 보여 주라고 강조한다.

② 좋은 인용을 기사 안에

③ 인간적 흥미를 기사 안에

④ 적절한 비유, 강조, 변화기법

(4) 문장의 적절성

① 간결한 문장 : 문장은 길이가 짧아야 한다. 좋은 기사의 관건은 다양성, 리듬, 균형이다. 50자 정도가 한 문장인 기사가 좋을 것 같다.

② 적절한 문체 : 문체는 문장의 체제이며 호흡이며 표정이고 품격이다. 쓰는 사람의 재능, 독창력, 개성, 인격이 반영된다. 간결체, 만연체, 강건체, 우유체, 건조체, 화려체 6종이 있다.

인용도서와 참고문헌

James Gren Stovall ：Writing for the Massmedia
Charnley ：Reporting
프레데릭 튀리엘 지음, 장혜영 편역 ：논술연습, 커뮤니케이션스북스
김진홍・종요철・송정민 공저 ：취재보도론, 법문사
남사욱 ：인터넷시대 취재보도론, 나남출판사
차배근 ：커뮤니케이션학 개론(하), 세영사
한국외대 언론정보학부 ：미디어와 커뮤니케이션의 이해, 한울아카데미
최승희 ：조선초기 언관 언론연구
박용운 ：고려시대 대간제도 연구
박유봉 ：현대커뮤니케이션론, 서울대출판부

중요개념 및 용어

뉴스, 취재, 신문, 정파주의 보도, 황색저널리즘, 커뮤니케이션의 기능, 언론의 4이론, 기사, 리드, 문형

기사의 종류는 기사의 대상이나 형식 가운데 무엇을 기준으로 삼느냐에 따라 여러 가지로 나눌 수 있다. 취재 형식에 관련된 기사들은 사건사고 기사, 보도자료 기사, 연설 및 기자 회견 기사, 부음 기사, 일반 취재 기사로 나눌 수 있다. 출입처 기사는 이 모든 형식을 포괄하는 것이지만 분야별 취재보도에 따라 분류한 것이다.

1. 사건 · 사고 · 재난 기사

사건사고 기사는 사건사고 등 일어난 현상을 사실적 객관적으로 기술한 스트레이트 기사다. 누가(who), 언제(when), 어디서(where), 무엇을(what), 왜(why), 어떻게(how) 등 5W1H를 육하원칙(六何原則)으로 일어난 사실의 개요를 독자들에게 신속하게 전달하는 스트레이트 기사다. 사건사고 기사는 보도할 내용을 중요 순서대로 기술하며 역삼각형 구조의 기사다. 기사의 첫 부분에 전체 상황을 한 번에 알 수 있게 요약한 다음에 사실을 풀어나가는 기사다. 기사는 새로운 사실 전달이 중요하지만 독자를 위해 이미 일어났던 사실을 독자들에게 알려주는 배려를 해야 한다. 과거의 사실이지만 독자에게는 생소한 사실에 대해서 반복 기술하는 기사 작성법도 익혀야 한다.

사회부 기자는 사건사고 및 재난을 비롯해서 시청, 교육, 교통, 체신 등 일상 생활에 관련된 행정 업무에 이르기까지 다양한 분야를 담당한다. 사건기자는 실제로는 경찰과 법조를 맡는 기자지만 유사시에는 범죄사건 이외의 다른 정치적 사건과 사고 및 재난의 취재를 위한 유격 인력, 지원 인력으로 현장에 파견된다. 사건기자는 업무의 성격상 기민하고 예리한 판단력이 필요하다. 사건기자는 사회부의 꽃이라고 한다. 사건기자는 체력이 튼튼해야 한다. 사건 사고 담당 기자의 필수적인 요건이다.

1) 사건 현장에서 다음 사항을 취재해야 한다

희생자 피해자의 이름, 나이, 주소, 사고 당시의 상태, 사건에 대한 증인의 진술이나 경찰 등 수사 및 조사 관계자의 설명, 사건 발생 시각, 사건 발생 장소, 왜 또는 어떻게 사건이 났는가, 누구의 책임인가 등의 체크 리스트를 육하원칙으로 단순화한다.

2) 현장에 파견된 기자는 도착 즉시 다음과 같이 행동해야 한다

① 조사관에게 질문해라. ② 증인을 찾아서 인터뷰하라. ③ 피해자의 친척이나 친구를 찾아내서 인터뷰하라. ④ 피해자가 말할 수 있으면 가능한 대로 인터뷰한다. ⑤ 현장의 다른 사람과도 이야기한다. ⑥ 피해자와 그 가족들에게 신경을 써야 한다.

2. 보도자료 · 연설 · 기자회견 · 회의 기사

기자회견, 연설, 회의는 현대 사회의 대표적인 공적 커뮤니케이션이다. 이것은 다 같이 취재원이 자진해서 제공하는 자료에 근거해서 기사화되는 것이다.

1) 취재 요령

대개 예고되므로 미리 연구해야 한다. 자료를 입수하여 검토하고 의문점이 있으면 물어보는 것이 좋다. 녹음기를 사용하는 것이 좋다. 메모는 필수적이다. 행사 개최자의 목적과 기자의 취재 목적은 다르다. 기자는 뉴스거리를 찾는 것이다. 연사의 표정과 억양, 청중의 반응, 행사장 밖에서의 동정 등도 취재되어야 한다. 회의장 밖의 반대 집회가 오히려 더 큰 기사다. 행사 뒤에 기사가 나온다.

학술 대회나 공청회 등은 회의 전에 자료가 공개된다. 이 자료를 먼저 입수하는 것은 당연하다. 그러나 중요한 토론회는 현장에서 발표된다. 구결문이 고려시대로 올라가는 국어학사를 바꿀 중요한 사실 등이 역사학대회 토론장에서 확인되었다.

2) 기사 쓰기

정확한 내용 보도는 기사의 생명이다. 진의를 왜곡해서는 안 된다. 인용은 정확하고 완전해야 한다. 보도자료 기사는 발표 저널리즘이라는 비판이 있다. 관청에서 발표하는 자료를 비판 없이 그대로 기사화하는 것을 비판하는 것이다. 보도자료는 취재원이 알리고자 하는 정책이나 사업 또는 발표 내용을 기자와 언론사가 이용하기 좋게 육하원칙에 따라 정리한 기초 자료다. 관공서나 기업, 경제단체, 노동단체, 소비자연맹, 환경연합운동 등 다양한 사회집단과 개인들이 집단과 개인의 뜻을 알리기 위해 언론에 내놓는 문건자료가 보도자료다. 보도자료만 베끼다 보면 사실을 놓치는 경우가 많다. 중도실용주의 4대강 정비 녹색혁명 등의 발표자료만 기사화 하다 보면 그 배후나 정치적 의도 등을 간과할 수가 있다.

(1) 보도자료의 유형

① 일반적인 공지사항, ② 행사 안내 보도자료, ③ 정책 시행과 수립 내용을 알리는 보도자료, ④ 이미지 높이기 위한 자료, ⑤ 해명·설명·반박 보도자료, ⑥ 사건 개요 정리 보도자료

(2) 보도자료의 기본 성격

① 홍보물이다. : 취재원 쪽에서 기자를 설득해 자신들의 입장을 기사에 반영하도록 만든 문건이다. 보도자료를 가지고 기사를 쓸 경우 취재원의 홍보원이 될 수 있다. 취재원의 홍보적 시각을 가능한 한 배제하도록 노력해야 한다.

② 편파적이다. : 갈등 상황에서 한 당사자가 보도자료를 내면 일방성, 당파성이 있게 마련이다. 객관적이고 사실적인 것 같은 발표라고 해도 조심해서

상황을 읽을 필요가 있다.

③ 과장돼 있다. : 동양 최대, 세계 최초 등의 보도자료가 사실이 아닌 경우가 많다. 오보의 위험까지 있다.

(3) 보도자료 이용에서 주의할 점

① 자료의 신뢰성을 알아보기 위한 확인 사항

　㉠ 자료가 어디에서 왔는가?

　㉡ 보낸 사람은 누구인가?

　㉢ 언제 보냈나? 자료 제작일자는 언제인가?

　㉣ 자료에 대한 보충 취재 대상이나 기관은 명시됐나?

② 보도기사를 쓸 때 유의할 점

　㉠ 보도자료의 신중한 기사화 선택 ㉡ 세부 내용 확인

　㉢ 의심스럽거나 빠진 정보 내용 보충 ㉣ 기사 형식 결정 보도자료 재구성

3. 인터뷰 기사

뉴스 기사에서 대부분의 정보는 인적 취재원(출처 source)에게서 취재된다. 즉 사람에서 기사가 나온다. 뉴스 기자는 글을 쓰지 않는 대부분의 시간을 대면하거나 전화통화를 통해 사람들과 대화하는 데 사용한다. 기자가 필요한 다양한 정보를 얻기 위해 기자가 더 많은 사람들과 이야기할수록 더 좋은 기사가 만들어질 가능성이 높다. 인터뷰는 기자가 뉴스 취재원과 대화하는 것이다. 정보를 다루는 모든 기자는 신문 기자든, 잡지 필자든, 홍보업계 종사자든 인터뷰의 기술을 완벽히 익혀야 한다. 기자는 뉴스 취재원이 어떤 정보를 가지고 있으며 어떤 정보를 나눌 것인지 판단한다. 그런 후에 기자는 정보를 유도해 내는 질문을 시도한다. 언론인들(뉴스와 정보를 수집해야 하는 홍보업계 종사자 포함)은 정기적으로 만나는 사람들 중에서 취재원을 개발해 낸다. 즉, 기자는 정보를 갖고 있고 그 정보에 대해 기자와 이야기하려는 의도를 가진 사람들을 찾아낸다. 기자들은 많은 사람들이 자신에게 정보를 제공할 수 있고 때로는 정보가 예기치 못한 취재원에서 오기도 한다는 것을 곧 깨닫는다. 예를 들어, 출입처에 배정된

대부분의 기자는 사장보다는 비서가 더 좋은 정보의 취재원이 된다는 것을 배우게 된다. 어떤 사건이 일어났는지 사장보다 비서가 먼저 아는 경우가 많다. 결과적으로 기자들은 비서들에 대해 아주 잘 알게 된다. 기자들과 취재원들이 서로 거래를 하면서, 그들 사이에 상호 이해를 통해 관계를 형성하게 된다. 기자들은 자신의 취재원 중에서 누구를 신뢰할 수 있는지 알아내야 하고, 뉴스 취재원이 기자에게 제공하는 정보가 현명하게 사용될 것이라는 확신을 갖게 해주어야 한다. 기자와 뉴스 취재원 간의 관계를 지배하는 한 가지 보편적인 규칙은 기자가 항상 취재원에게 자신의 신분을 분명히 밝혀야 한다는 것이다. 취재원은 기자에게 이야기하기 전에 자신의 정보가 뉴스 기사에 사용될 수 있다는 것을 알아야 한다. 취재원은 원하지 않을 경우 뉴스 기자에게 말하지 않을 수 있다. 취재원을 밝히는 것은 매스미디어 글쓰기에 있어서 또 다른 표준적인 관행이다. 취재원을 밝히는 것은 뉴스 기사에서 독자가 정보의 신뢰도를 판단할 수 있도록 독자에게 정보의 취재원을 말해 준다는 것을 의미한다. 취재원을 밝히는 문구는 "~라고 말했다", "관계자에 따르면"과 같은 것이다. 뉴스 기사에서 대부분의 주요 정보, 특히 인적 출처에서 나온 정보는 취재원을 밝히는 문구를 필요로 한다.

1) 인터뷰의 정의

인터뷰는 언론인이 취재하는 가장 중요한 활동이다. 사람들과 대화하는 것은 모든 주제에 대해 최신 정보를 수집할 수 있는 최고의 방법이다. 인터뷰에서 첫 번째 단계는 어떤 정보가 필요하고 누가 그 정보를 얻기 위한 최고의 취재원이 될 것인가를 결정하는 것이다. 언론인은 좋은 기사를 만드는 데 어떤 정보가 필요하며 그 정보를 제공받기 위해 누가 최고의 취재원인지를 찾아내야 한다. 성공적인 인터뷰를 위한 두 번째 단계는 대화를 준비하는 것이다. 이러한 준비는 인터뷰의 주제와 인터뷰 대상에 대해 조사하는 것을 포함한다. 일반적으로 언론인이 이 두 가지에 대해 더 잘 알수록 인터뷰가 더 성공적일 가능성이 높아진다. 시간과 마감의 압박은 많은 준비를 하지 못하게 할 수도 있다. 언론인은 자신의 경험과 취재원의 협조를 이끌어 내야 한다. 어떤 질문을 물을지를 생각해 내는 것이다. 간단하고 논란의 여지가 없는 정보는 명확하고 직설적이고 효율적인 질문을 통해 얻을 수 있다. 짧은 문장으로 나누는 대화는 기자에게 기사에 포함될 수 있는 많은 정보를 제공한다. 기자는 생산적인 질문을 하기 위해 뉴스 가치와 기사의 구조를 충분히 잘 이해해야 한다. 뉴스 취재원에 민감하게 반응해야 하고 감정이입이 되어야 하지만 직업적인 책임감을 잊지 말아야 한다. 인터뷰하는 사람이 할 수 있는 질문의 유형은 다양하다.

(1) 폐쇄형 질문

폐쇄형 질문은 아주 짧은 답변을 요구한다. 또는 질문 자체가 질문을 받는 사람이 선택해야 할 답변의 선택을 포함할 수도 있다("얼마나 자주 여행을 가십니까?").

(2) 개방형 질문

이따금 인터뷰하는 사람은 인터뷰 대상이 원하는 것을 말할 기회를 주어야 할 때가 있다. 개방형 질문은 취재원에게 이러한 기회를 주는 것이다. "노숙자에 대해 가장 먼저 머릿속에 떠오르는 그림은 무엇입니까?"

(3) 가정하는 질문

이것은 상황이나 조건을 설정하고 인터뷰 대상에게 그에 대해 물어보는 질문이다. 이러한 질문은 '만약에' 질문으로도 알려져 있다("만약에 책임 있는 사람이 행동하는 양심이 되라며 선동한다면 당신은 그 사람에게 뭐라고 말하겠습니까?").

(4) 찬성 / 반대 질문

인터뷰 대상이 말이나 행동으로 찬성 또는 반대를 표현할 것을 묻는 질문이다("어떤 사람들은 싸움질만 하는 의회 의원을 국민 소환해야 한다고 말하는데, 당신은 이러한 생각에 찬성하십니까, 반대하십니까?").

(5) 탐 사

인터뷰 대상이 이미 말한 것에 대해 추가로 이어지는 질문이다. 이 질문은 중립적일 수도 있고("그것에 대해서 더 말해 주시겠습니까?"), 도발하는 것일 수도 있고("그럼 앞으로 그것을 절대로 하지 않겠다는 말입니까?"), 도전적인 것일 수도 있다("많은 사람들이 당신이 한 말을 좀처럼 믿지 못할 것이라고 생각합니다."). 탐사의 목적은 인터뷰 대상이 자신이 말한 것에 대해 더 많은 정보를 주도록 하는 것이다. 인터뷰 대상과 시기에 따라 질문은 선택되어야 한다.

(6) 개인적인 질문

이 질문은 인터뷰 대상의 사생활과 관련이 있다. 경험 많은 인터뷰 기자는 인터뷰 대상에게 인터뷰하는 사람과의 신뢰를 쌓을 기회를 주기 위해서 개인적인 질문은 인터뷰 중간이나 말미까지 남겨 둔다. 인터뷰를 계획하는 데 가장 중요한 재료는 언론인이 인터뷰할 때 물어볼 질문의 목록을 만드는 것이다. 인터뷰는 항상 예측 가능한 것이 아니기 때문에 모든 질문을 할 필요는 없으며, 계획하지 않은 질문이 떠오를 수 있지만, 언론인은 항상 인터뷰를 위한 계획을 가지고 있어야 할 필요가 있다.

다음 단계는 인터뷰를 하기 위해 취재원과 접촉하고 가능한 한 시간과 장소를 결정하는 것이다. 기자가 인터뷰 대상에게 전화로 바로 인터뷰를 진행할 수도 있다. 인터뷰 동안에 기자는 인터뷰하는 이유를 항상 염두에 두어야 한다. 정보를 얻기 위한 것도 인터뷰의 이유이지만 더 흥미롭거나 중요한 다른 정보를 얻을 수 있는 가능성을 열어 두기 위한 것도 인터뷰의 이유가 될 수 있다. 취재원이 새롭고 놀라운 정보를 제공하기로 결정했다면 기자는 정보의 가치를 평가하고 적절히 그 정보를 다룰 수 있어야 한다. 대부분의 경우 기자의 계획은 효율적이고 생산적인 인터뷰로 이끌어 준다. 다음은 인터뷰하는 사람이 인터뷰 상황에서 염두에 두어야 할 것들이다.

① 상황을 통제해야 한다. 취재원을 왜 찾아왔고 어떤 정보를 얻으려고 하는지를 기억하면서 대화가 길을 잃지 않도록 해야 한다. 기록과 질문들을 참고해야 한다.

② 인터뷰의 논조를 조기에 설정해야 한다. 일반적으로 처음 몇 번의 질문이 인터뷰가 향후 어떻게 이어질지를 결정하기 때문에 기자는 인터뷰를 어떻

게 구성할지를 신중히 생각해야 한다. 기자가 물어봐야 할 어려운 질문(취재원을 불편하게 만들 수 있는 질문)이 있으면 이러한 질문은 처음에 물어봐서는 안 된다. 이러한 질문은 인터뷰가 어느 정도 진행된 후에 물어보는 것이 더 쉽다.

③ 기록을 해야 한다. 가능한 한 중단 없이 기록해야 한다. 모든 단어들을 기록할 수 없다면 취재원이 사용하는 주요 단어들과 구절들을 기록해야 한다. 나중에 정확한 인용을 복원할 수 있도록 취재원의 말에 집중해야 한다. 인터뷰 도중에도 기사에 어떤 정보와 직접 인용문을 사용할지 생각해야 한다.

④ 취재원이 말하는 것을 확실히 이해해야 한다. 취재원이 말한 것을 이해하지 못했다면 그 말을 다시 해 줄 것을 요구해야 한다. 제대로 적었는지 확인하기 위해 여러분이 기록한 것을 다시 읽어 보아야 한다. 취재원이 사용한 단어나 구절을 이해하지 못했다면 그것에 대해 질문해야 한다. 자신의 무지를 취재원에게 보이는 것이 수천 명의 독자나 시청자에게 보이는 것보다 낫다.

⑤ 취재원의 공격에 대응하지 말아야 한다. 취재원이 공격하거나 비판하면 방어적으로 대응하기보다는 그것을 수용하려고 노력해야 한다. 자신을 방어하기 위해서가 아니라 정보를 얻기 위해 인터뷰 장소에 있다는 것을 기억해야 한다.

⑥ 취재원의 허락을 얻을 수 있다면 녹음기를 사용해야 한다. 녹음기를 틀기 전에 취재원에게 허락을 구해야 한다. 녹음기를 사용하더라도 기록은 항상 해야 한다. 녹음기가 작동하지 않거나 테이프가 불량일 수도 있다.

⑦ 상황도 기록해야 한다. 인터뷰 중에 인터뷰 대상이 말하는 것 외에 취재원의 제스처나 기타 신체적인 세부 사항, 벽에 걸려 있는 그림이나 상패, 방 안의 기타 물체에 대해 기록해야 한다. 물어보고 싶은 것이나 기사에서 사용하고 싶은 것들을 둘러보아야 한다.

⑧ 항상 예의 바른 자세와 전문가적인 자세를 유지해야 한다.

인터뷰 후에는 가능한 한 기록한 것을 다시 검토하고 녹음한 테이프를 들어

보아야 한다. 많은 기자들이 녹음한 것을 듣고 기록에서 빠진 부분을 채워 넣을 것이다. 테이프가 없다면 기록한 것을 주의 깊게 읽어 보고 기사에서 사용하고 싶은 인터뷰 부분을 채워 넣는 것도 좋은 방법이다.

기자는 가능하면 취재원이 제공한 정보를 다른 출처를 통해 확인해 보는 등 중요한 정보를 확인해야 한다. 마지막으로 기자는 더 많은 정보를 얻기 위해서, 혹은 정보나 모순되는 점을 명확히 하기 위해서 취재원을 다시 불러내는 것을 망설여서는 안 된다. 취재원을 다시 만나는 것은 기자가 정확한 보도를 진심으로 집중하고 있다는 것을 보여 주며, 정직한 취재원은 이러한 노력을 통해 기자를 도와주는 것을 개의치 않을 것이다. 기자를 질문하는 직업(a questioning profession)이라고도 한다.

2) 인터뷰의 4원칙

① 많은 배경 지식을 습득하고 주의 깊게 준비, 2P – persistence 끈기, preparation 준비.
② 뉴스원을 잘 파악하라.
③ 취재 목적 문제의 핵심을 정하라.
④ 유도질문, 주의 깊게 듣고 살펴라.

3) 친근한 관계 수립

4) 효과적인 질문방법

① 개방적 질문, 폐쇄적 질문, ② 힘든 질문, ③ 강요적 질문, ④ 좋은 경청자

5) 회견의 형태

① 뉴스 인터뷰, ② 인물 인터뷰

6) 인터뷰에서 준수할 사항

① 인터뷰에 들어가기 전에 신분을 밝힐 것, ② 인터뷰 목적을 밝힐 것, ③ 기사화된다는 사실을 알려 줄 것, ④ 소요될 시간 말할 것, ⑤ 되도록 짧게 할 것, ⑥ 구체적으로 질문할 것, ⑦ 답변할 시간을 줄 것, ⑧ 애매한 답변을 명확하게 요구할 것, ⑨ 상대방의 답변을 되읽어 확인할 것, ⑩ 대중이 알 권리가 있는 문제는 계속 질문할 것, ⑪ 취재원에게 강의하거나 토론하지 말 것, ⑫ 취재원이 취재원의 이름을 안 밝히는 익명(匿名), 순수 배경 설명용, 오프더레코드를 요청했을 때는 준수할 것

7) 인터뷰의 실제

분위기, 주도, 복장, 예민하고 어려운 질문, 경계심을 갖고 이야기 듣기, 수첩에 기입하기 등을 익혀야 한다.

8) 인용(Quotation)의 올바른 사용과 남용

① 문법, 문장, 구문, 말 더듬거림 설명의 보완은 인용에서 허용되는 변경이다.
② 부적절하거나 헷갈리는 표현의 삭제는 허용된다.
③ 의미를 변경하지 않고 단어 바꾸는 것을 허용된다.
④ 기자가 말하고 싶은 의미로 인용구를 바꾸어서는 안 된다.
⑤ 인터뷰 내용을 풀어 쓸 수는 있다.

9) 미국 중요 언론사의 인용지침

① 인용을 절대적으로 신성불가침으로 간주한다. 인용을 바꿀 이유가 있다면 인용부호를 벗기고 그 내용을 풀어서 서술식으로 써라(뉴욕타임스).
② 인용은 정확해야 한다. 단어들이 교묘한 구문으로 정리되어서는 안 된다(워싱턴 포스트).
③ 인용을 기사에 맞도록 손질한다. 최대의 문제는 인용을 어떻게 사용하는가, 기사 안에 인용을 어떻게 편집하느냐는 문제다(뉴스위크).

④ 잡지는 관례에 따라 인용을 다듬는다(뉴리퍼블릭).

⑤ 꼭 고쳐야 한다면 인터뷰하는 사람에게 인쇄 전에 허가를 받거나 말하는
사람을 바꿔야 한다.

10) 익명(Anonymous)과 비밀(Confidential) 소식통

신문윤리실천요강 제5조는 "모든 기사는 취재원을 원칙적으로 익명이나 가명
으로 표현해서는 안 된다."고 규정하고, 그러나 "비보도 요청에 동의한 경우
에는 이를 보도해서는 안 된다."고 규정했다. 익명으로 할 조건으로 "다만 공
익을 위해 부득이 필요한 경우나 보도 가치가 우선하는 경우 취재원이 요청
하는 익명을 받아들일 수 있다."고 하고 "이 경우에도 익명을 요청하는 이유,
그의 소속기관 일반적 지위 등을 밝히도록 노력해야 한다."고 했다.
USA Today는 익명의 소스를 쓰지 않는다. "익명의 소스는 언론을 악용한
다. 신문의 신뢰성을 좀먹고 신문의 무책임성을 더욱 크게 하는 나쁜 경향이
다."라고 했다.

11) 인터뷰 기자의 체크리스트

(1) 인터뷰 전

① 주제를 알아라(구체적 정보, 주제를 연구, 질문표를 만들어라).

② 사람을 알아라(두드러진 이력, 주제에 관련된 인터뷰할 사람의 의견).

③ 인터뷰 계획을 세워라(시간을 정하라. 장소를 정하라).

④ 인터뷰 대상자와 협의할 사항(녹음기, 사진기자 대동, 인용의 정도)

(2) 인터뷰 도중

① 인터뷰 장소에서(좌석녹음기 배치, 회견진행규칙, 온더레코드)

② 인터뷰 자체(좋은 회견 기법 – 개방형, 질문 생각하고 말할 시간을 주라,
위협적이 되지 않도록 한다. – 기록 정확하게 – 녹음기 사용)

③ 인터뷰 장소 떠나기 전에(더 말하고 싶은 것 진술 기회, 통계 사실 확인,
검증 약속)

(3) 인터뷰 뒤

수첩 정리, 리드 검토, 기사 정리, 정확성 점검

12) 인터뷰 요령

① 독자들의 질문에 대해 생각하라. ② 사전에 최소한 20개의 질문을 준비하라. ③ "예, 아니오."로 대답되는 질문은 삼가라. ④ 육하원칙에 따른 질문으로 시작하라. ⑤ 겁내지 마라. ⑥ 인터뷰 시간에 늦지 말고, 예의에 맞는 옷차림을 하라. ⑦ 먼저 자신에 대한 소개를 하고, 인터뷰의 목적에 대해 설명하라. ⑧ 질문을 시작하기 전에 분위기를 전환할 수 있는 가벼운 대화를 나누어라. ⑨ 주제에 대하여 이야기를 시작하라. ⑩ 당신의 질문에 대한 대답을 주의 깊게 들으며, 중요한 사항을 메모하라. 효과적인 노트방법을 개발하라. ⑪ 효과적이고, 통찰력 있는, 직접적인 인용을 하라. ⑫ 인터뷰 대상자의 이름을 정확하게 쓰고, 그것을 다시 한 번 확인하라. ⑬ 나중에 더 많은 정보를 얻기 위해, 필요하다면 전화번호를 알려 달라 요청하라. ⑭ 인터뷰한 사람의 경력에 대해 알아야 한다. ⑮ 당신이 필요로 하는 것보다 더 많은 정보를 수집하라. ⑯ 상대방에게 중요한 사항에 대해 되묻는 것을 부끄러워하지 마라. ⑰ 인터뷰 당시의 주변 환경을 기억하라. 장소와 환경에 대한 기록들은 특집기사의 분위기를 설정하는 데 유용할 것이다. ⑱ 가장 어려운 질문은 나중으로 미루어라.

4. 부음 기사

서양 신문의 사망기사(obituary)는 많이 읽히며 문체도 다채롭다. 전담 기자가 있다. 부음기사도 뉴스다. 단 몇 줄로 한 사람의 생애를 평가한다는 사실의 중대성과 책임감을 잊어서는 안 된다. 사망 기사가 따분한 것이 되지 않기 위해서는 많은 인용과 일화를 기사 안에 넣는 것이 좋다. 뉴욕타임스의 칼럼니스트 제임스 레스턴 별세 기사에 이 신문 발행인 아서 설즈버거는 "뉴욕타임스에 대한 그의 영향은 심오하고 영속적입니다. 그는 뉴욕타임스의 스타였습니다. 그는 별처럼 반짝이지만 그 빛은 절대로 사라지지 않을 것입니다."라고 높이 평가했다. 사망기사는 리드를 잘 써야 한다. 다음 사항은 가능하면 다 밝히는 것이 좋다.

① 사망 원인, ② 별세한 사람의 이름, 나이, 직업, 주소, ③ 사망 시간, 장소, 원인, ④ 출생 연도, 장소, ⑤ 경력과 공적, 훈장, 일화, ⑥ 유족, ⑦ 장례일시 장지

인용도서와 참고문헌

James Gren Stovall ： Writing for the Massmedia
남시욱 ： 인터넷시대의 취재와 보도, 나남출판사
조용철 · 김진홍 · 송정민 ： 취재보도론, 법문사
박석흥 ： 건국 60년 한국의 역사학과 역사의식

중요개념 및 용어

사고 사건기사, Obituary, 인터뷰, 발표저널리즘

1. 피 처

　기사의 기본 유형은 크게 스트레이트 기사(straigt), 피처 기사(feature), 에디토리얼(edotorial)로 나눈다. 그중 피처기사는 스트레이트를 보강해주는 것으로 기사의 배경 전망을 설명해줌으로써 독자들의 흥미를 불러일으키는 기사다.

　미국신문에서 '읽을거리 기사'(피처기사, feature)는 시인이나 수필가가 해학과 풍자를 섞어 자기가 반대하는 개인의 공사 생활을 공격할 때 쓰던 정파신문 시대 문장 형식에서 비롯되었다. 19세기 미국의 보수적인 편집인들은 1830년대에서 남북 전쟁까지 약 30년간 위세를 떨친 페니신문의 읽을거리 기사를 기피했다. 노동자 계층을 대상으로 한 이 값싼 신문들은 인간의 비극적 기사와 불법 매춘 기사를 많이 실었다. 1841년 뉴욕트리뷴을 창간한 그릴리(Horace Greeley)는 부도덕하고 천박한 경찰 기사와 광고가 신문의 품위를 훼손하는 문제의 기사들은 싣지 않겠다고 발표했다. 그러나 얼마 안 가서 읽을거리 기사를 싣기 시작했다. 20세기 초 뉴욕에서 퓰리처와 허스트 간의 부수 경쟁 전쟁이 일어났을 때 읽을거리 기사는 유력한 무기였다. 범죄기사, 스포츠, 사고뉴스, 과학뉴스를 선정적으로 다루었을 뿐 아니라 가끔 날조하기도 했다. 그러나 제1차 세계대전 이후 미국이 세계 강국으로 성장하고 전쟁 후유증과 경기 불황에 직면하자 신문들은 진지한 문제를 추구하기 시작했다. 흥미 본위의 저질 읽을거리 기사는 쇠퇴기를 맞았다. 허스트계 신문은 22개에서 8개로 줄어들었다. 그러나 인간적인 흥미를 주는 건전한 읽을거리 기사까지 사라진 것은 아니었다. '읽을거리 기사'는 새롭게 각광받고 있다. 진지한 언론이라 해서 추상적이 될 필요가 없다는 것을 편집자들이 발견했기 때문이다. 1979년 퓰리처 언론상 심사위원회는 높은 문학적 질과 창의성을 우선적으로 고려하여 읽을거리 기사를 수상 대상에 포함시켰다.

1) 읽을거리 기사의 특징

읽을거리 기사는 독자에게 재미있게 읽도록 하기 위해 쓰는 기사다. 주말 화제 기사와 스케치 기사, 르포 기사 등 스트레이트가 아닌 형식으로 서술되는 사회면 기사는 대부분 여기에 속한다. 화제 기사라고도 한다. 멘쳐는 보도기사(news story)를 현장 뉴스(spot news story), 뉴스 읽을거리 기사(news feature), 읽을거리 기사(feature) 3개 종류로 나누었다. 뉴스 읽을거리 기사는 현장 보도 기사를 보충하는 자료를 제공하는 정보, 해설과 설명을 통한 배경 설명을 함으로써 현장 보도 기사의 약점을 보완하는 기사다. 이야기 형식을 강조하는 기사 작성 방식으로 독자를 즐겁게 하거나 배후 정보의 제공을 목적으로 한다. 단순한 사건 기사와 달리 기사에 등장하는 인물들의 행동과 논평으로써 이야기를 진행시킨다.

일반적인 읽을거리 기사는 당장의 뉴스성은 없지만 독자의 흥미를 끌 문제를 다룬 읽을거리다. 대체로 특수 리드로 시작되어 본문에는 추가적인 사건과 많은 인용과 흥미 있는 사건을 넣는다. 기사 말미에는 기사를 요약하거나 클라이맥스를 제공한다.

2) 읽을거리 기사 쓰기 요령

읽을거리 기사의 형식은 이야기체의 서술식 기사, 인터뷰 형식 기사, 개인적 경험 기사(고백 기사 포함), 개인 스케치 기사, 무엇을 할 것인가를 안내하는 안내성 기사 등 다양하다. 읽을거리 기사가 스트레이트 기사보다 쓰기 쉽지 않다. 읽을거리 기사는 우선 주제가 흥미로운 것이어야 하며 이것을 쓸 때는 치밀한 사전 준비가 필요하다. 읽을거리 기사는 뉴스기사처럼 끝에서 자르기 쉽도록 쓰이지 않는다는 이유만으로 자료를 무작위로 기사 안에 배열해도 되는 것은 아니다. 읽을거리 기사가 과장되지 않기 위해서는 진지한 준비와 생각을 하지 않으면 안 된다. 예컨대 사람의 경력에 관한 수직식 데이터를 한군데 모아서 쓰지 말아야 한다. 필요한 배경은 진행되는 이야기 안에 적절히 배치되고 혼합되어야 한다. 기사 서두에 한가로운 이야기를 써서 기사의 진도가 나아가지 않게 해서는 안 된다. 읽을거리 기사도 간단한 리드에 이어 본론에 바로 들어가야 한다. 그래야 첫 문장에서부터 독자가 기사에 이끌린다. 읽을거리 기사는 어조(tone)와 문체(style)가 적절해야 한다. 사실 인용의 선택 단어의 선택 문장의 길이 심지어는 단락의 길이와 관련된다.

맨처는 읽을 기사 쓰기에서 기자가 유의할 점으로 다음 사항을 들었다.

사람들의 삶을 독자에게 보여 주라. 그들로 하여금 이야기를 하게 하라. 행동과 대화로 기사를 진행시켜라. 기자의 말은 기사 말미에 써라. 이야기를 계속 진행하게 하라. 기사 속의 인물들이 행동하게 하면 대체로 기사 작성에 실수가 안 생긴다. 특이한 행동을 구별할 수 있는 눈과 사건을 설명할 수 있는 인용을 포착하는 차별적인 귀가 요구된다. 읽을거리 기사를 쓰는 기자는 어떤 인간의 경험에 대해서도 마음이 열려 있어야 한다. 인간 적인 것을 배격하지 말아야 한다.

3) 뉴스 읽을거리 기사(News Feature)

뉴스 읽을거리 기사는 일반적인 읽을거리 기사와는 달리 뉴스를 다룬 것이다. 독자에게 재미있게 읽히기 위해 딱딱한 스트레이트 형식 대신 부드러운 형식을 택한 뉴스기사다. 뉴스 읽을거리 기사는 그 자체가 인간 삶의 드라마다. 인간적 흥미 기사 또는 읽을거리 기사라고 불렀다. 따라서 읽을거리 기사는 인간의 화려한 면, 인간적 흥미가 있는 면, 애처로운 면을 볼 줄 알아야 비로소 기사로 쓸 수가 있다.

4) 특집기획 기사

특집기획 기사는 신문지면의 한 페이지 전체 또는 그 반 이상을 차지한다. 기사 작성 주제에 알맞은 문체를 채택하여 독자가 읽기 쉽도록 적절한 인용과 사건을 소개해야 한다. 기사의 내용이 아주 흥미 있는 경우는 길이가 자산이 될 수도 있다. 특집기획 기사를 쓸 때 가장 중요한 것은 몇 가지 주된 요점을 잘 다루는 것이다. 그 첫 단계는 취재수첩 내용을 정리하여 문제별 또는 소주제별로 엮음으로써 기사를 구성하는 것이다. 여러 기자가 공동으로 집필하는 경우는 계획서를 미리 만들어야 한다. 긴 기사는 서두에서 말미로, 문제에서 문제로 논리적으로, 그리고 일관성 있게 진행되어야 한다. 기자를 힘들게 하는 것은 이들 이야기들을 한데 묶는 일이다. 이런 특집기획 기사를 쓰기 위해서는 기사에 들어갈 모든 의제를 먼저 확인하고 한 문장 또는 두 문장 안에 요약해야 한다. 기사를 쓰기 전에 요약된 주제를 컴퓨터에 항목별로 정리해 배열한다. 항목별로 정리된 주제를 다시 기사 작성 순서대로 다시 배열하면 특집기사가 완성된다. 한 주제로 다루기에는 자료가 너무 많을 경우는 쉽게 다룰 수 있는 부주제로 나눈다. 6.15 선언 앞두고 북한 불법송금, 노무현 정부의 취재선진화 정책, 행정복합도시 추진과정, 김대중 정부의 언론개혁, 이명박 정부의 중도실용주의, 현대사왜곡 등이 특집기사 주제가 된다.

5) 연재물(series)

연재물은 한국 신문이 즐겨 쓰는 보도양식 중 하나다. 한국의 재발견, 제1공화국 국무회의록, 의병전쟁사, 해외독립운동사, 국어순화운동, 내가 겪은 20세기, 역사와의 대화, 한국사의 새 인식 등을 특집으로 장기 연재 집필하거나 기획했다.

6) 탐사보도

탐사보도 기사는 사건기사를 풀이해 주는 기사다. 3면 5면에 해설, 미니해설 등 컷을 썼지만 최근에는 관련기사 3면식으로 표시한다. 서양 신문은 news analysis라는 컷을 달고 있다. 미국에서는 1910년대 초 제1차 세계대전 때부터 해설 기사(explanatory story)가 싹트기 시작한다. 1947년에 조직된 AP통신 가입사 편집국장협회(Associated P47ss managing Editors Association)에서 해설 기사에 관해 논의했다. 해설과 사설의 다른 점 news와 views를 대표하는 객관과 주관이라는 말이 나오고 해설 기사의 필요성에 대한 의문도 제기됐으나 협회는 받아들이는 방향으로 결정했다. 이듬해 같은 회의에서 뉴욕타임사의 James Reston은 진실을 보도하고 전달하는 데 그치지 않고 거기에 의미를 첨가하는 것이 필요하다고 역설하여 해설 기사는 미국 언론에서 중요한 위치를 차지하기 시작했다.

해설 기사와 비슷한 개념이 해석언론(Interpretive Journalism)이다. 매카시 선풍 이후 단순한 사건 기사와 사실 보도 맹목적인 객관적 보도 방식에 대한 대안으로 제기된 것이 해석언론이다. 해석언론은 허친스 위원회 보고서가 내건 언론의 사회적 책임과 맥두걸 등 전후세대 학자들과 언론인들의 이상주의가 결합한 것이다. 이 주장은 기사 작성에서 맹목적인 객관주의 관행에 종지부를 찍고 설명적인 기사로 나가자는 것이다. 그 내용은 복잡하고 논쟁적인 기사를 진정으로 의미 있게 분석한 기사를 쓸 수 있도록 관련 문헌의 점검, 취재원 면담 또는 강의나 세미나에 참석함으로써 스스로 기사 주제를 연구하자는 것이 골자다.

이 때문에 해석언론은 New Journalism의 하나로 주목받았다. 심층보도(depth reporting)의 다른 형태라고 보고 심층보도와 분석보도(analytic reporting)와 해설보도(interpretative reporting)가 모두 같은 것이라고 하기도 한다. 해석언론은 뉴스의 진정한 의미를 보도하자는 1950년대의 언론 운동이므로 해설 기사와는 개념이 약간 다르다. 사건의 전달보다는 해설을 중시한다는 점에서는 공통점이 있다. 해설 기사는 사건기사(breaking news story)와는 구별되는 해설을 주로 한 기사다. 1985년부터 퓨리쳐 언론상에 해설 기사 부문이 들어가 그해에 7회 연재한 분자정신병학에 관한 기사가 첫 수상작이 되었다.

단순한 사실 보도에 필요한 배경 정보를 발굴하여 어떤 사건의 과거 · 현재 · 미래를 분명하게 설명하는 기사다. 이 때문에 해설 기사의 핵심은 YTT(yesterday, today, tomorrow)라고도 한다. 해설 기사는 어제(원인)와 오늘(결과)을 알고 내일(장래)을 전망함으로써 그 뉴스의 의미를 알게 하는 것이다. 해설 기사는 해설자의 의견이나 주장이 들어가지 않는 객관적인 것이어야 한다. 해설 기사는 뉴스의 자료를 모아 경위, 현상, 장래의 전망을 요령 있게 정리하는 것이다. 해설 기사는 전후 관계 사건을 설명하는 것뿐이다. 사실 보도가 피상적으로 흐르는 것을 막고 어떤 사실의 중요성, 원인과 동기, 정세와 전망 등을 객관적으로 설명하는 기사이다.

해설 기사는 사건의 자초지종을 설명하는 배경 설명형, 현재의 동향에 비추어

장래의 전망을 예견하는 전망 설명형, 분석 설명형, 용어나 절차 문제를 설명하는 해석 설명형, 읽을거리형, 혼합자유형 등이 있다.

해설 기사의 중요성이 부각되면서 전문 지식과 통찰력 식견을 가진 전문기자 시대가 왔다. 이상적인 기자는 아카데미즘과 저널리즘을 적당히 혼용할 수 있는 학자적이면서 직업적인 전문가가 되어야 한다. 미래를 전망할 수 있는 역사가여야 현재의 경향과 추세에도 일가견을 가질 수 있는 것처럼 기자도 역사에 대한 식견을 갖고 여러 학문에 대해서도 일정 수준의 지식이 있어야 현대의 복잡한 문제를 설명할 수 있다. 심리 분석가 실천적인 사상가로서 견식을 가져야 한다. 해설 기사는 해설적 리드, 해설적 문장, 설득력 있는 결론으로 마감해야 한다. 읽기 쉽고 설득력 있는 기사를 만들기 위해선 정확하고 공정한 글이 되어야 한다.

2. 에디토리얼

에디토리얼은 논설 칼럼과 같이 쟁점화 된 사안에 대한 평가를 함으로써 독자들의 판단에 길잡이 역할을 해주는 기사다. 보도된 사실과 관련한 문제점이나 시정할 점, 고려해야 할 점, 해결책 등을 제시하여 특정 사안에 대해 가치 박탈이나 가치 부여를 하는 기사다. 필자의 생각과 판단을 나타내는 의견기사는 사실보도, 해설보도보다 한 단계 높은 차원의 기사다. 전통 매체와 뉴미디어가 토해 내는 수많은 정보들은 독자들에게 혼란을 느끼게 할 위험이 있다. 의견기사는 보도된 사실과 관련 문제점이나 시정할 점, 고려해야 할 점, 해결책 등을 제시함으로써 특정 사안에 대해 가치 박탈이나 가치 부여를 하는 기사다. 의견기사에는 사설, 칼럼, 단평, 비평 등이 있다. 과거에는 의견기사를 논평기사라고 했으나 최근에는 서양식으로 의견기사라고 통칭한다.

1) 사 설

신문의 의견기사 중 대표적인 것은 사설이다. 논설은 신문의 여론 지도성을 가장 잘 나타내는 것으로 신문사의 목소리다. 신문은 역사적으로 보도 중심 시대에서 논설 중심 시대로, 다시 보도 제일주의 시대로 변천되어 왔으나 사설의 중요성은 변하지 않고 있다. 민주주의와 함께 발달되어 온 신문의 논평 기능은 보도 기능 못지않게 중요시되어 왔다. 신문을 호민관(tribune)이라고 부르고 많은 신문 이름 제호 밑에 이 단어가 붙어 있는 이유도 여기에 있다. 전파 매체의 등장으로 신문은 뉴스의 속보성을 전파 매체를 따라갈 수 없기 때문에 뉴스에 대한 해설 기사와 심층 보도 등 사건의 배경과 의미를 독자에게 제공하는 쪽으로 중점을 두게 되었다. 오늘의 권위지들은 뉴스를 전달하는 news paper일 뿐만 아니라 의견을 전달하는 views paper이기도 하다. 보도 기사가 객관적으로 쓰인다면 의견기사는 주관적으로 쓰는 기사다. 그러나 오늘의 사설은 독자 수준이 높아져 고답적이고 독단적인 내용보다는 현대의 보도기사처럼 전문적이고 과학적인 분석을 통해 독자가 판단할 수 있도록 한다. 그래서 해설적 비판이라고 한다. 보도 기사는 독자들의 판단에 영향을 미치는 것을 목적으로 하면서도 이를 명시적으로 드러내지 않는다. 반면에 이를 명시해서 직접적인 행위를 유도하는 것이 사설이다.

(1) 사설의 역할과 기능

첫째, 사회의 기본적 윤리관과 가치관에 입각하여 공공사회의 중요한 문제를 제기하고, 이 문제를 성질과 배경을 밝힌 다음 문제의 해결 방안을 제시하는 것이다.

둘째, 사회의 부정과 부조리 그리고 공공적 이슈에 관한 그릇된 견해와 조치들에 대해 비판을 가하는 것이다.

셋째, 사회 정의를 내세우면서 여론을 리드하고 사회의 지적 풍토를 바로잡는 것이 사설이다. 사설은 비판적 내용이 주류를 이루고 있다. 그러나 박세리 박찬호를 격려하고 폭우로 삶의 터전을 잃은 수재민들이 재기할 수 있도록 동포애를 발휘하자는 호소의 사설도 있다.

독일 학자 에밀 도비파트는 사설을 다음과 같이 분류했다.

① 투쟁형 : 사설은 공격하고 요구하면서 사람들의 마음을 사로잡는다. 사설은 액션이며 정치적 행위일 수 있다.

② 주장형·성명형 : 적절한 논의를 통해서 설득하려 든다. 객관적인 사실을 들어 사람의 마음을 얻으려 한다.

③ 해설형·강의형 : 사설은 문제를 해명한다. 까다로운 사건의 관련성을 풀

어헤쳐서 이해하기 쉽게 설명해 준다.

④ 회고형 : 사설은 무엇이 이루어졌으며 어떻게 이루어졌는가를 밝혀 준다. 저명인사에 대한 추도사설이 그런 것이다.

⑤ 전망형 : 사설은 무엇이 닥쳐올 것인지 설득력 있게 예상하고 예고하고 경고한다.

⑥ 성찰형·명상형 : 사설은 시대상의 문제를 고찰한다. 요설에 흐를 위험이 있으나 즐겨 읽힌다.

영국의 양심이라는 평가를 받고 있는 가디언(The Gurdian)은 창간 이래 지금까지 고급지의 전통을 유지하면서 진보적 자유지의 사상과 사회 개혁을 일관성 있게 강조하고 있다. 가디언은 신문 제작의 원칙으로 뉴스에 대한 철저한 분석, 신중함, 선정주의와 피상적인 보도를 배제하는 진지함, 특정 관점이나 이해관계 때문에 사실을 왜곡하지 않는 정직함, 일방적인 의견을 강요하지 않는 진실성 등을 내세우고 있고, 높은 수준의 신문 문장을 강조한다. 이것을 상징하는 것이 사설이다. 인도에서 발행되는 신문 가운데 가장 진지하고 높은 지적 수준을 유지하고 있는 스테이츠맨(The Statesman)은 용기 있는 사설로 정평이 나 있다. 이 신문의 5가지 사설 원칙이 있다.

① 법의 지배와 민주적 정부의 원칙을 지지하며, ② 인간의 존엄성을 지지하고 방어하며 어떠한 형태의 억압도 반대하고, ③ 인도의 경제 발전을 위한 민주적적이며 건전한 계획을 지지하며, ④ 자유를 사랑하고 민주제도와 대의정부체제의 다른 나라들과 인도의 친선을 도모하고, ⑤ 자유스럽고 평화스러우며 단합되고 번영하는 민주공화국을 촉구한다는 것이다. 스테이츠맨은 사설에 대한 독자들의 비판을 겸허하게 받아들인다.

아사히신문(朝日新聞)은 제2차 세계대전 후 신문 제작 원칙을 다음과 같이 채택하고 이를 지켜오고 있다. 사설이 이런 원칙 성명의 마지막 보루다.

① 불편부당하며 편견이 없을 것, ② 정의와 인류의 이름 아래 국가의 복지에 공헌하며 옳지 못한 행위나 폭력 및 부패와 싸운다. ③ 진실을 공정하고 신속하게 보도한다. 사설은 자유롭고 불편부당한 입장에서 쓴다. ④ 어떠한 경우에도 관용을 지닌다. ⑤ 활력과 생기를 잃지 않으며 책임감과 위엄을 지킨다.

(2) 신문 사설의 역사

한성순보는 논설을 몇 번 실었으나 해외논조 소개란이었다. 한성주보에 비로소 논설에 해당하는 사의(私議)라는 난이 등장했다. 한국 신문 사상 최초의 사설이라 할 한성주보 창간호(1896. 1. 25)의 사의는 교육정책에 관한 것으로 그 제목은 논학정(論學政) 제1이었다. 서양에서는 18세기까지 보도기사와 의견기사를 분리하여 전자는 뉴스레터로 후자는 팸플릿(pamphlet)으로 내다가 1704년 로빈슨 크루소의 작가인 영국의 소설가 디포(Daniel Defoe)가 이를 합쳐서 더 리뷰(The Review)를 창간했다. 그는 논설면이라는 일정한 지면에 사설, 시사만화, 독자 편지를 게재했다. 영국의 더 타임스는 1842년부터 30년간 주필로 있었던 존 디레인 아래서 정부 각료들이 사설을 쓰도록 했다 해서 비난이 있었다. 1808년 창간된 라이니쉐 메르쿠르(Rheinisher Merkur)는 1면 톱에 나폴레옹의 반동정치와 프로이센의 전제정치를 비난하는 사설을 실었다. 미국에서는 1793년 창간된 미네르바의 편집인 웹스터가 신문 제호 바로 아래 New York이라는 칼럼으로 최초의 사설을 게재했다. 이어 1800년에 바크(Benjamin Franklin Bache)가 그의 신문 오로라에 사설을 2면에 정기적으로 싣기 시작했다. 1842년에 New York Tribune이 사설과 함께 여러 글을 싣는 논설면을 처음으로 만들었다. 사주 그릴리는 1862년 노예제도 폐지를 주장하는 2천만의 기원이라는 유명한 사설을 쓰기도 했다. 미국 신문의 사설은 1883년 뉴욕월드를 인수하여 대신문으로 키운 퓰리처에 이르러 꽃을 피웠다. 그는 기사로 불을 붙여 사설에서 절정을 이루었다. 그는 사설을 가르치는 신문의 양심과 용기를 나타내는 것이라고 말하고 의견 표명이 신문의 가장 중요한 것이라고 주장했다. 미국신문과 방송은 1979년대 공공저널리즘이 대두하면서 캠페인 기사에 대한 보완 기능으로 사설과 방송논평이 강화되었다.

(3) 사설의 성격

사설은 하루에 2편이 실리는 것이 원칙이나 3편을 실을 때도 있고 1편만 실을 때도 있다. 사설은 신문사의 공식적 견해를 천명하는 대표적인 난이다. 이 때문에 영국에서는 Leader 또는 Leading Article이라고 하고 미국에서는 Editorial

또는 Editorial Article이라 한다. 사설은 신문사의 공식 견해이므로 집필하는 논설위원은 사설을 논설실을 대표해서 기초한다. 사설은 많은 뉴스 중에서 무엇이 중요한가를 독자들에게 제시하고 해설 평가하며 독자에게 영향을 미칠 목적으로 신문의 견해와 의견을 밝히는 것이다.

① 사설 목적은 알려 주고, 해설하고, 주장하고, 독자를 즐겁게 하는 세 가지다.
② 논설위원의 네 가지 임무는 가르치고, 공격하고, 방어하고, 칭찬하는 것이다.
③ 사설의 목적은 비판하고 주장하는 것이며 여론을 지도하는 것이다.

(4) 사설의 기능

① 여론형성 및 지도

사설은 현안의 평가와 의견 제시를 주로 하여 민주주의 운영과 그 사회의 여론 형성에 지도적 역할을 한다. 중요한 시기에 강력한 주장을 하며 독재 정치에 투쟁하기도 한다.

② 설득효과

논리적으로 무장하고 독자를 설득한다. 독재국가는 이를 악용하여 대중동원을 위한 선전·선동의 목적에 쓴다.

③ 현안에 대한 대안 제시

정부의 정책에 대한 비판과 함께 대안을 제시한다.

④ 행동지침의 명시

신문은 사설을 통해 현안에 대한 평가와 의견을 표명하고 이에 따른 관련자의 바람직한 행동을 촉구한다.

(5) 사설 구상과 작성법

사설의 주제는 다수의 관심사에서 골라야 하며 국가적·사회적으로 중요한 현안을 다루어야 한다. 독자에게 정세를 알리고 설득하고 확신시키고 결론을 내리는 기사다. 사설은 사건의 요점을 나열해서 검토한 다음 그 주제를 결정한다. 요점이란 사건의 요소를 말하며 이를 나열함으로써 발상의 시발로 삼는다. 나열된 요점들을 검토하여 조립하면 문제점을 추출하여 하나의 주제를 마련할 수 있다. 사설은 신문 문장 작법의 일반 원칙이 적용된다.

① 사설도 전문용어를 남발하여 현학적이거나 문장이 딱딱해서는 안 되며 평이하고 명료해야 한다. ② 논점과 주장은 분명히 해야 하며, ③ 표현은 간결하면서 박력이 있어야 하고 무기력해서는 안 된다. ④ 결론 없는 사설은 시간 낭비다. 다만 결론이라 해서 반드시 해결대안을 제시하는 것은 아니다. 문제의 심각성을 제기하는 것도 하나의 결론이 될 수 있다.

사설은 구문상의 특징이 있다. 서론, 본론, 결론 3단계로 구성한다. 본론을 더 구체적으로 설명하기 위해 본론에 이어 보론을 더 추가하면 기승전결의 4단계 구성이 된다.

서론 – 서술 : 글의 시초이며 문제 제기를 한다.

본론 : 제기된 내용에 이어 명제를 내세우며 단정을 한다. 긍정도 하고 부정도 하며 그 방법은 연역적 방법, 귀납적 방법이 있다.

결론 – 논단 : 결론을 내린다.

다음과 같이 변형할 수도 있다.

결론 – 본론 : 결론을 앞세우는 2단계 구성이다.

본론(논증) – 결론 : 3단계를 축소하여 서론을 생략한 2단계 구성이다.

의문제기 – 해답(결론) : 앞의 형식과 같지만 의문을 앞세우는 2단계 구성이다.

반대의견 제시 – 논박 – 결론 : 일반적인 문제 제기식 서론 대신 반대 의견을 앞세운 3단계 구성이다.

(6) 사설 집필의 자세

신문 사설은 합작품이다. 사설의 집필은 각 분야에서 식견과 전문성이 높은 사내외 인사를 망라해 구성하는 논설위원회가 담당한다. 일반적으로 주필이나 논설주간을 정점으로 하는 논설위원 사이의 토론과 합의로 사설의 주제와 논지를 결정한 다음 논설위원 한 명이 무기명으로 대표 집필하는 것이 상례다. 논설회의는 신문사 사정과 상황에 따라 1~2번 연다. 석간은 오전 회의에서 조간은 오전, 오후 회의에서 사설의 주제와 논지 집필자를 최종 결정한다. 조간은 대체로 아침 10시에서 11시 사이에 1시간가량 난상토론을 거쳐 주제와 집필자가 결정된다. 2000년대 동아일보는 오전 10시에 편집국 부국장이 1명이 참석한 가운데 논설회의가 열려 논제 및 집필자를 결정하고 집필에 들어간다. 이 결정은 11시 사장주제 회의에 보고되어 그날 사설로 확정된다. 2시경 석간과 새 뉴스를 점검하면서 한 차례 회의를 다시 하지만 대개 오전 회의 결정을 바꾸지는 않는다. 경향신문도 비슷하게 진행되며 조선일보는 오후 2시 회의 한 번으로 결정된다.

석간은 오전 6시 30분에서 7시 사이에 회의에서 그날의 사설 주제를 결정한다. 문화일보의 경우 이규행, 손광식, 남시욱, 김진현 등 역대 사장들이 유명한 논객들이라 사설에 조언을 많이 했다. 한국일보 장기영 사장의 경우 사설 주제뿐만 아니라 내용까지 관여했다. 신아일보는 장기봉 사장이 직접 구술하여 사설을 만들 경우도 있었다. 회의는 논설위원들이 자발적으로 주제를 제기하기도 하지만 대개는 주필이나 실장이 주제를 던지고 토론시키는 경우가 많다. 석간은 9시 30분에 출고하고 제작에 들어가 제작국에 내려와 11시 강판 직전까지 제목과 문장 수정을 한다.

조간은 4시 30분 원고를 마감하고 실장의 데스크 과정을 거쳐 저녁 7시경 조간 사설이 인쇄되어 나온다. 사설은 기본적으로 합작품이다. 주제 논지가 회의를 거쳐 결정되었으며 집필자 개인의 견해가 아닌 사시와 노선에 따라 신문사의 목소리를 내는 것이기 때문이다. 의견면은 발행인 사장의 마당이다. 편집국은 편집국장에게 맡기지만 논설위원실은 사장이 각별하게 신경을 쓴다. 밤 10시 의견면 담당 국장에게 전화해서 내일신문에 나갈 칼럼을 상의하기도 한다.

(7) 사설 집필의 신조

① 사설은 사회 정의와 윤리 가치 민주주의와 인간 존엄성 인권 세계 평화 등 보편적으로 인정된 가치를 존중해야 한다.

② 공명정대한 입장에서 순수한 마음가짐으로 써야 한다. 공정성과 형평성을 존중하고 편향성 왜곡을 주의하여야 한다. 언론사의 이익이나 특정 집단의 이해관계에 얽매여 사설을 써서는 안 된다. 자주적 판단에 따라야 한다. 권력이나 자본 기타 외부적 작용에 영향을 받아쓰면 독자들의 신뢰를 잃는다. 자기의 철학이 있어야 한다.

③ 사설은 신념과 용기를 가지고 써야 한다. 엉거주춤한 양시양비론에 홀려서는 안 되며 사설이 해설 기사로 끝나서는 안 된다.

④ 온건한 태도로 절제하는 자세로 사설을 써야 설득력이 있다. 극단적인 주장이나 논리의 비약은 설득력을 해치며 심한 경우는 독자의 반감을 산다.
⑤ 일반적인 것보다 구체적인 예를 들어서 논증을 해야 한다.
⑥ 숫자를 제시하면서 논리를 전개하면 설득력과 권위가 있다.

(8) 사설과 윤리강령

1996년에 개정된 신문윤리강령 제4조(보도와 평론)는 "우리는 또한 진실을 바탕으로 공정하고 바르게 평론할 것을 다짐하며 사화의 다양한 의견을 폭넓게 수용함으로써 건전한 여론 형성에 기여할 것을 결의한다."고 규정하고 있다. 신문윤리강령의 세부 지침인 신문윤리실천요강 제9조(평론의 원칙)는 "평론은 진실을 근거로 의견을 공정하고 바르게 표명하되 균형과 절제를 잃지 말아야 하며 특히 고의적 편파와 왜곡을 경계해야 한다. 또한 평론은 정치적 입장을 자유로이 표현할 수 있으며 논쟁적 문제에 대해 다양한 공중의 의견을 폭넓게 수용하여 건전한 여론 형성을 위해 노력해야 한다."는 규정을 두고 있다. 제9조 1항(논설의 정론성)은 "사설은 소속 언론사의 정론적 입장을 대변해야 하며 특히 언론사의 상업적 이익이나 특정 단체와 종파의 이익을 대변해서는 안 된다."고 규정하고 있다.

(9) 미전국논설위원회의(NCEW) 원칙성명(Statement of Principles)

미국의 전국논설위원회의(National Conference of Editorial Writers, NCEW, 1946년 결성)가 1975년에 채택한 원칙성명(Statement of Principles)은 사설 집필자의 주 의무는 민주주의의 건강한 기능 수행에 긴요한 건전한 판단을 할 수 있도록 정보와 지침을 제공하는 데 있다고 전문에서 밝힌 원칙을 제시했다.

① 사설 집필자는 사실을 정직하게, 그리고 완전하게 제시해야 한다. 절반의 진실을 근거로 사설을 쓰는 것은 부정직하다. 집필자는 알면서도 독자를 오도하거나 상황을 잘못 전하거나 어떤 사람을 그릇된 모습으로 보이게 해서는 안 된다. 결과적 오류는 반드시 정정해야 한다.
② 사설 집필자는 증거의 경중과 자신이 생각하는 공공선 개념에 근거해서 제시된 사실로부터 공정한 결론을 도출해야 한다.

③ 사설 집필자는 그의 영향력을 어떤 종류의 것이든 개인적 특혜를 추구하
  는 데 이용해서는 안 된다. 값나가는 선물, 공짜 여행, 기타 집필자의 정
  직성과 타협하거나 그렇게 보이게 하는 특혜를 받아서는 안 된다.

④ 다른 사람에게도 표현의 기회가 주어질 경우 공중은 수정헌법 1조의 가치
  를 더욱 평가하게 된다는 사실을 인식해야 한다. 다양한 의견이 소리를
  낼 수 있도록 해야 하며 표명된 의견을 충실하게 반영하도록 신문이 편집
  되어야 한다. 특히 비판의 대상자 - 독자편지든 시사만평이든 개인칼럼이
  든 - 에게는 반론의 기회가 주어져야 한다.

⑤ 사설 집필자는 자신이 내린 결론들을 정기적으로 재검토해야 한다. 집필
  자는 새로운 정보들을 감안하여 기왕의 결론들을 수정하는 데 주저해서는
  안 된다.

⑥ 사설 집필자는 자신의 근거 있는 확신에 대해 용기를 가져야 하며 자기의
  양심에 반하는 어떤 글을 써서는 안 된다. 사설은 한 사람 이상의 토론의
  산물이며 건전한 집단적 판단은 오로지 건전한 개인적 판단을 통해 이룩
  될 수 있다. 사려 깊은 개인의 의견은 존중되어야 한다.

⑦ 사설 집필자는 비밀선서를 했을 때는 항상 이를 준수해야 한다. 비밀선서
  는 오직 공중의 정보 수요에 봉사하기 위해서만 행해져야 한다.

⑧ 사설 집필자는 외부 기관에서 준비하여 자기 신문사의 것처럼 제시되는
  사설의 게재를 하지 않도록 해야 한다.

⑨ 사설 집필자는 언론에 대한 사려 깊은 비평, 특히 언론계 안에서 제기되
  는 비평을 장려해야 하며 이 원칙 선언에 규정한 기준의 준수를 증진해야
  한다.

2) 칼 럼

신문의 의견 기사 중 사설 다음으로 중요한 것이 칼럼이다. 칼럼은 문자 그대
로 미리 정해 놓은 신문의 난(column)에 사내외의 필진이 정기적으로 쓰는 수필
식 평론문이다. 2,200자~600자.

칼럼과 사설은 의견 기사라는 공통점이 있으나 사설이 논리를 중시하는 논문

성격이고 칼럼은 형식이 자유로운 수필식 문장이다. Walter Lippmann은 사설과 칼럼은 4촌간이며 칼럼은 기명 사설이라고 했다. 사설은 우리를 서술 주체로 쓰는 데 비해 칼럼은 나를 주체로 한다. 칼럼이 독자를 끄는 이유는 논설적 요소, 읽을거리, 기사적 요소, 수필식 문장, 단문이면서도 내용이 풍부한 점, 필자의 개성이 독자를 끄는 점 등이다.

한국 신문의 칼럼은 논리 전개를 주 내용으로 하는 논문식 시사평론이 주종을 이루고 있다. 이것은 연파 문장의 서양식 칼럼과는 다르다. 서양의 칼럼은 유머와 위트, 해학을 중시하고 있다.

칼럼의 기원은 19세기로 올라간다. 1872년 스프링필드의 리퍼블릭에서 오늘날의 칼럼과 유사한 글을 시도한 것으로 본다. 그 후 시카고의 Daily News와 샌프란시스코의 Examiner가 뒤를 이어 각각 고정 칼럼난을 두었다. 정치 칼럼은 1921년부터 리프만이 뉴옥헤랄드 트리뷴에 썼다. 1940년에는 165개 신문에 게재됐다. 한국 신문에 칼럼난이 등장한 것은 50~60년대다. 동양통신 심연섭씨가 기명칼럼을 연재했다. 90년대 중반부터 신생지 문화일보가 남시욱 사장 취임후 오피니언면을 만들어 2~3편씩을 매일 게재하기 시작하였고, 다른 신문들도 오피니언면을 증면했다. 현대가 창간한 문화일보는 순수 문화지를 표방하고 출범했으나 정주영 현대회장의 대통령 출마로 선거보도에 참여하여 종합지로 전향하는 과정에서 이규행 창간사장이 물러나고 2대 손광식 사장을 거쳐 동아일보 논설실장과 상무를 역임한 남시욱 사장이 부임하며 고급지 지향을 선언하고 오피니언을 2면으로 확충하여 한국 신문의 오피니언 시대를 선도했다. 전문가들의 사회평론 광장이었던 문화일보 오피니언면은 김대중 정부의 눈에 가시가 되어 시사저널을 통한 간접 경고에 이어 사장 2명이 중도 하차하는 한 빌미도 됐다. 문화일보 포럼은 '96 한국의 논점', '97한국의 논점', '위기의 한국 어디로 가나로'로 출간되었으며 문화일보 포럼이 개발한 필진은 다른 신문의 칼럼리스트로 활약하여 한국 신문 칼럼의 질을 높였다. 포럼 난의 칼럼이 반향이 커 김대중 정부시절 한때 청와대 구독이 늘기도 했으며 고정 기고자 가운데 장관과 사장으로 발탁되는 필자도 있었다. 송복, 박재창, 김영작, 유석춘, 한승주, 함재봉 교수 등 190여명의 필진이 문화일보 포럼에 참여했다. IMF 위기를 이포럼란에서 4차례나 경고했다.

칼럼은 일정한 준칙이 없다. 문장은 속도감과 박력과 위트와 해학을 살려 읽기 쉽고 부드럽고 예리하고 재미있는 구성이 되도록 하는 것이 바람직하며 독자가 글을 읽으면서 즐길 수 있어야 한다. 인간적 흥미를 중요시하고 회화적 여운의 예술성이 있어야 한다.

3) 단평과 비평

1920년대 민간지 시대가 열리면서 단평이 인기를 끌었다. 동아일보의 횡설수설, 휴지통, 조선일보의 팔면봉, 만물상 중앙일보의 분수대, 한국일보의 지평선, 경향산문의 여적 등이 있다. 천관우 손광식 이광훈 최종률씨의 신문 단평이 독자들에게 강한 감명을주었다. 신문은 비평부재시대에 유일한 비평 창구역할을 했다. 서평, TV평, 연주회비평, 연극비평, 영화비평, 전람회비평 등이 있다. 이들 신문평(critical review)은 문학 작품과 예술 작품에 대한 본격적인 학문적 비평(critique)과 함께 가벼운 비평(criticism) 문화의 시금석이 되었다.

3. 논증적인 글쓰기

1) 논증적인 글

(1) 논리적 증명 : 객관성을 노린다.

(2) 토의·토론 : 진실을 찾는 것이 중요. 공격성이 보이지 않는다.

(3) 논쟁 : polemic은 그리스어 polemos(전쟁)란 의미이다. 공격하며 자신의 주장이 유일한 가치 있다고 상대방을 공격한다. 경멸적이거나 빈정거리는 표현.

(4) 우화 : 의미가 담긴 교훈을 전제한다.

(5) 풍자 : 논증과 묘사의 경계에 있는 글. 잘못된 점이나 우스운 점 빈정거리는 어투 사용.

(6) 변론과 칭송

(7) 선언문

논리적 연결방법

(1) 첨가관계 : 앞의 논거에 뒤이어 논거를 첨가하면서 연결한다. 접속사나 부사를 사용하여 첨가적 연결을 한다.

 - 그리고, 또는, 그만큼, 그다음, 더욱이, 또한, 한편…… 다른 한편, 첫째, ……. 둘째, 게다가, -하는 만큼 -하다, 덧붙이자면 등을 사용한다.

(2) 나열관계 : 각각의 차이를 드러내면서 평행으로 늘어놓는다.

 - 또는(배타적 의미의 또는), 이거나……, 때로는……, 때로는, -을 제외하고, -이외에, -이 아니라면, -와 양립될 수 없다.

(3) 유사관계 : 각 논거의 공통점을 드러낼 수 있다.

 - 마치, 이와 마찬가지로, 그 처럼, 다음과 같은 것을 떠올리게 한다, -와 유사하다.

(4) 인과관계 : 앞에서 언급한 논거에 대한 설명이나 증명 등을 덧붙이는 방법이다.

 - 왜냐하면, 그 때문에, -함에 따라서, -라는 핑계로, -덕택에, -에서 연유하다, -에서 기인한다, -함에 달려 있다.

(5) 결과적 관계 : 앞의 논거의 결과를 덧붙이기도 한다.

 - 그러한 문맥 안에서, 결과적으로, 그러한 이유로, -하지 않을까 하는 염려로, 그 결과, 너무-해서-하다, 다음과 같은 효과를 가져온다. -의 결과가 따라오게 한다.

(6) 대립관계 : 여러 단계의 대립되는 상황을 연결하기도 한다.

 그러나 그런데, 하지만, 반대로, 그럼에도 불구하고, -하기는커녕, -라 해도, 한편 …… 다른 한편, -해도 소용없다.

(7) 단순한 사실 확인 : 실제로, 사실은

(8) 연결어가 드러나지 않는 경우 : 논리적 연결어들이 명확하게 드러나지 않을 경우도 있다.

 - 문장부호 [;]을 사용해 두 문장을 연결하는 경우, 원인, 결과, 대립 등을 나타내기도 한다. [:]는 앞의 문장에 대한 설명이나 예시, 열거가 이어진다. 인과적 설명이나 결과

(9) 문단구성 : 문단을 바꾼다는 것은 논리가 새로운 단계로 넘어간다. -앞의 주제에 반대한다(대립관계). 앞의 의견을 지지하는 새로운 논거를 추가

(첨가관계)관점을 정치적 관점에서 경제적 관점으로 바꾸거나, 결론이나 요약과 같이 변화를 주는 단락으로 넘어가는 경우(요약이나 결론을 이끄는 관계)

2) 논증의 구조와 형태

(1) 주장, 논거, 예시

① 주장 : 말하는 이가 내세우는 생각.

② 논거 : 주장을 지지하는 증거들.

③ 예시 : 관련한 사항을 구체적 현실에서 가져온 것이 예시다. 예시는 논거나 사상을 설명하는 역할을 하기도 하며, 추상적인 논증을 대신하는 경우에는 증명하는 역할을 한다.

(2) 주장을 나타내는 표현

① 판단표현 : 나의 의견으로는, 나는 확신한다, 나는 믿는다.

② 자기주장의 진실성을 나타내거나 긍정적 방향으로 유도하는 표현 : 적합한, 확신하는, 분명한, 근거하고 있는

상대방의 주장에 반대 의사를 표현할 때는 비판적 거리를 둔 표현을 한다. 또는 빈정거리는 어투를 사용하거나, 직접적으로 상대방의 판단이 잘못되었음을 나타내는 표현 : 환상, 틀린, 잘못된, 잘못 생각한 것이다, 은 잘못이다.

(3) 논증의 구조

① 단순한 논증 : 반대주장을 언급하지 않고 자신의 주장만을 내세우는 경우

② 상반된 주장하기 : 한쪽의 주장을 제시하고, 그것에 반대하는 상대편의 주장을 제시하는 방향으로 양쪽 주장 모두를 제시한다.

③ 양쪽 의견 조율하기 : 주장을 제기하는 사람이 자신의 주장 자체를 문제삼지 않지만, 자신의 주장에 일정한 제한을 두는 경우, 균형을 맞추려는 것

(4) 논증의 형태

① 연역법 : 일반적 사실이나 보편적 사실에서 개별적 사실이나 법칙을 이끌
어 내는 방법
전제가 참이면 결론이 반드시 참이 된다.
② 귀납법 : 개별적 사실에서 일반적 법칙을 이끌어 내는 방법

(5) 잘못된 논증 : 궤변

3) 수사학 기법

(1) 비유법

① 은유법 : 처럼, 같이 등을 사용하지 않고 비유하는 것＝"서당 개 3년"
② 직유법 : 처럼, 같이 등을 이용해 직접적으로 비유하는 것＝사랑 없는 가
정은, 혼 없는 육체가 사람이 아니듯이 결코 가정이 아니다.
③ 환유법 숙녀 : 사물의 속성과 밀접한 관계가 있는 다른 낱말을 빌려서 표
현하는 수사법＝하이힐(숙녀), 흰옷(한민족)
④ 의인법 : 가난은 잔혹한 여선생 같다. 그렇지만 사실은 좋은 선생이다.
⑤ 제유법 : 사물의 일부로 그 사물 전체를 나타낸다.＝빵만으로 살수 없다.
⑥ 중의법 : 한 낱말 속에 두 가지 이상의 의미를 담아 비유한다.＝가정은 대
지다.

(2) 변화법

일반적인 문장 구성을 벗어나 신선함이나 효력 증진
① 설의법 : 뻔한 결론을 의문문으로 표현, 새로운 느낌 제공＝소경이 소경을
인도하겠느냐.
② 반어법 : 반대로 표현 효과 증진＝잘한 짓이다.
③ 역설법 : 일반 개념과 반대로 표현, 가장 고귀한 복수는 관용이다.

(3) 강조법

과장법 / 점층법 / 열거법 / 대조법

4) 논증적 글쓰기 단계

(1) 논제 파악
(2) 논증적 글의 문단 구성하기
  ① 연역적 방식 : 논거를 먼저 제시하고 그 논거가 애·정당한 것인지를
     밝힌 후 예시를 들어 그것을 다시 설명하는 순서로 구성한다.
  ② 귀납적 방식 : 예시를 먼저 제시하고 그에 대한 설명 후 논거를 제시
     한다.
(3) 논거들의 연결
(4) 입론 작성하기
(5) 최종 주장 작성하기

4. 특수저널리즘

1) 저널리즘의 전통과 현대 뉴스 미디어 관행

저널리즘의 기본이 되는 취재보도의 형식은 언론 체계 및 그 사회적 조건 변화와 함께 발전해 왔다. 언론은 그 상업주의적 기능의 심화에도 불구하고 "언론의 사회적 책임과 역할은 무엇인가?" "수용자에게 다가갈 수 있는 뉴스는 어떤 것이 되어야 하는가?"라는 물음과 함께 다양하게 발전해 왔다.

(1) 미국신문

미국 저널리즘은 식민시대(colonial period), 정당 패거리시대(partisan period), 페니시대(penny period), 황색신문시대(yellow press period)의 특징적인 4개 시대를 거치며 발전해 왔다. 미국신문의 수는 1910년대에 절정에 달했다. 1909년에는 2,600개의 일간지가 1930년에는 1,942개, 1946년에는 1,750개, 1995년에는 조간 656개, 석간 891개, 합하여 1,533개로 나타났다. 취재보도 형식은 시대 상

황과 과학 발달에 따라 달라지지만 신문의 이상과 이념은 변함없다.

① 식민시대(The colonial period)
  ㉠ 뉴스 미디어는 적극적으로 정부의 정책에 영향을 주고 대중의 여론을 노력한다.
  ㉡ 기자는 Zenger가 '진실의 방어(truth depense)'라고 말한 사회적 가치인 진실을 밝혀내는 데 전념한다.
  ㉢ 대중은 정부가 언론에 대해 지나친 간섭을 할 경우 뉴스 미디어의 편을 든다.
  ㉣ 자본주의 체제하에서 뉴스 미디어는 이익을 창출해 내는 뉴스 미디어의 능력이 위협을 받을 때 이기적인 반응을 보이기도 하는 경제적 개체가 된다.

② 정당파벌 시대(partisan period)
1789년 미합중국이 수립된 해에 뉴욕에서 창간한 The Gazette of the United States는 연방파(The Federalist)의 기관지, 1791년 필라델피아에서 창간된 The National Gazette는 공화파의 기관지였다. 나머지 모든 신문도 제퍼슨을 중심으로 한 공화파와 해밀턴을 중심으로 한 연방파로 양분된 정당지였다. 정파신문의 영향력이 절대적이었다. 강한 중앙 정부와 중상주의를 주창한 해밀턴의 연방주의와 약한 중앙 정부와 중농주의를 주창한 제퍼슨의 공화파의 양대 산맥을 지지했던 정파신문은 미국 역사의 전통에 절대적인 영향을 미쳤다. 경제 신문이나 보도 중심의 신문들도 정당지였다. 기사는 당파적이었다. 토크빌의 '미국의 민주주의'에도 당시 미국신문의 정파주의 보도를 언급했다.

연방파 신문(John Adams) vs 반연방파 신문(Thomas Jefferson, Matthew Lyon)

■ 현재 남아 있는 정당 파벌 시대의 유습
"의회는 신문의 언론의 자유를 박탈하는 어떠한 법도 만들 수 없다."는 선언을 통해 정부가 언론에서 손을 떼어야 한다는 의미의 최초의 수정 헌법 1조 개정. 신문이 헌법의 토론의 범위 내에 있을 때, 뉴스 미디어는 토론과 논쟁의 장이 된다. 뉴스 미디어는 공적인 사건에 대해 적극적으로 논평해야 한다. 정부의 뉴스 미디어에 대한 폭력은 궁극적으로 정부가 권한을 남용하는 것에 대한 대중의 거부에 직면하게 될 것. 이러한 정부의 권력 남용과 언론과 대중의 저항은 미국 역사에 종종 있어 왔다.

③ 페니시대(penny period)

18세기 미국의 정파신문시대에는 뉴스보다는 정치적 견해를 주장하는 데 주력하다가 19세기 중엽의 대중신문시대, 즉 '새 언론(New Journalism)시대'를 맞이한다. 뉴스가 오늘날과 비슷한 척도에서 판단되기 시작한 것은 이때부터였다. 노동자들이 부담 없이 살 수 있는 동전신문(penny paper)이 등장하고 신문 편집자들은 새롭게 문자 해독력을 익힌 노동자 계급을 위해 대중적인 뉴스를 실었다.

■ penny press가 남긴 것
  * 역삼각형 이야기 구조
  * 일반 독자에게 먹혀드는 보도와 문체, 때로는 오락적이거나 파격적인 시도를 하기도 한다.
  * 뉴스를 공격적으로 캐내는 것을 포함한 사건 보도에 대한 강점
  * 부패를 척결하려는 의도를 포함한 사회의 진보에 대한 논평
  * 밝혀지지 않은 사건에 대한 권위적인 위치를 차지하고 정보를 독자에게 빠르게 제공, 전신에 의해 더 빨리 뉴스가 전달될 수도 있지만 전신을 통한 뉴스의 전달 또한 지역 보도에 의해 가치를 부여 받는다.
  * 사건 보도에 관조적이고 중립적인 관점, 기자들에 의해 형성된 관습

④ 황색신문시대(yellow press period)
⑤ 대중지에서 고급지로

19세기의 뉴스 개념은 전자시대인 현대의 미국 편집자들에게도 여전히 유효한 기준으로 적용되고 있다. 뉴스의 메뉴를 정보 오락 공공봉사의 혼합물로 보

고 있는 것이다. 19세기 말에 <뉴욕 선(New York Sun)>을 운영한 다나(Charles A. Dana)는 "뉴스는 공동체의 다수가 흥미를 가질 수 있는 사건과 그 전에는 결코 그들의 주목을 끌지 못했던 사건이다."라고 규정했다. "개가 사람을 물면 기사가 안 되지만 사람이 개를 물면 기사가 된다."는 고전적인 정의도 그의 편집자 중 한 사람인 보가트(John B. Bogart)의 말이다.

1930년대의 <뉴욕 헤럴드 트리뷴(New York Herald Tribune)>의 사회부장인 워커(Stanley Walker)는 뉴스를 3개의 W, 즉 women, wumpun, wrongdoing(성, 돈, 범죄)라고 했다. 1970년대 중반까지 미국은 3종의 위기, 즉 월남전쟁, 워터게이트사건, 정치경제적 정책 실패(국제분쟁 인종 간의 긴장 빈곤 문제의 해결책이라고 찬양을 받았던 50년~60년대의 미국의 정치 경제 사회적 정책 실험의 실패)였다. 이 때문에 뉴스를 결정하는 기준에 변화가 생겼다. 세계는 안전한가, 나의 가정과 가족은 안전한가 등등 국민 생활 기사가 중요성을 띠게 되었다. 라이프스타일 같은 현실 도피적인 기사도 유행했다.

1990년대에 미국 편집자들은 독자친화적(reader - friendly story) 기사를 고안해 냈다. 다이어트, 육아법, 투자 방법 등 중산층과 여성, 특히 근로 여성이 선호하는 기사를 많게 한다는 지침이 마련되었다. 독자를 뉴미디어에 빼앗기지 않기 위해서다. 신문이 상품이 됨으로써 시장을 상대로 한 신문을 제작하지 않을 수 없게 됐다. 신문은 대중이 소비하는 상품이다.

2) 전통적 저널리즘 : 전통적인 사실주의, 객관주의

(1) 센세이셔널 저널리즘(sensational journalism)

대중의 원시적 본능을 자극하고 호기심에 호소하여 흥미 본위로 보도하는 센세이셔널 경향을 띠는 저널리즘이다. 자본주의 시장 경쟁의 논리 심화에 따라 대중 영합 내용이 인간의 불건전한 감정을 자극하는 범죄나 괴기사건, 성적 추문 등의 선정적인 사건으로 채워지고 이를 과도한 비중으로 다루는 현상

(2) 스턴트 저널리즘(stunt journalism)

묘기, 곡예, 이목 끄는 행위, 고등 곡예비행 - 기자를 특별 고용하여 세계 여

행 보도, 사회 병리 현상, 노예 시장 등을 집중 취재하여 독자에게 흥미 있는 기사를 제공하여 경쟁지와 차별화한다.

(3) 재즈 저널리즘

관능 본위의 매우 야단스런 뉴스를 실었다. 당시 유행한 재즈와 결부시켜 재즈 저널리즘이라고 했다. 기사가 짧고 흥미와 선정적인 자극이 강한 범죄와 섹스를 다루었다. 도시 노동자를 독자권에 끌어넣을 수 있었다. 현재는 사진에 중심을 둔 tabloid로 발전했다.

(4) 황색 저널리즘

대중의 원시적 본능을 자극하고 호기심을 호소하며 흥미 보도를 하는 저널리즘. 시문이 자본주의 시장 경쟁 논리의 심화로 상품화됨으로 대중에 영합, 취재, 보도하는 내용이 점차 인간의 불건전한 감정을 자극, 범죄, 성추문 사건의 선정적 사건으로 채워지고 이를 과도한 비중으로 다루는 현상이다.

3) 뉴저널리즘

(1) 첫 번째 뉴저널리즘(19세기 말)

19세기 말 영국 신문 경영부진 상태는 매우 심각했다. 사회적·경제적 변화에도 불구하고 내용의 쇄신이나 기술적 혁신이 없었다. 과중한 정치 기사에 대중은 염증을 느꼈다. 1880년대부터 90년대에 신문인들 중에는 신문의 쇄신 개혁을 강력히 주장하는 사람이 늘었다(William T. Stead와 Alfred Harmsworth). M. Arnord가 주장한 뉴저널리즘 시대가 왔다. 권위를 잃지 않으면서도 내용이 풍성하고 샅샅이 읽을 만한 매력을 풍겨 주고 생활의 모든 면이 소홀하지 않게 다루어지는 신문이 나타난 것이다. W. T. Stead와 A. Harmstorth 두 선구자가 끼친 공이다. 스테드(1849~1912)는 사진과 그림의 대담한 사용과 더불어 소제목과 탐방 기사를 도입함으로써 신문 제작 기술의 혁신을 시도하는 한편 특종 기사 발굴 보도했다. Pall Mall Gazette지의 지면을 혁신했다. 런던 빈민 구제 캠페인, 영국 해군력 강화, 백인 아동의 노예무역 폭로 기사 등 충격을 준 기사는 법률문제가 되어 옥고를 치르기도 했다. 함스워드는 1888년 6월 2일 1페니의 주간지를 창간하여 "영국 중앙은행의 금은화 발행고의 근사치를 알아맞히는 독자에게는 일생 동안 주 1파운드의 상금을 준다."는 현상 공모했다. 1894년에는 Evening News를 매수하여 175만 부를 돌파하는 세계 최대의 석간지로. 타부로이드판의 반 페니 염가신문의 대중지 성공했다. 내용은 품위 있게 비선정적으로 편집했다. 기사는 짧게 변화성 있는 내용으로 독자 취향에 맞게 편집했다. 부인층 독자 개발을 위해 부인 페이지에 역점. '반 페니로 살 수 있는 일 페니 신문' '바쁜 사람을 위한 일간 신문'이란 두 개의 캐치프레이즈를 제호 옆에 실었다. 창간 2년 만에 50만 부, 4년 후 100만 부 돌파했다.

미국에서는 penny period 신문의 대중화 이후 새로운 근대적인 대중신문으로 탈바꿈하면서 전개된 변화로 1880년대 이른바 new journalism이 대두하여 신문이 이념지적 성격에서 벗어나 정치적 중립을 유지하고 뉴스의 보도를 신문의 가장 중요한 기능으로 인식했다. 이것이 미국 신문 역사에서 첫 번째 뉴저널리즘이다. 뉴저널리즘이 대두하자 신문들은 정당이나 정부의 부정부패에 대하여 투쟁하고 사회복지 문제에 관심을 쏟았다. 뉴저널리즘의 선구자격인 New York Word의 Josep Pulitzer는 정부의 부정부패에 대항하는 진취적인 신문을 기조로 하였고 참신하고 보기 좋은 지면 편집을 위해 헤드라인 사용, 논설 평론의 고급화 등 지면을 다채롭게 구성하였다. 진취적이면서도 대중에게 읽기 쉽고 친근한 신문을 추구했다. 한편 신문은 정치적으로는 중립성을 견지하게 되었으나 신문 경영을 위해 상업주의에 빠지게 되었다. 신문끼리 경쟁이 치열해지면서 선정주의적 보도가 관행처럼 굳어졌고, 황색저널리즘이 확산됐다. 1900년까지 절정에 달했다.

20세기에 New York Times가 고급신문으로 자리 잡으면서 뉴저널리즘에 기초한 고급지 정론지 시대가 열렸다. 정치적으로 중립적인 태도를 견지하면서 사실을 객관적이고 심층적으로 보도했다. 인쇄와 편집도 고급화되었다. 뉴욕타임스(1851), 워싱턴포스트(1877), 크리스천사이언스모니터(1908) 등 건전하고 독립적인 권위지들이 점차 황색지들보다 대중의 호응을 받게 됨으로써 자연히 황색신문은 사라지게 되었다.

(2) 두 번째 뉴저널리즘(1960년대 초)

1960년대 초 미국을 중심으로 대두된 저널리즘의 새로운 경향이 새바람을 일으켰다. 19세기 말 영국의 뉴저널리즘을 답습한 미국 저널리즘은 종래 보도의 관행이던 속보성, 객관성, 간결성을 탈피해 사실에 대한 구체적인 묘사와 표현을 요구했다. 독자의 이해를 돕고 사건을 실감할 수 있도록 설득력 있는 보도를 위해 기자의 역할과 기능을 강조한 저널리즘이다. 심층 취재와 현장 확인을 통해 생생한 진실을 전달함으로써 단순한 정보 전달자의 위치에 있던 저널리즘의 기능을 주관적·창조적·직설적인 보도와 논평으로 변화시킨 것이다. 단편적 사건보도 객관성만 강조하던 기존 보도의 한계를 극복하기 위해 발로 확인해 쓰는 등 취재와 보도 문체 등 변화를 시도했다.

전통적 저널리즘은 객관적 보도에 바탕을 둔다. 사회에서 일어난 사건 상황이 하나의 사실이며 저널리즘은 이를 대상으로 한다. 하지만 뉴저널리즘의 시각은 객관성 고집 자체가 가장 주관적이고 편견이라고 생각한다. 현상에 초연함은 불가능하며, 현실은 사실과 해석, 또는 의견과 구분되어 있는 것은 아니다. 객관적 보도란 신화에 불과하다. 뉴저널리즘에서 보도의 공평성·중립성보다는 보도자 자신이 사건의 목격자이며 참여자 행동자이기 때문에 주관적 의견을 뉴스 기사에 진술한다. 사실과 허구가 결합하는 새로운 문학적 저널리즘인 뉴저널리즘에서는 소설처럼 극적인 장면 구성, 대화식 스토리 진행, 감정 개입, 현장의 자세한 묘사, 보도자의 목소리, 일인칭 목격자, 내적인 모노로그 등이 포함된다.

60년대 초 뉴저널리즘은 반전, 인권 등의 쟁점을 둘러싼 사회운동이 활발하게 전개되던 60년대와 70년대에 출판을 통해 등장했다. The Armies of the night의 작가 Norman Mailer는 전통적 객관적 보도의 상징이란 Time의 반전 시위에 관한 피상적인 보도를 비판하면서 "이제 무엇이 일어났는지 알기 위해서 타임의 저널리즘은 떠나야 한다. 그리고 노만 메일러가 쓴 뉴저널리즘의 '밤의 군대'를 읽어야 한다."고 말했다. 사람들이 뉴스를 마치 소설을 읽는 것처럼 접하도록 하자는 것이다.

(3) 20세기 말의 뉴저널리즘 – 공공저널리즘

① 공공저널리즘 등장의 배경

첫째, 신문 경영 위기 도래 : 신문 산업의 위기에 대응하여 나온 것이다. 인터넷이나 다채널 방송 같은 경쟁매체의 등장, 젊은 층을 필두로 한 신문독자의 감소 추세로 신문 시장 타격을 받았고 특히 지역신문의 타격이 컸다.

둘째, 민주주의 위기 도래 : 신문은 시민의 정치 참여, 정치적 관심 제고 등의 정치 동원이 기능해야 한다. 그러나 지나치게 정론지적 성격을 띠어 시민들이 어려운 매체로 인식 멀리하게 된다. 공공사안에 대한 관심 줄어들고 시민의식 쇠퇴하게 된다. 언론이 이윤 추구를 위해 상업주의에 치중하여 수용자 입장보다 생산 판매자의 입장에서 뉴스를 다루어 언론의 사회적 책임을 제대로 수행하지 못하고 있다. 공공저널리즘이 생겨난 사회적 배경은 정치와 시민 생활의 간극의 심화에 대한 반성에서 비롯됐다. 미국사회가 사회 문화적으로 매우 분화되어 공중이 공적 사안에 주목하는 것이 어렵다. 언론과 수용자가 분리된다. 1988년의 TV 총선 캠페인은 부정적인 캠페인 광고, 인신공격, 저조한 투표율 등으로 미국 정치사에 오점. 선거라는 정치적 사건을 상업적으로 악용한 미국 언론 때문에 선거가 부정적으로 변질되었다고 미국 지식층은 언론의 책임을 거론했다. 언론인들이 국가를 망치고 있다고까지 하였다. 과도한 상업성과 낮은 공익성이 언론의 주요한 문제점으로 떠오른 가운데 공공저널리즘(public journalism) 또는 시민저널리즘(civic journalism, public service journalism, community assisted reporting)이라는 새로운 언론 모형 내지 개념을 제기했다. 공공저널리즘이 등장하기 직전 미국 저널리즘은 한편에서는 수용자를 민주 시민으로서가 아니라 소비자로서만 보고, 흥미 위주의 기사만 발굴하는 상업주의적 저널리즘에 경도되었고, 다른 한편으로는 정치와 정치가에 대해 냉소적이면서 정치 관련 보도에서 일반 시민의 목소리를 배제한 채 지나치게 정치 엘리트나 전문가 위주로 보도하는 경향을 보여 왔다. 이 결과 민주 시민이 알아야 할 공공의 문제에 관한 정보와 논의의 매개라는 언론 본연의 임무는 소홀이 되고 정치·사회·문화 등 중요 문제는 소홀한 채 진부한 흥밋거리에만 매달리어 민주주의 위기가 초래되었다는 언론 현실에 대한 불만과 반성에서 비롯된 것이다. 질적인 저널리즘의 전통 회복 운동이기도 하다. 정치 과정에서 미디어가 어떻게 시민들의 요구에 부응하고 바람직한 민주주의에 기여할 수 있는가라는 문제의 해결책을 적극적으로 모색했다. 뉴욕 대학의 Jay Rosen은 언론 매체로 하여금 지역 주민과 지역 사회를 지역 정치 과정에 재결합시키는 역할을 수행하게 하고, 결과적으로 언론 매체를 지역 사회의 조직자로 활용하는 것이 공공저널리즘의 목표라고 했다. 사회의 쟁점이 되는 문제들을 다루기 위한 시민 모임을 신문사가 주선했다. 신문사들은 공공저널리즘의 정신에 따라서 시민 단체와 시민 개개인들을 다시 연결시켜 주는 역할을 했다. 공공저널리스트들은 신문들이 자기 확신을 갖지 못하고 자기들이 속한 공동체에 관한 보도를 소홀히 하는 것에 반기를 든 것이다. 1992년 Columbia Journalism Review를 통해 처음 등장했다. 캔자스 주 위치타에 있는 위치타 이글지와 노스캐롤라이나 주의 샬롯 옵저버는 정치가들이나 권력가들보다는 보통 사람들의 관심에 기초한 정치 보도에 초점을 맞추었다. 독자들이 이웃과 대화할 수 있는 토론회나 사회 문제 해결을 위해 구성된 도시 모임이나 공동체 토론을 신문이 후원하거나 주최했다. 시민들과 연계하여 언론의 공공성을 확대하자는 것이었다. 객관적이고 중립적인 저널리즘의 경마식 선거 보도와 같은 선정적인 저널리즘을 양산, 이는 또 정치적 냉소주의와 사회의 윤리와 도덕성의 쇠락을 불러옴으로써 언론에 대한 공중의 이반을 낳은 것이 아니냐 하는 반성에서 제기된 것이다. 신문은 기자의 전유물이 아니다. 기자와 공중이 함께 참여하여 취재 활동을 벌이고 기사를 작성하여 시민들과 공중은 수동적 존재가 아니라 스스로 문제를 풀어 가는 능동적 주체가 되게 했다. 지역 문제도 미디어 중심이 아니라 지역민 위주로 접근했다. 공공저널리즘은 범죄, 마약, 환경 복지 등 미국의 지역 사회가 안고 있는 문제를 개선하는 데 상당한 효과를 거두었다.

② 공공저널리즘의 특징

민주주의를 위한 저널리즘의 새로운 모색이다. 공공 생활 참여와 시민의 저널리즘 참여가 특색이다.

③ 시민 저널리즘은 보도 과정에서 시민들을 연계시키는 언론 행태

로젠 : 첫째, 언론인이 시민을 뉴스 구경꾼으로 간주하는 것이 아니라 공중,

잠재적 참여자로,

둘째, 문제를 아는 데 그치지 않고 해결하기 위한 정치적 행동에 일

조 한다.

셋째, 단순히 나빠지는 어떤 현상을 보여 주는 데 그치지 않고 공중

의 토론 환경을 조성,

넷째, 공공의 삶이 향상되도록 노력한다.

④ CCJ(Committee of Concerned Journalists)는 공공저널리즘 헌장(Citzens Bill of Journalism Rights)을 마련했다.

〈공공저널리즘 권리헌장〉

㉠ 저널리즘은 진실을 말해야 한다.

㉡ 으뜸으로 봉사해야 할 대상은 시민이다.

㉢ 취재하는 대상으로부터 자유로운 존재여야 한다.

㉣ 권력을 감시하고 목소리가 없는 사람들에게 목소리를 돌려주어야 한다.

㉤ 공공의 여론을 조성하고, 사회적 문제를 해결하기 위한 포럼의 역할을 해야 한다.

㉥ 뉴스는 사실을 제대로 드러내는 것이며 균형 잡힌 것이어야 한다.

⑤ 수용자에 대한 개념 변화

㉠ 공공저널리즘 이전의 수용자는 수동적으로 메시지를 받아들이는 수용자

㉡ 공공저널리즘에서의 수용자는 일반 시민을 완벽한 의사 결정력을 가진 사람으로 본다.

⑥ 지역공동체 문제 해결의 장 제공과 시민참여 유도

지역사회에서 주민들의 일상에서 제기되는 이슈를 쟁점화해서 공개적인 포럼을 개최하고 시민 참여를 유도 서로 결합한다. 언론을 매개로 전문가인 기자와 지역주민, 지역의 공공문제가 한 연결 고리로 묶이도록 한다.

⑦ 공공저널리즘 기사

시민 의견을 중심 내용으로 다룬다. 기자의 판단이나 가치관보다 시민의 의견
이 많이 반영된다. 기사구성의 특징은 직·간접 인용 문장이 많다.

4) 특수 저널리즘 양상

급격히 변화하는 사회는 복잡한 양상을 띠고 많은 문제를 노중하고 있다. 전
통적인 문화가 무너지고 정치에 의해 기성 권위는 붕괴되고 적과 동지도 구별
이 안 된다. 왜 이렇게 됐을까. 어떻게 극복할 것인가. 전통적인 사실주의나 객
관주의 저널리즘만으로는 이러한 우리시대의 질문에 답할 수 없다. 언론은 항상
새로운 저널리즘을 모색한다. 심층취재보도, 탐사보도

(1) 탐색저널리즘(Exploratory Journalism)

새로운 의제나 문제를 개발할 기존의 자료가 없으면 연구자나 조사자는 처음
부터 스스로 기초연구를 시작해야 한다. 이런 연구를 탐색적 연구라고 한다. 기
초 연구라고도 한다. 문헌조사, 문헌 검토, 전문가 의견조사, 표적 집단 면접 등
이 있다.

(2) 탐사저널리즘(Investigative Journalism)

표면에 감추어진 사실을 발굴함으로써 진상을 밝히는 보도 방식이다. 언론이
사회의 개혁을 위해 앞장서서 부정을 폭로하는 탐사보도를 공공봉사언론(public
service journalism)이라고 하고 깊숙한 곳까지 파헤치는 취재 방식을 심층 취
재(in-depths reporting)라고도 한다.

① 탐사보도(investigative reporting) : 미국의 탐사기자협회(1983)는 "특정개인
　　이나 집단이 숨기고 싶어 하는 사건이나 정보를 찾아내 보도하는 것"이라고
　　정의했다. 국민의 공분을 일으킬 폭로 저널리즘 국민의 여론을 형성하고
　　사회정의를 위해 정책의 변화를 유도한다.
② 탐사보도의 세 가지 조건 : 보도에서 목표로 삼는 악역 고발 대상, 고발

대상이 만들어 낸 피해자, 보도를 통해 악역을 처벌하고 사회 개혁이 이루어져야 한다.

(3) 조사 분석 보도

기자가 직접 사회 조사 그 결과를 분석, 기사화하는 취재 양식이다.

① 사회조사의 목적 : 탐색, 기술, 설명, 예측

② 사회조사의 기법 : 실험 조사 연구, 내용 분석, 기존 자료 분석, 현지 연구
(참여 관찰), 역사적 연구

   * 참여 관찰(Participant observation) : 현지 연구(field research)의 하나로 기자가 빈곤의 생활상을 빈민촌에 살면서 관찰하는 취재. 문제점 − 사생활 침해, 기자의 상황 개입, 기자는 국외자다, 일반화에 주의해야 한다.

   * 현지실험 : field experiment = 신분위장취재의 문제도 생긴다.

   * 조사연구 : survey research

조사보도는 19세기 말 폭로저널리즘에서 기원을 찾는다. 폭로저널리즘은 상업적 목적을 위한 가십과 스캔들, 폭로, 개인모략, 중상 등 황색저널리즘에 빠져 본래의 정신은 사라진다. 황색저널리즘이 선정성에 빠짐으로써 감시와 고발정신은 사라지고 단순한 폭로를 위한 추문 들추기 저널리즘으로 불리면서 상업적 언론의 한 정형으로 정착한다. 1970년대 워터게이트 사건(74년) 보도는 비위 사건의 피상적 보도를 벗어나 깊숙이 파헤쳐 진위를 가려내고 폭로 비판하는 폭로저널리즘과 구분하여 조사보도라고 개념 규정했다.

조사보도의 기능은 첫째, 사회 비리와 부조리를 발굴·고발함으로써 사회적인 환경 감시 기능을 한다. 둘째, 사회 규범을 강화한다. 셋째, 시민들의 공적인 분노를 일으켜 사회변혁을 촉발한다.

(4) 낙하산 저널리즘(parachute journalism)

낙하산 저널리즘은 중앙신문의 보도자는 세계 각지에서 일어나는 대부분의 큰 사건은 보도할 수 있다는 개념이다. 낙하산 저널리즘은 분명히 방송 기술의 발달에서 기인한 것이다. 편집자는 더 넓은 범위에서 사건을 다루는 것(parachuting)이 그들의 신문 명성을 높여 준다.

(5) 패거리 저널리즘

저널리즘은 경쟁적인 사업이기 때문에 새로운 자료를 통해 뉴스의 신선함을 유지하여 다른 뉴스 기관을 압도하기 위해 최선을 다한다. 기자는 자신이 놓친 뉴스가 없는지 확인하고 경쟁력을 유지하기 위해 지속적으로 다른 기자를 감시한다. 이 따라 잡기 양상은 모든 보도 기관들의 뉴스 보도가 유사성을 띠는 데 기여했다. Leon Sigal은 이를 여론의 동의적 속성이라고 했다. 이는 패거리 저널리즘이라 불리기도 한다. 패거리 저널리즘은 다른 뉴스 기관이 같은 사건을 같은 방식으로 보도하는 경향이 있다. 패거리 저널리즘은 구조적인 편견으로 이어질 수 있다. 특정 종류의 뉴스가 특정 방법을 통해서만 보도되기 때문이다. 이는 미디어를 통한 정보의 전달을 제한하고 전달되는 정보에 영향을 미치게 된다.

패거리 저널리즘은 몇 가지의 뉴스 수집 관행에서 기인한다.

① TV와 라디오를 포함하여 신문은 보통 AP나 UPI와 같은 통신서비스 기관에 의해 수집되는 뉴스에 상당 부분 의존한다.

② 패거리 저널리즘은 부분적으로, 권위 있는 신문이 제공하는 의제결정 (agenda setting)의 영향에서 기인하기도 한다.

③ 패거리 저널리즘은 또한 기자들 간의 상호 작용에서 기인하기도 한다.

(6) 과대 선전 저널리즘(hoopla journalism) / 경마 저널리즘(horserace journalism)

선거 운동의 과대 선전과 경마적인 성향에 초점을 맞춘 보도로 누가 이기고 누가 질 것인가, 오늘 무슨 일이 일어났는가와 같은 흥미와 재미 본위의 보도

(7) 폭로저널리즘(muck raking)

정부나 사회의 부정부패, 비리, 위선 등을 파헤쳐서 폭로 고발하는 형태의 취재보도다. 19세기 말 미국에서 Collier's, Haper's, Arena 등의 대중지가 정부와 대기업체의 각종 부정부패 추문사건 등의 폭로에 열을 올리자 Theodore Roosevelt 대통령이 이러한 언론 기사를 비꼬아서 비난한 데서 비롯된다.

① Journalism of outrage

시대적 양심과 공공선을 수호하는 정의로운 분노 저널리즘으로 표현된다.

② 선정적인 타블로이드

독자와 시청자의 눈길을 끌기 위해 유명인의 가십과 루머에 초점을 맞추는 엘로저널리즘 형식의 난폭저널리즘이다.

③ 폭로저널리즘의 요건

    ㉠ 독자들의 공분을 일으키는 공적·사적 인물과 정부기관 공공조직 사조직의 권력남용과 부패·부정·무능 등이 폭로저널리즘의 요건으로 1차 공격 대상이 된다. 한국 교육을 망치는 데 앞장선 일부 교육 관료의 관행과 일부 교육학자의 관리와 공생도 폭로저널리즘의 대상이 된다.

    ㉡ 두 번째 필요조건은 피해자가 있어야 한다.

    ㉢ 독자나 시청자의 공분을 일으켜 국민 여론을 환기해야 한다.

(8) 하이에나 저널리즘

평소에는 강해서 비판을 못 하다가 무력화되면 기다렸다는 듯이 마구잡이로 비판하는 보도 태도

(9) 냄비저널리즘

변죽만 울리는 보도태도

(10) 하이테크 저널리즘

컴퓨터 이용 취재보도

(11) 발표저널리즘

보도자료만 전하는 불성실한 보도

(12) 수표책 저널리즘

취재원의 뉴스자료를 저널리스트가 돈을 주고 교환하는 행위를 말한다.

인용도서와 참고문헌

James Gren Stovall ： Writing for the Massmedia
장원호 ： 21세기 한국신문의 과제, 나남출판사
남시욱 ： 인터넷시대의 취재와 보도, 나남출판사
박유봉 ： 현대커뮤니케이션론, 서울대출판부

중요개념 및 용어

탐사보도, 해석언론, 패거리저널리즘, 사설집필윤리

제6장

출입처 분야별 취재보도

1. 경찰 기사

1) 사회부 기자의 출입처로서의 경찰서 – 범죄 수사, 법 집행 기관

(1) 조 직

경찰청 – 청장 – 차장 – 정보통신관리관; 감사관 교통관리관, 총무과 경무기획국 생활안전국 – 수사국 – 경비국 – 정보국 · 보안국(기획정보심의국) · 외사국
직속기관 – 경찰대학, 경찰종합학교, 중앙경찰학교, 경찰병원, 운전면허시험관리단 국립과학수사연구소
해양경찰청장 – 차장 – 인천본부 – 인천해경서, 태안 해경서, 군산해경서, 목포본부 – 목포해경서, 완도해경서, 여수해경서, 제주해경서, 부산본부 – 부산해경서, 통영해경서, 울산해경서, 동해본부 – 동해해경서, 포항해경서, 속초해경서, 경비정
경비구난국, 해양오염관리국, 국제협력관
서울지방경찰청 – 차장 – 경무부, 생활안전부, 수사부, 교통자도부, 경리부, 정보관리부, 보안부
남대문서 – 경찰서장(총경) – 경무과 생활안전과, 경비과, 교통과, 수사과, 정보과, 보안과
태평로지구 서울역지구대, 남대문파출소, 명동파출소, 중림파출소

2) 경찰기자의 취재 영역

경찰서에는 청문감사관, 범죄 수사를 맡은 수사과, 생활안전과, 정보과, 보안과, 경비과, 교통과가 있다. 수사과는 수사지원 유치관리가 기본업무다. 지능 경제팀 과학수사 강력 폭력팀이 있다. 방범과 소년 문제를 다루는 생활 안전과에는 안전계, 질서계, 여성청년계, 방범순찰대, 지구대지도관이 있다. 교통 문제를 다루는 교통과, 시위 행사 경호 검문을 맡은 경비과(경비작전, 경비설치, 전경관리, 치안상황), 치안 정보를 수집하는 정보과, 외사 안보 사범을 담당한 보안과, 그리고 경찰 행정을 맡은 경무과가 있다. 지구대. 파출소가 치안의 최일선을 맡는다. 경찰은 범죄인 검거 과정에서 인권 침해 우려가 많다. 기자는 경찰을 감시해야 한다. 그러나 범죄 현장을 뛰는 경찰의 노고로 사회 안정이 이루어진다는 것을 인식하고 경찰을 격려할 줄도 알아야 한다.

3) 수습기자 훈련장으로서의 경찰서

(1) 현장 취재의 요건

① 희생자 피해자의 이름, 나이, 주소, 사고 당시의 상태, ② 사건에 대한 증인의 진술이나 경찰 등 수사 및 조사 관계자의 설명, ③ 사건 발생 시각, ④ 사건 발생 장소, ⑤ 왜 또는 어떻게 사건이 났는가, 누구의 책임인가 등의 체크리스트를 육하원칙으로 단순화한다.

(2) 현장에 파견된 기자는 도착 즉시 다음과 같이 행동해야 한다

① 조사관에게 질문하라. ② 증인을 찾아서 인터뷰하라. ③ 피해자의 친척이나 친구를 찾아내서 인터뷰하라. ④ 피해자가 말할 수 있으면 가능한 대로 인터뷰한다. ⑤ 현장의 다른 사람과도 이야기한다. ⑥ 피해자와 그 가족들에게 신경을 써라.

2. 법조 기사

1) 검찰의 조직과 권한

　검찰은 범죄인에 대한 기소권을 독점적으로 행사하는 강력한 법집행 기관이다. 범죄 사건의 수사는 지방 검찰청이 한다. 서울지검의 경우 검사장 아래 3명의 차장이 일을 분담한다. 제1차장검사 휘하에, 형사부 8부 조사부, 2차장검사 휘하에 총무부, 공안 1, 2부, 공판 1, 2부. 제3차장검사 휘하에 특별수사 1, 2, 3부, 마약 조직범죄 수사부, 외사부, 첨단 범죄 수사부, 금융조사 제1부 등이 있다. 공안부는 간첩 정치 선거 관련 사건을, 형사부는 일반 형사 사건을, 조사부는 검사장이 명하는 고소 고발 사건을, 공판부는 재판 및 형집행을, 특별수사부는 검사장이 지정하는 사건을 각각 담당한다. 각 부에는 부장과 부부장, 그리고 평검사 10여 명씩 배치되어 있으므로 서울지검 전체로 검사 수는 1백여 명이다. 중요 범죄는 대검찰청에서 직접 수사하기도 한다. 대검에도 지검처럼 형사부, 공안부 등이 있으나 이들의 직무는 하급 검찰에 대한 지휘 감독이다. 유독 중앙수사부만은 다르다. 중앙수사부 안에 있는 수사 1과~3과는 검찰총장이 명하는 범죄 사건을 직접 수사한다. 경찰의 수사 독립권을 인정하고 있는 미국 등 외국과는 달리, 한국 검찰은 수사 업무를 완전히 장악하고 있기 때문에 그 권한은 막강하다. 검찰은 이른바 '공익의 대표자'로서 국가를 대신하여 범죄 사건에 대한 수사와 독점적인 소추권을 가지고 있다. 그 직무는 ① 범죄 수사, 공소 제기 및 재판에서의 공소 유지, ② 범죄 수사에 관한 사법 경찰 관리의 지휘 감독, ③ 법원에 대한 법령의 정당한 적용의 청구, ④ 판결 집행의 지휘 감독, ⑤ 국가를 당사자로 하는 소송의 수행과 감독 등 광범위하다.

　검찰의 주된 직접 수사 대상은 공직 비리, 기업 비리, 조직 폭력, 마약, 지적 재산권 침해, 환경, 보건, 산재, 퇴폐풍조 사범 등 중요 범죄 사건이다. 이 중에서도 정치적으로 중요한 사건은 거의 모두 검찰에서 직접 수사하기 때문에 사회적 이목을 끄는 큰 사건들이 많으며 따라서 검찰 취재는 경찰 취재 못지않게 바쁘다.

2) 검찰수사의 절차

검찰수사는 자체적인 범죄 적발이나 정보망을 통한 인지(認知), 고소, 고발, 진정, 자수, 언론보도 등 여러 사유로 착수된다. 검찰은 자체적으로도 수사하지만 경찰 등에서 송치되어 온 사건에 대해서 그 수사의 적절성을 검토하고 필요하면 보충 수사를 한다. 수사란 범죄혐의를 판단하기 위한 증거 수집이다. 정식 수사 이전에 수사의 필요성이 있는지 여부를 판단하기 위해서 탐문하는 단계에서 예비조사 과정의 내사가 있다. 내사과정에서부터 취재보도가 가능하다. 인지, 고소, 고발, 자수, 송치 등에 의하여 사건이 검찰에 접수되면 지방검찰청 사건과는 형사 사건부에 사건 번호와 피의자 성명 등 소정 사항을 기재한다. 그러면 피의자는 입건이 된 것이다. 수사를 위해 증인으로부터는 진술 조서를 받고 피의자로부터는 피의자 신문조사를 꾸민다. 수사 과정에서 피의자의 도주나 증거 인멸의 우려가 있으면 검사는 구속영장이나 체포 영장을 법원에 청구한다. 사법경찰은 검사에게 영장을 신청하여 검사가 법원에 청구한다. 검사나 사법경찰은 피의자에게 심문 신청권이 있음을 고지하여야 하며 피의자 신문조서에 피의자가 이를 신청하는지 여부를 기재해야 한다. 체포영장이 청구된 피의자에 대해서는 판사가 심문이 필요하다고 인정할 때는 피의자를 구인하여 심문할 수 있다. 심문은 판사 주재로 법정에서 이루어지며 피의자는 이 과정에서 구속 또는 체포의 부당성을 주장할 수 있으며 그 주장이 타당하면 영장은 발부되지 않고 기각된다. 이 영장실질심사제도는 헌법과 형사소송법에 규정된 불구속재판의 원칙을 실질적으로 구현함과 동시에 적법 절차의 원칙 및 법적 청문권을 보장하기 위해 1997년부터 도입된 제도이다. 피의자가 사형, 무기 또는 3년 이상의 징역이나 금고에 해당하는 죄를 저질렀다고 믿을 만한 상당한 이유가 있고, 현행법 또는 증거를 인멸하거나 도주의 우려가 있는 등 긴급을 요할 때는 체포 영장없이 긴급 체포할 수 있다. 피의자가 체포 구속되면 진술 거부권과 변호인의 도움을 받을 권리가 있음을 고지 받을 권리가 있다. 이것은 미란다권(Miranda)이다. 이 경우 피의자를 계속 구금하려면 48시간 안에 판사의 정식 구속영장을 발부받아야 하며 그렇지 못할 경우에는 석방해야 한다. 체포 구속된 피의자는 구속영장의 발부가 법률에 위반되거나 구속 후 중대한 사정 변경이 있을 경우에는 공소가 제기되기 전까지 법원에서 적부심사를 청부할 수 있다. 법원은 지체 없이 이를 심리하여 이유가 있다고 인정한 때에는 피의자 석방을 명한다. 검찰의 결정은 공소 제기(구공판, 구약식), 불기소(기소유예, 혐의 없음, 죄가 안 됨, 공소권 없음), 기소중지, 참고인 중지, 공소보류, 이송, 가정법원 또는 지방법원 소년부 송치를 결정한다. 구공판이란 정식재판에 회부하기 위해 기소하는 것이며, 구약식이란 벌금형에 해당하는 경미한 사건에 대해 법원에 약식명령을 청구하는 것으로 판사는 공판 절차 없이 약식명령을 발할 수 있다. 약식명령은 즉결심판과는 다르다. 즉결심판은 20만 원 이하의 벌금이나 구류 또는 과료에 처할 범죄사건에 대해 경찰서장이 직접 법원에 청구하는 간이 재판 제도이다. 판사는 경찰이 제출한 피의자의 자인만으로 그 자리에서 심판한다. 즉결심판의 대상은 주로 도로교통법 위반, 경범죄, 처벌법 위반사건 등이다. 즉결심판에 불복이 있으면 7일 이내에 정식재판을 청구할 수 있다. 기소유예는 죄는 있지만 정상을 참작하여 재범하지 않는 한 기소하지 않는 것을 말하며 기소 중지란 범인이 도망하여 공소시효를 연장하기 위해 취하는 조치로서 피의자가 나중에 검거되면 기소할 수 있도록 하는 것을 말한다. 공소보류는 주로 국가보안법 사범을 정상을 참작하여 불문에 부치는 것이다.

3) 법원의 조직과 기능

대법원, 고등법원(5), 특허법원, 지방법원, 가정법원, 행정법원

고등법원은 1심 판결에 대한 항소심과 1심 결정 명령에 대한 항고사건 선거소송을 담당한다.

지방법원 지원 합의부(민사부 · 형사부)

① 사건민사 1심 합의부 : 소송 물가액이 1억 원 초과

② 형사 1심 합의부 : 사형 무기 단기 1년 이상의 징역 금고에 해당하는 사건

4) 형사재판 절차

사실심문, 증거조사, 결심, 선고 4단계로 진행. 인정신문, 검사기소 요지 진술, 검사의 피고인에 대한 직접 신문, 변호인의 반대 신문, 증거 조사 검사의 의견

진술(구형), 변호인의 변론, 피고인의 최후 진술. 심리 종결. 2주일 후 판사 판결.

기사 작성 요령

큰 형사 사건의 경우 재판 개시부터 공판 과정 취재 보도를 한다.

피고인 표정, 검찰의 기소 사실 및 적용 죄명, 범죄 행위의 환경, 재판부 소개, 입회검사 소개, 변호인의 말, 공판 절차와 일정 등이 있다.

사회부 기자로서 대성한 언론인으로는 강한필(경향신문 편집국장), 김대중(조선일보 주필), 정구종(동아일보 편집국장), 어경택(동아일보 논설실장)씨 등이 있다.

3. 정치 기사

1) 정당 및 국회 취재보도

(1) 정치 기사의 함정

국회와 각 정당 선거 대통령에 관한 뉴스를 다루는 정치 기사는 다른 분야의 기사보다 중요시한다. 국회, 정당, 청와대, 중앙선거관리위원회, 중앙청 감사원 등이 정치부 기자의 출입처다. 한국 정치는 정치가들의 과대망상, 무능, 부정부패로 극도의 불신 대상이 되고 있다. 민주주의는 어느 정도 달성됐다. 그러나 정치는 후진 상태를 면치 못하고 있다. 정치의 선진화와 국정의 효율성과 투명성이 정치 기사의 쟁점이다. 국회 기자는 정치부의 꽃이다. 노련한 기자는 정치가를 정치 초년생 시절부터 정계 원로가 될 때까지 오랫동안 지켜보고 사귄다. 법조기자 학술기자도 그렇다. 인간관계가 깊어야 취재원이 간직한 내용을 털어놓는다. 취재원으로부터 존경과 신뢰를 얻도록 처신해야 한다. 기자와 취재원 사이의 최초의 평가는 오랫동안 따라다닌다. 국회의 기능 중 가장 중요한 것이 입법 기능이다. 다음이 재정에 관한 권한이다. 그리고 일반 국정에 대한 권한이다. 국회는 국민의 대표 기관과 입법기관 국정의 통제 기관 및 국가 최고 기관의 하나로 복합적인 지위를 가지고 있으나 그 기능에 문제점이 있다.

(2) 국 회

국회출입기자 : 정당출입도 겸한다.

국회의 기능 : 입법권, 재정에 관한 권한, 일반국정에 대한 권한

① 정기국회와 임시국회

매년 9월 1일 정기국회가 열리고 회기는 100일 이내로 한다. 안건은 20일간의 상임위원회별로 국정 감사를 실시하고 예산안을 심사하여 예산결산위원회의 종합 심사를 거쳐 본회의에서 확정한다. 정기국회를 예산국회라고 부른다. 예산안뿐만 아니라 법안과 기타 안건도 정기 국회에서 처리한다. 임시회는 매 짝수월(8, 10, 12월 제외, 2월, 4월, 6월 1일에)에 대통령 국회의장 국회의원 재적 4분의 1 이상이 요구가 있을 때 열리도록 하여 국회의 연중 상시 개원 체제를 도입했다. 임시회의는 30일 이내다. 국회는 본회의와 17개 상임위원회와 예결산, 윤리, 인사청문 3개 특별위원회가 있다. 본회의는 원칙적으로 오후 2시에 개의한다. 토요일은 오전 10시에 열린다.

국회의원 발언은 대정부 질문(15분 이내), 의사진행 발언, 신상발언 및 보충질문 5분, 다른 의원 발언에 대한 반론 발언 3분, 자유 발언 5분(1시간 내)

② 국회기사 취재에서 주의할 사항

정치 기사는 발언의 거두절미나 왜곡은 절대 금물이다. 대통령 시정 연설, 각 당 대표 연설 등은 회기 초 중요한 기삿거리다. 상임위원회 기사를 놓치는 경우가 있다. 99년 말 공직 선거법 개정안이 언론자유 침해 요소가 있는데도 기자들이 취재하지 않아 언론학자가 이 문제를 문화일보 포럼에 기고해 제기했던 적이 있다. 국회에서 중요한 현안이 있을 때는 기자는 사전에 원내 대표와 그날 발언할 의원과 미리 만나 취재한다. 국회 취재 기사는 법조 출입기자들이 수사와 재판 절차를 모르면 취재가 곤란한 것처럼 국회의 구성과 운영 방식을 모르면 좋은 기사를 쓰기 어렵다.

③ 정당 및 여야 관계 기사

정당을 장악한 실력자들이 정치를 움직인다. 한국은 대통령제이면서 미국보다는 일본, 영국, 독일 등 의원 내각제를 택한 나라의 정당 정치와 닮았다. 미국에

는 당의 총재가 없고 당의 대통령 후보를 뽑는 전당대회 의장만 있으며, 선거가 끝나면 정당은 유명무실해지지만 한국의 각 정당에는 일본이나 서유럽 의원 내각제처럼 당대표 원내 대표가 있으며 원내 대표는 당대표의 지시를 받는다. 이 때문에 여당은 대통령의 통솔 아래 들어가게 되어 내각책임제적 의회 정치와 비슷하다. 그 결과 여당은 어떻게 해서라도 원내 다수당이 되어 국회를 장악하려고 한다. 원내 다수당이 안 되면 야당의 해임 건의권으로 내각조차 온전하게 보존하기 어렵기 때문이다. 이 같은 내각책임제적 요소는 정당들 간에 정권 획득 경쟁(대통령선거)이 끝난 직후부터 곧바로 국회를 무대로 차기 정권을 향한 정쟁을 유발하게 된다. 정당의 장악력, 당권은 다음 선거의 후보 결정에 결정적인 영향을 주기 때문에 각 정당에는 일상적인 당권 싸움과 대권 싸움이 벌어지게 된다. 정당 기사 중 중요한 기사가 당권과 대권을 향한 당내 갈등이다. 당권을 향한 계보 간 경쟁이 끊임없이 벌어지며 인맥이 형성된다. 지연, 학연, 정치, 성향 등 요인에 의해 형성되고 당 요직 인선에 나타난다. 정당은 자금 보조 등 국가의 보호를 받기 때문에 사당(私黨)이 아닌 공당(公黨)이다. 정당은 그 목적이나 활동이 민주적 기본 질서에 위반될 때는 정부가 헌법재판소에 그 해산을 제소할 수가 있다.

한국언론의 정치 보도 내용 중 가장 큰 비중을 차지하는 분야는 정당 기사다. 언론사 경쟁에서 3대 분야는 정당 국회, 법조 경찰, 외교 통상부와 북한 취재다. 정당 기사는 논의 과정에서 가변성이 있다. 정치인이 결심만 바꾸면 머리기사로 보도된 것도 백지화되는 것이 많다. 이에 비해 통일 외교 및 행정 등 정부팀 기사는 매우 경성이다.

(3) 한국 정치 기사의 한계

① 관할권 불가침

정치부 출입처는 청와대, 국회, 정당, 총리실, 통일원, 안기부, 외교통상부, 대사관, 위원회, NGO 등이다. 취재시스템이 사건 발생지와 인물을 바탕으로 한 이슈와 정책 중심주의가 아니다. 그러나 편집국 조직은 이슈 중심이다. 반면 미국 언론사는 전국부, 세계부, 수도권부로 오히려 관할 지역별로 구분한 느낌이다. 그런데도 한국언론은 관할권 중심이며 미국은 이슈 중심 전담 기자 시스템제를 취하고 있다. 관할권주의는 부서별 할거주의를 키우며 보도 기사의 단세포화를 낳게 마련이다. 그것이 가장 강하게 표출되는 부서가 정치부다. 그중에도 정당 국회팀이 그렇다. 일본 국회 취재는 정치부가 독점하지 않았다. 저자가 일본 외무성 초청으로 일본에 갔을 때 일본 국회의 교육개혁 취재 심의 취재를 국회출입기자, 문부성출입기자, 논설위원, 편집위원이 함께 취재하는 것을 보았다. 독일의 대표적 정론지 디 자이트 발행인 데오 좀머가 관훈클럽 발족 40주년 기념 초청 강연회에서 "디 자이트는 일반 뉴스보다는 사건의 뒷이야기를 파헤친 피처, 풍부한 정보를 가진 논평, 심층 보도, 인물의 프로필, 명쾌한 사설 등에 더 큰 비중을 둔다."고 말했다. 그는 "사실을 좇는 기사도 중요하지만 가장 중요한 것은 트렌드를 구분하고 사건의 윤곽을 파악하도록 돕는 일이지 그것들을 단순히 보여 주는 것이 아니다."라고 강조했다. 그는 미국 언론의 천박성엔 뉴스 배경과 흐름보다 단편적인 사실 자체만을 중시하는 경향이 있다고 지적했다. 한국정치기사도 사실만 쫓아다니는 천박성이 보인다.

② 백화점 나열식 보도

정치기사는 쟁점이 많을수록 독자들에게 혼란만 더해 준다는 비난을 받아 왔다. 각종 게이트 사건도 혼란만 가중시킨다. 그 많은 정파 인사들의 행동과 발언, 속셈을 스케치식으로 일일이 늘어놓는 신문 제작은 독자를 짜증나게 한다. 정치 현상의 의미를 명료하게 분석 정리해 독자들에게 신뢰감을 주는 신문이 되어야 한다. 자살한 노무현 대통령 시절 노 대통령의 개혁을 강조하는 폭탄선언만 나열해 사회 혼란을 가중시켰다. 대학입시제도 개혁을 주장하며 정운찬 총장과 벌인 논쟁기사는 말싸움 수준이었다. 대통령의 지나친 평등주의에 의한 대학의 하향평준화와 엘리트교육 위기에 대한 본질적인 접근이 불가능했다. 노무현정부시절 신문의 논쟁은 정파주의 적대적보도로 전락했다.

③ 패거리 저널리즘

대통령선거나 국회의원 총선거에 정당 기사들의 전망과 분석 기사가 부정확한 경우가 많아 선거가 끝난 후 "의외의 결과가 나왔다."는 기사가 많았다. 그것은 대부분 기자들이 잘못 취재하고 판단을 틀리게 한 결과다. 출입기자실을 중심으로 정당의 고위 간부나 언론에 열의 있는 정치인만 만나는 취재 관행 때문이다. 유권자 동향이나 정치권의 흐름과는 상관없는 정치 기자 사회의 특유의 공동 인식이 문제인 것이다. 미국 언론은 기자들의 이런 관행을 '버스에 탄 소년들'이라고 비난하면서 패거리 저널리즘이라고 했다. 후보들의 전세 비행기나 버스를 타고 대부분을 그들과 함께 보내면서 그 분위기의 집단적 사고에 빠져들어 실존 상황과 다른 방향으로 빗나가는 것을 지적한 것이다.

④ 줄서기 보도와 언론의 정체성 위기

언론인으로서 위치를 엄정히 지키기보다 취재를 위해 밀착한 출입처의 이익을 반영하는 정체성의 위기를 드러낸다. 대선 앞두고 줄서기 보도 행태가 문제다. 유력 정치인들의 '장학생 출입기자'란 말이 유행하기도 했다. 정치부 기사의 최악의 하나는 기자가 유력 정치인이나 정파를 대변하는 식으로 기사를 쓰는 것이며, 다른 하나는 언론사 차원에서 집권 가능성이 큰 대선 후보를 유리하게 보도하는 행태다. 노무현 전 대통령이 대선기간 중 기자들과 간담회에서 이른바 보수언론을 비난하며 당선되면 개혁하겠다는 발언을 정치부 기자들이 선거에 부정적인 영향을 준다고 예단하고 기사화하지 않았다. 독자를 위한 진실 전달보다 특정인을 위해 줄 서는 것이 일부 정치부 기자들의 관행이었기 때문에 그런 부정이 있었다.

⑤ 상호주의로 공범화 자초

정치 보도의 가장 큰 문제는 정형화된 규범이나 언론 자체가 세운 원칙을 기준으로 삼지 않고 상호주의 또는 윤리실종에 바탕을 두고 있다는 점이다. 노태우 씨가 야당 지도자에게 20억 원을 주었다는 것이나 김대중 대통령 재임 중 북한에 4억 5,000만 달러의 거액을 불법 송금한 사건을 정치판과 언론계 전체가 묵인 했던 것은 준법의식이 결여된 공범화 상황을 잘 설명해 주는 것이다. 아시아 정치 문화가 서구정치 문화와 다른 점은 법률주의가 아닌 상호주의에 바탕을 둔 데 있다. 이런 정치문화를 배경으로 언론도 이 상호주의에 오염되어 탈법 행위를 저질러 사주가 탈세범으로 구속되는 사태가 발생했다.

⑥ 선거전에서 정책 분석이나 후보자의 자질 검증 같은 언론 본령보다도 당선 가능성과 득표 전략, 정치 자금 문제 등이 주류를 이루고 있는 것은 정치기사도 황색수준 단계를 크게 벗어나지 못한 탓이다.

2) 대통령선거 보도

한국언론은 대선 보도에서 독자들의 후보자를 판별하는 데 큰 도움이 못 됐다. 경마 저널리즘에 주력했다. 판세 분석, 의견 조사 등을 통해 어떤 후보 정당이 승리할 것인가에만 최대의 관심을 보여 왔다. 후보자나 정당의 정강 정책 후보자의 자질 능력 비전, 쟁점에 대한 입장 등과 같이 선거의 본질적인 내용에 대해서는 소홀했다. 공정하지도 않았다. 진실성에도 문제가 있다. 후보자가 공약과 배치되거나 상응하지 않은 언행이나 일관성 없거나 본심과 다른 언행은 면밀히 추적하여 지적해야 한다. 잘잘못을 따져야 할 경우 구체적인 시비를 가리지 않고 모든 정당을 무차별적으로 비난한다. 드라마적 요소 후보자들의 인기도 에피소드 같은 것이 일반의 관심을 모으지만 상업성만 중요시하다 보면 한국 정치의 구악 해소는 영원히 불가능할 것이다. 언론은 유권자가 시민으로서 투표권을 제대로 행사하기 위해 필요한 본질적인 정보를 전달하도록 노력해야 한다.

3) 청와대 기사

대통령 권한이 방대하다. 헌법개정안 발의 등 주권을 행사하는 기관, 행정수반, 국가수호자로서 대통령 업무를 추진하는 청와대 비서실은 제2의 내각처럼 막강하다. 대통령 권한에 대한 통제로는 정부기관 내 국무회의 심의제도, 자문기관의 자문, 국무총리의 제청권 등이 있고 기관 외 통제로 국민, 국회, 법원, 헌법재판소의 통제가 있다. 기관 외 통제 중 국민의 통제란 국민이 대통령선거 국민투표 때의 헌법개정안 부결 등 국회의 통제는 국무총리 해임건의안, 탄핵소추, 국정감사, 계엄해제 요구권, 법원의 통제는 대통령과 행정 처분에 대한 위헌심사권, 긴급명령에 대한 위헌심사제청권을 말한다. 헌법재판소는 대통령에 대한 탄핵심판 및 대통령이 제소한 정당의 위헌 여부 결정권과 법률의 효력을 가진 조약의 위헌 여부 심사권을 말한다. 청와대에 대한 가장 강한 통제는 언론이다. 그러나 한국정치기사는 청와대를 성역화하고 있다. 5공 말기 청와대 요직에게 민정이양을 검토해야 한다고 말한 일이 있었다. 그 구체적인 논의가 있는 과정에서 청와대 대변인이 청와대에 들어오지 말라는 전화가 왔었다. 그들에게는 청와대가 성역이었다. 지금도 그런 인식이 크게 바뀌지 않은 것 같다.

4) 정치 기사 취재 요령

정치 기사는 조망하고 투시하는 입장에서 기사를 써야 독자에게 올바른 정보를 전달한다. 언론이 정치인의 선전원 노릇을 해서는 안 된다. 선거보도는 초반전부터 종반전까지 균형 있게 보도해야 한다. 후보에 대한 검증과 부정선거 감시는 언론의 중요한 임무 중 하나다. 경마식 보도나 신변 잡기식 보도, 흥미 위주의 가십성 보도는 지양하고 공약 검증과 정책 대안에 대한 평가와 판단을 해야 한다.

4. 행정 기사

1) 홀대받는 행정 기사

행정부처 출입 기자들이 쓰는 기사가 행정기사다. 새우표 발행 뉴스에서부터 대학 입시제도 변경 기사 등 국민 생활과 밀접한 관련이 있다. 의약 분업 관련 기사는 전형적인 보건 행정기사다. 행정기사는 가장 역사가 긴 장르다. 로마시대의 악타디우르나와 중국의 저보는 정부 시책을 알리는 관보였다. 한국의 조보 한성순보에도 행정기사가 많았다. 행정부는 입법, 사법을 제외한 거의 모든 국가 업무를 맡아 전체 공무원의 98%가 행정부 소속이고 국가 예산의 99.5%를 행정부에서 쓴다. 그럼에도 불구하고 한국언론은 행정기사를 크게 중요시하지 않는다. 정치부에서는 국회, 정당 기사에 밀려 국무총리실, 행정자치부, 문광부 등을 변두리로 취급 초년기자들이 출입한다. 사회부도 사건기사에 밀려 행정기사는 소홀히 해 왔다. 경찰과 지방행정을 맡는 행정자치부, 수도행정을 맡는 서울시 등은 제2사회부가 맡는 신문사가 늘고 있다. 교육을 맡는 교육과학기술부, 국민보건과 복지행정을 맡는 보건복지부, 환경문제를 맡는 환경부, 노사관계를 맡는 노동부, 정보통신부, 건설교통부, 국방부 등 국민 생활과 직접 관련이 밀접한 행정 부서를 출입하면서도 국민생활과 직결된 기사를 많이 쓰지 않는다.

2) 행정권의 비대화와 언론의 행정 감시 기능

언론은 행정에 매우 중요한 영향을 준다. 정부가 정책을 구상 개발하고 토의 결정하여 집행하고 평가 받는 전 과정에 걸쳐 언론은 적지 않은 영향을 미친다. 언론의 영향은 주로 정책결정 과정에서의 참여와 행정의 통제 기능에서 발휘된다. 정부의 정책 결정 과정에 관료, 전문가, 이익단체, 시민 단체, 정당, 국회 여론이 참여하는 것이 바람직하다. 의약 분업 파동은 민간단체와 이해 당사자를 설득하지 못한 결과다. 행정권이 집중 강화되고 전문화되어 위임 입법의 증대에 따라 재량권이 확대되고 예산 편성권을 갖고 있으므로 막강한 권한을 행사하고 있다. 행정권은 국회 사법부 내부적 통제 민중통제를 받도록 되어 있다. 민중 통제는 선거권 행사, 정당과 이익 단체에 의한 통제, 여론과 대중 동원에 의한 통제, 언론에 의한 통제, 주민 참여에 의한 통제, 지식인 등 전문가의 통제로 세분할 수 있다. 언론은 보도를 통해 정부의 행정 업무를 국민에게 알리면서 동시에 행정에 대한 여론과 비판의 목소리를 정부에 전달하는 쌍방향적 역할을 한다. 언론의 정책 결정 과정 참여와 행정 통제에 주의할 점이 있다.

첫째, 언론은 진정한 국민 여론을 대변해야 한다. 정부 입장이나 일부 세력을 대변하면서 여론을 사칭하는 것은 잘못이다.

둘째, 정책을 비판할 때는 전문가적인 안목에서 공정하게 분석하고 올바른 방향을 제시해야 한다. 상식적인, 상업주의적 관점, 일부 여론에 영합해서는 안 된다. 일부 여론에 어긋나도 할 말은 해야 한다.

셋째, 지속적으로 행정에 관심을 갖고 파고들어야 한다. 산발적 즉흥적으로 정책을 다루거나 사건기사 쓰기 식으로 행정 기사를 써서는 안 된다.

3) 행정기사의 유형

김대중 정부는 18개 부처를 유관 부끼리 묶어 통일안보 분야, 경제 분야, 교육인적자원 분야, 사회 분야의 4개 팀제로 운영했다. 국가 발전과 국민 생활 향상에 정책 목표를 두고 있다. 국민 생활 향상은 삶의 질 향상, 활력 있는 복지 사회 건설, 쾌적한 환경 보호, 질 높은 교육으로 집약돼 언론의 관심은 이런 문제들에 집중되어 있다.

국무회의 기사, 외교 안보 통일기사, 행정관리 기사, 보건 의료 기사, 복지 기사, 교육 기사, 환경 기사, 도시 생활환경 기사, 여성문제 기사, 노동 관련 기사를 깊이 있게 다룰 수 있는 전문기자가 나와야 한다.

4) 행정기사 취재보도 요령

① 전문 지식이 선결 조건이다. ② 취재원을 넓혀야 한다. ③ 예산을 체크하라. ④ 구상 단계의 정책을 확정으로 쓰지 마라. ⑤ 행정 용어를 쉽게 풀어 써라. ⑥ 국민의 입장에서 써라.

5. 경제기사

1) 경제기사의 시대

한국언론은 1990년대 후반에 들어서면서 본격적인 경제기사 시대를 맞이했다. 80년대에는 부동산 뉴스와 기업 뉴스 확충을 계기로 경제기사를 늘리더니 90년대는 증권 기사, 재테크 등 독자들의 경제생활과 직접 관련 있는 경제기사가 읽히면서 경제면이 증면되기 시작했다.

Every story is a business story. Any story can be a business story. 거의 모든 분야의 일과 사건이 결국은 돈과 관련이 있기 때문이다. 1992년 미국대통령 선거에서 빌 클린턴 민주당 후보가 조지부시 공화당 후보에게 "It is the Economy, Stupid."라는 슬로건으로 선거에서 조지부시를 압도했다. 경제가 중요한 것은 사회복지, 건강, 실업, 의료, 정치 등 개개인의 일상생활에서 지역공동체 국가차원에서 경제와 관련이 안 된 일이 없기 때문이다.

경제 보도가 활성화된 요인
① 한국경제의 양적 성장에 따른 국민 경제 활동의 급격한 확대
② 90년대 급속히 진행된 신문의 대량 증면
③ 새로운 편집체제에 따른 독립 섹션과 특화된 지면의 등장
④ 신문의 독자중심주의 추구에 따른 소비자 중심의 정보제공 기사 발굴경쟁 등

종합지의 경제면 증면과 경제 전문지의 비약적인 발전과 케이블 TV의 경제 전문 채널의 출현으로 나타났다. 미국에서는 모든 기사는 경제기사다. 어떤 기사도 경제기사가 될 수 있다. 거의 모든 분야의 일과 사건이 결국에는 경제, 돈과 관련이 있기 때문이다. 사회복지, 건강, 실업, 의료 등 개개인의 일상생활에서부터 지역공동체나 국가차원 국제관계까지도 경제와 관련 안 된 문제가 없기 때문이다. 17세기 초기 신문은 유럽 상업 중심지에서 신흥상인 계급을 위해 발간되었다. 18세기 정파신문 시대에는 정치기사에 밀리고 19세기 말 대중신문시대, 황색신문시대에 는 독자 흥미를 끄는 사건 사고 범죄기사가 주류를 이루며 경제기사는 비인기 품목이 되어 왔다. 1970년대 소비자보호운동과 환경운동으로 경제기사가 중요한 품목이 되었다.

소비자운동 환경운동이 중요시되고 중요한 국가 정책이 국민경제와 연결되면서 경제기사가 중요기사로 떠올랐다. 경제기자 출신이 편집국장으로 직행했다. 이규행(동아경제, 경향 경제부장 주필, 한국경제사장 문화일보 사장, 메트로 창간), 김진현(동아경제 과학기술처장관, 서울시립대 총장, 문화일보 사장), 최준명(조선 경제부장 국장, 한국경제 사장), 손광식(경향신문 경제부장 주필, 문화일보 사장), 최우석(중앙일보 경제부장, 중앙경제 사장, 삼성경제연구 소장)씨 등 신문사장이 경제기자 출신이다. 지동욱(한국일보 논설위원), 민병문(동아 논설위원)씨 등의 많은 칼럼리스트도 있다.

2) 경제기사의 유형과 특색

경제의 3주체인 정부, 기업, 가계의 경제활동을 중심으로 경제정책기사, 예산기사, 금융기사, 물가기사, 증권기사, 재테크기사, 정보통신기사, 통계기사, 수송기사, 농림기사, 업계기사, 건설기사, 부동산기사 유통기사 소비자기사가 있다.

3) 경제기사의 문제점

체계적인 경제 지식의 부족과 경제를 보는 시각이 성숙하지 못해 경제기사를 사건 기사식으로 기사화하는 문제점이 있다. 경제학자들은 경제기사의 문제점으로 ① 전문성 부족, ② 선정적 보도, ③ 공정성 결여, ④ 일관성 부족 등을 나열하고 허술한 경제 논리와 피상적인 분석, 좁은 시야 전문성 결여를 극복해야 한다고 지적했다.

1996년 미국 경제학회연례학술회의 '경제학과 언론' 토론분과 회의에서 미국 경제학자들은 경제기사의 문제점을 다음과 같이 지적했다.

① 언론은 가십이나 스캔들 같은 흥미 위주의 기사를 선호하면서 장기적 중요성이 있는 문제에 대해서는 소홀이 한다. 정책 결정 과정에서 이견이 보이면 경제논리의 대립이 아닌 당파적 이해 대립으로 보도한다.

② 정통경제 이론보다 돌팔이 이론에 근거해서 보도한다.

③ 경제 지식의 부족으로 독자들에게 잘못된 경제 인식을 하게 한다.

4) 경제기사 취재보도 요령

① 경제정책기사는 공공의 이익이라는 입장에서 써야 한다. 경제정책은 정부부처 지역 기업, 기업 노사의 입장 차이에 따라 이해관계가 다르다. 이런 관계를 초월해서 국가적 입장, 공익적 입장, 역사적 안목으로 쓰도록 노력해야 한다.

② 경제현상에는 돌발적인 요소가 적기 때문에 경제기사를 사건식으로 다루어서는 안 된다. IMF관리체제로 들어간 김영삼 정부 말기 외국 경제지들은 한국 경제 위기를 경고했으나 한국 신문들은 정부의 말만 믿고 환경감시 기능을 망각했다. 이런 기자들이 정치계나 관계 기업에 진출한 것은 이해할 수 없는 일이다.

③ 경제기사에는 배경 설명과 전망이 중요하다. 왜, 영향 등 분석 기사를 쓰기 위해 심층 취재와 전문성이 요구된다.

④ 경제 현상들은 종합적인 안목이 요구된다.

⑤ 전문 용어 대신 일상적인 표현을 쓰도록 노력해야 한다.

⑥ 홍보성 기사에 주의. 기업 기사의 경우 홍보성이 있더라도 기사 가치가 있으면 써라.

5) 경제기사 수칙

① 우수한 경제기자가 되려면 경제기사 중독자가 되라. ② 보도자료의 숨겨진 부분을 찾아내야 한다. ③ 취재원을 직접 인용하기보다 기자의 통찰력을 기르는 기사를 만들어라. ④ 기본 경제용어에 친숙해져라. ⑤ 취재원에게 질문하는 것을 부끄럽게 생각지 마라. ⑥ 마감시간에 나오는 기사를 정성껏 써라. ⑦ 좋은 경제지를 읽어라. 월스트리트저널 기사를 분석해 보라. ⑧ 기업체 기사는 항상 현장을 체크하라. ⑨ 항상 경쟁할 준비를 하고 있어라.

6. 문화학술 기사

1) 문화기사의 분류

(1) 문화행정기사

문화관광체육부 출입기자가 문화 정책과 신문, 방송 등 언론정책, 문화재 발굴, 보존, 계승, 문화산업, 종교 정책, 체육 관광 정책, 출판 도서관, 어문 정책, 청소년정책, 국제문화교류 등을 다루며 학술담당기자가 한국정신문화연구원 유네스코, 문예진흥원, 민족문화추진회, 독립기념관, 박물관 등 문광부 산하 기관 및 대학박물관을 취재한다.

(2) 학술기사

(3) 대중문화기사

① 방송기사

KBS, MBC, SBS, EBS, 기독교 방송 등 지상파 방송과 케이블 TV, 방송정책 관련 단체 등이 취재 대상이다. 방송위원회, 한국방송공사, 종합유선방송위원회, 한국방송협회 등이 있다. 방송사가 보도자료를 제공, 방송프로 소개 등은 촉탁사원이 맡는다. 동행취재, 시사회 등을 통해 새 프로를 소개하며 방송평도 곁들이는 분석기사를 만들 수 있다. PR기사가 될 수 있다.

② 영화기사

새 영화 소개, 영화업계 동향, 국내외 영화제가 기사화된다. 영화 관련 단체, 영화진흥공사, 제작사, 주요 극장 등이 취재원이다.

③ 대중가요

④ 예술기사

　　㉠ 미술기사 : 전시회가 주요 뉴스이며 아트리에, 미술관, 미술대학, 화가가 취재원이다.

　　㉡ 무용기사 : 현대무용, 한국무용, 발레, 무용단체 및 한국무용협회, 국악원무용단 등이 취재원이다.

　　㉢ 음악기사

　　㉣ 연극기사

⑤ 출판기사

경향신문이 출판 관련기사를 비중 있게 다루고 출판평을 강화해 학술논쟁으로 발전시킨 것이 출판기사 활성화에 도움이 되었다. 경향신문 한국일보가 출판상을 제정해 양서출판을 독려했다. 문화일보가 출판 면을 주 일회 특화해서 섹션면으로 발행했고, 중앙일보가 받아서 일간지 문화면 출판기사가 자리 잡기 시작했다.

⑥ 문화부기자

문화부기자는 60년대 전반기까지는 문인들이 주로 맡아 문화면 기사도 문학 위주였다. 60년대 후반부터 제3공화국이 내건 민족적 민주주의를 뒷받침하는 문공부의 문화재정책으로 문화면 기사도 다양해졌다. 특히 문화재발굴과 무형문화재 보존 등 문화재 보존정책이 활발해지며 문화면 기사가 스트레이트면에 기사화되기 시작했다.

김병익(출판 문학), 반영환(문화재), 박석홍(학술), 신찬균(문화재), 방창순(종교), 이은윤(종교), 차미레(미술), 박연호(문화재), 박강문(과학), 백우영(미술), 이구열(미술)기자 등이 전문기자로서 역할을 했다.

7. 국제기사

1910년 일본이 한국 침략을 공식화할 무렵 일본 통신사들이 통신을 서비스했다. 일본 전보통신사와 연합통신사가 경쟁을 벌였다. 23년에는 일본전보통신사와 제국 통신사가 서울에 진출했다. 36년에는 두 통신을 합병한 동맹통신 시대가 되었다. 1920년 김동성 기자가 북경에 파견돼, 한국 방문에 앞서 중국에 체류 중인 미국 국회의원을 취재했으며 만보산(萬寶山) 사건에 장덕준 기자를 파견하여 독자적인 취재를 시도했다. 27년에는 조선·동아가 모스크바에 특파원 파견하여 소련 상황을 취재했다. 1945년 동맹통신을 접수하여 국제통신이 탄생했다. 이와 별도로 설립된 연합통신은 AP통신과 계약, 조선통신은 UP 통신과 계약하고 서비스했다. 연합은 국제통신과 합병하여 합동통신이 되고 조선통신은 동양통신으로 되었다. 신군부 등장 후 합동과 동양통신이 언론 통폐합으로 연합뉴스가 되었다. CNN, 불름버그, BBC, NHK 등 케이블 방송에 나오는 외신도 체크해야 한다. 해외주재 한국기업에서 취득한 정보도 기사 가치가 있다.

1) 외신기사의 유형

① 한국통신사 외국통신사 뉴욕타임스 뉴스 서비스, 외국신문사와 협약에 의해 제공되는 기사, ② 외국특파원 통신원이 보내온 기사, ③ 내근 국제부 기자가 만드는 기사

2) 외신기사의 선정기준

① 한국에 직간접 영향을 주는 사건, ② 한국에 근접한 지역에서 일어난 사건, ③ 전쟁, 내전, 쿠데타, 인종분규, 종교 갈등, 소수민족 독립운동, ④ 세계 경제뉴스와 다국적 기업 증권동향, ⑤ 자연재해, 지구환경, 과학발명, ⑥ VIP동정, ⑦ 국제스포츠, 세계적인 프로경기, 한국선수가 뛰는 경기, ⑧ 토픽 화제성 기사

3) 외신기사의 작성 요령

외국통신사가 보내오는 외신원문을 한글로 만드는 작업이다. 그러나 단순한 번역 작업이 아니다. 번역과 기사 작성 두 가지를 동시에 해야 한다.

외신기사의 문제점

첫째, 양이 절대적으로 부족하다.

둘째, 질 면에서도 뒤떨어진다.

셋째, 뉴스 대부분 서방통신사에 의존한다.

넷째, 한국언론의 지나친 국수주의다. 지나친 애국심 배타주의에 빠져 균형, 성과, 공정성을 잃고 흥분까지 하여 무조건 상대국을 매도하는 기사가 있다.

조용중, 서동구, 백기범, 이강걸, 김영희, 신영수, 신홍범씨 등이 외신기자로 당대에 이름을 날렸다.

8. 스포츠 오락기사

60년대 초반까지도 4면 체제의 사회면, 문화면에 스코어 보도가 고작이었다. 69년 스포츠 전문지가 창간되었다. 레스틴, 헤밍웨이 등이 스포츠기자 출신이고 미국 언론계는 스포츠기자가 전체 기자의 5분의 1이나 된다.

1) 스포츠 기사의 유의 사항

첫째, 공정성을 생명으로 한다. 둘째, 전문적인 안목으로 기사를 써야 한다. 셋째, 밝은 스포츠 페이지를 만드는 것이 좋다. 넷째, 경기를 존중해야 한다.

2) 스포츠 기사 쓰기

경기기사, 경기해설 기사, 경기예고 기사, 통신과 방송은 사실 보도, 신문은 경기 결과를 가져온 원인과 전망 기록 분석 등 심층기사에 역점을 두어야 한다. 국홍주, 조동표 기자 등은 체육기사의 새 영역을 열었다.

인용도서와 참고문헌

 조용철·김진홍·송정민 공저 : 취재보도론, 법문사
 남시욱 : 인터넷시대의 취재보도론, 나남출판사
 김민환 : 언론문장연습, 나남출판사
 대전일보 : 박석홍 세상 보기
 박석홍 : 건국 60년 한국의역사학과 역사의식

중요개념 및 용어

 수사, 내사, 입건, 공소권 없음, 식민사관

제7장

방송기사

1. 방송커뮤니케이션

1980년 초 컬러텔레비전의 출현으로 TV가 매스컴의 대중 영향력에 변화가 왔다. 2000년 한국언론 재단의 조사에 따르면 국민들의 하루 평균 신문 이용 시간은 35.1분인데 텔레비전 이용 시간은 약 5배인 174.1분이었다. 영향력 평가에서 조사 응답자의 15.6%가 신문이 가장 영향력 있다고 응답한 데 비해 텔레비전이 가장 영향력이 있다는 응답은 73.1%였다. 1920년 피츠버그에서 첫 방송국(KDKA)이 개국했고 1922년에는 영국 BBC가 출범했다. 1930년대부터 뉴스보도가 활기를 띠기 시작했다. 한국은 1927년 일제 치하에서 경성방송국이 개국했다. 영국에서 1936년에 시작한 텔레비전은 한국에서는 1956년에 첫 전파를 발사했다. 유선방송은 미국에서 1951년에 시작되었으나 한국은 1995년에 도입되었다. 방송은 가장 널리 퍼진 매스미디어이다. 케이블 시스템이나 위성 접시를 통해 가정에서 50개 이상의 TV 채널을 송신한다. 신문조차 접근할 수 없는 저개발 지역도 라디오로 전 세계와 연결된다. 항상 좋은 결과를 가져오는 것은 아니지만 위성방송은 전 세계 모든 곳에서 일어나는 주요 뉴스 사건을 속보로 생방송으로 들을 수 있게 되면서 전 세계를 더욱 가깝게 만들었다. TV가 전쟁을 실황 중계하는 시대가 되었다. 방송은 신속하고 영향력 있는 정보를 전달한다. 신문, 뉴스 잡지, 웹사이트는 대중에게 많은 양의 정보를 전달해 주며 앞으로도 그럴 것이지만 방송이 여론을 좌우하는 지배적인 미디어로 기능하고 있다. 케이블 TV 방송국이 계속 늘어나고 있다.

1) 방송용 글쓰기

방송계에서 성공하고 싶은 사람은 지성, 성실함, 신뢰성이 있어야 하고, 글을 쓰는 능력과 말을 잘하는 특기가 있어야 한다. 방송이 음성과 영상으로 전달되는 미디어이지만 뉴스나 오락 프로그램에서 사람들이 듣고 보는 거의 모든 것은 글로 정리된 것이다. 카메라 앞에서 대본 없는 대사가 나오는 경우는 드물며 방송에서 나오는 즉흥적인 대사들조차 대체로 미리 준비된 원고대로 하는 것이다. 생방송 뉴스를 전달하는 기자들조차 대본을 보고 연습하는 경우가 많고 미디어용 글의 형태를 잘 이해하고 있어야 한다. 방송사 기자들도 다른 분야 매스미디어 종사자와 마찬가지로 동일한 자질을 요구한다. 방송사 경영인들은 품위 있는 말을 하고 설득력 있는 글을 만들 수 있는 사람, 자신이 전달하려는 주제에 대해 철저하게 조사하고 그것을 명확하게 보도할 수 있을 정도로 충분히 이해하려고 하는 사람, 열심히 일하는 것을 받아들이는 사람, 자신의 글을 기꺼이 다시 쓰고 다른 사람이 다시 쓰도록 하는 사람을 원한다. 더불어 압박 속에서도 글을 쓸 수 있고 마감시간을 맞출 수 있는 사람을 선호한다. 방송용 글을 쓰는 것은 인쇄 미디어용 글을 쓰는 것과 많은 유사점이 있지만 분명한 차이점이 있다. 이러한 차이점은 뉴스가 방송용으로 선택되는 조건, 방송용 글쓰기와 기사 구조의 특징, 정보를 전달하기 위해 사용하는 문체를 결정하는 요인이 된다.

2) 방송 뉴스의 선택

신문 뉴스 가치의 대부분은 방송용 뉴스 선택에도 적용된다. 방송 언론인들은 큰 영향력을 가진 사건, 뉴스에 나오는 사람, 최근의 이슈, 국내에서 일어난 사건, 갈등, 드문 사건에 관심이 있다. 그러나 미디어의 기회와 제한 때문에 방송사는 이러한 사건들을 인쇄매체나 웹사이트와는 다른 방법으로 바라볼 가능성이 높다. 방송사가 뉴스를 선택하는 요소는 적시성과 정보 그림과 음향 등이다. 방송기사는 대체로 신문 기사와는 다른 목적에 봉사한다. 우선 기본 정보를 빠르고 간결하게 제공하는 데 있다. 방송 기자의 임무는 상세한 내용 없이 기사의 주제를 알려야 한다. 방송기사는 구어체와 존칭 사용이 눈에 띈다. 미주리그룹 언론 학자들은 미국 방송 뉴스의 특성으로 즉시성(immediacy), 대화체(conversationl style), 간결한 어휘(tight phrasing), 그리고 명료성(clarity)을 들었다.

(1) 즉시성

전파 미디어의 특성상 방송은 뉴스 가치의 즉시성을 가장 중요시한다. 방송사는 시간 단위, 또는 시간 단위 이하로 작업을 한다. 뉴스 방송사는 하루에도 몇 번씩 방송을 한다. 뉴스는 최신 뉴스여야 한다. 한 시간이나 두 시간 이상 지난 뉴스는 방송용으로는 신선도가 떨어진 뉴스이다. 긴급 뉴스 기사를 들을 때 사람들은 방송을 듣는 기쁨을 느낀다. 청취자들은 아주 최근의 바로 몇 분 전에 일어난 뉴스를 듣기를 기대한다. 방송 뉴스는 '조금 전' '지금 막' 등의 시간적 접근성을 강조한다. 신문 기사가 과거형으로 기술하는 데 반해 방송기사는 현재 완료형, 현재형, 현재진행형을 많이 쓴다.

(2) 해설보다 정보

방송사는 시청자나 청취자의 이해를 돕기 위해 해설이 많이 필요하지 않는 기사를 찾는다. 방송사는 간단하고 직접적인 방법으로 전달할 수 있는 기사를 선호한다. 방송 뉴스에서 대부분의 기사 최대 길이는 2분 미만이며, 일반적인 길이는 20~30초이다. 라디오 기자는 기사의 길이를 10초로, 실황 중계는 5초로 줄일 것을 요구받는다. 이 길이는 복잡한 기사를 설명하기에는 충분하지 않은 시간이다. 몇몇 관련 있는 사실을 청취자나 시청자에게 전달하기에 딱 적당한 시간이다. 물론 어떤 기사는 복잡한 동시에 중요해서 해설이 생략될 수 없다. 그러나 복잡하고 중요한 기사를 다룰 때에도, 방송국 기자는 방송의 특성과 방송뉴스의 필수적인 요소를 생각해 내려고 애써야 한다.

(3) 음향효과와 영상효과

방송사는 청취자나 시청자가 듣거나 볼 수 있는 기사를 원한다. 대통령의 연설 중 일부를 직접 보여 주는 것이 뉴스 기자가 그에 대해 말하는 것보다 더

극적이다. 실제 화면을 보여 주는 것은 앵커가 묘사하는 것보다 더 많은 사람들이 볼 가능성이 높다. 방송사는 뉴스를 위한 기사로 다른 주목할 만한 점이 없어도 음향이나 화면이 있는 기사를 자주 고른다. 이것이 방송 뉴스가 주로 비판받는 이유 중 하나이지만, 여전히 음향이나 영상 효과는 뉴스 기사 선택에 있어서 주요한 요소 중 하나이다.

(4) 방송 미디어 글쓰기의 특징, 간결성·명료성·정확성

UPI 방송국의 1960년판 스타일북은 인쇄 언론이 5W를 주요시하지만 방송 언론은 4C(정확성 correctness, 명확성 clarity, 간결성 conciseness, 화려한 외관 color)를 요구한다고 주장했다. 4C는 여전히 방송 글쓰기의 기본이며 방송용 글쓰기 문체에 대해 이야기할 때 빼놓을 수 없는 조건이다.

방송 언론인들이 우선적으로 노력을 기울여야 할 것은 정확성이다. 방송 언론인이 하는 모든 것은 정확한 기사를 이야기하는 것이 목적이다. 방송 언론인은 기사 쓰기에서 엄격한 규칙을 준수해야 한다. 이 규칙의 첫째는 방송 TV뉴스가 시청자에게 사건의 정확한 전달에 기여해야 한다는 것이다. 두 번째, 좋은 방송 글쓰기의 훌륭한 특징은 명확성이다. 좋은 방송은 기자가 모호함이 없는 명확한 언어를 사용하는 것이다. 명확성은 방송 글쓰기에 반드시 필요하다. 청취자와 시청자는 신문을 한 번 이상 읽듯이 뉴스 방송을 뒤로 돌리거나 다시 들을 수 없다. 청취자와 시청자는 들은 것을 한 번에 이해해야 한다. 방송 기자는 간단한 문장과 친숙한 단어를 사용하고, 대명사 사용을 자제하면서 필요하다면 적절한 명사를 사용하고, 문장에 사용된 동사에 주제를 긴밀하게 밀착함으로써 이러한 명확성을 청취자에게 전달할 수 있다. 대부분의 경우 방송 기자는 주제를 완전하게 알고 이해함으로써 명확하게 전달할 수 있다. 방송용 글쓰기의 또 다른 중요한 특징은 대화체이다. 가장 명확하고 가장 간단한 신문의 문체조차 소리 내어서 읽으면 과장되게 들릴 수 있다. 방송 글쓰기는 사람들이 그것을 읽어야 하기 때문에 더욱 대화형으로 들려야 한다. 방송 뉴스는 눈으로 보기 위해 쓰이는 것이 아니라 귀로 듣기 위해 쓰인다. 기자는 누군가가 말을 하고 그것을 다른 누군가가 듣는다는 것을 전제로 해야 한다. 좋은 방송기사는 독특한 문장 체제다. 사람이 대화하는 것 같은 대화체로 시청자가 이해하기 쉬운 자연스런 문장이라야 한다. 표준말, 존댓말, 문법적으로 정확하고 품위 있는 말을 써야 한다. 그러나 이러한 평이한 문체나 대화형의 문체도 기자에게 문법 규칙을 어기고, 속어나 상스러운 말을 사용하고, 듣는 사람에게 공격적인 말을 사용할 수 있도록 허용하는 것은 아니다. 모든 글쓰기와 마찬가지로 방송 기자는 글쓰기 자체보다 글의 내용에 관심을 집중하려고 노력해야 한다. 편하게 들리는 글도 작성하기는 쉽지 않다. 이러한 글은 언어에 잘 조율된 귀와 글쓰기에 일반적으로 적용되지 않는 간결성을 필요로 한다. 방송글쓰기의 세 번째 규칙은 간결성이다. 방송용 글쓰기의 또 다른 특징은 즉시성에 중점을 둔다. 인쇄용 미디어에는 과거형 동사가 선호되지만 방송사에서는 가능한 한 현재형 동사를 사용한다. 즉시성을 강조하는 다른 방법은 뉴스 기사에서 시간과 관련된 요소를 생략하고 모든 일이 방송되는 시간에 가까운 때에 일어났다고 가정하는 것이다. 때때로 시간 요소가 중요하게 언급되기도 한다. 방송 글쓰기의 특징을 보여 주는 간결한 어구는 방송기자의 주요한 자산인 동시에 초보 기자가 획득해야 하는 가장 어려운 과업이기도 하다. 시간이 짧기 때문에 방송기자는 말을 낭비해서는 안된다. 방송기자는 말을 단순화하고 응축하기 위해 지속적으로 노력해야 한다. 이러한 간결함을 획득하는 데는 몇 가지 기술이 있다. 한 가지 기술은 가장 필요한 것 외에는 형용사와 부사를 제거하는 것이다. 방송기자는 기사가 명사와 동사에 기초하여 만들어진다는 것을 알아야 한다. 방송기자는 수동태를 사용하는 것을 피해야 한다. 대신에 방송기자는 듣는 사람이 기사의 그림을 형성하도록 해 주는 강력하고 활동적인 동사에 의존한다.

방송 글쓰기의 또 다른 기술은 짧고 간단한 문장을 사용하는 것이다. 신문기사와 달리 기사의 지나간 부분을 다시 들을 수 없기 때문에 단번에 이해할 수 있도록 알기 쉽고 명확하고 정밀해야 한다. 신문기사는 일단 나온 단어를 반복 사용하지 않지만 방송기사에서는 같은 단어를 되풀이해도 무방하다. 전자 후자 표현이나 종속절은 쓰지 말고 독립된 문장으로 한다. 알아듣기 쉽도록 주어와 술어 사이를 되도록 가깝게 한다.

방송기자는 언론인들이 자신의 기사를 흥미롭게 만들어 주는 문장의 길이와 형태의 다양성이 필요하지 않다. 방송기자는 짧고 간단한 문장으로 총알같이 더 많은 정보를 독자에게 퍼부을 수 있다. 독자가 기사를 보고 그림을 떠올릴 수 있게 하는 것은 다양한 방법을 통해 획득할 수 있다. 이러한 방법은 적절하고 통찰력 있는 세부 사항을 기사에 포함시키거나 기자나 뉴스 독자의 신분이 기사에 나오도록 하는 것이다. 방송 미디어의 특성은 많은 기사에 유머와 인간적인 관심사가 들어가는 것을 허용하는 것이다. 방송 글쓰기의 마지막 특징은 마감 시간을 지켜야 한다는 것이다. 방송용 대본은 마감 시간이 임박한 환경에서 쓰이는 경우가 많다. 방송 기자는 굉장히 압박이 심한 상황에서 글을 작성하는 법을 배워야 한다. 방송기자가 마감시간을 맞추지 못한다면 간결하고 이해하기 쉬운 글이라도 방송에 나갈 수 없다.

(5) 방송기사의 구조

방송 뉴스용 기사의 일반적인 구조는 극적인 단일 문단이다. 이 구조에는 절정, 원인, 결과의 세 가지 부분이 들어 있다. 기사의 절정 부분은 인쇄 뉴스 기사의 도입부와 마찬가지로 듣는 사람에게 기사의 요점을 알려 준다. 기사의 원인 부분은 사건의 배경 등 이 사건이 일어난 이유를 말해 준다. 기사의 결과 부분은 듣는 사람에게 기사의 배경과 기사가 설명하는 메시지를 전달해 준다. 방송 언론인은 자신의 기사를 역삼각형 구조보다는 복잡한 원으로 생각한다. 역삼각형 구조가 필수적인 사실을 제외하지 않고 일부를 편집할 수 있는 반면, 방송 기사는 처음부터 끝까지 어느 부분도 편집할 수 없다. 이것이 방송용 한 문단이다. 방송 언론인과 편집자는 뉴스 방송에 적절하게 기사를 쓴 후에는 기사가 편집되는 것을 생각하지 않는다. 기사는 편집자나 뉴스 편집자에 의해 주어진 시간에 맞게 쓰여야 한다. 예를 들어, 편집자가 25초 기사를 할당할 경우 기자는 25초 안에 읽힐 수 있는 기사를 만들어야 한다. 기사가 주어진 시간보다 더 길면 편집자는 기사를 다시 쓸 것을 요구한다. 기사가 매우 짧기 때문에 방송 뉴스 기사는 처음부터 듣는 사람의 관심을 잡아야 한다. 기사의 처음 몇 단어가 매우 중요하다. 듣는 사람의 관심을 끄는 것은 기사를 요약하거나 기사의 가장 중요한 요소를 전달하는 것보다도 중요하다. 방송 뉴스 도입부는 사실에 대한 짤막한 언급이지만, 듣는 사람의 관심을 끈다면 본래의 목적을 다한 것이다. 기사는 분, 초 단위로 다뤄진다. 신문이 한 기사에 300단어를 사용할 수 있는 반면 방송 기자는 20 내지 30단어로 승부를 보아야 한다. 방송 기자는 글쓰기와 편집의 모든 단계에서 이러한 시간에 관련된 요소를 명심해야 한다. 방송 뉴스 기사는 인쇄물 기사나 웹사이트 기사처럼 세부 사항에 대해서까지 이야기할 수는 없다. 기사를 주어진 시간에 맞추기 위해서라면 방송 기자는 어떤 사실이나 설명을 과감하게 제외시켜야 한다.

(6) 방송 글쓰기 문체와 표현양식

방송 글쓰기의 문체와 관습은 인쇄 언론과 웹사이트 언론 글쓰기에서 배운 것과는 다소 다르다. 방송 글쓰기는 그 자체의 관습이 있다. 다음은 이러한 관습들이다.

① 직함은 일반적으로 이름 앞에 온다. 인쇄물 기사에서처럼 방송기사에서 언급되는 대부분의 사람들은 신분을 밝힐 필요가 있다. 그러나 방송 뉴스 기사에서 직함은 거의 항상 이름 앞에 온다. 결과적으로 인쇄물 기사에 '신두영 전 감사원장'이라고 밝히는 반면 방송기사는 '전 감사원장 신두영'이라고 할 것이다.

② 앞서 언급했다 하더라도 줄임말은 사용하지 않도록 해야 한다. 가장 일반적으로 알려져 있는 줄임말만 방송 글쓰기에서 사용할 수 있다. 미국 기사 쓰기 지침에는 FBI와 UN은 이러한 2가지 예이다. 한국방송에서 약어의 남용은 지양해야 할 것이다.

③ 가능하면 직접 인용은 피해야 한다. 방송기자는 직접 인용구를 사용하기보다는 바꾸어 말해야 한다. 듣는 사람에게 직접 인용구를 언급하는 것은 어렵기 때문에 직접 인용구는 방송용 대본에는 사용하기가 어렵다. 직접 인용구는 필수적이며 반드시 사용해야 할 경우가 있다. 이런 경우 기자는 듣는 사람에게 직접 인용이 사용된다는 사실을 알려야 한다. 이런 경우 '~의 말에 따르면', '~가 말한 것처럼' 등의 말을 사용해야 한다.

④ 뉴스 출처는 인용구 앞에 와야 한다. 인쇄 언론에서 일반적인 순서인 '직접 인용구 – 화자 – 동사'는 방송기사에는 적합지 않다. 출처를 인용구 끝에 붙이는 것은 듣는 사람에게 혼란스럽다. 듣는 사람은 인용구의 내용을 듣기 전에 출처를 알아야 한다.

⑤ 구두점은 뉴스앵커가 대본을 읽는 것을 도와줄 정도만 쓰고 가능한 한 적게

사용해야 한다. 방송 뉴스 대본은 뉴스앵커 한 사람만 읽을 것이라는 것을 기억해야 한다. 뉴스앵커는 대본은 가능한 한 쉽게 읽을 수 있어야 한다. 쉼표, 대시, 세미콜론을 너무 많이 사용하는 것은 뉴스앵커에게 도움이 되지 않는다.

⑥ 수치와 통계자료는 끝수를 잘라내야 한다. 인쇄 언론인은 정확한 수치를 사용해야 하지만 방송 언론인은 개략적인 수치에 만족할 것이다. 결국, 인쇄물에서 $4,101,696은 '4백만 달러 이상'이 될 것이다.

⑦ 가능하고 적절하다면 뉴스를 개인화해야 한다. 예를 들어 "휘발유 값이 올라 여러분은 이제 1갤런에 5센트 이상 내셔야 합니다."와 같이, 방송기사는 기사가 듣는 사람에게 어떤 영향을 미치는지를 이야기함으로써 듣는 사람을 기사 안으로 끌어들여야 한다.

⑧ 장황한 설명은 피해야 한다. "언론법학회장이자 한국외국어대 교수인 김진홍씨는 오늘……"은 "언론법학회장 김진홍 교수는 오늘……"로 할 수 있을 것이다.

⑨ 글을 쓸 때에 기호는 피해야 한다. 달러 기호나 퍼센트 기호는 사용하지 않아야 한다. 이러한 기호는 뉴스 앵커가 실수하지 않도록 말로 풀어 써야 한다.

⑩ 친숙하지 않거나 발음하기 힘든 이름과 단어는 소리 나는 대로 써야 한다. 뉴스 앵커에게 도움이 되도록 글을 써야 한다.

⑪ 대명사는 피해야 하며 사용해야 할 경우에는 듣는 사람이 분명히 알아들을 수 있도록 언급해야 한다. 기사에 너무 많은 대명사를 사용하는 것은 방송 기사의 명확성에 장애가 된다.

⑫ 적절하다면 현재 시제를 사용해야 한다. 그러나 방송 기자가 말하는 것이 멍청하게 들리지 않도록 현재 시제를 신중하게 사용해야 한다. 예를 들어, 대통령이 어제 성명을 발표했다면 방송 뉴스 기사는 현재 시제를 사용해서는 안 될 것이고 과거 시제를 사용하는 것이 적절할 것이다. 현재 시제는 아주 최근의 일이거나 진행되고 있는 일에 대해서 사용해야 한다.

(7) 방송 원고 준비

원고는 아나운서 한 사람을 위해 만들어진다. 원고는 아나운서가 할 일을 쉽게 만들어 주는 방식으로 작성되어야 한다. 방송국과 뉴스 조직은 원고를 만드는 방법에 대한 각자의 규칙을 가지고 있다. 방송 언론인은 시간에 맞서 일한다. 이들은 기사를 취재 분석하는 시간을 재기도 하지만 또한 항상 **빡빡한** 마감 시간에 맞서서 일을 한다. 기사는 다음 뉴스 방송을 위해 완성되어야 한다. 많은 라디오 방송국이 매 시간마다 생산하는 뉴스 쇼 때문에 라디오 방송계에서 일하는 사람들은 이러한 압박을 느낀다. 많은 지역 TV 방송국이 이러한 시간대별 뉴스 방송을 생산한다. 방송 언론인들에게 시계는 마감시간을 향해 가고 있으며 마감시간은 연기될 수 없다. 방송 언론인들은 자신의 기사를 쓰는 것뿐만 아니라 뉴스 방송을 구성하는 시간에 관심을 갖고 있다. 45초짜리이든 30분짜리이든, 뉴스 방송을 만들어 내는 뉴스 기자로서 기사 쓰기 기준을 알아야 한다.

첫 번째 기술은 뉴스 방송에 무엇을 포함할지에 대해 올바른 판단을 하는 것이다. 기자는 어떤 사건이 뉴스를 구성할지를 결정하는 데 있어서 전통적인 뉴스 가치에 따른다. 편집자와 제작자는 뉴스 방송에 어떤 것을 넣을지를 결정하는 데 신문의 뉴스 가치 평가 기준을 사용한다. 뉴스 방송을 구성하는 데 주요한 요소는 기사의 즉시성이다. 뉴스 방송 제작자는 사용 가능한 기사를 보고 기사가 얼마나 최근 것인지에 기초해서 어떤 기사를 포함시킬지를 결정한다. 방송은 즉시성을 강조하는 미디어이기 때문에 뉴스 제작자는 청취자와 시청자에게 뉴스 방송이 바로 몇 분 전에 일어난 일에 대해 말해줌으로써 방송의 즉시성을 살린다.

즉시성은 어떤 뉴스를 포함시킬지 결정하는 데 있어서 유일한 뉴스 가치는 아니다. 가장 최근의 사용 가능한 기사가 뉴스 방송에서 가장 처음에 사용되는 기사일 필요는 없다. 더 영향력이 있는 기사나 더 유명한 사람과 관련된 기사가 우선권을 가질 것이다. 다른 뉴스 가치들도 뉴스 방송을 구성하는 데 있어서 역할을 한다. 뉴스 제작자가 뉴스 방송에 어떤 것을 포함시킬지 결정하는 데 사용하는 또 다른 요소는 음성 테이프, 슬라이드, 필름, 비디오테이프 사용이 가능한지 여부이다. 방송 언론에 대한 비판 중의 하나는 이러한 보조 자료의 활용 가능 여부에 따라 어떤 것을 방송에 내보내고 내보내지 않을 것인지를 결정한다는 것이다. 이러한 결정이 자주 내려지는 것은 사실이지만, 방송 언론인들은(특히 TV 언론의 경우) 기사를 말해 주는 것뿐만 아니라 기사를 보여 주는 미디어로서의 특징을 활용해야 한다고 생각한다. TV에서 많은 사람들이 느끼는 것은 뉴스 아나운서가 시각 자료 없이 '말하는 서두(talking head)'이기 때문에, 그림이 시청자가 보는 것을 완성해 준다고 해서 반드시 그림이나 슬라이드가 '말하는 서두'에 포함될 필요는 없다.

시간은 뉴스 방송 구성에 보편적인 요인이다. 기사 자체가 시간에 기반을 두고 있는 것뿐 아니라 주어진 방송 분량을 채울 수 있도록 쓰여야 한다. 제작자나 뉴스 감독은 일반적으로 채울 기사의 시간의 양을 할당하는 사람이다. 그러면 기자는 할당된 시간에 읽을 수 있는 분량의 기사를 써야 한다. 뉴스 제작자는 물론 뉴스 방송에 할당된 시간을 채울 수 있을 만큼의 뉴스 기사를 확보해야 한다. 그러나 가장 주의 깊은 계획을 세워도 가끔 뉴스 제작자에게 몇 초가 모자랄 수 있다. 제작자는 빈 시간을 채울 수 있도록 더 많은 기사를 아나운서에게 항상 제공해야 한다. 라디오나 TV 뉴스 감독은 뉴스 방송을 구성하는 다양한 형식을 선택할 수 있다. 라디오 방송에서 일반적으로 미니다큐멘터리를 제외한 각각의 형식들은 1분 내에 방송된다.

(1) 소리 녹음이나 실황 중계

가능하고 적절할 때 라디오 뉴스 기자는 취재 대상인 사건 현장으로부터 어떤 청각 효과를 포함시키고 싶어 할 것이다. 이러한 실황 중계는 누군가의 말, 또는 총소리나 군중이 내는 소리 등 식별 가능한 소리가 될 수 있다. 이러한 소리는 청취자에게 기사에 대한 또 다른 차원을 제공한다. 뉴스 앵커는 그들이 읽는 대본과 함께 소리 녹음을 포함시킨다.

(2) 랩 어라운드(wrap‑around)

이 형식에서 뉴스 앵커는 간단하게 기사와 기자를 소개한다. 기자는 기사를 제공하고 소리 녹음을 포함시킨다. 소리 녹음은 기자가 끝을 맺은 후에 뒤따른다.

(3) 미니다큐멘터리

이 형식은 기사가 더 많은 시간 동안 방송되게 해 준다. 어떤 것은 15분 동안 방송되기도 한다. 미니다큐멘터리는 인터뷰, 사건현장에 발생하는 소리, 음악과 같은 여러 가지 소리 녹음을 포함한다. 기자는 미니다큐멘터리에 이러한 것들을 집어넣을 것이다. 뉴스 앵커는 일반적으로 청취자가 무엇을 듣게 될 것인지에 대해 짧게 서두를 말하면서 미니다큐멘터리를 소개한다. 이러한 형식은 라디오 뉴스 방송에서 가장 일반적으로 사용된다.

(4) 라디오 뉴스 작성 요령

라디오 뉴스는 그 어느 다른 매체의 뉴스보다 알기 쉬워야 한다. 설명적 음성 자료를 많이 공급해야 한다. 인터뷰의 음성은 즉시성과 현장감을 청취자에게 준다. 인터뷰에서 적절한 질문을 하는 것이다. 귀를 위한 기사다. 우선 청취자가 정확하게 알아듣도록 하는 것이 가장 중요하다. BBC에서 라디오 청취자를 대상으로 방송 내용을 어느 정도 이해하는가를 조사한 결과 청취자의 28%만이 방송 내용을 완전히 파악하고 있었다. 뉴스캐스터나 아나운서의 정확한 발음과 적절한 낭독 속도도 중요하지만 기사 자체를 알아듣기 좋도록 써야 한다.

라디오 기사의 리드는 신문 기사의 표제 같아야 한다. 기사는 ① 간단하고 직설적인 구어체로 처음 만난 사람에게 말해 주듯 쉽게 써야 한다. ② 청취자의 주의를 끌 강한 첫 문장을 찾아내라. 그리고 쉽고 논리적인 아이디어의 진전으로 이어 가서 역시 힘차게 끝내라. ③ 개인끼리 말하듯 기사를 써라. 되도록 간단한 문장을 써라. 부사와 형용사는 안 쓰도록 노력하라. ④ 복합문장을 피해야 한다. ⑤ 수동태를 능동태로, ⑥ 대화체로 써라. ⑦ 등장인물 직함을 이름 앞에 써라. ⑧ 통계를 피하라. 꼭 써야 할 경우는 아주 단순화하라.

2. TV기사

1) 기사의 선정 기준

기사의 기본적인 조건은 적절성, 유용성, 흥미이며 뉴스 가치의 측정 기준은 영향력, 신기성, 현저성, 근접성, 시의성이다. 방송의 특성상 강조되는 것이 있다. 시의성(timeliness) 정보, 시청각 효과를 지닌 뉴스(news that has audio or visual impact), 그리고 사람이다.

2) TV기사의 종류

TV는 보도와 시사, 교양, 스포츠, 드라마, 연예, 오락을 위한 종합 매체다. TV 의 보도 프로그램은 뉴스 시간, 뉴스 관련 프로그램 즉 각종 기획 보도, 뉴스 좌담 인터뷰, 시사해설 프로그램 등 다양하다. 라디오 뉴스도 비슷하다.

(1) 뉴스보도 기사

뉴스 캐스터가 읽는 스트레이트 기사와 앵커가 진행하는 종합뉴스 시간에 기 자가 보고하는 리포트기사 형식 2종류가 있다.

① 뉴스시간별 분류

종합 뉴스, 간추린 뉴스, 임시 뉴스, 토막 뉴스

② 기사양식별 분류

뉴스보도 기사를 형식으로 나누면 뉴스보도 기사와 스케치, 르포, 분야별 뉴 스로 나눌 수 있다. 정기적으로 내보내는 분야별 뉴스는 KBS의 경제전망대, 남북의 창, 환경스페셜, MBC의 경제매거진, 통일전망대 등이다.

  ㉠ 일반 뉴스기사 : 스트레이트와 리포트 형식으로 보도하는 주 기사
  ㉡ 스케치, 르포기사 : 386세대가 진출한 국회 본회의장의 스케치, 아프가니
     스탄 현지 보도
  ㉢ 분야별 기사 : 스포츠뉴스, 경제뉴스, 북한뉴스, 환경뉴스, 문화뉴스, 해
     외뉴스

(2) 기획보도 기사

사건보도 이외의 보도기사로서 신문의 읽을거리 기사와 해설, 탐사, 보도 등 기획기사와 유사하다. 기획보도 기사를 심층 취재보도, 뉴스 보도 기사를 정글 뉴스 보도 기사라고 한다.

(3) 방송해설 및 논평

방송에 사설이 없었던 것은 방송의 공공성이 강조되는 탓이다. 방송 자원은 국민 전체의 소유로 방송업자가 위탁 받아 방송을 하는 것으로 허가제이며 규

제가 인정된다.

설명형 기사와 리포트형 기사

보도 형식에 따라 스트레이트 뉴스(낭독형 뉴스)와 리포트 뉴스(설명형 뉴스)로 분류된다. 전자는 기자가 쓴 것을 정시 뉴스 시간에 뉴스캐스터가 낭독하는 뉴스이며 후자는 앵커가 진행하는 종합 뉴스 시간에 기자가 리포터가 되어 설명하는 형식의 뉴스다.

① 낭독형 뉴스(tell story)

㉠ 스트레이트 기사 : 뉴스캐스터가 읽는 기사라 해서 이야기하는 기사(the tell story)이다. 활기차게 전달하는 것이다.

㉡ 르포기사 : 낭독형 기사는 르포기사 심층 탐사보도 등에도 쓰인다. 앵커 없이 기자 한 사람이 그림을 보여 주면서 이야기하는 형식의 기사다.

㉢ 탐사보도 : 잔잔한 어조로 이야기하는 것이 시청자에게 어필할 수 있다.

㉣ 다큐멘터리

② 리포트형 기사(news show story)

TV의 종합뉴스 시간에 대표적으로 사용되는 설명형 뉴스 형식이다. 뉴스쇼 기사라고 한다. 기자가 나와서 앵커의 진행에 따라 뉴스를 보고한다고 해서 붙은 명칭이다. 리포트형 기사는 사건 보도 후 스튜디오에서 앵커와 함께 이를 설명하면서 문답식으로 진행할 때도 사용된다. 뉴스를 화제성 기사로 취급한 이른바 뉴스피처 기사를 쓸 때도 사용된다. 보도 특집에서 앵커와 함께 진행하는 리포트 형식에도 쓰인다.

㉠ 사건보도

㉡ 뉴스피처기사

㉢ 분야별(정치 · 경제 · 사회문화 등) 보도

㉣ 보도특집

3) TV기사 작성 요령

(1) TV기사

TV기사보도는 취재 계획 수립에서부터 뉴스 송출에 이르기까지 전 과정이 여러 사람의 협조 아래 진행되기 때문에 철저한 사전 협력 체제가 필요하다.

① 일일 취재계획표 작성

취재 하루 전날 취재 계획서를 데스크에 제출해야 한다. 다음 날 아침 10시 국회의장 회견 취재 예정이라면 취재 장소, 취재 시간, ENG(Electronic News Gathering), 카메라(Beta Cam)와 녹취 여부를 함께 기재해야 한다. 중계방송을 한다면 중계차가 동원되어야 한다. 데스크의 승인이 나오면 취재기자는 필요한 인력과 장비를 미리 수배해야 하며 사전 답사를 카메라맨과 미리 할 필요가 있다.

② 일일 취재진행표 작성

기자나 PD가 수립한다.

③ 뉴스제작표 확정

방송기자가 취재를 마치고 기사를 작성하여 데스크에 제출한 다음에는 분 단위의 뉴스 제작진행표를 만들어 데스크와 협의한다. 기자가 화면에 등장하는 on camera ment를 오프닝에서 내보낼지 중간에 내보낼지 맨 끝에 내보낼지 협의해 결정해야 한다. VOT 테이프, NSBG 테이프, 회견 테이프 등의 배치를 결정한다. 이 계획이 확정되면 편집 제작에 들어간다. 편집기로 그 뉴스에 알맞도록 비디오와 오디오를 배열해야 한다.

④ 뉴스진행표 작성

뉴스시간 전체의 진행표이기 때문에 부장회의에서 결정하여 국장의 승인이 나와야 한다. 방송될 뉴스를 순서대로 시간과 분 단위로 진행 계획을 마련하고 앵커의 멘트도 프롬티에 맞도록 준비한다. 스튜디오에 기자가 나갈 때는 자리까지 결정한다. 이것이 완료되면 뉴스를 순서대로 송출기에 장전하여 스튜디오에서 송출하면 된다.

4) TV기사의 문장 구조

방송기사를 잘 쓴다는 것은 사람들이 잘 알아들을 수 있는 기사를 쓰는 것을 의미한다. 듣는 기술을 연마해야 한다. 사람들이 어떻게 이야기하는가를 들어서 파악하지 못하면 좋은 기사를 만들기 어렵다. 우선 기자가 핵심을 파악해야 한다.

(1) 제 목

화면에 나오는 제목은 평이하고 정확하고 압축된 것이어야 한다.

(2) 리 드

TV 기사의 리드는 특별한 기법을 써서 만들어야 한다. 뉴스 캐스터가 읽는 스트레이트 기사의 리드와 앵커가 진행하는 종합뉴스 시간에 방송되는 리포트의 리드가 있다. 뉴스 캐스터가 읽는 스트레이트는 신문기사의 리드와 차이가 없다. 앵커가 진행하는 리포트형 기사의 리드는 일반적인 설명(General Statement)이나 "미셸 위를 재발견한 경기였습니다." 같은 간단한 말로 된 리드도 있다. "김 기자가 대전 현지에서 보도합니다."라고 말한다. 이것을 앵커의 멘트라고 하는데 서양에서는 lead in이라고 한다. 몇 가지 간단한 뉴스를 묶어 "오늘의 사건사고는"하는 식의 리드도 있다. 이것을 cueing in라고도 한다. 리드에는 무엇이 가장 중요하다. 그 다음이 누구다. 왜 어떻게는 잘 들어가지 않는다.

(3) 본 문

기사의 본문은 단순한 구조여야 한다. 각 문장은 논리적으로 다음 문장으로 흘러야 한다. 각 문장은 짧아야 하며 한 문장에는 한 개의 주제만 있어야 한다. 만약 주제가 복잡하거나 문장이 길어지면 알아듣기 쉽게 쪼개서 써야 한다. 기사 작성에 있어서 기본적인 것은 사람들의 상상을 이용하는 것이다. 기억의 창고를 가지고 있다. 기자가 사건을 서술하는 데 이 기억의 창고를 이용하는 것이 좋다.

(4) 녹화테이프와의 조화

TV기자는 항상 영상을 생각해야 한다. 그림에 맞추어 써야 하기 때문에 복

잡하다. 녹화테이프가 있는 기사는 주제의 선택과 녹화 방법의 선택에서 시작한
다. 무엇을 쓰며 그것을 이떻게 쓸 것이냐 하는 것은 입수할 수 있는 비디오에
의존한다. '히트 앤 런' 기술-즉 새 장면의 시작과 바뀔 때마다 그 내용을 설명
해 주는 것-을 활용해야 한다. 녹화 테이프에 담기지 않은 내용을 기사로써 설
명하고 힘찬 마무리를 한다. wrapping up, strong ending이라고도 한다.

5) TV기사 문장의 특징

TV기사 역시 그 표현이 적절, 간결, 명료함을 기본으로 한다. 우아하고 개성
있는 문장이면 더 좋다. AP가 강조하고 있는 '우아한 기사(graceful writing)'와
'개성적 스타일(an individual style)'을 강조하는 이유가 여기에 있다.

① 문장이 짧아야 한다. '1문장, 1개념, 1사실'의 진술을 원칙으로 한다. 문장
  구조를 주어, 목적어, 술어 법칙에 합치시켜야 한다. 부사구나 종속절로 기
  사를 시작하지 마라. 능동형 동사를 써라. 쉽게 읽을 수 있는 단어를 써라.
② 명료하고 함축적인 표현/구어체/존댓말/(품위 있는 말씨)
③ 속어나 야하거나 천박한 표현, 외설적 표현을 써서는 안 된다.
④ 복잡한 수치와 약어, 어려운 한자식 표현을 피해야 한다.

6) TV인터뷰

회견은 짧고 요점을 파악하는 것이어야 한다. 기자의 부드러우면서도 단호한
방향을 요구한다. 인터뷰 지침은 다음과 같다.
① '예, 아니오.'로 답할 수 있는 질문을 하지 마라.
② 길고 개입하는 인상을 주는 질문을 하지 마라.
③ 피회견자에게 답변을 시사하지 마라.
④ 대상자의 답변에 의존하라.
⑤ 한 번에 한 가지씩 질문하라.
⑥ 대상자가 같은 말을 반복하거나 장광설을 늘어놓거든 말을 끊어라.
⑦ 회견 모습을 촬영하기 전에 피회견자를 편안하게 하라.
⑧ 회견은 한 개의 화제에 한정하라.

⑨ 질문의 어조는 피회견자의 경력에 상응하도록 하라. 정치인에게는 솔직한 대답이 나오도록 질문을 재촉해야 한다.

7) 전파를 홍보에 이용하려는 시도와 균형 있는 보도

비평가들은 TV 기자들이 고위직 인사나 대통령 후보들에게는 일방적인 홍보에 지나지 않는 사운드 바이트를 대중들에게 그대로 내보내도록 허용하고 있다고 비난한다. 뉴욕타임스 편집인이며 칼럼니스트인 로젠탈은 CBS의 '60분' 프로에서 쿠바무용가 알른스가 쿠바 독재자 바티스타에 항의하기 위해 무용을 중지했으나 카스트로 집권 후 국립발레단 단장이 되어 카스트로가 시인, 작가, 화가들을 투옥한 데 대해서는 질문을 하지 않아 질문 생략으로 진실을 외면했음에도 불구하고 알른스의 바티스타에 대한 저항만 부각했다고 비판했다.

(1) TV보도에 대한 비판에 귀 기울여야 한다

방송 기자들을 메시지 전달자로 이용하려는 정치 세력 등 외부의 기도가 있다. 불순하게 악용되지 않도록 주의해야 한다. 방송기자들은 신문기자보다 더 엄격한 마감시간에서 활동하고 있고 기사를 더 구체적으로 쓰도록 요구받고 있지만 사건의 공정하고 균형 잡힌 그리고 정확한 보도를 하려고 애쓴다. 크롱카이트는 "일부 앵커들은 제대로 교육도 못 받고 적당한 훈련도 받지 못했다. 그들의 유일한 자격은 예쁜 옷과 맵시 있는 머리 모양이다. 이것은 남성ㆍ여성 앵커 모두에게 적용된다. 저널리스트가 되기보다 스타가 되기를 원한다. 그들은 쇼 비즈니스를 닮아 가고 있는 뉴스 외에는 관심이 없다."라고 지적했다. 한국 방송기자들도 김대중 노무현정부의 신문과의 전쟁에 편승 방송기사의 철저한 자율규제를 소홀히 했다. 스트레이트기사에서 사실과 의견을 구분하지 못하고 앵커나 토론 사회자가 객관성과 공정성을 잃은 발언을 하고 있어 시청자들의 항의를 받는 일이 자주 있었다. 그렇기는 하나 재능 있고 젊은 세대가 기자로 불리고 싶은 열망과 배짱 - 그리고 좋은 교육 배경 - 을 가진 우수한 인재들이 방송계에 진출하고 있어 방송계 체질개선을 기대할 수 있다.

(2) 라디오 기사와 TV 뉴스의 차이

라디오는 그 매체적 특성으로 앞으로도 생명력을 가질 것이다. 라디오는 TV와 많은 공통점이 있으나 몇 가지 차이가 있다. TV가 '보고 듣는 매체' 라디오는 오직 듣는 매체다. '눈먼 매체'다. 라디오는 소리만 있기 때문에 상상력의 매체이기도 하다.

첫째, 라디오 뉴스는 TV 뉴스에 비해 빠르게 처리할 수 있다.

둘째, 음향만 있고 화면이 없기 때문에 현장감이 떨어지지만 음향을 담은 녹음으로 화면을 대신한다.

셋째, 취재과정이 단순한 것이 특징이다. 취재 경비가 적다.

넷째, 청취자도 간편하게 뉴스를 들을 수 있다.

인용도서와 참고문헌

James Gren Stovall : Writing for the Massmedia
Mitchell V. Chanley : Reporting
남시욱 : 인터넷시대의 취재와 보도, 나남출판사

중요개념 및 용어

방송기사의 선택기준, TV보도기사의 특징

제8장

인터넷 저널리즘

1. 인터넷 저널리즘의 괴력

　반정부 촛불집회에서 인터넷의 현장 중계에 의한 정보 전달과 댓글 토론이 괴력을 발휘했다. 인터넷은 노무현 전 대통령 당선과 반미데모 월드컵 붉은악마 집회에서도 큰 위력을 과시했으며 연예인의 잇따른 자살사건과 광고 불매운동 등의 사회문제를 일으키기도 했다. 2001년 9월 11일 뉴욕 월드 트레이드 센터의 두 탑이 무너지고, 수천 명의 엘리트가 떼죽음을 당하고 워싱턴 근처 국방부 건물 한쪽이 불타는 것을 TV로 전 세계 수백만 명이 지켜보았다. TV와 신문은 우리에게 생방송으로 뉴스를 전달해 주었다. 사람들은 911사태를 TV나 신문 방송에만 의존하지 않고 인터넷을 통해 정보를 주고받고 토론을 했다. 19세기까지는 극적인 뉴스 사건을 보도하는 방법으로 TV나 라디오 신문 잡지에 의존해야 했다. 그러나 2001년 9월 11일에는 인터넷, 즉 웹이 신속하게 정보를 전달했다. 분 단위의 최신 정보가 인터넷을 통해 소통했다. 인터넷대중화로 TV가 제공했던 정보보다 훨씬 더 많이 긴급 뉴스 사건에 대해 정보를 얻을 수 있었다. 수백만의 사람들이 TV를 통해 끔찍한 사진을 보자마자 자신이 즐겨 찾는 뉴스 웹사이트에 접속했다. 비행기가 월드 트레이드 센터에 부딪친 후 처음 몇 시간 동안 CNN.com에는 한 시간에 평균 900만 건의 접속수를 기록했다. 다음 날에는 접속수가 시간당 평균 1,900만 건으로 증가했다. Yahoo.com은 공습 이후 한 시간 동안 평소 접속수의 40배를 기록했다. 많은 웹사이트가 이날 많은 접속수를 기록했으며 웹사이트들은 방문자들이 쉽게 사이트에 접속할 수 있도록 광고와 사진들을 전부 없애 버렸다. 방문자들이 웹사이트에 접속했을 때 찾을 수 있었던 것은 사진, 음향, 영상이었다. 그러나 방문자들이 볼 수 있었던 대부분의 것은 수천 개의 단어였다. 이 많은 단어들은 우리에게 무슨 일이 일어나고 있는지 알려 주려고 기초 정보를 수집하기 위해 사건 현장에 있었던 언론인들이 쓴 것이다. 많은 단어들이 테러 전문가의 견해와 직감에서 나온 것이며 또한 많은 단어들은 단순히 사건에 대해 반응한 사람들로부터 나온 것이다.

　20세기 초에 라디오는 뉴스 사건을 소리로 들을 수 있도록 해 주었다. 1960년대에는 TV가 우리에게 사진과 소리를 통해 뉴스 사건을 전달해 주었다. 20세기 후반에는 웹사이트가 우리에게 이러한 사건들을 읽을 수 있게 해 주었고 우리가 사건에 대해 즉각적으로 반응할 수 있는 기회를 주었다. 한국에서는 1990년대 중반부터 인터넷신문과 인터넷 방송이 등장하여 on-line언론 시대가 개막했다. 1992년 시카고 트리뷴지가 미국에서 최초의 인터넷신문(chicago tribune.com)을 낸 지 3년 후인 95년 3월 중앙일보는 한국에서 처음으로 인터넷신문 joins.com을 선보였다. 이어 96년에는 조선일보 chdsun.com와 동아일보 donga.com이 뒤를 잇기 시작하여 거의 모든 일간지가 인터넷신문을 운영하고 있다. 한국에서 인터넷신문이 나오기 전 뉴스의 온라인 서비스는 1986년 한국경제신문이 데이콤에 기사를 제공하는 온라인 데이터베이스 저장작업을 개시한 것이 효시다. 수용자들이 PC로 정보를 이용한 것으로 인터넷신문과는 다르며 전자신문이라고 해야 할 것이다.

　기존 신문사들의 인터넷신문 창간에 이어 독자적인 전문 인터넷신문들도 속속 나오기 시작했다. 그 첫 번째가 1998년에 나온 풍자신문 딴지 일보(ddanzi.com)이며 99년에는 인터넷분야 전문신문인 뉴스보이(newsboy.co.kr)가, 2000년에는 사이버 종합일간지인 오마이뉴스(ohmynews.com) 등이 선을 보였다. 인터넷 경제지인 이데일리(edaily.co.kr), 아이뉴스 24(inews24.com) 등도 잇달아 창간되었다. 인터넷방송은 공중파인 KBS가 1995년에 선두에 서서 인터넷 방송을 시작한 이래 국내 방송들이 전부 인터넷 방송을 운영하였다. KBS(KBS On Line), MBC(Imbc), SBS(SBS), YTN(YTN)이 90년대 말부터 기사 서비스와 VOD(Viedeo On Demand)-'주문형·요구형 비디오', 그리고 On Air 서비스를 하고 있다. 독립전문 인터넷방송은 1997년 국내 최초로 M2TV가 등장한 이래 C3TV, VTV

등 매년 증가하고 있다. 미국에서는 이미 1999년 퓰리처상 심사위원회가 인터넷의 온라인 기사도 공공봉사 금상 부문의 수상대상으로 포함시켜 인터넷신문이 제자리를 차지하기 시작했다. 인터넷 언론은 신문잡지 방송에 이은 '제4의 대중 매체'라고 한다.

2. 인터넷 미디어의 등장과 약진

1) The First Wave : 1982~1992

(1) 기술적 요인

PC통신 기반의 서비스 및 초기 공중 통신망 중심의 서비스 시작

(2) 미디어 환경

Ketel, Hitel, Chollian 등 PC통신 서비스 본격화(신문사들의 제작시스템 CTS 전환에 따른 기사전산화 및 데이터베이스화 시작)

(3) 서비스의 특성

PC통신 게시판 및 동호회를 통한 소식 주고받기, PC통신 서비스를 이용한 아카이브 모델 개발

※ 해외 : Times Mirror & Knight Ridder의 Video text service 시작 (1982~1986)

2) The Second Wave : 1993~1999

(1) 기술적 요인

1993년. Web의 등장 및 ISDN, LAN 환경의 확산과 고속모뎀 등장

(2) 미디어 환경

① 웹 기반 뉴스 서비스 등장 : Tribune Company 세계 최초로 웹 기반의 뉴스 서비스(1993). 국내 최초의 웹 기반 뉴스 서비스 개시(1995년 중앙일보 전자신문)

② 인터넷 버블과 투자자금의 유입 : 인터넷시장에 대한 잠재가치 과대평가

  ㉠ 전 세계적 bubble · internet rush와 투자자금의 대량 유입

ⓒ 새로운 언론 시장의 형성

ⓒ 새로운 뉴스 조직의 등장

③ 언론사 닷컴의 등장 : 디지털조선(1995), 동아닷컴(1996), 조인스(1998), 인
터넷한겨레(1999), 한국아이(2000)

※ 해외 : Tribune Interactive, NYT.com, Boston.com(1999～2000)

- 독립 인터넷 언론사 등장 : 오마이뉴스(1999)

- 전문 인터넷 언론사 등장 : 이데일리, iNews24, CNET.com(1995) 등

- 패러디 및 토론사이트의 등장 : 딴지일보, 도깨비뉴스 등

(3) 시장경쟁구도

① 언론사 닷컴 중심 주류가 된 뉴스 공급시장

② 시장 안정화에 따른 선발업체와 후발업체의 격차 심화

3) The Third Wave : 2000～2004

(1) 기술적 요인

① 네트워크 기술의 진화와 초고속 통신망의 보급 확대(ADSL, VDSL의 대
중화)

② 동적 html의 구현과 멀티미디어 정보 이용의 증대

③ 휴대용 단말기를 이용한 무선인터넷 보급 확대

④ 지능형 검색엔진과 포털뉴스의 강세

(2) 미디어 환경

① 인터넷 시장에 대한 bubble 확인과 투자 위축

② 비즈니스 모델의 부재와 시장 집중화(condentration) 및 고착화(lock - in) 현상

③ 포털사이트의 뉴스공급 집중화 현상 발생

④ 인터넷 언론의 약진과 여론 매체로서의 영향력 증대

⑤ 독립형 인터넷 언론의 종적 다양화(이념과 서비스 형태) 및 매체 수 증대

⑥ 이용자 커뮤니티 및 콘텐츠의 확산

(3) 법적 정책 이슈 부각

① 2002년 인터넷언론의 선거보도와 관련 법적 갈등(선거법 위반 시비·명예
    훼손 소송 등)

② 2004년 개정 선거법과 인터넷 언론의 법적 규제

③ 온라인저작권 문제 부각

④ 인터넷언론사의 법적 책임범위에 대한 논쟁(게시판 관리, 오마이뉴스 앙마
    사례)

⑤ 인터넷언론의 취재권(정부의 브리핑 시스템 전환)

3. 웹사이트의 특징

웹사이트는 계속해서 성장하고 변화해 왔으며 우리 삶에 큰 영향을 미치게
되었다. 더 많은 웹사이트들이 매일 생겨나고 있으며 더 많은 사람들이 이 미디
어를 사용한다. 미국 정부는 다른 많은 국가와 마찬가지로 학생들이 인터넷 미
디어의 큰 교육적인 장점을 이용할 수 있도록 하기 위해 모든 학교 건물이 웹
사이트에 연결되는 것을 목표로 삼았다. 웹사이트는 주식을 거래하는 방법, 은
행과 거래하는 방법, 사람들이 음악을 듣는 방법, 심지어 야구경기를 듣는 방법
까지 바꿨다. 웹사이트는 방송과 뉴스의 특징 모두를 갖고 있지만 이들과는 또
다른 특징이 있다. 웹사이트는 다른 미디어의 많은 특징을 공유하지만 웹사이트
만이 가진 고유의 특성을 갖고 있다. 이러한 특성은 긴급성, 유연성, 지속성, 수
용력, 상호작용이다.

1) 긴급성

전통적인 방송이나 인쇄 미디어에 비해 웹을 통해 방송하거나 출판을 하는
것은 훨씬 더 쉽고 시간을 덜 소비한다. 확실히 방송국은 뉴스가 발생했을 때
빨리 방송을 내보낼 수 있다. 그러나 방송국이 방송을 내보내는 것은 내용이 없
거나 아무 일도 일어나고 있지 않은 곳에 카메라를 들이대서 생방송으로 보여
주는 경우도 있다. 지금보다 덜 열광적이었던 시대에는 방송국이 방송에 내보내
기 위한 재료를 준비하는 데 많은 시간과 노력을 쏟았었다. 인쇄 미디어용 출판

과정에는 몇 가지 생략할 수 없는 단계가 있다. 출판될 것은 무엇이든지 출판 가능한 형태여야 하고, 기계(복사기, 프린터, 윤전기)로 복사가 가능해야 하며, 독자에게 배포되어야 한다. 웹사이트에서 일단 정보가 어떤 형태로든 이용 가능해지면 이 정보는 몇 초 만에 웹사이트에 로딩된다. 대통령이 전쟁을 선포하기 위해 TV에 출연해서 성명을 끝마치기 전에 웹사이트에 그 내용이 올라오고 그에 대한 독자의 반응이 올라올 수 있다. 웹사이트는 방송이 필요로 하는 인력이나 장비를 필요로 하지 않고 인쇄물의 배포 문제도 없다.

2) 유연성

웹사이트는 정보를 전달하기 위해 다양한 형식을 다룰 수 있다. 웹사이트는 단어, 문장, 문단으로 기사를 꾸밀 수 있다. 웹사이트는 정지 사진과 동영상을 보여 줄 수 있다. 웹사이트는 녹음한 소리를 들려줄 수 있다. 웹사이트 언론인은 멀티미디어 환경에서 일을 하고 정보에 가장 알맞은 형식을 골라야 한다. 더불어, 웹사이트는 정보를 제공하는 새로운 형식을 만들어 낸다. 소리가 나오는 사진 갤러리가 한 가지 예이다. 이러한 형식은 사진작가의 설명을 녹음한 소리를 들려주면서 사진을 연속적으로 보여 주는 것이다. 이러한 형식은 인쇄물 세상에서는 불가능하지만 뉴욕타임스 같은 뉴스 조직에서는 광범위하게 사용한다.

3) 지속성

항상 TV를 켤 때마다 비디오로 녹화를 하지 않는 한 사용자가 계속해서 방송을 사용할 수는 없다. 비디오로 녹화하지 않는 한 연속드라마를 다시 볼 수는 없다. 일단 방송되고 나면 사라져 버린다. 신문과 잡지에서 기사를 다시 읽어 볼 수는 있지만 우리가 보는 모든 인쇄물을 모아 둘 수 있는 가능성은 적다. 모으려고 해도 인쇄물을 쌓아 둘 장소가 금세 부족해질 것이다. 인쇄물은 방송보다 분명히 오래 남지만 인쇄물의 생명력과 유용성은 제한적이다. 그러나 웹사이트에서는 웹서버와 전자 저장 공간이 존재하는 한 정보가 한곳에 남아 있고 접근 가능하다. 많은 웹사이트는, 특히 뉴스 웹사이트는 매일 콘텐츠를 바꾸지만, 어제 일자 기사, 사진, 그림, 영상, 소리도 웹마스터가 원하는 한 남아 있다. 서버가 더 이상 존재하지 않더라도 정보는 사용자가 접근할 수 있도록 다양한 방법으로 저장이 가능하다.

4) 수용력

대부분의 뉴스 조직은 보여 주거나 출력할 수 있는 것보다 더 많은 정보를 생산한다. 방송은 시간의 제약을 받는다. 인쇄 미디어는 공간의 제약을 받는다. 그러나 웹사이트는 엄청난 양의 텍스트와 이미지 정보를 보유하고 보여 줄 수 있는 능력을 가지고 있어서 이러한 문제들을 없애 버릴 수 있다. 뉴스 웹사이트는 사건에 대한 기사를 제시하는 것뿐만 아니라 그림, 영상, 소리, 그림, 그에 따라 부수적인 텍스트도 제공한다. 뉴스 웹사이트는 방문자가 사건에 대해 반응하고 다른 사람의 반응을 보고 이러한 반응에 대해 토론을 이어 갈 수 있는 게시판을 만들 수 있다. 전문 커뮤니케이터들은 어떤 정보를 제시할지 고르는 방법보다 자신이 가진 정보를 제시하는 가장 좋은 방법을 생각해 내야 하는 문제에 직면하고 있다. 웹사이트와 다른 기술적인 진보는 전 세계의 모든 사람들에게 하나의 장소에서 접근 가능하도록 더 작은 공간에 더 많은 자료를 저장하는 능력을 증진시키고 정보를 집중함으로써 공간의 문제를 제거했다. 더 이상 셰익스피어의 희곡과 시를 서고에 저장하지 않아도 된다. 이제 몇 초 만에 어떤 사이트에든 접속해서 볼 수 있다.

5) 상호작용

전통적인 형태의 방송은 청취자와 시청자와 상호 작용하는 수준이 낮다. 사람들은 다이얼이나 버튼을 사용해서 쉽게 TV나 라디오 방송국 채널을 바꾸고 볼륨을 변경할 수 있다. 하지만 방송국으로부터 전달되는 것을 통제할 수는 없다. 또한 방송국에 피드백을 제공할 수 있는 체계도 없다. 신문, 잡지, 기타 인쇄 미디어는 적어도 한 가지 점에 대해서는 상호작용을 잘하고 있다. 독자는 무엇을 읽고 무엇을 읽지 않을지 결정할 수 있다. 그러나 선택하는 것은 느리고 귀찮을 수 있다. 그리고 독자가 그렇게 한다고 해서 독자가 사용하는 미디어나 자료를 생산한 사람과 직접 소통하는 것도 아니다. 웹사이트 기술이 생산자와 소비자 사이의 상호작용의 수준을 다른 미디어가 할 수 있는 것보다 훨씬 향상시켰다. 하나의 사이트에서 다양한 자료들이 방문자에게 잡지나 신문에서 읽을 수 있는 것보다 더 많은 선택을 제공한다. 다른 사이트의 다른 자료에 접속하는 것은 방문자들이 자신이 보고 있는 것에 상호 작용할 수 있는 또 다른 방법이다. 방문자들은 자신이 보고 싶은 웹사이트의 일부를 선택할 수 있으며 생산자들은 그러한 선택을 추적해 볼 수 있다. 소프트웨어가 사이트 내의 여러 페이지에 접속한 횟수를 기록하고 사이트 관리자에게 접속수와 한 페이지에서 방문자가 머문 시간을 보여 줄 수 있다. 이러한 특징들과 차이점들에도 불구하고 웹사이트는 여전히 단어, 이미지, 소리, 그중에서도 특히 단어로 구성된 미디어이다. 웹사이트는 언어를 이해하고 언어에 능숙한 사람들에게 웹사이트를 사용할 것을 요구한다.

6) 독자의 요구

웹사이트 독자는 1990년대 중반 이후 기하급수적으로 증가했으며 지속적으로 팽창하고 있다. 한때는 젊은 사람이나 컴퓨터광의 전유물이었던 웹사이트가 거의 대부분의 사람들에게 주요한 정보를 제공해 주는 수단이 되었다. 대부분의 웹사이트는 동일한 관심을 공유하는 한정된 그룹의 특정 독자를 만족시키기 위해 만들어졌다. 신문과 잡지가 많은 그룹에 속한 사람들을 만족시키려고 하는 것처럼 뉴스 웹사이트는 더 광범위한 독자를 대상으로 한다. 독자의 범위가 넓든 좁든, 모든 그룹에 속하는 사람들이 웹사이트에서 기대하는 한 가지는 정보이다. 사람들은 어떤 것을 알고 싶어서 웹사이트를 방문한다. 사람들은 자신이들은 뉴스에 대한 더 많은 정보를 얻거나 문제를 해결하거나 무엇을 구매하기 위해서 등 특정 목적을 위해 이러한 정보를 필요로 한다. 이러한 것들은 웹사이트 사용자들의 다른 특징으로 이어진다. 웹사이트 사용자들은 자신이 찾고자 하는 정보의 유형을 안다. 이용자는 웹사이트가 특정 상품을 판매하는지, 설명 정보를 포함하고 있는지, 유명인에 대한 최신 정보를 가지고 있는지를 확인하기 위해 웹사이트를 방문한다. 웹사이트 개발자와 기자는 많은 방문자들이 특정 정보를 찾기 위해 웹사이트를 방문한다는 것을 이해해야 한다. 개발자와 기자의 임무는 방문자가 찾는 것이 무엇이고 어떻게 방문자에게 그것을 최선의 방법으로 제공할지를 생각해 내는 것이다. 웹서핑을 하는 사람들은 상대적으로 짧은 시간에 모든 웹사이트에 대한 일반적인 기대에 동의하곤 한다. 이러한 기대는 다음과 같은 것들을 포함한다.

7) 웹사이트용 글쓰기의 특징

좋은 글쓰기의 모든 특징(정확성, 명확성, 효율성, 분명함)은 웹사이트용 글쓰기에도 적용된다. 웹사이트의 무한한 정보 수용력에도 불구하고 웹사이트는 말을 가볍게 다루거나 낭비하는 미디어가 아니다. 이용자들은 다급한 경우가 많으며 웹사이트는 그러한 이용자들에게 정보를 최대한 빠르게 전달하려고 한다. 다음과 같은 것들이 미디어들 중 중요한 매체로 부상한 웹사이트용 글쓰기의 특징이다.

(1) 효율성

매스미디어용 글쓰기가 처음인 학생들은 웹사이트 글쓰기의 주요한 특징 중 하나인 효율성과 아마 씨름을 할 것이다. 효율적으로 쓰는 것, 즉 대부분의 정보를 나타내기 위해 가장 적은 단어를 사용하는 것은 대부분의 학생들이 국어나 문학 수업 시간에 배운 글쓰기 유형이 아니다. 적게 쓰면서 많은 것을 전달하는 것은 개발하기 힘든 기술이다. 효율적으로 쓰는 것은 수정하기와 다시 쓰기가 필요하기 때문에 시간이 많이 드는 작업이다. 대부분의 사람들은 초안에 너무 많은 단어들을 사용하며 초안은 수정과 다시 쓰기가 필요하다. 웹사이트의 가장 일반적인 글쓰기 형식과 구조 때문에 웹사이트는 다른 글보다도 더 효율적인 글쓰기가 필요하다. 기자는 독자가 시간을 허비하기를 원하지 않으며 실제로 시간을 허비하지 않는다는 것을 기억해야 한다. 웹사이트는 정보를 획득할 수 있는 많은 부분을 제공한다. 독자들은 정보를 가장 효율적으로 획득할 수 있는 부분에 끌릴 것이다.

(2) 단순성

컴퓨터 스크린을 읽는 것은 인쇄된 형식으로 무언가를 읽는 것보다 더 어렵다. 컴퓨터 스크린을 읽는 것은 다른 자세와 더욱 강한 집중을 필요로 한다. 기자는 이러한 조건을 제거할 수는 없지만 가장 간단하고 가장 직접적인 기사로써 독자가 더 쉽게 읽을 수 있게는 할 수 있다.

간단하게 쓰는 것은 이 책에서 반복해서 언급되는 좋은 매스미디어용 글쓰기의 계속되는 주제이다. 기자는 국어 시간에 배운 습관과 자세를 버리고 가장 간단하고 가장 꾸밈없는 글을 생산하려고 해야 한다. 이 작업은 간단하지 않다. 간단한 문장을 생각해 내는 것은 엄청난 생각과 노력을 필요로 한다. 웹사이트에서는 이러한 노력이 특히 더 필요하다.

(3) 톤

기자는 자신의 정보와 글의 문맥에 적합한 톤으로, 그리고 독자의 기대에 맞는 글을 써야 한다. 웹사이트는 어떤 때에는 공식적인 글쓰기를, 어떤 때에는 비공식적인 글쓰기를 요구한다. 직접적인 뉴스 기사는 공식적인 톤을 가질 것이다. 기자가 정보를 전달하려고 할 것이고 독자는 기자의 의견이나 태도 없이 정보를 기대할 것이기 때문이다. 웹사이트용 글쓰기의 형식은 더욱 격식을 차리지 않는 톤을 사용한다. 어떤 웹사이트는 기자가 요약 기사에서 이러한 톤을 사용하는 것을 허용한다. 기자의 의견과 태도가 오락적인 요소를 가지고 있고 독자에게 기사를 파는 데 도움이 되기 때문이다. 웹로그는 기자가 독자와 일대일로 이야기하듯이 비격식적인 톤을 사용할 수 있다. 그러나 대부분의 독자에게 웹사이트는 무엇이든 게시가 가능하고 어떤 언어든 적절한 장소는 아니다. 기자는 격식을 차리지 않는 것이 적절하고 기대를 받을 때와 격식을 차리지 않는 것의 한계를 이해할 필요가 있다.

(4) 시각적 측면

인쇄용 글을 쓰는 많은 사람들이 미디어의 시각적인 측면에 대한 이해나 관심 없이 글을 쓴다. 이들은 단순하게 자신이 사용하는 말의 시각적인 맥락에 대해 생각해 보지 않고 말을 보이기를 기대한다. 웹사이트 기자는 글쓰기의 시각적인 측면에 대해 이해하고 관심을 가져야 한다. 이러한 것들도 콘텐츠와 미디어의 일부이기 때문이다.

8) 글쓰기의 형식

웹사이트의 주목적이 정보를 제공하는 것이고 웹사이트가 제공하는 정보의 주된 형식이 문자 형태의 데이터라면 웹사이트를 생산하는 데 있어 가장 중요한 활동은 디자인이나 플래시 프로그램으로 만들기가 아니라 글쓰기이다. 글쓰기는 콘텐츠 만들기다. 콘텐츠를 뭐라고 부르든 간에, 신문이나 잡지와 마찬가지로 웹사이트 기자도 독자들을 위해 글을 쓰는 것이다. 이들은 창의성을 갖고 있어야 하며 언어를 능숙하게 다룰 수 있어야 한다. 이들의 글은 좋은 미디어 글쓰기의 특징인 정확성, 완결성, 정밀함, 효율성을 보여 주어야 한다. 그러나 웹사이트 글쓰기의 형식은 인쇄용 글쓰기에서 우리가 배운 것과는 다소 다르다. 웹사이트의 물리적인 특성과 웹사이트 방문자의 다양한 기대 때문에 기자는 자신의 정보를 서로 다른 방법으로 제시해야 한다. 그러나 모든 형식이 다 다른 것은 아니다. 인쇄 글에서 웹사이트 글로 쉽게 전환이 가능한 한 가지 형식은 역삼각형 구조이다.

(1) 역삼각형 구조

개요 없이 가장 중요한 정보를 먼저 제시하는 것은 속도와 효율성에 대한 웹사이트의 요구를 충족시켜 준다. 역삼각형 구조의 기본적인 요소인 정보를 가장 중요한 것에서 가장 덜 중요한 것으로 나열하는 것은 웹사이트 글쓰기 작업에도 적용 가능하다. 뉴스 기사처럼 기자는 정보의 순서를 정하는 작업과 흥미롭고 읽기 쉬운 간단한 형식으로 정보들을 하나로 엮는 작업을 해야 한다. 기자는 개인적인 견해나 개인적인 글쓰기 문체가 가미되지 않은 간단하고 명확한 언어를 사용해야 한다. 뉴스 기사와 마찬가지로 독자는 기자의 관점이 아닌 정보를 획득하는 데 관심이 있다. 역삼각형 구조에 대한 기본적인 요구에 더불어 기자는 웹사이트의 시각적인 측면을 뉴스 기사 속에 추가시켜야 한다. 짧은 문단과 문단의 공간 배치는 웹사이트에서 역삼각형 구조 뉴스의 기본적인 측면이다. 기자는 기사에 링크, 목록, 공백을 추가하는 적절한 방법을 찾아야 한다.

(2) 헤드라인

헤드라인은 정보를 독자에게 전달하는 데 사용하는 뉴스 웹사이트의 가장 중요한 장치이다. 명확하고 구체적인 헤드라인은 독자에게 기사가 무엇에 대한 것인지 말해 줄 것이며 독자가 사이트를 더 파고들지 말지를 결정하게 해 준다. 헤드라인은 긴 기사의 내용을 나타내는 정보의 요약이다. 뉴스 웹사이트는 라벨 헤드라인과 문장 헤드라인의 두 가지 주요한 형식을 만들어 냈다. 헤드라인은 현재시제 동사로 쓰인다. 몇 개의 단어만 사용하지만 헤드라인은 구체적이고 의미 있는 정보를 담아야 한다. 헤드라인을 독자에게 기사를 팔기 위한 광고문으로 생각하면 된다. 헤드라인은 독자를 관여시킬 수 있을 정도로 흥미로워야 하며 독자가 기사를 읽는 데 도움을 주어야 한다. 그러기 위해서 헤드라인은 명확한 정보와 구체적인 표현을 필요로 한다. 모호하거나 추상적인 단어는 흥미를 형성하는 데 도움이 되지 않는다.

(3) 요 약

요약은 웹사이트의 주요한 글쓰기 형식으로 발전해 왔다. 간결하고 잘 쓰인 요약은 독자가 사이트에서 더 깊이 있는 정보와 이해를 얻을 수 있게 해 준다. 요약은 사이트의 첫 페이지에 놓이지만 기사가 있는 페이지에 위치하기도 한다.

요약은 전체 기사의 짧은 버전으로 독자에게 기사의 전반적인 관점을 보여 준다. 첫 문단을 요약으로 사용하는 것은 기사가 있는 페이지에 갔을 때에는 뭔가 다른 것이 있을 것이라고 기대할 가능성이 높은 독자에게 반복되는 것일 수도 있다. 요약은 정보를 전달하는 요약, 분석적인 요약, 흥미를 유발하는 요약의 세 가지로 분류할 수 있다. 정보를 전달하는 요약은 단순히 독자에게 기사의 전반적인 내용을 보여 주려고 하는 것이다. 요약은 2~3 문장으로 되어 있어서 기자는 역삼각형 뉴스 기사의 도입부에서 일반적으로 나타나는 것보다 더 많은 정보를 독자에게 제공할 기회를 가진다. 요약은 역삼각형 뉴스 기사의 도입부처럼 기사에서 가장 중요한 정보를 강조할 필요는 없다. 또한 요약은 기사가 포함할 수도 있는 모든 정보를 가장 일반적으로 다룰 수 있다. 분석적인 요약은 독자에게 기사의 정보에 대한 이해를 제공한다. 분석적인 요약은 누구, 무엇, 언제, 어디보다 기사의 어떻게나 왜를 강조한다. 분석적인 요약의 기자는 기사에 완전히 친숙해야 하고 전반적인 화제에 대해 잘 이해해야 한다. 흥미를 유발하는 요약은 기사에 대한 정보를 제공할 뿐만 아니라 특정 견해를 표현하거나 특정 태도를 보여 줌으로써 독자의 흥미를 자극하려고 한다. 기자는 독자가 정보에 대해 생각해 볼 수 있도록 하기 위해 유머, 풍자, 역설, 그 외의 다른 장치들을 사용할 수 있다. 이렇게 하는 것이 독자에게 즐거움을 주고 독자가 기사를 읽도록 유도하는 것이다.

(4) 부 제

부제는 기사의 본문 중간에 위치하여 독자에게 다음 부분에 무엇이 올지를 알려 주는 행이다. 부제는 기사를 나누는 역할을 하고 공간을 만들어서 기사를 더 읽기 쉽게 만들어 준다. 부제는 임의적으로 몇 개의 문단을 나누기보다는 기사 안에서 자연스럽게 기사를 쪼개 주는 가장 좋은 방법이다. 부제는 기사의 흐름을 방해하기보다는 기사 전반을 통해 독자를 도와줘야 한다. 결말의 모든 형식처럼 부제는 쓰기가 어렵다. 부제는 기자나 편집자가 문단의 정수와 가장 중요한 개념을 몇 개의 단어(보통 3~4개의 단어)만 사용해서 정리해야 한다.

(5) 웹로그(블로그)

웹로그는 웹사이트에서만 가능한 글쓰기 형식으로서 1990년대 후반에 시작되었다. 본질적으로, 웹로그는 글쓴이가 웹사이트에 게시하는 개인적인 다이어리나 일지이다. 일지는 어떤 때는 일주일에 한 번 미만, 어떤 때는 하루에도 몇 번씩, 글쓴이가 원할 때마다 업데이트된다. 웹로그는 읽기를 원하는 누구나 이용 가능하며, 여러 사람이 읽어 가면서 기자가 웹로그에 써 놓은 것에 관심이 있는 사람들을 독자로 형성해 간다. 이따금 이러한 독자들이 대규모인 경우도 있다. 웹로그(또는 블로그)는 글쓴이의 견해와 비평을 포함한다. 때때로 글쓴이가 뉴스 조직의 기자처럼 독자적인 취재를 할 수도 있지만 많은 웹로그의 주된 내용은 글쓴이가 관심이 있는 화제에 대해 언급한 것, 글쓴이가 독자로부터 받은 이메일이나 기타 통신수단에 대한 답변, 글쓴이가 관심을 가진 다른 사이트의 내용에 대한 링크 등이다. 그래서 많은 미디어 전문가들은 사람들이 정보를 모으고 배포하는 측면이 있기는 하지만 웹로그를 언론의 일부로 생각하지 않는다. 웹로그가 진짜 언론으로 여겨지지 않는 또 다른 이유는 언론의 일반적인 수정 절차를 거치지 않는다는 데 있다. 이러한 절차는 오류를 수정하는 것뿐만 아니라 언론인이 타인에 대해 책임을 지는 절차이다.

그러나 웹로그가 새로운 종류의 언론이며 언론인들이 이에 관심을 가져야 한다는 주장도 있다. 웹로그는 미디어 조직의 지원 없이도 자신의 의견을 표현할 수 있다. 이러한 견해가 흥미롭고 호소력이 있으려면 웹로그에 의견을 표현하는 사람이 독자를 모을 수 있어야 한다. 독자는 글쓴이에게 비평을 보냄으로써 웹로그에 참여할 수 있다. 웹로그의 잠재적인 인기를 감지한 미디어 조직들은 여러 가지 방법으로 웹로그의 형식을 발전시켰다. 어떤 조직은 자사 웹사이트에 게시할 웹로그 글을 작성하는 사람을 고용하거나 어떤 조직은 자사 웹사이트에 초대하기도 했다. 어떤 조직은 기자가 인기 있는 화제에 대해서 웹로그를 정기적으로 유지할 것을 장려하기도 한다. 마지막에 언급한 아이디어는 많은 독자들이 관심을 갖는 스포츠 분야에 많다. 웹로그는 좋은 글쓰기를 위해 애쓴다. 독자를 끄는 내용은 중요한 것이기도 해야 하지만 명확하고 정확해야 한다. 웹로그는 많은 언론에서 다루는 진부한 이야기가 아니다. 그 대신에 웹로그는 많은 참여자들과 독자들을 끌어들이며, 웹사이트가 매스미디어로 발전해 갈수록 더욱 더 그렇게 될 것이다.

(6) 이메일

글쓰기를 직업으로 하는 사람들은 이메일을 사용하면서 시작된 비공식적이고 문법이 무시된 문체를 제거하고 더 공식적이고 훈련된 글쓰기 접근법을 사용해야 할 필요성에 대해 인식하고 있다. 어떤 글쓰기에서든 이메일은 맥락과 구조 속에서 명확해야 한다. 이메일을 쓰는 사람은 이메일을 읽는 사람이 이메일에서 어떤 것을 알아야 하고 어떻게 반응해야 하는지를 고려해서 글을 써야 한다. 문맥 없이 애매하고 비문법적인 메시지는 친구들 사이에서 대화할 때에는 괜찮지만 전문 직업인의 환경에서는 그렇지 않다. 이메일 뉴스레터는 일반적인 관심사에 대해 정보를 제공받고 싶어 하는 사람들에게 점차 인기가 높아지고 있는 형식이다. 많은 뉴스 웹사이트들은 사이트의 새롭고 흥미로운 점에 대해 독자에게 알려 주는 이메일 헤드라인을 서비스를 가지고 있다. 일반적으로 이러한 뉴스레터들은 헤드라인이나 요약 형태를 취한다. 또 다른 이메일 뉴스레터는 단번에 쉽게 읽을 수 있을 정도로 짧은 한 가지 새로운 내용을 매일 제시한다.

9) 웹사이트의 다양한 내용

① 배경, 세부사항, 목록, ② 사진, ③ 그래프, ④ 문서, ⑤ 이전 기사, ⑥ 오디오, 비디오 클립, ⑦ 다른 웹사이트로 연결된 링크, ⑧ 토론방

10) 웹사이트기자와 편집자

큰 맥락에서 봤을 때 웹사이트는 다른 매스미디어와 다르지 않다. 웹사이트는 정보를 전달하기 위해 단어와 영상을 사용한다. 단어는 주요한 도구이다. 단어(이미지도 아니고 복잡한 기술도 아닌)는 웹사이트가 정보, 생각, 의미를 전달하는 방법이다. 웹사이트는 단어와 정보에 대한 식성이 매우 왕성하다. 모든 웹사이트는 야수이며 웹사이트의 제작자가 이 야수에게 먹이를 주는 것은 매우 인상적이다. 웹사이트를 시작하는 많은 사람들이 이러한 역동적인 측면을 이해하지 못하고 일단 웹사이트가 개설되면 스스로 독자들을 지속적으로 모아 줄 것이라고 생각한다. 이러한 사람들도 정보가 빠르게 진부하고 낡은 뉴스가 된다는 것을 알게 된다. 새로운 정보를 지속적으로 준비해야 한다. 이것이 정보를 모으고 이해하고 만족스러운 방법으로 독자에게 정보를 전달하는 사람들만이 웹사이트를 지속적으로 운영해 가는 이유이다. 웹사이트는 항상 글을 쓰는 사람과 좋은 글을 필요로 한다.

11) 인터넷 미디어의 순기능 역기능

(1) 인터넷 미디어의 다양성
① 정보의 바다 – 정부부처 공공기관 기업지원 서비스
② 정부기관·단체 홈페이지의 홍보실 기능 및 여론수렴 기능
　㉠ 청와대 홈페이지
　㉡ 국방·교육·건교부·금감원 등 비산업분야 정부기관도 e서비스

ⓒ 주한 미대사관의 café USA, 개설첫날(2004. 11. 9) 네티즌 1만여 명이
  방문

(2) 쌍방향 미디어의 활성화

① 인터넷 기사 · 논평 · 칼럼 등에 댓글 달기를 통한 즉각적인 독자의견 제시
  기사에 대한 피드백 기능
② 기존 신문 · 방송 등 미디어의 Sellers' market 시대에서 Buyers' market 시
  대로 prosumer(producer + consumer) 시대의 인터넷 미디어 : 생산자가 소
  비자를 겸한 미디어 시장

(3) 1인 미디어 시대 – 개인 홈페이지(홈피 블로그)

'내가 편집장': 자신의 미디어사이트 구축 → 친구 · 친지에 e – mail서비스

(4) 인터넷 미디어의 역기능

침투 · 선동 · 동원 · 비방 등 인터넷 악용의 사례

(5) 사이버 명예훼손 심각 – 인터넷 언론 게시판의 실명제 추진

12) 인터넷 미디어의 미래이슈

(1) 진화하는 인터넷 미디어

① 인터넷 미디어의 분화
② 네티즌의 분화
  ㉠ 이념과 정책을 달리하는 시민과 네티즌들의 Web상의 대결
  ㉡ 보수단체들, 인터넷 진보흐름에 대항하여 사이버상의 사상전 선전포고
③ 향군 등 보수단체의 '사이버 군단' 발대식(2004. 11. 11)

(2) 인터넷과 기존 미디어의 미래이슈

① 네티즌의 인터넷미디어 종속화 : 10년 후의 종이신문의 독자이탈 대책

② 인터넷 미디어 이용계층의 Off-line 탈미디어화 : 교조적 편집기능의 무
   력화(無力化)

(3) 유비쿼터스 시대 - 다양화하는 매체, 콘텐츠의 변화

On · Off 공존의 시대 인터넷 미디어의 뉴스콘텐츠 확보 과제

(4) 기존 미디어 종사자의 다기능화 압력

① 취재 · 카메라 · 동영상 · 사운드 · 일러스트 · 편집기능의 일체화

② On · Off line 공통의 미디어 채산성의 위기

13) 인터넷 저널리즘

언론기관들은 뉴미디어국을 설치하고 그 안에 인터넷기사를 공급하는 실무부
도 마련했다. 출범 당시에는 편집국에서 제공하는 기사를 온라인 뉴스로 개작하
고 편집하는 것이 주된 업무였다. 각 신문사의 닷컴 분사 바람으로 구조조정 일
환으로 뉴미디어 산업의 확장을 위해 인터넷신문은 독립 법인으로 분사했다. 모
회사로부터 뉴스 공급을 계속 받으면서 독자적인 취재진도 갖추었다.

뉴스부 안에 뉴스팀과 콘텐츠팀을 두고 있고 경제팀, 뉴스팀, 문화팀, 국제팀
을 두는 데도 있다. 각 사는 정치 사회 국제 교육 지역 오피니언 섹션을 두고
실시간 업데이트를 하며 사회적으로 중요한 문제에 대해서는 특별 사이트를 만
들어 시간별 · 주제별로 심층 기사를 제공하도록 했다. 독자적으로 출범한 전문
인터넷신문은 비록 규모는 작지만 고유의 취재 조직을 갖추어 기존 신문사들의
인터넷신문보다 뉴스보도에서 독자성을 발휘했다. 오마이뉴스는 약 4천 명의 뉴
스 게릴라를, 뉴스보이는 1천 명의 명예기자를 두고 있다. 기존 신문사들도 시
민기자, 국민기자, 명예기자제를 만들었다. 인터넷 한겨레는 2000년 말 현재
1,100여 명의 하니 리포터가 있다. 인터넷 가입자 2,000만 명 시대를 앞두고 독
립된 영역의 온라인 저널리즘을 본격화할 계기를 마련하고 있다.

(1) 인터넷 기사의 특징

첫째, 24시간체제. 인터넷매체는 24시간 실시간(real time)으로 보도된다.

둘째, 저장성. 저장되어 있다가 언제든지 필요한 시간에 볼 수 있는 맞춤미디
어(video on demand)라는 점에서 독자가 원할 때 읽는 신문과 비슷하다.
접근성과 속보성에서 기존 신문이나 방송보다 뛰어나다.

셋째, 무제한적인 기사량. 지면과 스페이스에 제약을 받지 않고 기사와 동영
상을 다량으로 저장하여 필요시 볼 수 있다는 점이 신문이나 방송과
다르다.

넷째, 다른 소스와의 연계성. 인터넷뉴스는 기사나 사설에 이와 관련된 기사
자료를 링크할 수 있도록 목록을 뒤에 게재함으로써 독자들의 편의를
돕고 있다. 인터넷 뉴스는 다른 매체는 물론 정부기업, 단체학교 등의
관련 웹사이트와도 링크할 수 있도록 하고 있어 많은 관련 배경지식을
독자가 알 수 있는 편의를 제공하고 있다.

다섯째, 동영상과 음향 및 중계방송 가능성, 동영상과 음향을 저장했다가 보
고, 들을 수가 있고 실시간 중계방송을 할 수 있어 TV와 같은 역할
을 할 수 있다. 종전의 신문과 방송 미디어의 완전한 융합이다.

여섯째, 쌍방향성, 이용자들이 제작에 참여하여 기자와 대화하고 기자와 독자
간에 토론할 수 있다.

(2) 인터넷 기사의 작성 요령

인터넷뉴스는 단계적인 발전 과정에 있다.

1단계, 인쇄신문과 기존 방송의 기사를 그대로 인터넷 매체에 옮겨다 놓는다.

2단계, 인터넷 매체가 독자적으로 기사를 만들어 기존 매체의 기사에 추가하
는 단계이다.

3단계, 인터넷뉴스가 기존의 체제에서 완전히 벗어나 인터넷 매체의 특성을
살림으로써 기존 매체와는 완전히 다른, 뉴미디어답게 변신하는 단계이다. 우
리나라는 둘째 단계에서 셋째 단계로 진입하는 도중에 있다.

(3) 온라인 기사의 비선형 구조

인터넷 기사에도 역삼각형 기사 방식이 많이 애용된다. 인터넷 기사가 완전히 새로운 기사가 되기 위해서는 기존 기사 형식의 연장이 되어서는 안 된다. '온라인요소', '온라인구성 요소'를 최대한 살리는 방향에서 작성되어야 한다. 취재와 기사 작성 과정에서부터 인쇄 신문의 경우와 완전히 발상이 다르지 않으면 안 된다. 온라인 기사는 비선형의 '정보 건축'방식 구조여야 한다. 인쇄 신문의 기사가 1건의 긴 기사를 작성하는 조립라인 방식의 일관 작업 생산인 데 비해 인터넷기사는 긴 기사를 적당한 길이의 여러 기사로 나누어 이들 몇 개의 관련 기사들로 집을 짓듯이 구성하는 방식을 택한다. 인터넷기사에는 주 기사가 있고 설명적인 기사는 분리하여 별도의 기사로 만들어 여러 개의 관련 기사와 자료들로 연결시키는 방식을 취한다. 정보의 건축물처럼 만들어지는 인터넷기사에는 문자로 된 자료뿐만 아니라 각종 영상과 음향도 들어간다. 비디오, 오디오 및 활동식 그래픽과 지도, 차트 등이 포함된다. 전화인터뷰 녹음과 비디오도 들어갈 수 있다. 미국에서는 사진 슬라이드를 보여 주는 슬라이드 쇼가 – 많이 쓰이고 있다.

① 기사의 간결성 : 인터넷기사는 이용자가 스크린 위에서 훑어보기 때문에 우선 한 문장과 문단, 절이 짧아야 하고 가급적 기사의 전체 길이가 짧아야 한다. 표현도 간결하고 알기 쉬워야 한다. 스크린에 뜨는 글은 가독성이 떨어지고 눈에 피로가 쉽게 온다. 이용자의 눈에 들어오도록 기사 제목과 리드에 독자를 끌 신선한 내용이 있어야 한다. 인터넷방송의 기사체는 존댓말의 구어체로 쓰는데, 다만 CBS Internet만은 문어체 즉 신문기사체로 기사를 서비스한다.

② 업데이트의 중요성 : 인터넷 매체에는 속보성이 생명이기 때문에 24시간 체제이다. 일정 시간 계속되는 사안에 대해서는 제1보에 이어 계속적으로 뉴스를 업데이트해야 한다.

③ 기사의 정확성과 공정성 : 인터넷신문에서 가장 문제가 되는 것이 기사의 정확성과 신뢰성의 문제다. 미확인 기사를 써서 오보를 내는 경우가 많다. 인터넷뉴스를 언론윤리의 지뢰밭이라고 말하기도 한다. 독립된 전문 인터넷신문의 경우가 더 심하다. 아마추어인 시민기자, 국민기자가 보내는 기사에

오류가 많이 발생할 수 있다. 전문기자가 반드시 체크해야 한다. 오보가 났을 때는 지체 없이 정정해야 한다. 인터넷뉴스의 오보는 미국에서도 논란거리다. 하이테크기업인 에뮤렉스에 관련된 인터넷 통신의 오보 사건은 인터넷 뉴스 보도의 전형적인 윤리 문제를 제기했다. 소득세 포탈로 연방수사국의 수사를 받고 있다는 한 대학생의 허위 보도가 이 회사의 주식을 곤두박질치게 했다. 클린턴 대통령의 성추문을 최초로 보도하고 연속 특종 보도한 인터넷신문 Drudge Report는 1998년 1월에서 9월 사이의 51개 기사 중 10개가 부정확하거나 전적인 오보였다는 사실이 나중에 드러났다.

④ 웹 엑스트라의 활용 : 인터넷매체는 자료적인 내용을 무제한으로 저장할 수 있다. Web extra다. 대통령 회견문, 법안 조약, 국회의사록, 재판기록, 학술 발표 논문 전문 등을 무제한으로 수록한다.

⑤ 독자와의 대화 : 인터넷매체는 독자와의 대화코너를 마련하고 있다.

인용 도서와 참고 문헌

James Gren Stovall : Writing for the Massmedia
남시욱 : 인터넷시대의 취재와 보도, 나남출판
조용철 · 김진홍 · 송정민 : 취재보도론, 법문사
김경희 · 이재경 · 임영호 : 인터넷 취재보도, 한울아카데미

중요개념 및 용어

인터넷기사, 윤리

제9장

설득 커뮤니케이션
광고 · 홍보 · 선전문

1. 선 전

매일 매일 선전을 포함한 수많은 설득 커뮤니케이션의 폭격을 받는다. 설득은 기호를 제시하거나 대화를 주고받는 토론 방식을 사용하기도 하지만 때로는 상징의 조작이나 정서나 감정의 조정을 통해서도 이루어지고 있다. 설득 메시지의 유통량도 급격하게 늘고 있다. 이성적인 사고의 기회는 줄어들고 선전가들의 조작에 개인의 사고와 판단을 맡겨 버리는 상황이 늘고 있다.

선전은 주로 대중 매체를 통해 대중을 대상으로 하는 대중적, 집단적 커뮤니케이션이다. 선전은 정치적, 군사적 목적으로 이용되며 선전 주체가 자신을 은폐하거나 허구적인 내용을 전달해서 대중의 생각 및 그들의 여론을 조작할 수도 있다. 선동 교화 등의 개념과 결합되어 왔다. 실제로 선전은 역사적으로 사실을 날조하여 대중의 관심을 호도하거나 충동적인 메시지를 통해 대중의 감정을 부당하게 고양하는 설득 행위로 인식되어 왔다. 공통적인 접근 방법의 중요 원리로 단순화의 원리, 확대 왜곡의 원리, 반복 공명의 원리, 이입의 원리, 감염의 원리, 동일시의 원리가 있다. 단순화의 원리는 메시지의 주장은 단순하게 대중에게 전달되어야 한다는 것이다. 단순화를 위해 정치 강령 인권선언 슬로건 표어 심벌이 중요하게 부각된다. - (회색분자 하와이 빨갱이 친일파 독재자 선동가)확대 왜곡의 원리는 선전에 유리한 면은 확대시키고 불리한 면은 축소하는 것이다. 감염의 원리는 박수, 행진, 깃발, 제복, 조명, 횃불 등을 동원해 감성을 자극한다. 동일시는 정치인이 농촌 방문시 농민복을 입거나 군부대 방문시 군복을 입는 것이다.

선전(propaganda)이란 용어는 1622년 교황 그레고리 15세가 '가톨릭신앙선교회'인 포교성성(Sacre Congregatio de Propaganda Fide)을 조직한 데서 비롯된다. 개신교운동(protestant reformation)에 대항하는 가톨릭교회의 모든 전도 사업을 관장했다. 선전은 처음엔 전도를 의미했으나 '여론의 통제' '여론 조작' 등 정치적 용어로 전용되었다. 선동(agitaton), 이념전(war of ideas), 사상전(thought war), 신경전(nerve warfare), 심리전(psychological warfare), 정치전(political warfare), 설전(war of words), 간접전(indirect aggression), 세뇌(brainwashing), 교화(indoctrination), 선무(consolidation) 등으로도 불린다.

라스웰은 "선전이란 의미 있는 상징적 기호(象徵的 記號)들(symbols)의 조작을 통하여 대중을 관리(management)하는 것"이라고 정의했다. 대중을 어떤 정치적 사회적 가치 기준에 따라 생각하고 행동하도록 조정하는 것이 선전이다. "선전은 사회적으로 논란이 되고 있는 문제들에 대한 태도(controversial attitude)를 대상으로 하고, 교육은 사회적으로 인정되는 태도나 기능 전수를 대상으로 하는 것"이라고 주장했다. 그러나 라스웰은 이런 주장을 바꾸어 교육은 "지식과 기능의 학습 지도"인 반면 선전은 "가치적 태도의 창조", 즉 사물에 대한 태도의 형성을 말한다고 그 차이점을 설명했다. 라스웰은 "광고와 선전은 모두 선전에 속한다."고 했다.

1935년 둡(Lenard W. Doob)은 암시라는 새로운 개념을 도입했다. 그는 "선전이란 한 개인 또는 다수의 개인들이 암시를 통해 집단의 태도와 행동을 통제하는 과정"이라고 정의했다. 암시를 통해 집단의 태도나 행동을 통제하면 선전, 암시를 사용하지 않고 집단의 태도나 행동을 통제하면 교육이라고 구분했다.

암시(suggestion)란 "조작(manipulation)에 의한 기존의 유관 태도의 유발(related attitudes, arousal of prexisting)을 말한다." 가난한 사람에게 가난의 이유가 돈 많은 사람 때문이라고 말하여 반감을 유발시키는 경우, 부자에게 질투심을 유발하는 것이 암시다. 선전자의 목적이 나타나는 직접적 암시와 목적이 노출되지 않는 간접적 암시가 있다. 간접적 암시가 사회에 더 위험하다. 기만과 은폐를 선전의 가장 중요한 특성으로 내세웠다.

심리학자 로저 브라운은 "설득적인 행위의 목적이 설득자에게만 이익이 되고 피설득자에게는 최상의 이익이 되지 않는다고 평가될 경우" 그 설득 노력은 선전이라고 했다. 어떤 행동이나 메시지가 정보원에게는 이롭지만 수신자에게 이롭지 않다고 받아들여질 때 이것은 선전이다. 소비자의 이익이 목적이 아니고 광고주의 매상만 높이는 대부분의 광고, 후보자의 당선만이 목적인 정치 캠페인, 수신자 이익보다 기업 이미지만을 부각시킨 홍보는 선전이라고 볼 수 있다.

1) 선전 기법

(1) 말장난

① 낙인찍기 : 매도하기, 도덕적 딱지 붙이기(독재자, 구두쇠, 사기꾼, 쥐새끼)

② 미사여구 : 문명 선진화, 역사 바로 세우기

③ 완곡어법 : 전쟁성＝국방성

(2) 그릇된 연상

① 전이(transfer)수법 : 십자가 국기 등의 상징은 감성을 자극, 교회 국가에 대한 존경심을 불러일으킨다. 민주화, 통일운동

② 증언 : 위대한 수령은 이렇게 말했다.

(3) 특정의 호소(special appeal)

서민적 기법 / 악대차 수법 : 잘 살아 보세, 인민재판

(4) 공포감 조성

흑색선전, 자동차 사고, 세금폭격

(5) 카드 속임수

선전자의 목적에 맞는 사실만 골라 수용자에게 제시하는 수법. 이승만 건국이 분단이다. 친일파 집단 친미파

(6) 논리적 오류

억지논리 / 附和雷同 등이 정치 캠페인 광고 신문 칼럼 극단주의자들의 주장에서 사용되고 있다. / 주의 분산의 조작＝거짓제시 / 힘 연민의 호소. 편파적 단어 / 인신공격 / 성급한 일반화 / 애매성 / 확인과 거부의 오류

2) 정치적 커뮤니케이션의 발전과 선전 선동

선동(agitation)은 1920년 소련이 만든 선동 선전부에서 유래된 것으로 일종의 더 요란스러운 선전 활동을 말한다. 선전의 씨앗은 1차대전 때 영국과 미국이 뿌렸지만 볼셰비키혁명(1917~22)시기 공산주의자들이 결실을 맺었다.

선전에 대한 자유 공산 국간의 차이

① 공산국가에서 "선전(propaganda)은 정치적 과학적 지식이나 의견 관념 등을 전파시키는 것"이고 "선동(agitation)은 일정한 관념과 구호 등을 통하여 광범한 대중의 의식과 감정에 영향을 주기 위한 목적의 정치 활동"이라고 정의했다.

② 선전의 목적을 자유 국가는 국민들로부터 지지 획득하는 보조 수단으로, 공산국가는 정권 유지 주무기로 사용했다. 레닌 사회주의 정권은, 강제(coercion)와 설득(persuasion)의 적절한 균형 위에 유지되었다. 북한은 "맑스 레닌주의 사상과 리론으로 교양하여 튼튼히 무장시켜 당 정책과 정세를 대중들에게 해설, 침투시켜 사람들을 조직 동원하는데" 선전 선동 목적을 두고 있다.

③ 선전 방법이나 수단도 차이가 있다. 공산국가 조직적이고 다양한 데 비해 자유국가 엉성하고 단조롭다. 비합리적 수법은 사용 금기시했다. 북한 전진 운동을 지연시키는 낡은 사상과 제도 보수적인 현상 폭로 비판함으로써 인민의 적극성과 창발성을 고도로 발휘하도록 하여야 한다는 김일성교시에 따라 "모든 언론은 인민 대중 속에서 일시에 집단적으로 당 정책과 로선을 해설 선전하고 그 관철을 위해 대중을 고무 충동"하는 선전 선동자적 기능을 수행하도록 하고 있다.

④ 선전커뮤니케이터 미국 U.S.I.A

⑤ 선전커뮤니케이션 작성 기법

첫째, 인신공격. 인격, 사상, 이력

둘째, 대중에게 호소. 대중의 감정·편견·여론 등 여러 사람의 연민에 호소

셋째, bandwagon 모든 사람이 그렇게 생각한다.

넷째, 힘과 규모에의 호소

다섯째, 감정적 언어. 차떼기, 나쁜 이름 붙이기, 좋은 이름 붙이기

여섯째, 증언하기

일곱째, 카드쌓기

2. 광 고

한국은 세계 20대 광고 시장에서 10위권이다. 미국, 일본, 영국, 독일, 프랑스, 브라질, 이태리, 오스트레일리아, 캐나다, 다음이다. 광고는 4대 매체가 78.7% 차지하고 있으나 인터넷 매체가 급성장하고 있다. 1996년 5조 6,155억 원 97년 IMF로 98년 4조 1,500억 원으로 축소하기도 했다.

1) 개념 정의

영어로 광고 advertising은 '돌아보다', '주의를 돌리다'라는 뜻의 라틴어 adverter가 어원이다. 프랑스어로 광고 Reclame의 clamer(부르짖다)라는 뜻의 라틴어 clamo 가 어원이다. 광고는 '반복하여 부르짖다' "반복하여 부르짖음으로써 주의를 끌 게 하는 것"이다. Burke는 "광고란 광고주나 그 대행자가 상품이나 용역 또는 이이디어를 팔려고 하는 소비자 대중들을 설득하려는 판매 메시지"라고 했다. 델로지어는 "상품이나 용역의 판매 촉진을 목적으로 한 특정 광고주에 의한 비 대인적 유료적 매스커뮤니케이션의 한 형태"라고 정의했다. 광고는 판매 촉진을 목적으로 한 상업적 커뮤니케이션이다. 라이트, 윈터와 자이글러는 "광고는 매 스 커뮤니케이션 미디어라는 수단에 의한 통제된 명시적 정보의 제공과 설득" 이라고 정의했다. 팔 것을 가진 사람과 그것을 필요로 하는 사람들 간의 커뮤니 케이션 관계. 정보와 설득 두 개념이 포함되어야 한다.

광고주를 매체 측에서는 스폰서, 광고 대행사에서는 의뢰인 클라이언트(client) 어카운트(account)라고 한다.

광고 심리학

① 대리적 조건화＝대리 만족

② 메시지 학습론＝폭스바겐

③ 심리적 반발 이론＝여성만을 위한 껌

④ 일치이론＝스타마케팅

⑤ 귀인이론＝attribution theory – 행위의 결과를 보고 그 원인을 추론하는
　　　　　　　것 결과를 제시하고 그 결과의 원인을 스스로 추론케 하는 것

2) 광고 커뮤니케이션의 종류

① 광고주 유형에 따른 분류 : 기업체의 상업광고 – 생산업체광고, 판매업체광
고, 비영리 조직체의 비상업광고, 공공광고, 공익광고, 정치광고

② 기능 목적에 따른 분류 : 상품광고 – 제품광고, 용역광고, 비상품광고, 이
미지 제고를 위한 광고 – 기업광고 PR(Public relations institutional ad.)

③ 대상자에 따른 분류 : 소비자광고, 비즈니스광고, 전문광고

④ 대상 지역

⑤ 사용 매체에 따른 분류 : 인쇄, 전파, 옥외 교통 포스터, 빌보드 벽

3) 광고 커뮤니케이션의 기능

Kotler는 광고의 주요 기능으로 정보적 기능(to inform), 설득적 기능(to persuade), 회상적 기능(to remind)을, Bovee and Arens는 마케팅 기능, 커뮤니케이션기능, 교육적·경제적·사회적 기능을 열거했다.

통합마케팅 커뮤니케이션(IMC, Integrated Marketing Communication)

광고주에게 이용 가능한 모든 커뮤니케이션의 사용을 촉진하는 통합마케팅 커뮤니케이션(IMC, Integrated Marketing Communication) 현상이 한국대기업에도 보편화되고 있다. 종전의 판매 촉진 요인인 광고 DM, PR 등 개별적인 것으로 보던 것을 상호 연관된 마케팅 믹스로 확대해서 전체적으로 보려는 방법이다. 소비자입장의 정보 처리 시각으로 파악하려는 새로운 시도다. 광고 판

매 촉진, PR, DM(직접우편 direct mail) 등 다양한 커뮤니케이션 수단들의 전략적인 역할을 비교 검토하고 명료성과 일관성을 높여 최대한의 커뮤니케이션 효과를 제공하기 위해 다양한 수단을 통합하는 총괄적 계획의 부가적 가치를 인식하는 마케팅 커뮤니케이션 계획 개념이다.

IMC가 광범위하게 도입되는 이유

① 메시지 효과와 신뢰도, ② 데이터 사용 비용의 감소, ③ 마케팅 전문가 충원 및 마케팅 능력 강화, ④ 대중 매체 비용의 증가와 매체의 분화, ⑤ 유사 상품의 증가, ⑥ 커뮤니케이션 메시지 급증과 대중 매체 광고 효과 의문 제기, ⑦ 명확하고 일관된 메시지 전달 가능, ⑧ 대중매체 비용 증가와 매체 다양화, ⑨ 경쟁 과열화에 따른 기업 전략의 변화 등을 들고 있다.

1989년 미국광고업협회는 "IMC란 광고, DM, 판매촉진, PR 등 다양한 커뮤니케이션 수단들의 전략적인 역할을 비교 검토하고, 명료성과 일관성을 높여 최대한의 커뮤니케이션 효과를 제공하기 위해 이들 다양한 수단을 통합하는 총괄적 계획의 부가적 가치를 인식하는 마케팅 커뮤니케이션 계획의 개념"이라고 정의했다. 그 핵심 내용은 다음 네 가지로 요약할 수 있다.

① 다양한 커뮤니케이션 수단 사용한다는 것이다. 4대 매체, 극장광고, 홍보영화, 인터넷미디어를 모두 사용한다.

② 다양한 커뮤니케이션 수단을 통합한다는 것이다.

③ IMC는 다양한 커뮤니케이션 수단의 전략적인 역할을 비교·분석하는 전략적 의사 결정이다.

④ 마케팅 커뮤니케이션 플래닝이라는 개념이다.

4) 신문광고

(1) 신문광고의 특성

① 적시성(timeliness). 시기적절하게 게재된다. 신속하게 게재된다.

② 사회의 구석구석을 파고든다.

③ 융통성이 있다.

④ 긴 카피를 소화할 수 있다. 배포 지역 독자 계층에 따라 광고할 수 있다. 포괄적 범위.

⑤ 공신력이 있는 능동적 매체다.

⑥ 영구적 매체다.

⑦ 특정한 사회 경제적 집단에 대한 선별성 부족. 하루 이틀 사이에 수명을 다한다.

⑧ 혼잡 현상이 나타난다. 광고주의 통제권이 보장되지 않는다.

(2) 신문광고윤리강령

① 신문광고는 독자에게 이익을 주고 신뢰 받을 수 있어야 한다.

② 신문광고는 공공질서와 미풍양속을 해치거나 신문의 품위를 손상해서는 안 된다.

③ 신문광고는 관계 법규에 어긋나는 것이어서는 안 된다.

④ 신문광고는 그 내용이 진실하여야 하며 과대한 표현으로 독자를 현혹시켜서는 안 된다.

(3) 신문광고의 종류

① display advertising : 전단 5단, 기업광고, 상품광고

② classified ad. : 안내광고. 구인 정보, 부동산 매매, 벼룩시장, 지하철신문, 생활정보지 등의 등장으로 신문 광고 판매량 감소.

③ preprint ad. : 간지광고, 사전 인쇄물 광고. 소책자 카탈로그 엽서 형태, 할인쿠폰 인쇄된 광고물 newspaper supplements. 일요 보충판.

* 영업광고(display ad.) / 안내광고(classified ad.) / 공지(public notices) / 사전인쇄물(preprinted inserts) / 간지광고물 / 여백광고, 돌출광고, 만화 밑 광고, 기사 밑 광고, 임시물

(4) 신문경영과 광고 : 신문광고가 신문경영에서 차지하는 비중이 높아지고 있다. 60년대는 광고 수입이 전체 수입에서 차지하는 비율이 30% 내외였으나, 70년대에는 50%, 80년대에는 60%, 90년대에는 70%, 2000년대에는 80%를 육박

하고 있다. 2000년 신문 광고비 2조 1,214억 1천 800억 원으로 전체 광고비의 46.1%다. TV가 44.9%, 라디오가 5.4%, 잡지가 3.6%다.

(5) 광고주, 광고 대행사, 매체 : 광고주는 광고비를 부담하면서 상품이나 서비스 등을 광고하는 주체, 스폰서라고도 한다.

(6) 광고 대행사는 광고 중간 도매상이다. 시장 매체 조사, 광고 계획 수립, 광고 메시지의 제작, 광고 효과의 조사 등의 업무를 대행 해주는 토탈 광고 대행사다.

(7) 광고 매체, 신문·잡지 등의 인쇄매체, 라디오·TV 등의 전파매체, 포스터 간판 등의 옥외매체, 각종 교통수단을 이용하는 교통광고매체, 진열품 견본 상 품 등 구매시점 광고매체, 각종 우편물을 이용하는 우편매체, 전화번호부, 증정 품, 견본품, 쿠폰 등의 판촉광고매체, 유선TV, 위성 방송, 고화질TV 등 뉴미디 어로 나눌 수 있다.

5) 인터넷 광고

(1) 배너광고

웹사이트 내 특정 위치에 사각형 띠 모양으로 제목 크기로 게재되는 광고, 이 용자가 클릭하면 해당 광고 메시지와 연결된다. 쌍방향의사소통이 가능하다.

(2) 리치미디어 광고

소리, 화상, 동영상 등 멀티미디어 고객과의 직접 거래를 지원하는 온라인인 터페이스 및 애니메이션 배너 멀티미디어 애플리케이션 구현 광고까지 포함 된다.

6) 광고 캠페인

광고 과잉 속에서 기억할 수 있는 광고는 2~3%다. 광고 과잉 속에서 소비 자 광고에 무관심 회피, 불신, 경멸까지 한다. 소비자와 관련성이 높고 독창적

눈길을 끄는 힘 있는 메시지와 누적적으로 학습으로 대중을 압도한다. 성공한
TV 광고 배우가 드라마 주연으로 부상한다.

마케팅요소＝4P

Product 제품, Place 유통, Price 가격, Promotion 판매

(1) 제 품

제품 수명 주기에 따라 광고 기법이 다르다. 도입기는 고지 광고, 성장기는
시장 규모 확대기로 제품 특성 알리는 광고 통해 소비자구매와 재구매를 하도
록 설득한다. 성숙기는 brand loyalty를 가진 고정 고객층을 확보하여 시장 점유
율 유지하고, 제품의 우위점과 소비자가 얻을 수 있는 편익을 알린다. 쇠퇴기는
투자 억제하고 소극적 광고를 한다.

(2) 유 통

소비자 제품 구입 장소와 기업이 판매하는 매장 수 유형 위치 등을 광고 전
략에 반영한다. 원가에 이익 합친 개념과 소비자 신분과 품질 척도를 고려한 광
고를 한다.

(3) Promotion – 특정 제품이나 서비스구입을 촉진하는 마케팅 노력

4C(Consumer 소비자, Cost 비용, Convenience 편리성, Communication 전달)를
광고에서 고려해야 한다.

① 제품을 잊어버려라. 소비자가 무엇을 원하는가, 필요한 것이 무엇인가를
   강조한다.
② 가격을 잊어버려라. 소비자들을 충족시키기 위해 치르는 비용을 무시하게
   해라.
③ 구매의 편리성을 강조한다.
④ 소비자와 커뮤니케이션을 중요시한다.

7) 문제점과 분석과 마케팅 전략 목표

(1) SWOT 분석

광고 주체의 내부 환경 분석으로 조직의 강점 strength, 약점 weakness, 외부 환경 요인으로 기회 opportunity, 위협 threat 등을 분석해서 광고 전략을 세운다.

마케팅 전략의 목표는 ① 경쟁적 제품 편의, ② 브랜드 이미지와 개성, ③ 포지셔닝(positioning) 제품 속성이나 고객편익 가격과 품격, 용도나 활용, 제품사용자, 제품의 카테고리 문화적 상징 경쟁자 등을 기준으로 설정될 수 있다. "2위 기업인 업체가 1위 기업과 경쟁하기 위해 더 노력한다는 것을" 캠페인 한다.

8) 표현 방법

(1) 표현 컨셉은 창조적인 개념(creative concept)을 도입한다. 메시지를 두드러지게 하고 주의를 집중시키며 소비자에게 기억되는 빅 아이디어다. 함축된 판매 제안을 강조한다.

(2) 표현 방법은 제품에 대한 정보를 직접적으로 전달하는 방법과 감성이나 이미지를 통해 판매 메시지를 간접적으로 전달하는 감성 이미지 기법으로 분류한다.

　hard sell = 제품에 대한 정보를 직접적으로 전달하는 광고

　soft sell = 감성이나 이미지 소구를 통해 판매 메시지를 간접적으로 전달

(3) 표현 스타일은 강의식과 드라마식이 있다.

　표현형식 = 사실 정보 형식, 제품이 어떻게 쓰이는지 보여주는 실연(demonstration)과 비교를 단막극으로 연출한다. 문제 해결식, 생활의 단면, 대변인이나 보증인 방식 등이 있다. 광고자는 제품이 주인이 되어야 한다. 표현 요소만 기억되는 흡혈귀식 표현(Vampire creative)이 되지 않도록 주의해야 한다.

9) 광고윤리

광고는 네 가지 사회적 책임 이론을 고려해야 한다.

첫째, 광고정보의 진실성이 제일 중요하다. 정확하고 공정하고 소비자 구매

결정에 충분한 도움이 되는 적절한 것이어야 한다.

둘째, 건전성이 요구된다. 표현과 내용이 사회 규범과 생활양식에 비추어 건전한 것이어야 한다.

셋째, 효율성

넷째, 광고 기회의 형평성 등이 반영되어야 한다.

부당 광고(허위, 기만, 과대)는 규제를 받는다는 문제점이 있다.

기만 · 오도 · 허위 · 과장

오도광고는 기업이 자사(기업)에게 불리하다고 생각하는 상품에 대한 정보를 생략하는 것이다. 광고 표현이 소비자에게 상품에 대한 잘못된 인식을 제공한다. 오도란 정보가 수용자에게 전달되는 과정에서 의도성 여부에 관계없이 변형되는 것이다. 기만은 정보원이 의도적으로 하는 것이다.

3. PR

1) PR커뮤니케이션

첫째, 경영적 기능을 강조하는 정의는 "PR이란 한 조직체가 그에 관계있는 다양한 공중(公衆)과의 상호 이익적 관계를 확인·수립·유지하기 위한 경영적 기능 커뮤니케이션이다." - Cutlip, Center and Broom

국제 PR협회가 1978년 총회가 채택한 정의는 "PR은 공중의 여론 추세를 분석 예측하여, 그 결과를 조직체의 책임자에게 인식시켜, 조직체와 공중 모두의 이익에 기여하는 일련의 활동을 계획하고 실행하는 기술과 사회과학이다."

둘째, 기능을 강조하는 정의는 "PR은 중요한 공중(significant public)에게 영향을 미치기 위한 계획적 설득 커뮤니케이션 행위다." - Canfield

"PR은 한 개인이나 조직체가 어떤 특정한 목적을 위하여 그에 관계있는 여러 집단 또는 공중과 호의적 관계를 수립하고 유지하기 위한 커뮤니케이션 과정 내지 현상이다." - Dennis

PR커뮤니케이션의 본질적 특성

① PR은 커뮤니케이션 행위 내지 현상의 하나다.

② 설득커뮤니케이션이다.

③ 공중과의 상호 이익을 위한 것이라는 점, 호혜적 관계를 갖는다.

④ 쌍방적 커뮤니케이션이다.

2) 광고 · 선전 · PR 간의 차이점

(1) 광고는 광고주가 공개리에 돈을 지불하고 광고 행위를 하지만, 대체로 PR은 매스미디어에 대한 제보(press release) 등의 방법을 통하여 PR한다.

(2) 광고는 비대인적(非對人的)인 대중 매체를 통하여 메시지를 전달하지만, PR은 매스미디어뿐만 아니라, 대화, 회견 등의 대인 커뮤니케이션은 물론 선물 증정 등의 다양한 수단도 사용한다.

(3) 광고는 소비자들이 상품이나 용역을 구매하도록 설득시키는 데 비해 PR은 공중들에게 조직체의 방침을 이해시키는 동시에 그들의 의견이나 태도를 수렴하여 호혜적 관계를 유지하는 데 그 목적이 있다.

(4) 대상자가 다르다.

(5) PR과 선전의 차이점은 선전은 정치적 목적에 관한 설득 커뮤니케이션이지만 PR은 반드시 그렇지 않다. 선전은 일방적으로 대중을 설득 조작하려는 데 반해, PR은 공중과의 호혜적 관계를 수립해서 유지하면서 서로 간의 이익을 도모한다.

3) PR커뮤니케이션 메시지 작성 원리

(1) 되도록 단순한 것이 효과적이다. 상징어 · 약어 · 표어 등을 많이 쓴다.

(2) 명료하게 작성해야 한다.

(3) 추상적인 내용보다 사례(事例)나 일화(逸話)를 많이 사용하는 것이 효과적이다.

(4) 통계적 수치 등 구체적 자료를 제시하는 방법도 효과적이다.

공시용 메시지의 작성 요령

육하원칙에 의한 각 사항이 하나라도 누락되어서는 안 된다. 내용은 사실적이어야 한다. PR냄새가 나지 않도록 객관적이고 공정하되 충분한 뉴스 가치나 인간적 흥미가 있도록 작성해야 한다.

4) PR커뮤니케이션 매체의 여러 종류

① 일반 언론매체, ② 기관지사보, ③ 핸드북 편람 팸플릿, ④ 영화 슬라이드 음반 비디오 등 시청각매체, ⑤ 연설 원탁회의 패널토의 인터뷰 특별행사

5) PR커뮤니케이션의 기능과 기능의 변천

PR은 커뮤니케이션이 원활히 이루어지게 하는 정기능을 한다. 그러나 사회의 정보 질서를 어지럽히기도 하고 정보를 조작하기도 한다. PR커뮤니케이션 기능은 다양하게 변천했다. 제1단계, 19세기 흥행업자들은 중계자를 내세워 관객 동원할 때 Barnum "대중을 속여라"라는 극단적인 방법을 썼다. 제2단계, 19세기 초 기업체들은 기업의 독과점 비판을 무마, 설명, 변호하기 위해 "공중에게 알려라"였다. 제3단계, 1920년대 기업의 정책을 알리고 대중 태도 파악과 호의적 방향 전환을 위한 "이해와 획득"이 목표였다.

(1) 근대적 커뮤니케이션 대두 기업적 커뮤니케이션은 1850년경 서커스흥행업자가 언론중개인(press agent)을 고용하여 연예인 소개와 관객을 동원한 서커스계에서 비롯됐다. "대중을 우롱하라(let the public be fooled)"가 구호였다. American & European Press가 최초의 PR대행사다. 언론중개인 전문직이 직업으로 나타났다. 웨스팅하우스 전기회사가 최초로 PR부를 설치했다. 20세기 muckraking Journalism(폭로저널리즘)에 대항, 변호하기 위해 대중 조작(let the public be damned. 모르게 조작)하는 일을 맡았다. 그러나 PR을 사실대로 공중에게 알려 지지를 받아야 한다는 대전환이 왔다. Ivy Lee는 1903년 Parker & Lee PR대행사 설립, 록펠러 재단과 펜실베니어 철도회사 PR업무 를 대행하였고, 기업 이미지를 개선시켰다. 대중에게 사실을 알리는("let the public be informed.") 홍보를 했다.

(2) 현대적 커뮤니케이션 – 이해와 호의 획득

1917년 루즈벨트는 민간 공보위원회(Committe on Public Information) 크릴위원회 결성하여 1차대전 참전 이유 국민 설득과 인력 물자 동원을 독려케 했다. 전쟁공채 1억 불 판매. 적십자 40억 불 선물 모금을 달성했다. 정부기관 대학 교회도 PR을 시작했다. 공중의 태도나 여론을 파악하는 수단으로 사회과학적 방법이 PR에 이용되기 시작했다. PR커뮤니케이터와 공중 간의 쌍방적 커뮤니케이션을 위해 공중의 태도 의견 요구조사를 파악하는 새로운 PR개념이 사회과학 조사방법론으로 발전했다.

루즈벨트는 1930년대 뉴딜정책에 PR을 공중의 협조를 얻기 위한 도구로 활용했다. 사실 전달이 효과를 거둔 것이다. 기업들도 활용했다. 2차대전 때 전쟁 수행에 필요한 국민 동원과 기업체 물자 절약과 물자공급 어려움 등을 국민에게 PR하여 기업이미지 추락도 막았다. 공산국가는 기업적 목적의 PR이 아닌 당 정책을 알리고 대중 동원하는 선전 선동으로 활용됐다.

유럽에서는 영국은 1948년 PR협회를 결성하고, 1971년부터 자격증(diploma) 취득자만 가입케 했다. 프랑스도 1955년 프랑스 PR협회를 결성했다. 독일은 독일 언론 공보처가 탄생했다.

6) PR의 목적

PR의 목적은 공중의, 공중에 의한, 공중을 위한 것으로 공중에게 운영 방침을 알리고 공중의 의사를 알아서 경영에 반영시키는 데 있다.

Standard Oil Company PR의 목적은 ① 좋은 상품 만들어 소비자에게 적정이윤 남겨 판매하며, ② 주주 사원 고객 공중의 최대 이익을 위하여 경영하며, ③ 모든 사람을 올바로 다루고 그들의 의견에 귀 기울이며 그들에게 항상 우리 회사의 모든 것을 알도록 하는 데 PR의 목적이 있다.

미국여론 조사연구소의 조사(221개 기업체 대상)결과 기업의 PR의 주요 목적은 ① 회사의 명성 강화 32%, ② 상품 용역 판매촉진 29%, ③ 회사 내 성원과의 관계 개선 19%, ④ 정치적 문제 해결 12% ⑤ 주주와 투자가와의 관계 개선 8%였다.

7) 법적 통제

　미 연방최고 법원은 비록 상업광고라도 시민들에게 필요한 정보라면 수정헌
법 제1조에 의해 보호 받는다고 판결했다. 그러나 무한한 자유는 아니다. 개인
명예나 사생활침해 저작권 다른 기업체의 상표권 등을 침해할 때 관계법의 규
제를 받는다. 형법, 저작권법, 부정경쟁방지법, 상법, 상표법, 소비자보호법, 특
허법, 독점규제법, 식품위생법, 약사법, 의료법, 농약관련법의 제약을 받는다. 미
국은 1983년 Declartion of Principles(원칙선언)을 발표했다.

인용도서와 참고문헌
　유일상 : 선전과 여론설득, 아침
　한국광고 홍보학회 : 글로벌시대의 광고와 사회, 한울 아카데미
　김영석 : 설득커뮤니케이션, 나남출판
　차배근 : 커뮤니케이션학개론, 세영사
　임연철 : 문화 예술 홍보론

중요개념 및 용어
　설득커뮤니케이션, 선전 광고 PR

제10장

편집, 잡지, 출판

1. 편 집

신문 편집은 취재된 기사의 뉴스 가치를 판단하고 기사 내용을 요약 압축한 제목을 붙이고 사진 및 그래픽들을 엮어 지면을 제작하는 편집국 내 일련의 신문 제작 과정이다. 광의로는 신문 제작 전 과정과 광고, 제작, 조판, 강판, 출력, 인쇄까지의 전 과정을 편집에 포함시키기도 한다. 편집은 포장하는 기술(Art of Packaging)이다. 신문 지면은 최대 다수의 독자에게 매력과 즐거움을 주도록 포장돼야 한다.

(1) 한국신문 편집의 역사

① 판 형

한성순보 : 1883년, 국판책자형, 4호(16급)활자 전 1단체제, 본문 4호활자체제
             1910년까지 지속

독립신문 : 1896년, 타블로이드형(22×33cm) 3단체제

황성신문 : 1899년, 4단체제

만 세 보 : 1904년, 대판 7단체제

조선·동아일보 : 대판(394×546mm)

지하철 무가지 : 콤팩트판(타블로이드)

국민일보 판형

중앙일보 : 베를리너(470×315mm)

② 개화기 신문

개화기 신문은 기사 제목은 없고 광고·논설·잡보 등으로 분류, 같은 종류의 기사를 한 데 묶었다.

대한매일신보(1905) : 1면 전7단, 제호를 한자와 한글로 1단 처리, 제목 등장

③ 일본신문 모방시대 편집체제

1920년대 동아·조선 직제표에 정리부, 편집국장이 정리부장 겸임, 동아창간 당시 면별 편집 담당부장이 편집부장의 보좌역을 '유능한 기자'가 담당. 1937년 편집부 독립, 조선은 편집부(1920), 정리부(1948), 편집부(1953), 2부장제(1966), 3부장제(1967), 야간부장제(1969)

④ 탈일본신문 시기

1991년 문화일보 : 편집 오피니언면 강화

(2) 편집과정

신문편집은 편집 회의에서 논의, 편집부장이 지면계획서 작성, 편집자에게 원고 송고, 제목작업, 레이아웃 조판, 대장 프린트, 편집부장 편집국장 OK, 강판

① 원고정리(Copy Reading)
② 제목작성(Headline Writing)
③ 지면구성(Make Up)

(3) 편집기자

① 기사를 선택한다. ② 검증 첨삭 요구 ③ 분류 교통정리
④ 뉴스 평가 제목을 단다. ⑤ 꾸민다.

편집기자의 조건

광범위한 지식과 역사의식, 균형 있는 뉴스감각, 판단력 및 자신감, 치밀함, 침착함, 냉정함, 온건함, 건실함, 심미안, 협조성 등이 요구된다.

(4) 제목 – 제목은 기사의 내용을 함축하고 기사의 성격을 부여한다

① 정보 전달 기능, ② 뉴스 색인 기능, ③ 뉴스 가치 평가 기능, ④ 지면 미화 기능

(5) 제목의 분류

① 제목 형태에 따른 분류

  ㉠ 배너 제목(Banner 통단 제목, 플래카드형 제목)

  ㉡ 1행 제목(외줄 제목)

  ㉢ 다행 제목

    ⓐ 설명 보완형(주부제형), ⓑ 각행 독립형, ⓒ 원인 결과형, ⓓ 연결형

  ㉣ 어깨 제목 : 주제목 위에 짧고 작은 모양으로 자리 잡은 제목 형태, 해설 기사의 문패 성, 고딕체, 아래선

  ㉤ 역어깨 제목 : 어깨 부문에 큰 글자, 주제목에 작은 글자

  ㉥ 기사 사이 제목

  ㉦ 대립형 제목

  ㉧ 가지 제목

  ㉨ 꺽기 제목

② 제목 정렬 방식에 따른 분류

  ㉠ 직사각형 제목(양끝 맞추기) ㉡ 왼쪽 맞추기

  ㉢ 오른쪽 맞추기 ㉣ 계단형 ㉤ 중앙대칭형

③ 표현에 따른 분류

  ㉠ 객관 제목 : ⓐ 단순 요약형, ⓑ 인용형

ⓛ 주관 제목 : ⓐ tone 제목, ⓑ 캠페인형, ⓒ 질문형, ⓓ 조어형, ⓔ 의인화, ⓕ 명령형

④ 기능에 따른 분류

㉠ 주제목, ㉡ 부제목, ㉢ 문패제목, ㉣ 사진 설명 제목

(6) 제목의 표현

① 간결 - 명료, ② 평이 - 정중, ③ 생략 - 상징, ④ 운율 - 대조

(7) 제목 작성의 원칙

① 첫 줄에서 정곡을 찔러라. / ② 움직임이 있어야 한다. / ③ 각행의 독립성이 있어야 한다. / ④ 뉴스를 담아라. / ⑤ 쉽게 표현하라. / ⑥ 간결하게 만들어라. / ⑦ 단어의 중복을 피하라. / ⑧ 시제를 명확히 하라. / ⑨ 독자의 입장을 고려하라. / ⑩ 감각 있게 표현하라. / ⑪ 명예훼손과 형평 시비에 주의하라 / ⑫ 기사 성격에 맞는 제목을 달아라. / ⑬ 무리한 조어와 인용을 삼가라. / ⑭ 기사의 비중에 따라 제목 스타일도 바뀐다.

(8) 지면디자인

① 지면디자인의 원리

㉠ 디자인원리 : ⓐ 균형, ⓑ 리듬, ⓒ 대비, ⓓ 통일성
㉡ 디자인유형 : ⓐ 균형형 디자인, ⓑ 대조 균형형 디자인, ⓒ 집중형 디자인, ⓓ 파격형 디자인, ⓔ 모듈러형 디자인, ⓕ 수평형 디자인

② 신문 디자인의 조건

㉠ 기능성

ⓐ 기사 내용을 토대로 시각화 하라.
ⓑ 지면의 강조점을 만들어 독자를 유인하라.
ⓒ 긴 기사는 가능한 한 나눠 지루한 읽기를 피하라.

　　ⓓ 공통적인 기사는 한 묶음으로 처리하라.

　　ⓔ 부속 기사를 활용해 읽기의 흥미를 유발하자.

　　ⓕ 제목, 시각물 등이 기사의 흐름을 끊는 것을 삼가라.

　　ⓖ 시각물을 제자리를 찾도록 배치하라.

　ⓛ 심미성

　　ⓐ 레이아웃은 단순하고 명쾌해야 정보 전달이 빠르다.

　　ⓑ 시각적인 유인물로 독자를 사로잡아라.

　　ⓒ 비중이 큰 시각물부터 배치해 균형 있는 지면을 만들자.

　　ⓓ 지면 전체를 블록으로 처리하여 정돈된 느낌을 주자.

　　ⓔ 의도된 여백은 쉼터를 제공하며 본문을 강조한다.

　　ⓕ 제목끼리 충돌하면 글자꼴이나 형식을 달리하자.

　ⓒ 독창성

　ⓔ 경제성

　ⓜ 질서

2. 잡 지

　잡지(magazine)는 네델란드어 magazien, 프랑스어 magasine(잡지)에서 온 개념이다. 프랑스어 magasin과 네델란드어 magazien은 창고(storehouse) 곳간 보관소 상점이라는 개념에서 발전된 것이다. 초기 magasine은 서점상들이 보유하고 있는 서적들을 고객에게 소개하기 위해 발간한 도서 목록집이었다. 1731년 영국 케이브가 발행한 Gentleman's Magazine이라는 정기간행물이 최초의 잡지다. 그러나 1704년 런던에서 발행된 정기간행물 The Review를 최초의 잡지라고도 한다. 중국은 1862년 中外雜誌, 일본은 1867년 西洋雜誌, 잡지의 효시로 본다.

(1) 잡지의 정의

　① Mott ： 정기적으로 간행되며 다양한 읽을거리를 포함한 제본된 팸플릿이다.

　② Woseley ： 일반 독서 대중을 대상으로 기사, 소설, 시, 사진 등 잡다한 내용이나 특정한 취미, 관심, 직업 등을 가진 집단 및 연령 집단을 대상으로 한

정기 간행물이다.

(2) 잡지의 특성

① 시의성·영속성·속보성·상세성을 갖춘 매체, ② 전국적 매체, ③ 내용
독자 대상 특수화, ④ 투자비가 가장 적은 대중매체, ⑤ 긴 생명력, ⑥ 제본성

(3) 잡지의 종류

① 대상독자 : 남성지, 여성지, 청소년지 / 내용 : 종합지, 교육, 종교 / 판형 :
포켓판, 표준판, 플랫판, 대형판
② Woleley : 일반 대중지(고급지, 권위지, 시사지, 여행관광지, 탐험지, 주
택지) 특수 전문지(만화잡지, 학술지, 사내지, 농업지, 교통지, 여론지)

(4) 잡지커뮤니케이션의 기능

잡지가 과거에는 신문에 앞서 환경감시, 해설, 오락, 문화전수, 광고기능을 했
다. 시사지는 보도와 지도기능, 오락지는 오락기능, 종교지는 포교기능을 한다.
19세기 말 Haper's Arena 등이 정부와 기업체의 비리와 부정부패 추문사건을
과감하게 폭로하면서 사회개혁 부르짖고 나선 고발을 Muckraking이라고 표현
했다.

Peterson은
첫째, 정치적 사회적 개혁 촉진 기능
둘째, 사회적 문제로 부각시키는 아젠다 셋팅 기능
셋째, 이러한 문제의 부각을 통한 국민들의 국가 의식 형성
넷째, 대중에게 값이 싼 오락 제공
다섯째, 대중에게 인류의 문화적 유산 계승해 주는 기능
여섯째, 대중에게 일상생활에 필요한 지침의 제공 기능
일곱째, 다양한 정보와 아이디어 제공
해설 기능과 **여론 지도 기능**을 가장 효과적으로 수행한다.

* News Magazine, Sixty Minutes.

(5) 잡지 발달사

① 17세기 프랑스의 서적 출판업자가 신간 소개를 위한 카탈로그를 잡지의
   효시로 본다.

② 1655년 1월에 나온 Journal des Savants은 독립된 정기간행물로 발전시킨
   것이다. 3월 영국학사원 회보 Philosophical Transactions 간행.

③ 1704년 영국 런던에서 나온 The Review가 다양한 내용을 담았다. 로빈슨
   크루소 작가 Daniel Defoe가 제작, 4페이지 주3회 정치 논평, 문예도덕 예
   절란을 만들었다.

④ 1709년 리차드 스틸이 발간한 Tatler, 조셉 에디슨이 창간한 Spectator은
   둘다 문예지였다. 이들 잡지가 호응을 받으면서 정치 도덕에 영향을 미치
   자 Guardian Englishman Town Talk 등이 나왔다.

⑤ 1731년 Gentleman's Magazine. 영어로 매거진이 보편화되었다.

⑥ 1741년 Benjamin Franklin – General Magazine.

⑦ 1850년 Haper's.

⑧ 1857년 Atlantic. 엘리트용.
   19세기 말 콜리어스 코스모폴리탄 등 대중잡지가 대중지로 자리매김. 10센
   트로 가격 인하 '머크레이킹'이라는 이름의 폭로 기사를 대대적으로 게재.

⑨ 1892년 Ohllinger가 코리안 리포지터리, 1896년 대한독립협회보, 1908년 소
   년이 있다. 여자계(1918), 춘(1914), 창조(1924), 개벽(1920), 백조(1921), 조
   선지광(1921), 신소년(1923), 동광(1924), 새벗(1925), 삼천리(1929), 신동아
   (1931), 진단학보(1934), 조광(1935)

⑩ 1950년대 : 학원, 사상계, 희망, 신태양, 실화, 현대공론, 문학예술, 새벽,
   현대문학, 자유문학

⑪ 70년대 신동아, 월간조선과 여성월간지가 대중지로 자리 잡았다. 문학과
   지성, 창작과 비평, 한국학보, 현상과 인식 등이 전문지로 발돋움했다. 변
   호사 황인철씨, 민음사, 신구문화사, 일조각, 일지사 등이 잡지발전에 기여
   했다. 김병익, 염무웅, 김치수씨 등이 이런 전문지 발전의 기수가 됐다. 한
   창기, 윤구병씨가 펴냈던 뿌리 깊은 나무를 비롯해 공간, 샘터, 현상과 인식,
   Diplomacy, 한국학보 등 다양한 잡지가 한국 잡지미디어 발전에 기여했다

(6) 잡지 현황

프랑스는 신문보다 잡지가 대중 매체를 선도한다. 프랑스 2만여 종, 상업지 9백여 종, 8천5백만 부수다. 미국은 87년 현재 1만 1,000여 종, 3억 2,000만 부를 발행한다. 리더스다이제스트 매달 1천 800만 부, TV Guide 매주 1천 800만 부, National Geographic 매달 1천 700만 부가 발행되고 있다.

(7) 잡지커뮤니케이터

정보, 지식, 읽을거리를 수집하여 메시지를 잡지라는 인쇄매체를 통해 수용자에게 전달하여 그들의 욕구를 충족시켜주고, 그 대가로 경제적 이윤을 추구한다. 이러한 상업적 목적과 달리 잡지가 기관 단체 회사의 정치적 목적, 홍보 목적으로 출간하는 경우도 있다. 잡지도 사상의 자유, 공개 시장의 원칙에 의해 살아남는다. 잡지사 출신인 김성한, 유경환, 손세희(사상계), 이광훈, 권영빈(세대)씨 등은 신문에 진출, 언론인으로도 성공했다.

(8) 잡지커뮤니케이터에 대한 통제

헌법, 형법, 군사기밀법, 소년법
잡지윤리실천요강

3. 출판커뮤니케이션

(1) 서적의 개념

유네스코가 1964년 10월~11월 파리에서 개최된 제13차 총회에서 채택한 "서적과 정기간행물에 관한 국제적 표준화에 대한 권고안'은 'book이란 출판되어 공중의 이용에 제공되는 최소한 49page(표지 제외) 이상의 인쇄된 비정기 간행물을 말한다."고 규정하고 네 가지 요건을 제시하고 있다.

① 출판되어 공중이 이용할 수 있어야 한다.
② 최소한 49page 이상이어야 한다.
③ 인쇄된 것이어야 한다.

④ 비정기 간행물

(2) 서적의 종류

① Dewey의 십진분류법 : 총류, 철학, 종교, 사회과학, 어학, 순수과학, 응용
　과학, 예능, 문학, 역사서
② 대한출판문화협회 : 아동 도서와 학습용 참고서 추가 12가지 유형, 아동
　도서와 학습용 참고서가 우리나라 출판 종수의 33% 차지
③ 판형에 따라 : 46배판(19×26cm), 국판(15×22cm), 46판(13×19cm), 문고판
　(11×15cm), 46판은 46전지를 65면으로 자른 규격. 57년부터 A4판, A5판,
　A5신판, A6판, B5판, B6신판, B40판

(3) 특성과 기능

① 생명이 길다.
② 도달 범위가 넓다.
③ 완벽성과 상세성
④ 전문성·단일성·신뢰성
⑤ 부정기적이다.
⑥ public goods.
　㉠ 기록성·보전성
　㉡ 문화적 특성(문화보호, 전달, 창조)
　㉢ 사상

(4) 출판의 역사

고대 메소포타미아 시대에 설(楔; 문설주 설)형문자로 진흙판(clay tablet)에 새
긴 점토판 기록물을 출판의 남상으로 보기도 하지만 대체로 이집트시대 파피루
스에 문자로 적은 두루마리를 책을 기원으로 삼는다. 동양에서는 대나무에 적은
기록물을 책의 효시로 보기도 한다. 1세기경 양피지(parchment)에 쓰여진 고사
본(codex)을 비롯 교회에서 필사 복사한 두루마리가 전한다. 12세기에 복제 거래

상이 등장했다. 1377년 현존 세계최고 금속활자본 직지심경을 간행해 세계 학계가 공인했다. 1445년 쿠텐베르그 활판 인쇄 발명이 출판을 촉진했다. 16세기 종교개혁운동은 출판 활동을 자극했으며, 17세기 출판 검열 등 통제가 시작되었다. 1664년 존밀턴 Areopagitica라는 논문 통해 검열 제도의 불합리 성을 지적했다.

우리나라 출판커뮤니케이션은 삼국시대. 불국사 석탑에서 나온 다라니경과 고려 때 동활자 인쇄가 국제적으로 공인받았다. 그러나 그 출판이 대중에게 널리 보급되는 발전을 하지 못했다. 갑신정변 전 1883년 개화파에 의해 박문국을 설치, 한성순보를 발간하면서 서양 인쇄를 도입했다. 1888년 서울 천주교회가 성서출판소를 설치하고, 1889년 아펜젤라가 배재학당에 인쇄부를 설치하고, 한글과 영문활자를 주조, 성서와 조선그리스도인회보를 발행하고, 독립신문·협성회보·매일신문 등을 인쇄했다. 보성사, 휘문관, 신문관 인쇄소가 생기고, 1896년 출판사 광문사를 설립됐다. 1910년대에 영창서관, 광인사, 덕흥서점 등이 출판서점을 겸영했다. 순종 3년(1909) 출판법을 제정하고, 사전 검열·납본·검열했다. 1925년 치안유지법이 제정 공포(1928년 개정)됨에 따라 언론과 출판을 철저히 탄압했다. 1938년 조선문고, 박문문고. 1943년 출판사업령 한국어서적 출판을 금지시켰다.

1945년 박문사, 정음사, 을유문화사, 고려문화사 등의 출판사가 다투어 문을 열었다. 1950년 6.25 전란 중 사상계 학원사가 설립됐다. 1958년 학원사 대백과사전, 을유문화사 우리말 큰사전(6권)이 나왔다. 민중서관, 일조각 삼성, 휘문, 동화출판공사, 민음사 민족문화추진회, 정신문화연구원, 국사편찬위원회, 신문사 출판국이 한국출판문화를 진작시켰다. 군사정권의 언론 통제로 신문사를 떠난 신문기자들이 출판계에 진출 한국출판문화에 새바람을 일으켰다. 김병익(문학과 지성사), 김언호(한길사), 백우영(백제사), 김진홍(전예원), 손세일(청람문화사) 씨 등은 출판계에서도 영향력 있는 책들을 냈으며 문학과 지성사, 한길사는 경쟁력 있는 출판사로 우뚝 섰다.

인용도서와 참고문헌

한국편집기자협회 : 신문편집
차배근 : 커뮤니케이션학개론, 세영사
조상호 : 한국언론과 출파저널리즘, 나남출판사

중요개념 및 용어

한성순보, 책, 편집기자의 역할

제11장

취재보도의 자유와 한계

1. 언론의 자유와 책임

1) 언론 자유의 정의

언론이 국가 권력의 통제로부터 벗어나 자유롭게 사상의 자유시장을 형성하고 국가권력을 감시 견제하는 기능을 할 수 있는 언론자유를 구가할 때 민주주의 사회가 가능하다. 언론 자유는 첫째 국가의 간섭을 배제하는 개인의 기본권이다. 둘째, 언론(言論) 자유는 민주주의 사회체제 유지에 필요불가결한 제도다. 셋째, 공공에 관련된 정보를 자유롭게 수집전달하고 다양한 의견을 표시 반영함으로써 바른 여론을 형성케 하는 민주주의 제도다. 1952년 언론 자유의 수호 및 질 향상을 목적으로 발족한 국제신문 편집인협회(IPI)는 언론의 자유를 ① 발행의 자유, ② 뉴스원에 접근할 수 있는 자유, ③ 보도 전달의 자유, ④ 의견 표시의 자유라고 정의했다.

1977년 영국의 언론현실을 진단한 제3차 언론에 관한 왕립 위원회는 언론 자유에 대한 정의를 다음과 같이 규정했다.

"우리는 언론의 자유를 소유자, 편집자, 저널리스트가 민주적 시민이 책임 있는 판단을 내리는 데 필요한 사실들과 의견들을 출판함으로써 공익추구를 가능케 하는데 불가결한 정도의 제약 없는 자유라고 규정한다."(Royal Commission on the Press, 1977) 언론의 자유를 구성하는 요소는 무엇보다 누구나 권력에 의한 제약 없이 신문 등 출판물을 발행할 수 있는 권리를 말한다. 언론의 자유는 언론사를 대표하는 사람들이 사회 모든 분야에서 자유롭게 정보를 수집하고 자유롭게 뉴스를 보도할 수 있는 것이다. 언론사 스스로의 판단에 따라 수집한 뉴스를 크게 또는 작게 제시할 수 있고, 경우에 따라서는 아예 묵살할 수도 있는 취사 선택의 자율적 권리를 포함한다. 그러한 권리는 언론의 의견표시 자유에 적용되며, 어떤 이슈에 관련한 다양한 입장을 전파할 권리, 특히 다수가 기피하고 반대하는 소수 의견을 자유롭게 전할 수 있는 자유를 포함한다. 그러나 뉴스는 '진실성'에 입각해야 한다. 진실성이란 공정하고 포괄적이고 객관적인 것을 뜻하며, 의견의 전달은 일방적인 주장이나 언론사의 입장뿐 아니라 반대되는 견해를 포함한 다양한 의사가 반영되는 것을 말한다. 그러나 특정 매체가 반드시 정보나 의견의 다양성을 책임져야 한다는 것은 아니다. 독립적인 다수의 언론이 고유의 색깔을 가지고 서로 경쟁적으로 공론권을 형성하면 '사상의 자유 시장'이 성립되는 것으로 볼 수 있다.

언론의 자유는 당연히 한계가 있다. 언론출판의 자유가 민주주의 사회에서 우월한 가치지만, 그것이 내면적 자유가 아니라 외부 표현적 행위인 이상 타인의 권리나 명예와 충돌한다든가 사회적인 도덕 가치를 해친다든가 공동체의 안전을 위태롭게 하는 경우 공익 차원에서 최소한 법적 규제까지 면제 받는 것은 아니다. 다만 언론의 자유가 개인의 기본권 보장과 대의민주주의 구성 조건이라는 전재로 다른 사회적 가치에 비해 우월한 것이다. 특히 허가제 검열제 등 사전 억제가 헌법상 명시적으로 금지되어 있고 사후 처벌도 '명백하고도 현존하는 위험의 기준'을 적용하는 등 언론 자유에 대한 제약을 극도로 제한하는 것이 자유국가의 언론 정책이다. 말하고 쓰고 발표하는 자유가 다른 모든 자유의 성립에 전제가 되기 때문이다. 법률적으로 언론출판의 자유는 사상이나 의견을 발표하는 자유 외에 알권리, 반론권, 언론 기관 설립권은 물론이고 언론 기관의 취재의 자유와 편집 편성권 및 그 내부적 자유까지 포괄하는 것이다. 언론의 자유는 현실적으로 일반 시민이 누리는 표현의 자유의 일환인 동시에 때로는 일종의 특권으로 보장된다. 이러한 특권들로는 국가 기관에 대하여 정보를 청구할 수 있는 권리, 명예훼손의 보도도 보도내용이 진실이며 공공의 이익을 위한 것일 때는 형사상 처벌을 면제받는 권리, 취재원에 대한 증언 거부권 등이 있다.

그러나 언론의 이러한 특권은 일반시민의 표현의 자유와 유리된 일종의 '특권'이 아니라 일반 국민이 누리는 표현의 자유의 한 형식인 동시에 다양한 의견과 정보를 제공함으로써 공공의 토론을 촉진하고 여론을 형성하는 공적인 기능을 다하기 위한 제도적 보장인 것이다.

2) 언론자유 쟁취의 역사

17세기에 싹터 19세기에 꽃피운 전통적인 자유주의 언론관은 인간이 태어날 때부터 이성적·합리적 존재로서 사상의 자유시장(the open market place of ideas)이 보장되면서 자율조정 과정(self - righting process)을 통해 궁극적으로 진리를 찾아낼 수 있다는 자유주의 사상을 기반으로 하고 있다. John Milton(1608~1674)의 '사상의 자유주의'의 영향을 받아 17세기 말부터 18세기 초 영미에서 자유주의 언론 사상이 자리 잡게 된다. 자유로운 언론을 통해 충분한 정보를 접할 수 있고 이를 통해 합리적인 결정을 내릴 수 있다는 언론 자유는 권위주의 언론 체제를 무너뜨렸다. 밀턴은 검열 폐지를 주장한 아레오파지티카(Areopagitica)에서 "모든 주의 주장을 이 땅 위에 자유로이 활동하도록 내버려두면 진리도 거기에 있을 터인데, 허가를 받게 하고 검열로 금지함으로써 우리는 진리의 힘을 의심하는 부단한 일을 하고 있다. 진리와 거짓이 서로 다투게 하라. 누가 자유롭고 개방된 대결에서 진리가 패배하리라고 본단 말인가?" 역사적으로 언론의 자유는 1647년 퓨리탄 혁명 때 의회 급진파인 수평파(Levellirs)가 내놓은 인민협약(정치 개혁안 인구수 따른 선거구 조정, 의회격년 개최, 신앙의 자유 법 앞의 평등강제 군복무 거부) 및 1649년 영국 국민 협정(Agreement of the People) 등이 법적으로 보장하려고 한 초기의 시도다. 1689년 권리장전(Bill of Right)은 의회에서 언론 자유를 보장한 것이다. 1695년 검열법(The Licensing Act)을 폐지, 비로소 출판 자유가 확립됐다. 1776년 미국 버지니아헌법, 1789미국 수정 헌법에서 법률로도 제한할 수 없는 절대적 자유로 보장했다. 1789년 프랑스 인권선언 11조에 '사상 및 의견의 자유로운 교환은 인간의 가장 귀한 권리의 하나라'고 선언한 이래 모든 국가가 헌법으로 보장했다. 미국 수정 헌법 제1조 : (종교 언론 및 출판의 자유와 집회 및 청원의 권리)는 "연방 의회는 국교를 정하거나 또는 자유로운 신앙 행위를 금지하는 법률을 제정할 수 없다. 또한 언론 출판의 자유나 국민이 평화로운 집회할 수 있는 권리 및 불만 사항의 구제를 위하여 정부에 청원할 수 있는 권리를 제한하는 법률을 제정할 수 없다."고 못 박았다.

언론의 자유는 서양의 봉건제가 절대군제제로 바뀐 다음, 입헌군주제로 변화하는 과정에서 쟁취한 것이다. 언론 자유는 고전적 자유주의 사상에 기초. 인간은 이성적이며 도덕적인 존재이므로 각 개인들의 자연권인 언론자유를 보호하는 것이 타당하며 자유방임적 자유 시장 경제를 최선의 제도로 보았다. 인간은 이성적 존재이며 진리를 추구하고 그것을 발견할 수 있는 능력을 타고 낳았으므로 사람은 누구나 자신이 진리라고 생각하는 것을 말할 수 있는 '공개된 자유 시장'이 이루어져야 하며 '시장의 자율조정 작용'을 통해 거짓은 도태되고 진리가 떠오를 수 있다는 것이다. 자연권이므로 절대적인 가치이며 간섭이나 규제를 받지 않는 천부인권설에 기초한다고 믿었다.

자유주의적 언론은 절대왕정 체제하의 권위주의적 언론을 무너뜨렸으나 자본주의 시장 원리와 만나 19세기 말부터 상업주의 선정주의 이윤 지상주의 소유 집중 현상을 낳게 했다. 이 자유주의 언론 철학은 19세기 등장한 대중신문과 시사잡지 20세기 초 라디오 등 상업주의와 영합 황색 저널리즘으로 변질된다. 1830년대 초부터 미국에서 발달한 대중신문은 19세기 말 팔리는 영리 위주 신문이 되어 범죄, 섹스 스캔들, 재해, 이상 현상 등 대중의 저속한 호기심을 소재로 흥미 본위의 뉴스를 선정적으로 보도하면서 과당 경쟁을 벌였다. 미국에서 황색저널리즘은 1901년 맥킨리 미대통령의 암살로 일단 주춤했으나 제1차 세계대전 후 타블로이드 신문 경쟁으로 다시 살아나기 시작했다

고전적 자유주의 철학은 19세기 말 수정된다. 진화론, 상대성 원리 등은 진리를 상대적인 것으로 인식하게 만들었다. 프로이트 정신분석학은 인간의 비이성적인 면을 강조하게 되었다. 인간은 도덕적인 존재라기보다 유혹에 쉽게 흔들리는 존재로 파악했다. 옥스포드 이상주의 학파에 의한 고전적 자유주의 철학은 수정됐다. 자유의 개념에 변화 복지개념도 도입됐다. 케인스는 "개인의 이익과 공공의 이익이 반드시 일치하지 않는다"고 지적했다. 언론자유, 철학도 상대적인 개념으로 파악됐다. 자유란 절대적인 것이 아니라 사회적 의무로부터 파생되는 것이라는 상대적인 개념이라는 개념 등이 공공의 복지를 우선하고 인간의 비이성적 측면도 강조하는 세계관·인간관·사회관과 결합되어 언론 자유에 대

한 새로운 관점이 형성된 것이다. 말하는 자유보다, 수용자의 자유를 더 강조했다. 모든 사람이 진리만을 말할 것이라고 믿지 않고 인간은 자신들의 목적을 위해 진리를 왜곡하거나 거짓을 말할 가능성이 있다는 것을 주목했다. 인쇄할 자유보다 정보의 자유를－누구나 원하는 것을 인쇄할 자유 보다 사회가 필요로 하는 것을 인쇄할 의무를 강조하게 되었다. ～으로부터의 자유에서, ～을 위한 자유를 강조하게 된 것이다. 소수가 언론기관을 지배하고 그들은 사회가 필요로 하는 적절한 봉사를 하지 않을 뿐더러 사회의 비난을 받아 왔다. 허친스 위원회는 이런 행위는 규제되어야 한다고 보아 자유와 함께 언론의 책임을 강조했다. 언론은 항상 자유롭게 뉴스를 수집 전달하여 주요한 공공의 관심사를 공공 토론의 의제로 설정해주고 다양한 의견을 제시함으로써 여론 형성을 가능케 한다. 언론은 자유로운 공론의 장을 제공하고 사회적 통합을 이루는 데 중심적 역할을 수행하는 제도여야 한다. 언론은 국민 의회 정부를 결합시키는 매체이기도 하다. 이렇듯 민주주의 제도를 운영하는 데 필요 불가결한 제도인 언론이 공적 기능을 다하기 위한 전제 조건은 언론이 자유롭고 독립적인 판단을 내릴 수 있어야 하고, 그것은 고도의 책임 의식을 동반해야 한다는 것이다. 조선 초기 정도전은 절대왕정의 견제와 균형장치인 언관제도를 확립했으나 임진왜란 전 정쟁의 도구로 전락하자 율곡은 의진시폐소(擬陳時弊疏) 상소문을 통해 정란어부의(政亂於浮議)를 지적했으나 조선조 언론은 수정 보완 없이 영조 때까지 존립 붕당 정치의 표현의 도구도 되었다. 숙종 영조가 이 제도를 폐지한 후 조선의 언관제도는 봉쇄되고 안동 김씨 일당독재로 나라가 망했다. 율곡의 문제 지적에도 언관제도의 자율조정이 이루어지지 않은 것이 문제였다.

2. 취재기자의 권리와 책임

1) 언론의 기본 기능

최근 한국언론 매체들이 주장만 강하고 보도가 약한 것은 언론이 정치화한 징후다. 언론인은 언론의 기본 사명이 무엇인지 명확히 인식할 필요가 있다. 언론의 기본기능은 '정보제공, 여론형성, 의제설정' 등 3가지를 열거할 수 있다

(1) **정보제공 기능 :** 언론은 정확한 정보를 독자와 청취자들에게 제공해야

하는 일차적인 임무가 있으며 국민의 알 권리를 충족시키는 것이 그 으뜸가는 사명이다. 표현된 의사 정보 등을 받아들이는 '알 권리', '읽을 권리'는 세계 인권선언 19조, 독일 기본법 5조 1항에 명문으로 규정하고 있으며, 미국은 정보 자유법 프랑스와 북구 3국은 정보 공개에 관한 법률에 이것이 규정되어 있다. 한국도 96년에 제정된 공공기관의 정보공개에 관한 법률 제1조에 이 용어를 명문으로 규정했다.

(2) **여론형성 기능 :** 언론의 임무는 정보 제공에 그치지 않는다. 국민들이 정보에 밝은 시민이 되어 건전한 여론 형성을 하도록 해야 한다. 언론의 자유는 국가에 대한 소극적·방어적 권리였지만 국가 질서 형성의 적극적 권리로 그 성격이 바뀌었다. 여론을 중개하여 사상의 자유 시장을 만드는 데 기여해야 한다.

(3) **의제설정 기능(agenda setting function) :** 사상의 자유 시장 공론장 형성과 관련하여 중요한 언론의 기능은 의제 설정 기능이다. 언론은 국가적 관심사와 정책의 우선순위를 결정하는 데 중요한 역할을 해야 한다.

2) 언론의 원칙

이에 관한 문서는 73년 미국신문편집인협회(American Society of Newspaper Editors, ASNE)가 만든 원칙선언(Statement of Principles)과 이를 참고한 한국신문윤리강령이 있다.

(1) **사회적 공기로서의 책임 :** 한국 신문윤리 강령은 제2조에 언론이 사회적 공기로서 책임을 다하기 위해 건전한 여론 형성, 공공 복지의 증진, 문화의 창달, 국민의 기본적 권리를 적극적으로 수호할 것을 다짐했다. 신문윤리실천 요강은 언론인이 건전한 여론 형성과 공공 복지 향상을 위해 사회의중요요한 공공 문제를 적극적으로 다루어야 한다고 했다. 의제 설정 기능을 사회적 책임으로 규정했다.

(2) **정보와 판단력 제공 :** 미국신문 편집인협회의 원칙 선언은 미국신문은 단지 정보를 제공하고 토론장으로서 봉사하는 데 그치지 않고, 정부의 모든 공권력 행사를 포함한 사회의 각종 세력에 대하여 자주적으로 감시를 하도록 언론 자유가 보장되어 있다고 밝혔다. 언론에 의한 권력 감시가 중요한 사명임을 천명했다.

(3) 언론 자유와 독립성에 관한 책임 : 신문 윤리 강령은 언론 자유가 국민의 알 권리를 실현하기 위해 언론인에게 주어진 으뜸가는 권리라는 신념에서 대내외적인 모든 침해 압력 제한으로부터 이 자유를 지킬 것을 다짐한다고 했다. 신문을 이기적 목적으로 이용하려는 모든 사람에 대해서도 감시해야 한다고 했다.

(4) 언론 보도의 정확성과 공정성 : 언론 보도의 생명은 진실, 즉 정확성과 불편부당성, 공정성에 있다. 신문윤리 강령은 사실의 전모를 정확하게, 객관적으로, 공정하게 보도하고 진실을 바탕으로 공정하고 바르게 평론하며 사회의 다양한 의견을 수용함으로써 건전한 여론 형성에 기여할 것을 강조하고 있다.

(5) 언론 보도의 심층성과 전문성 : 심층성과 전문성 없이는 설득력 있는 평론의 불가능은 물론 의미 있는 보도도 어렵다. IMF체제를 초래한 외환 위기를 한국언론이 예측하지 못한 것은 전문성 부족 때문이다.

3. 언론보도와 윤리

1) 언론 자율통제의 윤리 형성의 역사

정보를 돈 받고 팔기 위해 출발한 서양신문들이 초창기부터 내건 수사는 불편부당과 공정성과 진실 보도였다. 그러나 18세기 미국의 당파 신문시대에 신문들은 정파의 앞잡이가 되어 보도의 공정성은 무너진다. 언론윤리 개념 등장은 19세기 말 미국에서 황색 언론에 대한 반성에서 비롯되었다.

(1) 황색신문의 대표격인 뉴욕선(New York Sun)의 편집인 다나(Charles A.Dana)가 1888년 위스컨신 편집인협회(Wisconsin Editorial Association)에서 언론인에게도 윤리 강령이 있어야 한다고 하고, 신문에는 순수한 뉴스만을 실을 것, 약자나 방어 불능자를 공격하지 말 것, 동의 없이 피회견자의 회견 기사를 게재하지 말 것 등을 제시했다. 이러한 윤리강령은 미국에서 주단위로 제정되었다.

(2) 1914년 윌리엄즈(Waiter Williames) 미주리대 언론대학장이 '언론인 신조'를 만들었다.

"나는 언론인이라는 신조를 믿으며"라고 시작되는 기독교 사도신경과 같이 시작되는 이 언론인 신조는

* 나는 언론인이라는 전문직을 믿는다.
* 사회의 공공복리 이외의 어떤 이유로도 기사의 억제는 옹호할 수 없다고 확신한다.
* 신사가 말할 수 없는 것을 쓰지 말아야 한다고 믿는다.
* 나는 진실이라고 생각하는 것만을 써야 한다고 믿는다.
* 언론은 하나님을 두려워하고 인간을 존중하며, 의연하게 독립적이어서 자만심이나 권력욕으로 좌우되지 않고 건설적이며 관대하되 결코 경솔하지 않으며 자제심과 인내심이 있고 항상 독자를 존경하되 두려워하지 않는다.
* 명료한 사고 명료한 설명 정확성과 공정성이 좋은 언론의 기초임을 믿는다.

이 언론인신조는 미주리대학 신문기사 작성 지침서인 언론대학 데스크북에 수록되어 학생들이 암송했다.

(3) 1919년 홈스(Oliver Wendell Holmes) 연방대법관은 명백하고 현존하는 위험의 원칙을 '자유로운 의견 발표와 토론'의 한계로 제시 무책임한 자유언론에 제제를 하는 판결을 내렸다. 이 원칙은 표현의 자유를 사후적으로 제약하는 경우에는 명백하고 현존하는 위험이 있지 않으면 안 된다는 언론 통제의 가이드라인이다. Holmes 판사는 피고인 Schenck 사회당 간부가 연방정부를 상대로 상고한 재판에서 명백하고 현존하는 위험이 있으므로 사후 처벌로 규제해야 한다고 판결했다. 이 사건은 제1차대전 중 징병제 반대를 주장하는 문서를 반포하여 방첩법 위반으로 1917년 하급심에서 유죄 판결을 받은 Schenck 사회당 간부가 "방첩법 규정이 수정 헌법 1조가 규정한 언론 자유 침해라고 주장"하며 상고한 것을 홈즈판사가 기각 판결 언론자유 한계를 제시한 것이다. 홈즈판사의 상고 기각 요지는 다음과 같다. "본건 문서 중의 표현이 평상시 한 것이라면 헌법상 권리로 보장 받을 것이다. 모든 행위는 어떤 상황에서 행해졌는가에 따라 성격이 규정된다. 언론자유가 보장된다고 하여 극장 안에서 불이야!라고 외쳐 혼란을 야기하는 사람까지 보호하지는 않을 것이다. 문제가 되는 것은 어떤 표현이 법률상 금지된 실질적인 해악을 초래할 명백하고 현존하는 위험을 야기시킬 상황에서 행하여졌는가 하는 점이다. 국가가 전시에 처한 때에는 평상시 같으면 할 수 있는 표현도 전쟁 수행에 방해가 되므로 허용되지 아니하며 법원도 그것을 헌법상의 권리로 보호할 수 없다."

(4) 1923년 미국 신문편집인협회 창립총회에서 언론 규범이 채택되었다.

1923년 미국신문인협회(ASNE: American Society of Newspaper Editors)의 원칙선언(Statement of Principles) 서문 "언론인들의 최고의 윤리적 전문적 실천을 진작하기 위해 윤리강령을 만들었다."고 선언했다.

제1조 책임 : 독자를 흡인하여 확실하게 알게 하는 일은 신문의 권리이며, 이 권리는 사회의 안녕을 유지하기 위한 경우 외에는 어떠한 제한도 가할 수 없다. 사리사욕 불순한 목적을 위해 남용하는 기자는 사회의 귀중한 신뢰를 잃는다.

제2조 신문의 자유 : 인류 생존권의 하나로서 옹호할 만한 것이다.

제3조 독립 : 공공이익 충실 의무를 제외하면 자유는 절대적 당파 근성은 정도가 아니다

제4조 공명·솔직·정확 : 독자에 대한 성실은 신문윤리의 기초다. 정직해야 한다. 부정확 불성실에 대한 변명의 여지없다. 기사 제목 냉정해야 한다.

제5조 공평무사 : 뉴스와 논설 명확한 구별이 건전한 모습이다. 편견 지양해야 한다.

제6조 공정성 : 신문은 일반 공중의 호기심을 만족시키는 데 그쳐서는 안되며 공적으로 허용된 확실한 명분이 없을 대는 함부로 개인의 권리 또는 감정을 유린해서는 안 된다. 중대한 오류를 발견했을 경우 즉각 정정해야 한다.

제7조 사려분별 : 범죄난 불미스런 기사에 제목을 붙일 때, 저열한 행위를 유발할 수 있는가를 심사숙고 했다면 불성실하다는 평판을 받게 되더라도 어쩔 수 없다.

(5) 1947년 허친스 시카고 대학총장을 위원장으로 한 언론자유위원회가 언론의 사회적 책임을 권고한 '자유롭고 책임 있는 언론에 대한 보고서'는 "민주주의를 수행하여 나가기 위해서는 국민들에게 모든 종류의 정보와 의견을 제공하고 국민들이 결정을 내리도록 해야 한다". 그러나 허친스위원회는 "자유주의 미디어 체제가 언론 자유만 강조, 사회적 책임이 경시되고 재력을 가진 소수가 언론을 소유 통제하여 국민 대중의 다수 의사 반영이 아니라 일부 특수 집단이나 계층만을 대변하는 경향이 있다."고 비판했다

고전적인 자유언론에 대한 타율적인 제재의 우려가 대두되면서 1942년 언론 자유위원회(the Commision on F reeedom of the Press: 허친스위원회)가 발족, 1947년 허친스(Hutchins Robert M)시카고 대학총장을 위원장으로 한 언론자유위원회가 언론의 사회적 책임을 권고한 언론자유보고서(A Free and Responsibie Press)를 발표했다. '자유롭고 책임 있는 언론'을 천명한 이보고서는 언론의 자유라는 천부적인 권리도 그에 상응하는 의무 조건에서 유리되면 제반 자유제도를 경시하는 오만불손한 개인주의를 낳게 되는 경향이 있다고 경고했다. 133쪽 분량의 허친스보고서는 언론자유가 위기에 처해 있다고 진단하고, 자유주의 이론의 근본정신인 민주주의를 수행하여 나가기 위해서는 국민들에게 모든 종류의 정보와 의견을 제공하고 국민들이 결정을 내리도록 해야 한다고 주장했다. 허친스위원회는 자유주의 이론적 미디어 체제는 언론 자유만 강조한 나머지 사회적 책임이 경시되고 재력을 가진 소수자에 의하여 소유 통제되어 국민 대중의 다수 의사를 반영한 것이 아니라 일부 특수 집단이나 계층만을 대변하는 경향이 있다고 비판했다.

1942년 미국 타임사의 헨리 루스(Henry Luce)가 시카고 대학 총장 로버트 M 허친스와 저녁 식사를 하면서 언론의 문제점을 나눈 대화에서 발전하여, 언론 문제를 진단하는 연구를 위해 20만 불의 경비를 기부했다. 44년 2월 28일 허친스위원회를 설립. 47년 3월 27일 '자유롭고 책임 있는 언론' 보고서 발행하고 해체했다. 언론과 관련 있는 학자 13명, 외국 자문위원 4명, 실행위원 4명 참여했다. 언론 재벌이 운영 자금을 지원했지만 언론의 문제점을 파헤쳤다. 언론의 자유를 지지하면서도 언론이 "무의미하고 천편일률적이고 왜곡되며 오해를 영속화 시킨다"고 비난했다. 외부의 간섭을 배제하는 것만이 진정한 언론 자유라고 보는 자유주의 이념은 언론의 대기업화하고 사익을 추구하게 된 현실을 비판하면서 언론의 자유는 언론사의 것만이 아니라 언론 정부 시민이 함께 노력해서 추구해야 할 가치라고 말했다. 허친스보고서는 언론의 자유는 3가지 이유 때문에 위험하다고 지적했다. 첫째, 언론을 통해 의견과 사상을 표현할 수 있는 사람들의 비율을 감소시켰다. 둘째, 언론을 관장한 사람들이 사회가 비난하는 관행에 빠져 있다. 셋째, 사회가 필요로 하는 것에 대한 서비스를 적절하게 제공하지 못했다.

언론은 5가지 기본 서비스를 제공해야 한다고 제시했다.

① 그날의 뉴스에 대한 정확하고 포괄적인 설명, '사실에 대한 진실'도 알려야 한다.

② 논평의 교환을 위한 광장이 되어야 한다.

③ 집단의 의견과 태도를 다른 집단에 제기하는 수단, '고정관념을 영속화시켜서는 안 된다고 지적했다.

④ 사회의 목표와 가치를 제시하고 명료화 시키는 방법을 제시해야 한다.

⑤ 사회의 모든 구성원에게 도달하는 길이어야 한다.

허친스보고서는 정부 언론 공중이 언론자유를 위해 해야 할 일을 다음과 같이 제시했다.

정부는

① 표현의 자유를 라디오 영화에도 적용해야 한다.

② 공정거래 질서를 확립해야 한다.

③ 회제도 혁신을 주장하는 것을 금지하는 법의 폐지를 권고한다.

언론은

① 상호비판 ② 정보와 토론의 common carrier로서 책임을 져야 한다.

공중은

① 커뮤니케이션 분야의 고급학술연구센터설립과 저널리즘 스쿨 활성화

② 언론의 성과를 평가하고 보고하기 위해 독립적인 기관을 설립해야 한다.

허친스보고서는 법과 여론은 감시할 수 있지만 좋은 성과는 커뮤니케이션을 운영하는 사람들로부터 나타날 수 있다고 지적했다. 민주주의와 문명의 보존은 자유롭고 책임 있는 언론에 달려 있다고 전제하고 진보하고 평화를 누리려면 그러한 언론을 가져야 한다고 당부했다. 언론은 사실을 제시하는 것뿐만 아니라 그 사실에 관한 진실을 밝혀야 한다고 주장하며 객관적 사실 이상을 추구하고 취재원이 제공한 정보의 행간을 읽어야 한다고 말했다. 기자가 취재하지 못한 진실을 찾아서 제시해야 하는 도덕적 의무를 져야 한다고 주문했으며, 이것이 바로 탐사보도의 도덕적 근거이며 이를 사회적 책임주의라고 규정했다. 그러나 이 의무는 절대 법적·정치적으로 정해져 있거나 규제 받는 것이 아니라 "언론 스스로 자유사회가 필요로 하는 다양하고 양적으로 충분한 질적으로 좋은 정보와 논의를 제공하는 책임을 맡아야 한다." 자율적인 노력을 권고했다.

"문명사회는 사상이 작동하는 체계다. 이 문명화된 사회는 사상을 소비함으로써 생존하고 변화한다. 사회 구성원들의 사상들을 가능한 많이 검증하도록 해야 한다." 허친스위원회는 1940년대 미국 언론의 문제점과 현황 추세를 분석하고, 언론이 지켜야 할 원칙과 언론 자유 및 책임을 위한 정부 언론 공중의 역할에 대한 권고 사항을 제시했다.

(6) 언론이 권력을 추구하고 왜곡 선정 보도를 하는 등 언론자유를 남용하는 것은 영국도 마찬가지였다. 1947년 의회가 구성한 영국 왕립신문위원회(Royal Commission on the Press)는 언론에 의한 피해의 원활한 구제를 위해 신문평의회(the Press Council) 설치를 건의했다.

2) Peterson Siebert Schramm 등은 언론의 4이론을 통해 언론의 사회책임 모델을 제시했다.

Social Responsibility(사회적 책임)는 허친스보고서에 명백히 정의되지 않았지만 '언론의 4이론'에서 피터슨은 "자유는 동시에 책임을 수반한다. 언론은 정부 아래서 특권적 지위를 누리는 대신에 사회를 위해 필요한 기능을 완수해야 할 책임을 져야 한다."라고 주장, 제기했다. 슈람은 "언론이 자신의 자유를 지킬 수 있는 최선의 방법은 그 책임을 충실히 지키는 것"이라고 지적했다. 자유는 스스로 지키지 못하면 타율적 통제를 불러일으키게 될 위험이 있다. 이러한 위기감에서 비롯된 사회적 책임론은 막강한 사회적 영향력을 가진 방송의 등장으로 인한 규제의 필요성으로 설득력을 갖게 되었다.

4. 언론의 사회책임론

1) 사회책임론 대두와 언론의 자율규제

그리스 철학자 Epikurus는 "윤리학은 추구해야 할 것과 피해야 할 것, 삶의 방식과 telos(으뜸가는 善, 지향점 삶의 목적, 최고선)를 다루는 학문"이라고 말했다. 미디어 윤리는 미디어와 미디어에 종사하는 사람들이 그 역할 수행에 갖추어야 할 바람직한 행위 양식의 철학적 기초다.

커뮤니케이션의 기본 규범(ethical protonom of communication)으로 진실 추구

(truth telling), 사회정의 지향, 인간적 연대 속의 자유(freedom in solidality), 인간 존엄성을 든다. 언론인은 다른 어떤 직업보다도 가장 높은 도덕성이 요구된다. 그럼에도 불구하고 신문 방송 제작 현장에서 윤리가 무시되고 있다. 한국언론과 언론인의 윤리는 위기 상황이다. 탈세, 증권관련 정보 이용, 부동산 투기, 촌지 수수, 권언 유착 – 언론 장악기도 문건, 서류 절취, PD수첩 취재 윤리 파기 등 수 많은 비리와 부조리가 있었다. 언론인은 정해진 시간 안에 빠르게 판단해야 하는 어려움이 있다. 권력의 유혹과 윤리적 결단의 어려움도 자주 겪는다.

2) 미디어 윤리가 강조되는 이유

(1) 미디어 종사자 저널리스트는 윤리 의식이 누구보다 투철해야 한다. 저널리즘이 지향하는 가치 체계가 인권 자유 정의 민주와 같은 고도의 철학적 윤리적 개념들이기 때문이다. 언론은 사회 현상을 재구성하여 시민들에게 알려준다. 리프만은 뉴스란 기자가 만든 유사환경(pseudo environment)의 세계라고 했다. 언론의 세계는 같은 사물이 보는 사람에 따라 다르게 그려지는 것이 보통이다. 그래서 미디어종사자의 지식 습득과 윤리교육이 강조된다. 언론인은 중요 의제를 선정하고 대중의 의견형성을 돕는다.

(2) 언론은 국민의 알권리를 위해 환경감시 평가기능을 해야 한다. 평가하고 비판하려면 피감시자보다 도덕적 우위에 있어야 한다.

(3) 미디어가 제대로 기능하기 위해 법적 제도적 배려가 필요하다. 이러한 배려에 상응한 윤리적 책임을 다해야 한다.

(4) 사회적 영향력이 크다.

(5) 미디어가 권력에 맞서 국민의 편에 서서 일하기 위해서는 자유로워야 한다.
① 공공의 이익에 봉사한다는 규범의식을 내면화해야 한다.
② 전문성을 갖추어야 한다.

(6) 미디어 환경 변화가 더 높은 윤리적 무장을 요구한다.

3) 윤리적 결정 과정의 맹점을 데스크가 보완해야 한다.

언론인들은 마감 시간에 쫓겨 중요한 결정을 내려야 하고 가시적인 제재를 피하기에 몰려 윤리적 문제는 둔감해지기 마련이다. 데스크가 보완해야 한다.

4) 언론인이 갖추어야 할 3가지 지도원칙

미국 언론윤리 연구기관이며 교육기관인 포인터 미디어연구소(Poynter Institue for Media Study)는 언론인이 갖추어야할 3가지 지도 원리(Guiding Principles for the Journalist)를 제시했다.

① **진실을 최대한 발굴 보도하라** : 공중에 알릴 정보를 지속적으로 발굴하라 / 취재 보도 시 정직하고 공정하고 용감해라 / 말 없는 사람의 목소리를 대변하라 / 힘 있는 자에게는 그 힘에 상응한 책임을 지워라(Hold the powerful accountable)

② **누구로부터도 독립적으로 행동하라** : 자유언론이 제대로 기능할 수 있도록 관리 규제 역할을 다할 것 / 목소리 큰 사람의 의견에 맞서 상반된 견해를 꼭 소개할 것 / 정직과 신뢰를 해칠 수 있는 조직과 행동을 피할 것 / 훌륭한 윤리적 판단은 개인적 책임성과 공동의 노력의 산물임을 인식할 것

③ **피해를 최소화하라** : 당신의 행동에 영향을 받을 사람에게 동정심을 가질 것 / 취재원과 취재 대상 등을 취재의 대상이 아니라 존경 받을 인간으로 대우할 것 / 진실보도 목적을 최대화하는 대안을 찾아 취재와 보도가 가져올 피해를 상쇄할 것

5. 취재 보도의 게이트키핑

기자가 취재원과 만나면 취재가 가능한 것은 아니며 설사 취재를 했다 하더라도 모두가 보도되는 것은 아니다. 기자의 선택, 편집국 안에서의 제동(팀장, 부장, 국장), 편집국 밖의 요인들(발행인, 편집인, 주필, 광고국, 심의실, 노조), 오프더레코드, 엠바고, 게이트키핑, 의제 설정, 외부적 통제(정치·경제·사회문화적 통제) 등 복잡한 과정을 거쳐 취재된 사건이 기사가 된다. 통제 결과 일어나는 장애는 차단(blocking), 왜곡(distortion), 과잉(overloading) 등이다.

1) 게이트키핑

(1) 뉴스 게이트키핑의 정의

기자가 쓴 기사는 누군가가 기사 가치가 있는가 없는가를 판단해서 보도할 것인가를 결정한다. 이 같은 결정 행위를 게이트키핑(gate keeping), 하는 사람을 게이트키퍼 데스크라고 한다.

신문 매체에서 게이트키퍼들의 결정 행위에 영향을 미치는 변수로 ① 고용주의 권위와 제재, ② 전문직으로서의 저널리즘의 규범과 윤리, ③ 개별적인 게이트키퍼의 가치관과 개인적인 배경, ④ 동료들의 비공식적인 영향력, ⑤ 수용자의 요구와 반응, ⑥ 외부 사회와 사회 구조로부터의 압력, ⑦ 뉴스원을 포함한 그 밖의 준거집단 등이다.

* White 게이트키핑 모델 : 1949년 AP와 UPI 수용 신문 외신부장 상대조사에서 90%의 정보가 기사로 채택되지 않고 버려진다는 사실 확인. 선택 결정이 주관적이었음을 규명했다.

* 스나이더 연구에 따르면 게이트키퍼는 책을 거의 읽지 않는다. 그가 속한 신문사의 성문화 내지 불문율로 된 뉴스 정책을 잘 알고 실행하고 있으며 그것에 따라 뉴스를 선택한다. 자신이 좋아하는 뉴스와 독자들이 원하리라고 판단되는 뉴스를 주관적으로 선택한다는 등 맹점이 있다고 지적했다.

* Donohue, Tichenor, Olien(1972)은 게이트키핑을 "메시지 부호화의 모든 측면(message encloding), 다시 말해 정보가 발신자로부터 수용자에게 전달되는 과정에서 정보 취사선택과 보류, 전달 등을 포함하는 광범위한 정보 통제의 과정"이라고 규정했다. 수많은 메시지가 어느 일정한 시각에 일정한 사람들에게 일정 개수의 메시지로 축소 전달되는 과정. 메시지의 취사선택, 취급, 통제를 모두 포괄한다고 부연 설명했다.

* Bass모델 : 제작 과정의 게이트키핑 기사가 데스크 국장 교정기자 편집자에 의해 다듬어진다.

* 슈메이커는 "커뮤니케이션 기관과 커뮤니케이션 종사자가 실제적으로 메시지를 처음 인지하는 시점에서 출발하여 다량의 메시지들이 한 수용자에게 전달되는 시점에서 게이트키핑이 끝난다.

* 데스크는 지적 능력 통찰력 고도의 판단력을 갖추어야 한다.
* 기버는 뉴스 선택의 가장 강력한 변수는 신문을 제작해야 한다는 압력, 신문사 내의 관료적 압력 동료 기자와의 관계 신문사의 정책 뉴스원 등이라고 열거했다.

(2) 게이트키핑의 기원

1943년 2차대전 중 정부 의뢰로 식품 연구를 진행한 커트 레윈(Lewin)이 "식품이 생산에서 유통을 거쳐 식탁에 오르기까지 과정에서 각 관문이 있으며 관문의 게이트키퍼들이 선택한 식품을 먹는다."라고 했다. 이때는 채널 이론과 게이트 키핑에 대해 언급만 했을 뿐 커뮤니케이션으로 일반화시키지 않았다. 게이트 키핑과 커뮤니케이션이라는 용어가 결합된 것은 1947년. 레윈 사후에 출판된 저서에서였다. 1951년 출간된 레윈 모음집에는 "이런 상황은 식품뿐만 아니라 한 집단 내에 있는 커뮤니케이션 채널을 통한 뉴스거리의 여행(취재 선택) 및 상품의 운동(유통)경로, 여러 조직 내에서 개인의 사회적 이동 등에서도 유효하다"라고 했다.

(3) Gate keeper로서 역할 변화

게이트키핑은 헤드라인의 크기 기사 배열뿐만 아니라 의제 설정 보도의 시각과 틀을 결정하는 과정이다. 미디어가 사회 문제에 대한 해석자로서의 기능을 수행한다. 일반적으로 언론인들은 자기가 속해 있는 사회와 문화를 반영하기 때문에 뉴스를 만들 때 그 사회의 지배적인 문화의 규범이나 기대를 적용. 언론사는 자사만의 이념적 지향성을 게이트키핑 과정에 반영한다. 이런 규범들이 언론인들이 말하는 객관 보도의 판단 기준으로 작용. 공중에게 사회 이슈나 쟁점에 대한 관점을 제공한다. 기자의 역할은 뉴스 작성자일 뿐이다.

2) 편집국 내부의 관행 통제

(1) 기자의 가치관과 편견

Chet Huntley(NBC뉴스 캐스터)는 "뉴스는 내가 결정하는 것이 뉴스다."라고 했다. 기자의 개인적 판단이나 가치관이 뉴스 결정의 중요한 요소다. 허버트 갠스의 20년 미국 언론 기사 연구 결과, 미국 기자들은 전형적인 미국인 가치 체계를 갖고 있다는 사실을 확인했다. 자민족중심주의(自民族中心主義), 민주주의와 자본주의에 대한 자신감, 전원생활 선호 경향, 중용에 의해 완화된 개인주의, 사회 질서, 기자 특유의 성향 등 미국인특유의 가치 체계의 영향을 받아 기사를 쓴다고 분석했다.

한국언론은 냄비근성, 명분론, 민족의식, 유행 관념의 포로, 민족주의, 지역주의, 엘리트주의 등이 한국 기자들의 성향이다.

(2) 구조적 요인

① 기자가 쓴 그대로 기사화하는 경우는 거의 없다. 기자가 취재해서 보고하는 과정과 데스크에서 기사 작성을 지시하는 2중 작업이 신문제작 과정이다.

② News hole(기사면) : 광고란을 다 채우고 나서 나머지 빈 지면의 공간. 기사면 분량에 따라 뉴스 가치가 결정된다.

③ News flow and staffing : 뉴스의 흐름은 날마다 다르다. 뉴스의 양과 질에 따라 뉴스의 가치 평가 기준이 달라진다. 기자 배치도 뉴스 선택에 영향을 준다.

④ 독자에 대한 인식(perception about readers) : 수용자를 어떻게 이해하느냐는 뉴스 보도에 영향을 준다.

⑤ 시각 자료의 사용 : 시각 자료가 기사보다 높이 평가될 수 있다. Visual 편집에 적합한 기사가 뉴스 자료로 선호되는 경향이 있다.

⑥ 경쟁 : 특종과 낙종에 대한 배려가 기사 가치를 좌우하기도 한다.

3) 신문사 안에서 편집국 밖의 요인들

(1) 신문사 내부의 자체 통제 - 발행인, 경영인, 부장, 부국장, 국장, 광고국장

60년대 후반부터 미디어 조직 전체를 통제의 근본으로 보고 게이트키핑 과정을 사회적 구조 속에서 고찰해야 한다는 주장이 제기되었다. Warren Breed는 '편집국에서의 사회적 통제'라는 논문을 통해서 신문사 발행인의 방침, 신문 정책, 신문사 규범이 사회화 과정을 통해서 기자들에게 묵시적인 동조 현상을 유발하며 기자들의 능동적 역할보다는 수동적인 역할에 머물러 있고, 주어진 역할만을 충실히 해나가는 기능적 업무 지향성을 띠고 있음을 발견하여 신문사를 하나의 관료적 구조라고 규정하고 관료적 구조 속에서 통제의 제 현상을 연구해야 한다고 주장했다.

(2) 사시 사훈(社是 社訓)

사시(社是)는 '회사의 나아갈 길'을 제시하고 있으며, 사훈(社訓)은 언론사 구성원들의 행동 지침을 담고 있다. '사고와 행동의 울타리'다.

조선일보 : 불편부당, 산업발전, 문화건설, 정의옹호

동아일보 : 민족의 표현기관, 민주주의 지지함, 문화주의 제창

중앙일보 : 사회정의에 입각, 진실 보도, 당론을 초월, 정론 환기, 경제 후생의 신장을 적극 촉구하고 자유 언론의 대경 대도 구축, 사회 공기로서 민족의 목탁

한겨레신문 : 윤리강령, 국민의 신문, 민주화 실현, 분단 극복, 민족의 자유통일 앞당기며 민주의 생존권을 확보 및 향상시키는 데 이바지, 진실 보도와 건전한 비판한다.

(3) 광고 압력 : 경영압력

(4) 언론 통제의 유형

언론 조직의 게이트 키핑 과정에서 많은 요인들이 언론이 최종적으로 보도하는 기사 형태에 영향을 준다. 이를 언론에 대한 통제요인으로 본다. 이러한 통제 요인에는 정치적 통제 경제적 통제 사회적 통제 정보원에 의한 통제 내적 자율적 통제 등이 있다.

① 내부통제, 외부통제　　② 정부에 의한 통제, 정부 외적 통제

③ 법적 통제, 법외적 통제　　④ 일원적 통제, 다원적 통제

⑤ 규제적 통제, 비규제적 통제

(5) 규제적 통제

① 정치적 통제 – 법외적 통제, ② 경제적 통제, ③ 법적 - 행정적 통제

(6) 비규제적 통제

자체 자율규제강령을 만들었다. 1957년 한국신문 편집인협회가 제정한 한국
신문윤리강령과 96년 개정강령은 미국강령을 참고로 한 것으로 법적 규제는
없다.
① 취재 보도할 때 지켜야 할 준칙 : 오늘날 각국의 윤리강령은
첫째, 기자들이 취재 때 지켜야할 준칙과
둘째, 기자의 직업윤리, 즉 품위 유지를 위한 준칙이다.
② 한국의 신문윤리강령과 실천요강이 가장 중요시하는 준칙은 개인의 명예
존중과 사생활 보호다.
③ 기자의 절제와 품위 유지의 의무
㉠ 정보 부당 이용 금지 ㉡ 기자의 품위 ㉢ 기자의 절제

4) 외부통제

언론사 밖으로부터의 통제, 정부나 권력 집단의 정치적 통제, 법적 통제 광고
주로부터의 통제 정보원의 통제 수용자나 각종 사회단체로부터의 통제

(1) 정치적 통제(권력에 의한 통제)

Raymond Williams는 매체에 대한 통제와 매체 자유를 기준으로 언론 체제를
3가지로 분류했다.
① 권위 체제 : 소수자가 사회를 통치하는 전체적인 장치의 일부다. 권력 집
단의 지시 사상 의견을 전달하고 소수 권력자에 바탕을 둔 사회 질서를
유지 보호 증진 과거와 현대의 전체주의 국가 언론
② 가부장적 체제 : 양심을 가진 권위 체제 권력 집단은 단순히 권력 유지를
초월하여 특정의 가치관과 목적을 가지고 있으며 피치자를 보호 교도할
의무를 내세우고 있다. 검열 공익과 다수자의 발전을 내세워 정당화

③ 상업적 체제 : 권위체제 권력의 문제, 가부장 체제 원칙의 문제, 상업적
   체제 실천의 문제

(2) 한국언론사의 구체적 정부 통제 사례

① 군사정권은 보상과 혜택을 통한 유인보다는 강압적인 제재에 의존하는 언
   론 통제 방식을 장기간 제도화했다. 폭력적 억압 정책에 의존하여 국가
   권력은 언론을 포함한 시민 사회의 모든 영역에 깊숙이 침투해 국가에 대
   한 비판과 저항을 허용하지 않았다. 언론에 대한 강압적인 힘의 행사가 효율
   적인 언론 통제 방식이었다.

② 노태우 정권은 자율적 협조나 합법적 규제에 의한 규제정책을 폈다. 광고
   시장에 의한 자율적 통제가 통제 수단이 된다.

③ 김영삼 정부는 정부가 강도 높은 유인책을 사용하며 강권력을 항시적으로
   사용했다. 당근과 채찍을 함께 사용했다.

④ 포섭적 언론

⑤ 각 정권의 언론 통제정책

   ㉠ 일제(日帝)침략기 : 사전 허가제 차압 발매 정지 발행 금지

   ㉡ 미군정기 : 강력한 언론통제

     제1공화국 : 군정법령 88호, 형법 307 309, 신국가보안법

     제2공화국 : 신문 및 정당 등록에 관한 법률 제정

     제5공화국 : 국가 흡수적 언론 통제의 강화 - 언론 사주에 대한 회유와
                강압, 언론인에 대한 회유와 강압

   ㉢ 노태우정부: 시장 개방과 차별적 포섭 정책

     ⓐ 은밀하고 차별적인 포섭적 언론 통제

     ⓑ 야당과 재야 세력의 언론 포섭

     ⓒ 광고와 소유주의 통제력 회복

   ㉣ 김영삼정부 : 내밀한 언론 포섭과 합법적 통제

     ⓐ 자율적 협조 동의 창출과 홍보 기능 강화 : 정무수석, 비서관실, 홍
        보 담당 비서관을 신문 방송으로 분리

     ⓑ 사법적 조치 : 100여 명 구속

   ⓒ 시장에 의한 통제 : 언론시장 경쟁 치열해져 대자본에 의한 시장독
      과점, 간접적 언론통제, 관급기사 양산, 언론의 탈정치화·보수화 경
      향을 초래, 권력 비판 기능 약화, 정부 직접 통제 없이 언론 조정,
      밀월관계
   ⓜ 김대중정부 : 사법적 통제 강화, 세무조사, 신문고시 등을 이용한 시장
      개입을 통하여 간접적인 언론 규제 실시

(3) 법률적 통제

개인법익(저작권 명예 사생활침해를 못하도록 하는 통제), 사회법익 보호를
위해 음란물 허위 광고 등 게재나 신문사들의 부당 경쟁 신문의 독점 행위
등을 금지하는 통제, **국가법익**을 위해 정부의 무력적 전복 행위를 선동 고무
찬양하거나 법정, 입법기관을 모독 못하게 하는 등의 통제. 신문 등의 자유와
기능 보장에 관한 법률, 언론중재 및 피해구제 등에 관한 법률, 방송법, 종합
유선방송법, 공연법, 저작권법, 형법 - 243조 음화등반포, 307조 명예 훼손,
308조 사자의 명예훼손, 31조 모욕, 313조 신용훼손, 314조 업무방해, 350조
공갈, 357조 배임수증, 민법 - 750조 불법행위, 751조 1항 재산 이외의 손해
배상, 764조 명예훼손, 군사기밀보호법, 국가보안법, 법원조직법, 소년법, 가사
심판법 등이 언론통제 가이드라인을 제시했다.

(4) 정부에 의한 경제적 통제

① 정부의 공공광고, 금융지원, 차등과세, 신문용지, 은행대부, 외환사용 제한
② 경제적 통제 : 광고주. 신문사 전체 수입 중 광고 의존도가 70~90%

(5) 광고주

(6) 사회 문화적 통제

(7) 언론자유의 측정

닉슨은 자유로운 언론의 정의를 "사적인 소유주와 독립적인 저널리스트들이

명예 훼손과 품위에 관한 법률의 제약 아래 자유로이 뉴스와 의견을 일반 공중에게 공급하는 체제다. 이때 명예 훼손과 품위에 관한 법률은 통치 권력에 의한 자의적 내지 차별적으로 해석되어서는 안 되고 모두에게 골고루 적용되어야 한다.”고 개념을 규정했다.

① 닉슨은 신문에 대한 정치적 통제 방식을 7가지 범주로 나누었다.

　㉠ 명예훼손 외설에 관한 규제 법규 이외의 형법상 및 법외적인 처벌에 의한 통제 : 민법·형법상의 소추, 체포, 구금, 벌금, 추방 등

　㉡ 신문압수, 신문제작 자료에 대한 공급 제한, 우호적 기사 취급을 전제로 한 발행 허가

　㉢ 정부 뉴스의 공식 발표와 정부 뉴스에 이르는 통로(access) 제한에 의한 공식 기사 유통의 통제

　㉣ 신문인의 임명·동의·견책 등을 통한 인사적 통제

　㉤ 공식적 검열을 통한 통제

　㉥ 기획 정책 지도 압력 등에 의한 정기 간행물의 내용 통제

　㉦ 직·간접 정기 간행물 배포 통제

② 파이카 연구(Press Independence and Critical Ability 언론의 독립성과 비판 능력) 최대한 보장된다.

“완전히 자유로운 언론은 최소한의 명예 훼손과 외설 법규를 제외하고는 절대적 독립성과 비판 능력을 갖는 언론이다. 소유권의 집중화 한계, 언론 기업 조직화된 자율 규제 배제한다. 완전히 통제된 언론은 독립성이나 비판 능력이 없는 언론이다.

③ 언론 통제에 관한 변수

법률＝법정 모욕 강제 정정 정간 프라이버시 안보 선동에 관한 법규

위협＝폭력 구금 압수, 명예훼손에 관한 법규

조직화된 자율 규제＝저널리스트에 대한 자격증 부여, 정부 뉴스 공표 특혜 부여, 외국 통신사뉴스 사용 허용 여부, 국내 통신사에 대한 통제, 인쇄 매체 발행에 대한 정부 허가제, 보급 배포 통제, 중앙 정부와 공무원에 대한 언론의 비판 능력 평가, 지방 관서와 관리에 대한 언론의 비판 능력평가, 정부나 집권당에 의한 매체 소유, 신문 방송 소유 집중화 신문 용지 통제, 외환통제

매체 시설 기재 구입 통제, 매체와 언론인에 대한 정부의 증여와 보조금 지급, 매체에 대한 정부 대출, 정부 광고, 차별적인 세율 부과, 노조 압력, 한계적 매체 기업의 수, 시민 단체 운동

5) 엠바고

엠바고(embargo)란 상선의 입항금지, 화물적체금지, 수출금지 등 국가 간의 경제 조치를 취할 때 사용하는 통상 용어였다. 언론에서는 시한부보도 유보라는 의미로 쓰고 있다. 정부기관 등 정보 제공자가 어떤 뉴스나 보도자료를 제보하면서 일정기간이 지난 후에 공개하도록 요청하는 경우를 말한다. 보도시기에 관한 취재원과 기자 사이의 약속이다. 언론이 국익이나 공익 등 특별한 필요를 인정, 기자단이 만장일치로 이미 취재된 사실의 기사화를 일정시간 유보하는 것이다. 엠바고를 통한 언론 통제의 유형으로 보도 효과의 극대화 및 언론플레이, 언론 및 정보통제 여론 조정 등을 들 수 있다. 엠바고가 주는 나쁜 영향으로는 정보의 불평등, 관급 기사의 확대재생산(발표저널리즘), 국민들의 재산피해(기업 정보의 조작), 보도 내용의 획일화 등을 들 수 있다.

(1) 보충취재용 엠바고

뉴스 가치가 높은 발표 기사이면서도 전문적이고 복잡한 문제를 다루고 있을 때, 기자들이 객관적인 보충 취재가 필요에 의해 취재원과의 합의 하에 이루어지는 시한부 보도 유보를 말한다.

(2) 조건부 엠바고

뉴스 가치가 있는 사건이 일어날 것이라는 예측은 할 수 있으나, 시간 예측을 할 수 없을 경우, 사건이 일어난 후에 기사화한다는 조건으로 보도자료를 미리 제공하는 경우를 말한다. 의원들의 대정부 질의 자료 사전 배포 외국과의 외교 관계 수립에 관한 보도자료 사전 배포도 조건부 엠바고다.

(3) 공공 이익을 위한 엠바고

국가 이익과 안전에 관련된 사안에 대해 그것이 해결될 때까지 보도 자제를
요청하는 경우도 공인되는 엠바고다.

(4) 관례적 엠바고

외교 관계 재외 공관장 인사이동에 관한 기사는 주재국 정부가 아그레망을
공식 발표할 때까지 일시적 보도 유보하는 경우를 말한다. 대통령 국정 연설,
어린이 유괴의 경우도 보도를 유보하는 것이 관례다.

(5) 엠바고가 노리는 효과

① 보도 효과의 극대화 및 언론 플레이　② 언론 및 정보 통제
③ 여론 조종 가능성　④ 정보원들 간의 담합
⑤ 업무의 편의성　⑥ 일관성 없는 기준

6) 오프더레코드

기자가 알고만 있지 어떤 식으로든지 기사화하지 말 것을 전제로 정보를 제공
했을 때, 이런 주문을 오프더레코드라 한다. 기록하지 않는다는 뜻에서 Off the
record 라고 한다. 미국 오리건대 로렌케슬러 신문학교수는 그 개념을 세 가지
로 꼽고 있다. 첫째, 어떤 형태로든 정보를 그대로 신문과 방송에 공개할 수 없
다. 둘째, 취재원을 밝히지 않는다면 정보를 인용할 수 없다. 셋째, 취재원을 명
백하게 알리지 않는 한, 그 정보를 가지고 다른 취재원에 접근해 내용을 확인한
뒤 독립된 기사를 만들 수 있다. 미국에서는 오프더레코드는 기자가입수한 내용
을 일반적으로 누구로부터 입수했는지를 밝히지 않고 보도하는 것을 의미한다.
익명보도까지 포함한다. 그러나 입수한 내용 정보를 어떤 형태로도 사용하지 못
하는 것을 의미한다고 보는 견해도 있다. 일본의 경우 오프더레코드는 어떤 형태
로든 전혀 보도를 하지 못하는 것을 뜻한다. 보도하려면 취재원의 허가를 받아야
한다는 것이 언론계의 지배적인 논리다. 일본신문협회는 1996년 30여 년만에 오
프더레코드에 관해 개정하면서 다음과 같이 밝히고 있다. "오프더레코드는 뉴스

소스와 기자측이 상호 확인하고 납득한 상태에서, 외부에 이를 누설하지 않는 조건으로 한다. 이는 취재원의 승낙 없이는 그 내용을 밝히지 않는 취재원보호와 같은 차원의 것이다." 오프더레코드는 취재원의 이름을 밝히고 취재했을 경우 취재가 불가능한 상황에서 취재원을 보호하고 공적으로 알 수 없는 본심 또는 진실을 끌어내기 위해 예외적으로 사전협의에 근거 취재하는 것이다. 단 이렇게 취재한 내용을 전혀 쓰지 못하는지 아니면 출처를 밝히지 않고 배경설명으로 이용할 수 있는지에 대해서는 취재원과의 합의 하에 정할 수 있다.

(1) 오프더레코드는 왜 필요한가

① 충분한 정보를 얻기 위한 수단이 된다 : 3공때 문화재 발굴 기사까지 문공부가 통제했다. 교수들과 공식발표 때 쓰는 조건으로 사전 취재를 해서 깊이 있는 해설을 쓰는 도움을 받았다. 부산 복천동가야 고분 공산성 교과서 개편 등이 그런 예였다.

② 고급 취재원 확보에 도움이 된다.

③ 발표 저널리즘 문제를 극복할 수 있다.

　　발표 저널리즘에 의한 보도의 획일화를 피할 수 있다.

　　탐사 보도의 경우 오프더레코드 조건으로 정보를 얻을 수 있다.

④ 공익 차원에서 도움이 된다.

(2) 오프더레코드의 종류

미국에서는 1960년대까지는 배경설명 같은 것으로 해석했다. 법률용어가 아니라 일종의 언론 관행이다. 통상 3, 4가지로 분류한다. 캘리포니아대 셜리비아 교수는 4가지로 분류한다.

　① 익명보도(not for attribution)　② 배경설명(back ground)

　③ 심층배경설명(deep background) ④ 오프더레코드

미국 국무성은 3가지로 분류한다.

　① 보도가 불가능한 것, ② 취재 내용을 보도할 때 참고로 사용하며 '～로 보인다.', '～라고 알려졌다.'는 식(deep background)이다. 인용은 하지만 취재원을

정부 당국자 소식통 등으로 하는 경우(back ground) 등으로 구분할 수 있다.

① 오프더레코드

뉴스원이 제공한 정보를 배경과 앞날을 전망하는 데 이용할 뿐, 이를 절대 기사화하지 못한다. 일본은 절대 불가, 미국은 제공 받은 내용을 토대로 확인 작업을 거치고 오프 내용을 제공한 사람을 언급하지 않는 한 기사화가 가능하다는 견해가 지배적이다.

② 심층 배경

기사의 배경으로 해설 기사 등의 정확성을 높이는 데 사용할 수 있는 정보다. 취재원이나 출처를 밝히지 못한다. ～로 보인다. ～전망이다.

③ 배경 설명

기사의 신빙성을 위해 외교통상부의 한 관리에 따르면 청와대 고위관리에 따르면 식으로 인용되는 것이다.

④ 익명보도

기사에 인용은 하되 지극히 광범위하고 추상적인 단어로 취재원을 표시하는 방식이다. 목격자는 ～라고 말했다.

(3) 오프더레코드의 성립 요건

첫째, 기자가 반드시 동의해야 한다. 기자단 간사가 일방적으로 해버린 경우 성립되지 않는다. 둘째, 명백한 공문서의 경우 지킬 필요 없다. 셋째, 일반적으로 알려진 사실은 성립하지 않는다. 넷째, 기자가 직접 목격한 것은 되지 않는다. 다섯째, 발설한 뒤 필요에 따라 요청하는 것은 성립하지 않는다. 여섯째, 다른 취재원을 통해 확인했을 경우 될 수 없다. 일곱째, 현저히 공익을 해칠 우려가 있을 때 오프더레코드가 성립된다.

(4) 오프더레코드의 폐해

① 기자와 취재원과의 담합

② 언론의 감시 기능 약화

③ 취재원의 오프악용 : 언론조작, 관측기구(Trial Ballon), 연막전술(Smoke screen),

역정보

④ 미디어와 일반 인간의 정보 격차

⑤ 보도의 질 저하 오보 : 보충 확인

⑥ 시민에 의한 견제 불가능

⑦ 취재원과의 분쟁 가능성

(5) 개선방안

① 기자차원 : 어떤 종류인가, 성립되는가. 회사의 판단

② 언론사차원

㉠ **Washington Post** : 오프의 폐해를 지적하면서 "취재원을 밝히지 않고 정보를 입수하려고 할 때는 기자는 취재원을 명기하기 위한 모든 적절한 노력을 한다. 이것이 불가능할 경우 기자는 별도의 취재원으로부터 정보를 얻는 방법을 생각해야 한다. 이것도 불가능할 경우 그 이유를 기록해야 한다."

㉡ **Seattle Times** : "타임스는 기자들에게 함부로 취재원의 오프에 동의하지 못하도록 하고 있다. 동의했을 경우엔 부장이나 국장에게 그 사실을 명백하게 보고해야 한다."

㉢ **AP 뉴욕타임스** : 데스크에게 보고하게 한다. 확실한 자료를 제공하지 않는 한 익명보도를 못한다.

7) 규제적 · 비규제적 통제의 실제

언론에 대한 통제는 정치적 통제, 경제적 통제, 사회적 통제, 정보원에 의한 통제, 내적 · 자율적 통제가 있다. ① 내부통제, 외부통제 ② 정부에 의한 통제, 정부외적 통제 ③ 법적 통제, 법 외적 통제 ④ 일원적 통제, 다원적 통제 ⑤ 규제적 통제, 비규제적 통제로 분류할 수 있다.

규제적 통제는 ① 정치적 통제 – 법외적 통제 ② 경제적 통제 ③ 법적 – 행적적 통제가 있다.

비규제적 통제는 한국신문윤리강령과 언론사가 제정한 윤리강령이 있다

6. 언론보도와 법률

헌법 21조는 ① 모든 국민은 언론 출판의 자유와 집회 결사의 자유를 가진다. ② 언론 출판에 대한 허가나 검열과 집회결사에 대한 허가는 인정되지 아니한다. ③ 통신 방송의 시설 기준과 신문의 기능을 보장하기 위하여 필요한 사항은 법률로 정한다. ④ 언론 출판은 타인의 명예나 권리 또는 공중도덕이나 사회 윤리를 침해해서는 안 된다. 언론 출판이 타인의 명예나 권리를 침해한 때는 피해자는 이에 대한 피해의 배상을 청구할 수 있다고 하여 언론출판의 자유와 사전 허가 검열제의 금지 등을 천명하고 통신 방송의 시설기준 등에 관한 법정주의와 언론출판 자유의 한계를 규정하고 있다.

1) 언론·출판·표현의 자유

'알 권리' : 정부의 정책 결정 과정과 실천 과정에 대해 주권자로서의 국민이 알아야 한다.
* 언론 출판 자유의 규제에 관한 합헌성 판단기준
표현의 자유는 정신 활동의 자유다.
표현의 자유의 우월적 지위 보장을 위한 이론 내지 표현의 자유의 규제에 대한 합헌성 판단 기준으로 7가지 이론을 제시한다.
① 사전억제금지의 이론
② 표현의 자유를 제약하는 입법의 합헌성 추정의 배제원칙
③ '막연하기 때문에 무효'의 이론
④ '명백하고 현존하는 위험'의 원칙
⑤ 필요 최소 한도의 규제 수단의 선택에 관한 원칙
⑥ 비교형량의 원칙과 이중기준의 원칙
⑦ 거증책임의 전환, 당사자 적격의 요건 완화 등의 소송 절차상의 이론 등

2) 표현의 자유규제에 관한 합헌성 판단 기준

① 명백하고 현존하는 위험 원칙
② 비교형량의 원칙과 2중 기준 원칙
  * 비교형량의 원칙＝언론 자유가 보호하려는 이익과 자유에 대한 제한이

추구하는 이익을 비교형량하는 것으로 비교형량 테스트를 통하여 규제의 폭과 방법을 결정하여야 한다는 원칙

* 이중기준＝정신적 자유와 경제적 자유를 구별하여 전자의 우월을 인정하는 이중기준(double standard)론이 미국 헌법판례와 이론에서 제기되었다. 정신적 자유가 최고의 자유권이라는 자연권설이다. 진리 발견을 위하여 불가결한 사상의 자유시장의 확보는 경제의 자유시장 보다도 요청된다는 설, 사상표현의 자유는 대표민주제의 필수적인 전제로서 보장되어야 한다는 대표민주 제론 등을 들 수 있다.

3) 취재 자유의 제한

국가의 안전 보장과 질서 유지 공공복리를 위해서는 언론 자유가 제한 받는다. 헌법 37조 2항에 따라 신문 등의 자유와 기능 보장에 관한 법률, 언론중재 및 피해구제 등에 관한 법률, 방송법, 군사기밀보호법, 군사시설보호법, 소년법 등에 제한 조항이 있다. 공무원에게는 비밀을 지킬 의무가 있기 때문에 취재 제한을 받는다. 국가 기밀을 보호하는 법률은 형법, 국가보안법, 계엄법, 군형법, 국가공무원법에 규정되어 있다.

4) 공공기관의 정보공개법

5) 취재원 비닉권(秘匿權)

기자가 취재원을 밝히지 않고 비밀로 할 권리, 즉 법정을 비롯한 사법 기관에서 진술을 거부할 수 있는 권리다. 현행법상 비닉권은 인정되지 않는다.

6) 언론 보도의 법적 책임

언론은 타인의 명예와 권리, 사생활의 비밀과 자유, 공중도덕 및 사회 윤리를 지킬 의무가 있다.

7) 타인의 명예와 권리 존중 의무

(1) 명예훼손 : 타인에 대해 옳지 못한 평가를 하여 명예를 실추시켰다면 명예 훼손죄로 처벌을 받고, 민사상으로도 불법 행위에 따른 손해 배상을 해야 한다. 언론 보도가 명예 훼손의 요건을 갖추어도 공공의 이익을 위

해 진실을 보도했을 경우 면책된다.

(2) 사생활 침해 : 성명 초상 등을 허락 없이 쓰는 도용, 침입, 공중이 잘못된 인상을 갖게 하는 공표 행위는 사생활 침범이 된다.

(3) 형사피고인의 무죄 추정권

(4) 저작권 침해

8) 언론보도로 인한 피해 구조

(1) 민사법적구제

(2) 형사법적구제

(3) 준사법적·행정적 조치와 자율적 조치

언론중재위원회, 방송심의위원회 등에서 시행하는 것은 준사법적 구제 조치이며, 언론윤리위원회에서 하는 것은 자율적 규제다.

① 반론권 : 언론중재 및 피해구조 등에 관한 법률. 보도가 있음을 안 날로부터 3개월 안에 청구할 수 있다. 6개월이 경과하면 그러하지 아니하다.

② 추후 보도 청구권 : 범죄 혐의가 있다거나 형사상의 조사를 받았다고 보도된 자는 무죄 판결을 받을 때에는 이 사실에 관한 추후 보도의 게재를 청구할 수 있다.

③ 언론중재위원회

④ 선거보도 심의위원회

인용도서와 참고문헌

관훈클럽 : 한국언론의 좌표
남시욱 : 인터넷시대의 취재와 보도, 나남출판사
권용성 : 헌법학 원론, 법문사
김철수 : 헌법학개론, 박영사
최웅 · 김봉중: 미국의 역사, 소나무
김옥조 : 미디어윤리, 커뮤니케이션북스

중요개념 및 용어

밀턴, 홉스판사, 허친스위원회, 다나, 게이트키핑, 엠바고, 오프더레코드

제12장

21세기 한국언론의 미래와 과제

1. 21세기 한국신문의 위기와 언론 환경

1990년대에 들어서 한국의 매체 환경은 급속하게 변하고 있다. 컴퓨터 기술과 정보 통신 기술의 발전뿐만 아니라 정치 산업 구조 등 총체적인 변화에 의한 것으로 혁명적인 것이다. 전자신문, Cable TV, 위성 방송과 같은 뉴미디어 도입에 따라 다매체 다채널 시대가 열려 다양한 정보가 공급되고 정보 선택의 기회가 크게 확대되는 한편 기존 매체와 뉴미디어 사이에 치열한 경쟁이 벌어지게 되었다. 특히 디지털 혁명으로 커뮤니케이션의 쌍방향성이 가능하게 되었다. 세계를 하나의 망으로 연결시킨 인터넷은 시공간을 압축시키고 신문 방송이 보도하던 정보의 많은 부분이 인터넷을 통해 공급되고 있다. 누구나 인터넷 홈페이지를 가질 수 있게 됨으로써 신문 방송 등 기존 매체가 독점해온 뉴스 생산이 만인의 손으로 넘어가게 되었다. 미디어 융합에 의한 전자신문, 뉴스 전광판, PC통신을 비롯해 신문, 잡지, 방송, 출판, 라디오, 영화 등 기존 매체가 인터넷에서 혼연일체가 되어가고 있는 추세다. 산업 구조의 측면에서도 다른 매체를 함께 경영하는 다각 경영과 통신 산업과 방송, 영화, 음반 등 미디어 산업이 합병하는 복합 기업이 등장하는 변화가 일어나고 있다. 방송이 Cable TV나 인터넷 방송을 겸영하기도 하고 신문이 전자신문, 영화 등을 겸영하기도 한다. 미국에서도 새로운 매체 출현으로 종이 신문의 위기설이 있었으나 특화되어 생존해 나가고 있다. 신문을 둘러싼 국제 환경도 크게 변했다. 정보 통신 기술의 발달로 매체 환경은 개방되었다. 뿐만 아니라 미디어 수용자까지 변했다. 수용자의 사고 방식이나 생활양식 규범이 변했고 독자의 신문에 대한 요구가 크게 달라졌다. 신문학자들의 고전적인 독자들의 신문에 대한 요구설도 보완이 불가피하게 되었다.

슈람은 독자들의 신문에 대한 요구를 즉각적 보상과 지연적 보상으로 정리했다. 즉각적 보상은 인간 행동의 쾌락 원리 스포츠 기사를 읽으며 대리 경험을 통해 충족감을 느끼는 것이며, 이런 기사는 주로 연성 기사다._스포츠 오락 범죄 부정부패 사고 재해 스포츠 오락 인간적 흥미 기사다. 지연적 보상은 경제 사회 문제 과학 교육 보건 등 경성 뉴스를 통해 신문독자가 보상받는 것으로 설명했다.

베렐슨은 독자들의 신문 구독을 사회적 현실에서 찾고 있다. ① 해설 의견을 듣기 위한 것, ② 독자들의 일상생활의 도구 - 일기 정전 증권 시세, ③ 휴식 해방감, ④ 사회적 위신(social prestige) - 대화의 소재, ⑤ 사회 참여 집필자 기사 주인공과 교분감, ⑥ 독서에 대한 가치 의식과 심리적 안정감 등을 열거했다. 캇츠는 인간들이 욕구 충족을 위해 매스미디어를 이용한다고 보았다. 독자들이 신문을 이용하여 충족시키고자 하는 욕구는 호기심·사회와의 교제욕구·지식 탐구욕구·감정적 쾌락 욕구. 현실 도피 욕구·욕망 등이라고 열거 했다. 그러나 이런 신문독자의 욕구 기준이 바뀌고 있다. 독자의 기사 선택도 크게 바뀌고 있다.

피동적이고 무저항적인 존재로 보고 커뮤니케이션 과정을 마치 수용자를 과녁으로 보고 방아쇠를 당기는 식으로 생각하는 윌버슈람의 탄환 이론이나 주사 바늘 을 환자에게 주사하는 것처럼 수용자에게 메시지를 주입, 효과가 직접적이고 즉시적이고 강력하게 나타난다는 피하주사식 효과 이론은 TV가 등장하기 전 대중 사회 초기의 수용자관이다. 능동적으로 뉴스 생산품을 선택하고 자신의 견해를 적극적으로 피력하는 능동적 수용자 주권시대가 되었다. 수용자의 소비자운동이 사회운동으로 부상했다. 독자들의 정보 욕구는 다양한데 신문은 기자와 취재원의 관심사에 집중돼 있는 경우가 많았다. 신뢰할 수 없는 정치권과 관료의 거짓 발표를 비판 없이 크게 싣기도 한다. 그 결과 신문에 대한 신뢰가 크게 떨어졌다. 신문 구독 시간이 짧아지고 신뢰도도 다른 매체보다 낮게 나타났다.

인터넷을 생활화한 새 세대는 종이신문을 멀리한다. 언론연구원이 조사한 88

년과 98년의 신문에 대한 조사에서 10년 만에 20대의 신문 읽는 시간이 크게 줄었다. '읽지 않는다'가 88년 7.1%에서 98년 10.6%며 60분 이상이 26.3%에서 6.1%로 줄었다. 신뢰도도 라디오보다 떨어졌다. 신문은 독자를 인터넷과 TV에 빼앗기고 독자를 선도했던 권위와 신뢰도 잃어가고 있어 절체절명의 위기다. 이러한 상황에서 권위주의 정치 종식과 더불어 권위주의 정치 종식을 위해 함께 투쟁했던 한민당 계파의 정치 세력이 집권한 후 시작된 신문과 집권세력과의 전쟁도 신문의 위기를 부채질했다.

이처럼 매체 환경이 변했는데도 한국 신문은 한 세대 전의 문제의식으로 보도하고 해석하는 잘못과 관행을 과감하게 탈피하지 못하고 있다. 구매자들이 크게 변했는데도 구태의연한 신문 제작 방법을 고수하고 있다. 일부 언론은 기사의 공정성 객관성 보다 이념을 우선하며 정파주의 보도로 독자 위에 군림하는 시대착오적인 자세를 고수하고 있다. 한국 신문도 양적인 성장에서 질적인 성장이 요청되는 시점이다. 전달하는 내용뿐 만 아니라 포장하는 편집 등 모든 것이 바뀌어야 한다. 미디어 수용자의 사고방식이나 생활양식의 변화는 미디어 선택이나 미디어의 설득력에도 영향을 미친다. 신문은 소비자의 필요와 욕구에 부응하는 정보와 문화 상품을 생산 공급하기 위해 파라다임 쉬프트를 해야 한다.

정보 사회화 현상으로 수평화 다양화 분산화 네트워크화 등이 파급되고 세대·지역 갈등과 이념논쟁이 극대화하고 있으나 언론은 대안을 제시하지 못하고 이 갈등의 한편에 참여해 혼란을 가중시키고 있다. 국제화 세계화 개방화로 개방주의 상호주의 인류주의 평화의 가치를 강조 하고 새로운 질서를 모색하고 있으나 한국 정치와 언론은 한 세대전의 3김정치 수준을 뛰어넘지 못하고 있다. 디지털 뉴미디어 영상이 지배하는 미디어 발전에도 불구하고 특정 정치 세력의 선전 선동으로 비치는 일부 언론의 행태는 시대착오적이라는 비판을 받게 됐다. 선전 선동의 홍수 속에 정치적 무력감과 감각적이고 향락적인 대중문화 탐닉 등의 혼돈 상황에서 언론까지 진보·보수로 양분돼 사회분열을 부채질하고 있기 때문이다. 침묵하는 다수를 위한 언론의 사회책임론이 제기되고 있다. 매체 파시즘과 전체주의에 일부 한국언론이 오염되었다는 지적까지 받고 있다. 이와 같은 미디어의 혼동 상태에서 매체로부터 소외되는 수용자들을 껴안을 것을 주장하는 언론의 사회 책임 이론으로 독자들의 매체에 대한 접근권, 반론권 등도 제시됐다. 대중사회화 시대에 신문 본연의 진지함은 약화되고 대중적 호기심에 영합하는 오락성이나 선정성도 문제가가 되고 있다. 객관성 공정 정직성에서 결함이 많은 정치 분야 기사의 전반적인 질 제고가 지적되고 있다. 정치기사 중 대통령선거 기사는 특히 대중지의 선정성을 띤다. 입후보자에 대한 검증보다 경마식 보도와 선정적인 황색신문 성향의 보도로 일관하여 정권 출범 후 또는 퇴임한 다음에야 대통령 자질을 검토하는 직무유기를 하고 있다. 1947년 시카고대 총장 허친스가 주창한 언론의 사회 책임론은 독점 집중화된 매스미디어권력이 소외된 시민들을 위한 적극적이고 능동적인 언론의 기능을 보장하기 위해 독자들의 적극적인 미디어 접근권을 역설했다. 독자들의 적극적 접근권을 보장하는 구체적 방법으로 바그디켄(Bagdikian)은 4가지를 제시 했다 ⓐ 새로운 신문 제작 형태로 전문가가 특정의 이슈 해결을 위해 분명하고 공정하게 고정적으로 기고 하는 면이 있어야 한다. ⓑ 때로는 특정 이슈에 대해 또 때로는 다양한 내용에 대해 독자 투고란을 고정적으로 한 면 전체에 할애해야 한다. ⓒ 전문적 옴부즈맨을 임명하여 신문이나 방송에 대한 불평이나 항의 등에 대해 심의해야 한다. ⓓ 지방 언론 위원회(Local Press Council)를 조직하여 지방의 대표들과 발행인들과 함께 매달 의견을 나누도록 해야 한다. 등 구체안이다. 이 안은 한국신문이 오피니언 면 옴부즈맨제도 등으로 수용하고 있다.

미래 신문의 독자는 고급 독자층과 저급한 독자층이 양극화될 것이다. 뉴스 전달과 함께 해설과 심층 분석 가치평가 진실 추구로 신문은 다른 매체와 차별성을 갖고 지도적 위치를 잃지 않을 것이다. 엘리트 집단으로서의 특성을 강하게 지닌 독자층이 부상할 것이다. 각종 영상 매체와 온라인 매체가 폭증하면서 저널리즘적 특성이 강한 종래의 고급지들은 엘리트 집단에게 이들의 차별적 매체 욕구를 실현시키는 수단으로 인식되고 수용될 것이다. 반면에 노골적이고 저급한 오락이나 선정주의를 추구하는 독자층이 확산될 것이다. 다양한 매체가 등장해도 저렴하게 구입할 수 있고 처분이 용이한 매체의 특성이 심화되어가는 상업주의에 부응하여 저급화된 오락물과 결합시킨 신문 매체가 상당 기간 유효할 것이다. 언론 매체는 사회 공익 도모를 요구 받으며 기업의 상업적 이윤 추구도 해야 할 것이다. 신문 외에도 이윤을 추구할 수 있는 다른 매체도 운영하여 신문사를 튼튼하게 해야 할 것이다.

권위주의 정권하에서 통제 받았던 신문은 이른바 민주화시대가 되었으나 권위주의 시대 전근대적인 언론문화 체질을 탈피 못하고 있다. 권위주의 정권이 붕괴된 후 한국매스 매스미디어는 다매체 채널, 디지털, 뉴미디어, 미디어 융합으로 멀티미디어시대가 왔으나 언론법 조차도 이 변화에 발맞추지 못했다. 언론 관련 법제 정비 언론의 체질 개선 정치세력으로부터 독립 등이 과제다.

2. 한국신문 개혁 논의의 초점

한국신문의 문제점으로 ① 전문 직업인으로서의 윤리 규범 부재 - 촌지 오보 정보원과의 유착, ② 권위주의적인 위계 구조, ③ 관급 정보에의 높은 의존도-독자적 해석과 취재, 시각의 부재, ④ 의견과 정보 시장의 독과점, ⑤ 언론인 엘리티즘, ⑥ 정보와 의견의 다양성 위축 - 공중의 정보 선택권 제한, ⑦ 대중지 지배 구조, ⑧ 획일화 동질화 - 대중적 상업주의 만연 등이 드러났다. 취재보도의 문제점도 심각하다. 언론연구원의 98년 '신문보도와 비평' 연구보고서는 한국신문의 취재 보도 문제점으로 신문 기사의 획일화 규격화 동질화 현상과 다양성 결여, 정치와의 연계와 피구속성으로 인한 제약 외형적 중립성 등 보수성, 흥미 위주의 스토리 저널리즘 독자의 인기에 영합하는 상업성, 불공정성 편파성, 발표 저널리즘, 오보, 비본질적인 문제의 대서특필 등 본질 호도, 물타기 보도, 정보원의 언론 플레이에 이용당하는 비전문성 보도 - 방향, 대안 해결 방안 제시 부재, 여론영합주의, 편파보도, 미확인 보도, 한탕주의식 보도 중요한 사건의 비보도 등을 지적했다. 이런 문제점에 대한 원인 진단은 크게 언론의 의식 태도, 신문에 대한 내적 외적 통제, 관행 병폐, 신문 조직의 4가지 측면으로 분류할 수 있다.

첫째, 언론의 일반적 관행과 병폐를 들 수 있다. 정치보도에서 진보 보수의 편향보도, 선거 보도에서 정책 분석이나 미래 예측보다 경마식 보도
둘째, 상업주의와 선정주의 보도
셋째, 신문사 조직의 내부 문제-편집국의 조직적 개입, 기자들의 한건주의
넷째, 전문기자 부족과 신문의 색깔
다섯째, 언론인의 직업의식과 기사 가치에 대한 판단, 역사의식 결여와 무사안일

　　여섯째, 취재 관행 - 관계자 발표 맹신, 매너리즘 취재 관행 등이 극복 대상
　　으로 거론됐다.

　　한국언론개혁 논의의 초점은 첫째, 신문 편집, 지면 구성, 정보의 문제 둘째, 언론 소유주 기자들의 문제점 셋째, 언론인의 윤리 및 관행상의 문제 넷째, 취재 시스템의 문제 다섯째, 언론 소유 및 시장 구조의 문제 여섯째, 언론의 편견과 이데올로기 문제 일곱째, 언론의 뉴스 가치 선택과 배제의 기준 여덟째, 언론의 권력화 아홉째, 권력과 언론의 유착 열째, 과열 경쟁에 의한 자원 낭비 등이다. 2000년대에 들어서 언론이 진보 보수로 갈라져 신문의 논조가 정파성 저널리즘(partisan journalism)을 나타낸 것이다. 한국언론은 아직도 해방 전후의 좌우 싸움 비슷한 이념논쟁을 재연하고 있다. 구한말 관보나 민간 신문뿐만 아니라 일제(日帝) 치하 신문들도 신문의 사익보다는 공익을 위하여 있어 왔던 것이 사실이다. 그러나 식민지 시대와 권위주의 체제하에서 관습화된 많은 모순을 청산하지 못했다. 권력과 대중의 압력에 굽히는 나쁜 체질이 그 것이다. 상황에 따라 변절한 민간지 종사자의 나쁜 선례가 답습되고 있다. 한국 신문은 나라의 독립과 민주화에 큰 역할을 했다. 그런 과정에서 신문은 권력화 되어 정치에 개입, 특정 정치 세력을 대변하는 정파저널리즘 신문 기능을 하기도 했다. 그래서 정치 현상의 상당 부분을 변형 왜곡시키기도 했다. 해방 후 좌우 싸움에 언론이 특정 이데올로기의 선전 선동의 도구가 되었던 것이나 국가 건국 후 신문이 특정 정당이나 종교의 정치 노선을 대변하며 정파적 성격을 대변했던 것은 객관적으로 검토 돼야 할 것이다. 특히 대선에서 특정 후보 공개 지지 선언 없이 불공정하게 지원하여 선거 후 집권당에 사적인 영향력을 행사한 사례도 있어 빈축을 샀다. 그렇게 권언 유착했던 언론의 체질 개선과 언론의 권력으로 부터의 독립과 상업주의로부터 해방이 바른 언론 자유 논의를 위한 시급한 과제다. 한국언론의 정파저널리즘에 대한 한국언론학계의 논의가 활발했다. ① 2001년 언론학회 : 언론 개혁의 쟁점과 이론적 조망, ② 2004년 언론학회: 전환기 한국언론, ③ 2005년 제11회 한국언론법학회 세미나가 한국신문의 정파저널리즘을 본격 토론했다. 권력 비판과 언론표현의 자유와 한계를 주제로 '대통령과 정부 정책에 대한 언론의 보도 태도' 등이 발표된 제11회 한국언론법학회

세미나는 한국언론의 대통령보도의 문제점을 언론의 정파적인 공격성으로 접근해 논의했다. 노무현대통령과 정부 정책에 대한 보수신문과의 직접적인 갈등 문제와 원인이 무엇인가도 검토했다. 노무현대통령 재임시 신문과 집권당의 갈등은 특이했다. 2008년도 통합 교과형 논술고사를 둘러싼 서울대 정운찬 총장과 노무현 대통령과의 논쟁 기사는 교육 개혁 본질과 거리가 먼 말싸움으로 가볍게 접근한 대표적인 케이스였다. 정파성 공격 저널리즘이 대체로 폭로저널리즘 수준에 머물러 의제 설정을 제대로 못했다는 지적도 있었다.

대통령 공격에 혈안이 되어 낡은 레코드판을 돌리는 판에 박은 비난으로 그치는 문제점도 있었다. 한국언론의 정파주의도 그 나름의 이론과 주장이 있을 수 있고 공과도 있다. 그러나 이제는 극복되어야 할 대상이다. 사상이나 이념의 경우 하나의 입장에서 다른 쪽을 보면서 모두 잘못된 것이라고 비판하면 상대편에게는 비난으로 들릴 때가 적지 않다. 표현의 자유는 서로 다른 다양한 세계관이 존재함을 전제로 인정하고 상대방의 의견을 존중하는 경우에만 꽃 피울 수 있다. 이념적 차이에서 오는 논쟁은 격렬한 비난과 극단적인 수사적 공방을 유발하지만 상대방의 승복을 받아내기 위한 노력은 무위에 그치는 경우가 보통이다. 어떤 견해든지 그에 대한 차별성을 인정하지 않기 때문이다. 설사 다수가 비난하거나 상식에 어긋나는 것이라 하더라도 모든 생각은 동등하게 발표할 권리는 있다. 그러나 거짓말과 의도적인 선전선동까지 표현의 자유로 보호받는 것은 아니다.

이른바 민주화 선언이후 언론과 정권의 관계는 노태우 김영삼-정권은 정권중심적 권언 유착 관계였고 김대중정권은 갈등적 관계였다. 노무현정권과 언론은 자율적 긴장 관계였다. 노무현 정부가 언론과의 전쟁을 선포, 대통령에 대한 신문의 공격적인 비판 풍토가 조성됐다. 노무현 정부의 권력에 의한 언론의 통제는 다각적으로 시도됐다. 법률과 정보의 홍보체제를 바꾸어 권언 관계 구조적 성격이 변화했고 이른바 보수언론의 정파적 반발도 있었다. 2004년 한국언론학회주최 전환기 한국언론 세미나는 한국언론의 통치 도구화 현상을 지적했다. 사실에 대한 충직성과 정직성 독립성을 잃어버리고 저널리즘이 정치 도구로 전락한 것을 비판했다. 노무현정부 집권 시기의 국가 관리에 관한 많은 문제가 제기되었으나 언론은 냄비저널리즘으로 떠들기만 했지 본질에 접근 못했다. 노무현 정부의 이념갈등, 북핵위기, 노사갈등, 지역갈등, 외교갈등, 대북정책 등에 대한 본격적인 대안도 제시 못했다. 지스카르 데스텡(V. Giscard d'Estaing)은 '프랑스 민주주의'라는 저술 서문에 "언론은 합리적 조직 결정을 도출, 자유롭고 책임성 있는 공동체와 균형 있는 사회 발전을 구현하는데 기여해야 한다."고 천명했다. 그는 이어서 "어떠한 사회든지 정신적 기저를 진작시키는 이상(理想) 없이는 존속할 수 없으며, 그 사회 조직의 지도 원리에 대한 명백한 인식과 동의 없이는 그 사회는 생존할 수 없다. 위대한 문명의 시대는 이 두 가지 조건이 결합된 시대다."라고 주장하며 "나는 국민과의 소통으로 우리시대 국가의 근본 목적 을 국민이 인식할 수 있도록 해주고 싶다."고 했다. 이 저술은 노벨문학상 후보에 올랐었다. 그는 민주주의 근본인 여론과 매스커뮤니케이션의 중요성을 서문에 기술한 것이다. 매스커뮤니케이션을 단순한 선전 선동의 도구로 생각한 것이 아니다. 정치가가 매스커뮤니케이션을 잘못 사용하면 그 역기능 또한 대단하다. 대중을 저질화 규격화 수동적 종속물 보수화 시키는 매스커뮤니케이션의 역기능을 우리는 많이 보고 있다. 토크빌은 미국의 정파주의 신문의 과격한 공격적 논조가 사회가 안정을 되찾자마자 그 격렬성을 버릴 것이라고 예언했고 그런 언론의 전통이 미국 민주주의를 발전시킬 것이라고 내다보았다. 조선시대 왕까지 진절머리를 했던 언론 3사 인사권을 왕이 빼앗자 조선왕조의 견제와 균형 장치가 무력화되어 나라는 망했다. New York Herald Tribune 전 사회부장 스탠리 워커는 신문은 밀물과 썰물 같은 인간의 야망과 치욕 인간의 영광을 개괄적으로 평가 보도하는 것이라며. 신문은 내일의 역사를 패키지로 간추려 놓은 것이라고 했다. 당파적인 미국 신문은 선정적인 황색신문의 대중지 단계를 지나 진실을 보도하는 고급지 정론지로 발전했다. 한국신문도 이제는 정파주의 보도를 뛰어넘을 때가 되었다.

3. 노무현정부의 신문과의 전쟁

21세기 새천년 벽두 김대중 정부 후반기부터 공개적으로 불붙은 집권 세력과 한국 유력 일간신문과의 갈등이 노무현 정부 집권 종반기까지 계속되었다. 국제적으로 언론 통제로 비친 정치권력과 언론과의 갈등은 정치, 경제, 법제 다방면으로 확산되어 정부의 신문보도에 대한 제소도 늘었다. 노무현 정부의 언론 규제는 정치적 ·경제적 규제에 이어 언론을 통제하는 법률 개정과 제정 취재 제한까지 다양하게 전개되었다. 노무현 정부가 개정·제정한 신문법과 언론중재법은 논의 단계에서부터 반론이 제기되고 헌법재판소에 제소돼 위헌 판결까지 받았다. 2005년 1월 27일 정부가 제정한 '신문 등의 자유와 기능 보장에 관한 법률'(다음부터 신문법으로도 표기)과 '언론 중재 및 피해 구조 등에 관한 법률'(다음부터 언론중재법으로도 표기)을 헌법재판소는 2006년 6월 29일 일부 위헌 판결을 했고, 대법원은 조선일보 등 언론 사주의 탈세 혐의를 유죄로 확정했다. 헌법재판소(다음부터는 헌재로도 표기)는 정부 권력의 언론자유 통제 위험을, 대법원은 언론의 관행적인 부조리를 징계하는 판결을 했다. 헌재는 노무현 정부가 이른바 '개혁 입법'의 일환으로 제정한 신문법과 언론중재법 중 4개 조문을 위헌, 1개 조문에 대해 헌법 불일치 판정을 했다. "1개 신문사의 시장 점유율이 30% 이상, 3개 신문사 점유율이 60% 이상이면 시장 지배적 사업자로 인정해 공정거래법에 의해 과징금 부과가 가능하다."는 신문법 17조는 신문 사업자의 평등권과 신문의 자유를 침해해 위헌이라고 헌재는 판결했다. 신문법 34조 제2항 제2호가 제17조의 시장 지배적 사업자를 신문 발전기금 지원 대상에서 배제한 것도 신문 사업자를 차별하는 것이므로 평등원칙에 위반된다고 판결했다. 언론중재법 제26조(정정보도 청구 등의 소) 6항(정정 보도 청구를 민사 집행법조 가처분 절차에 관한 규정에 의해 재판하며)은 "피해자의 보호만을 우선하여 언론 자유를 합리적 이유 없이 지나치게 제한하는 것은 위헌이다."라고 판결했다. 헌재는 노무현 정부의 언론개혁 입법이 언론자유 침해 위험이 있다고 지적한 것이다. 또 신문법 제15조(겸영금지 등) 2항 일간신문이 뉴스통신이나 일정한 방송사업 겸영 금지에 대해 합헌으로 판결했으나, 3인의 위헌 판결 의견도 있었다. 신문법 제15조 3항의 복수 신문 소유 금지 조항은 헌법 불일치 결정을 했다. 헌재는 이른바 민주화이후 정부 차원에서 제기한 언론규제론에 대해 적극적이지는 않지만 일부 제동을 건 셈이다. 그러나 헌재의 6·29판결문에 대해 일부 헌법학자와 언론학자들은 비판적이었다. 언론법학회는 2006년 6월 29일의 헌재 판결문을 해마다 언론관계 우수 판결문을시상하는 '철우언론법상' 심사 대상에서 제외했다. 권위주의 정치가 종식되고 언론이 정치적 통제에서 벗어났으나 김대중 정부부터 공개적인 마찰을 빚기 시작했다. 김대중 정부는 2001 년 1월 대통령 연두기자회견에서 이른바 '언론개혁'을 선포하고 언론사 세무 사찰 결과에 따라 조선·동아 국민일보 사주를 구속, IPI로부터 언론자유 감시대 상국으로 경고를 받았다. 노무현 정부도 집권 초기인 2003년 3월 29일 청와대 직원 워크숍에서 노무현 대통령이 "우리는 나쁜 언론 환경 속에서 일한다. 우리 는 언론의 시샘과 박해에서 우리 스스로를 방어해야 한다."고 언론과의 전쟁을 선언하고 집권 말기까지 언론과 불편한 관계였다. 노무현 대통령은 새정부 출범 초기에 인터넷 매체와 단독 회견, 특정 신문 방문, 기자실 폐쇄, 보도 지침, 오 보성 기사와 왜곡 보도에 대한 사안별 대응 조처 지시 등 적대적 신문에 대한 언론 대책을 속속 발표한 데 이어 2007년 5월에는 '취재선진화 방안'을 발표하 고 취재를 통제, 언론과의 싸움을 집권 말기까지 지속했다. 김대중, 노무현 정권 의 언론과 적대적 관계는 전직 언론인들의 모임인 대한언론인회의 2004년 한국 언론 자유 상황 보고서가 언론자유를 54.6점으로 저평가하기에 이르렀고 또 집 권 세력 측으로부터 언론이 정권의 무책임, 무능력, 무소신 등을 부각시켜 근본 적으로 권력을 무력화시키고자 하는 의도까지 드러냈다고 원망하는 상황에 이 르렀다. 권력과 언론의 적대적 관계는 노무현 정부에서는 비밀이 아니었다. 정 부의 홍보 담당자들이 신문과의 싸움이 빈번했다. 청와대 홍보담당 비서관 둘이 특정 신문을 비방하다가 청와대 근무 도중하차하기도 했다. 노무현 정부 출범 후 행정부와 정부 산하 기관의 대언론 제소가 급증했으며 대통령이 주관한 언 론 대책 회의가 공개되기도 했다. 친여 언론 매체와 시민단체가 앞장섰던 보수 언론과의 싸움을 대통령이 전면에 나서, 언론의 대통령 비판 수위가 높아지고 노무현 대통령은 신문을 불량 상품이라고 비난하며 퇴임 후에도 언론과 싸움을 지속한다고 선언했다. 2007년 5월 22일 노무현 정부는 국무회의에서 '취재선진 화 방안'을 공표한 데 이어 취재실 통폐합, 총리의 '취재지원에 관한 기준안' 등 을 발표했다. 노무현정부와 우호적이었던 기자협회를 비롯해, 편집인협회, 편집 국장, 보도국장들의 공개적인 비판선언과 변협 IPI 등이 노무현 정부의 언론 통 제에 항의했으나 노무현 정부는 굽히지 않고 강행, 정권 말기까지 언론과의 싸 움 강도를 높였다. IPI 요한프리츠 사무총장은 "한국이 다시 IPI의 언론자유 감 시 대상국 명단에 들어가는 것을 보고 싶지 않다."는 서한을 2007년 8월 27일 노무현 대통령에게 보냈다. IPI 사무총장의 서한은 이른바 '취재선진화 방안'이 기자들의 관공서 출입을 금지하고 공무원들이 기자들에게 자유롭게 말하지 못하도록 함으로써 한국의 언론자유를 크게 해칠 뿐만 아니라 공중의 알 권리를 침해하고 있다고 비난했다. IPI는 취재 봉쇄 조치뿐만 아니라 정부 부처들이 언론 비판에 대해 맞대응을 권장한 것과 비판 언론에 대한 정부광고 통제, 국정브리핑을 통한 언론 공격 등을 예로 들며 언론에 대한 노무현 정부의 적대적 감정과 오해를 지적했다. "기자실에 대못질 하겠다."는 대통령 발언은 "전 세계 민주국가에서 활동하는 경험 많은 언론인들을 경악케 만들었다."고 꼬집었다. 2007년 8월 30일 전국신문 방송 통신편집 보도국장 일동도 "정부에 대한 취재 자체, 접근 자체를 원천적으로 차단하려 하는 노무현 정부의 취재 봉쇄 조치는 군사정권 시절보다 질적으로 더 나쁜 언론 탄압"이라는 결의문을 발표했다. 노무현 정부 집권기의 신문도 이데올로기를 개입시킨 대통령 비판 공격 저널리즘과 정치인의 비행을 폭로하는 적대적 보도의 비판 수위를 늦추지 않았다. 조심스런 분석 및 탐사보도보다는 논쟁을 일으켜 상대방 이미지를 훼손시키고 피상적인 비난에 중점을 두면서 투쟁과 불협화를 주제로 삼는 보도 행태가 많아진 것도 사실이다. 공평하고 객관적인 사회 감시 기능 수행의 한계선을 뛰어넘어 정권과 직접 투쟁하기도 하고 사회에 불협화를 초래하는 갈등과 충돌을 빚기도 한다. 기자들이 조용한 관찰자가 아니고 스스로 싸움 무대에 오르기도 했다. 비판 저널리즘이 적대감을 증폭시키는 분노의 저널리즘으로 변질되기도 했다. 그 결과 갈등이나 충돌을 강조해 수용자들에게 갈등과 충돌이 문제 해결하는 방법이란 인식을 심어 주기도 했다. 대통령에 대한 공격적인 기사가 정치에 대한 냉소주의를 심어 주어 정치적 무관심과 정치 참여 의욕을 상실케 하며 공중에게 정확한 정보나 사실을 전달하지 못해 신문의 신뢰도를 실추시켜 신문 불신을 자초하기도 했다.

한국언론은 선진언론의 기본 조건인 언론자유와 언론인의 윤리 모두 낙제점이다. IPI(국제언론인협회)는 2001년 한국을 OECD(경제개발협력개발기구) 가입국 가운데 유일한 "IPI Watch List" 국가에 포함시켰다. IPI는 2001년 9월 6일 서울에서 열린 2001년 IPI Press Conference 중 한국의 언론자유가 'IPI Watch List' 대상이라고 공식 발표했다. IPI는 2004년 5월 18일 바르샤바에서 개최된 이사회에서 "한국사회의 화해를 위해 일하고자 한다는 노무현 대통령의 발언을 환영하고 언론 분야도 한국사회 내부의 화합을 위한 새로운 노력들에 포함되기를 희망하면서" 한국을 감시대상국에서 제외시킨다고 발표했으나 2007년 노무현 정권의 취재 봉쇄정책으로 감시대상국 재지정을 IPI가 노무현 대통령에게 보낸 서한에서 거론하고 있다. IPI가 2001년 9월 6일 한국을 언론자유 감시대상국으로 결정을 하기 20일 전인 8월 17일 김대중 정부는 동아·조선·국민일보 세 사장을 탈세 협의로 구속했다. 한국에서 이승만·박정희 권위주의 정권에 저항했던 동아·조선의 두 사주가 파렴치한 탈세범으로 구속되기 꼭 한달 전인 7월 17일 워터게이트 사건을 파헤쳐 닉슨을 하야시킨 워싱턴포스트의 캐서린 그레이엄 사주가 타계하자 미국 조야는 고인을 언론의 독립과 자유를 실천한 언론인으로 높이 평가하고 최대의 경의를 표했다. 2001년 여름 강력한 정치권력과 맞서서 부정과 비리를 고발, 민주주의 발전에 기여했던 한미 양국의 언론 사주에 대한 한미 양국의 대조적인 대우는 두 나라 정치 문화의 수준차라는 지적도 있었지만, 한국 신문의 관습화된 윤리 무감각이 불러온 재앙이었다는 자성론도 언론계에서 제기됐다.

이른바 보수 언론과 연대해 권위주의 정부를 해체했던 구한민당에 뿌리를 둔 민주당계의 정치 세력이 정권을 장악한 후 시작된 집권 세력과 유력 신문과의 이전투구의 진실은 무엇일까. 군부 권위주의 통치가 끝난 후 언론도 통제에서 풀려나 정치권력에 버금가는 유사 권력기관으로 변신했다. 그러나 이 언론의 변신과 부상이 정치권력과 신문의 전쟁을 불가피하게 했다고 진단하는 정치학자도 있다. 이 싸움은 식민지 시대와 권위주의 시대 신문의 굴종과 관행적인 윤리적 결함까지 파헤쳐 대중 특히 전후세대의 유력 신문 거부현상을 일으켰다. 언론 윤리 확립은 정치적 탄압으로부터 언론의 자유와 독립 못지않게 한국언론이 21세기 초에 풀어야 할 명제인 것만은 확실하다. 2001년 1월 김대중 전 대통령의 이른바 '언론개혁' 발언이 있기 전에 언론계 내에서도 21세기 한국언론의 새 좌표를 모색하는 언론개혁이 90년대 중반부터 활발하게 논의됐었다. 관훈클럽, 한국언론학회, 한국언론연구원 등이 벌인 언론개혁 논의의 쟁점은 대체로 언론의 윤리 확립이 의제였다. 이런 논의를 집약해 관훈클럽 '한국언론 2000년 위원회'가 5년간의 토론을 거쳐 2000년 10월에 발표한 '한국언론의 좌표'는 한국언론이 안고 있는 문제점을 분석하고 21세기 한국언론의 새 방향을 제시했다. 그러나 관훈클럽의 '한국언론 2000년 위원회 보고서'는 김대중 정부 주도의 '언론개혁 파동'의 외압에 밀려 선언으로 그치고 말았다. 2001년 김대중 정부의 언론 사주 구속을 신호로 이른바 민주화 세력에 의해 한국언론은 스스로 반성할 능력도 없는 비리와 부조리로 얼룩진 개혁 대상으로 매도당하고 있다. 노사모와 안티조선 등은 특정 신문 비방 운동을 공공연하게 벌였고 일부 젊은 세대에게 유력 신문을 나쁜 신문으로 각인시키는 한 역할을 하기도 했다.

　21세기 초 한국 신문은 정치권과의 갈등뿐만 아니라 경영도 심각한 도전을 받고 있다. 신문의 위기 요인은 정치 세력과의 갈등, 흔들리는 언론 윤리, 인터넷 발전에 따른 언론 매체 환경과 수용자 변화, 경영불합리, 대중 영합주의 등 복합적인 것이다. 이미 20세기 말부터 전통적인 매체 외에 뉴미디어들이 여론 시장에 대거 참여하며 영향력을 확대해 나가 언론 내부 질서가 재편되는 상황에 따라 권력과 언론 관계도 새로운 양상을 드러냈다. 1981년 여름 미국 워싱턴 시의 Washington Star가 문을 닫았다. 30만 부 이상의 부수와 30억 달러(한화 약 3조 원)의 GDP를 기록한 140년을 버틴 신문사였다. 3주 후 뉴욕의 New York Daily News가 4개월 후에는 남부전쟁 전 창간되어 40만 부 판매 부수를 유지하던 Philadelphia Bulletin이 2개월 후에는 100년 역사의 Minneapolis Star와 또 1878년에 창간되어 30만 부를 발행하던 Cleveland Press가 도산했다. 컴퓨터, 광섬유, 레이저, 위성 통신 등 새로운 통신기술 발전에 따른 신문 산업 변화의 부산물이었다. 우리나라 신문도 이런 충격으로 몇 개 신문사가 도산위기에 직면해 있다.

　1990년대 이후 매체 환경은 급속하게 변하고 있다. 컴퓨터 기술과 정보 통신 기술의 발전뿐만 아니라 산업구조 등 총체적인 변화에 의한 것으로 혁명적인 것이다. 미디어 융합에 의한 전자신문, 뉴스전광판, PC통신을 비롯해 신문, 잡지, 방송, 출판, 라디오, 영화 등 기존 매체가 인터넷에서 혼합되어 가고 있는 추세다. 신문 경영이 다른 매체를 포괄하는 다각 경영과 통신 산업과 방송, 영화, 음반 등 미디어 산업이 합병하는 복합 기업이 등장하는 변화가 일어나고 있다. 방송이 Cable TV나 인터넷 방송을 겸영하기도 하고 신문이 전자신문, 영화 등을 겸영하기도 한다. 노무현 정권이 제정한 신문법이 겸영을 금지하는 것은 이런 추세에 역행하는 것이다. 미국은 새로운 매체 출현으로 종이 신문의 위기설이 있었으나 신문이 겸영체제로 경영을 개선하고 특화해서 생존해 나가고 있다. 노무현 정부의 신문법이 매체 환경 변화에 대응하는 선진국의 탈출 방법까지 규제함으로 이른바 '언론개혁'이 결국 신문 통제였다는 한계를 드러냈다.

한국 신문은 19세기 말 근대적 언론 매체가 들어오기 전 고려, 조선 시대부터 체제 모순을 광정하여 이상 정치를 구현한다는 언관(言官)의 전통을 갖고 있다. 조선 시대 언론은 주자학적인 이데올로기 한계는 있었으나 목숨을 걸고 언론의 자유와 정론을 고집했다. 이 전통은 언론이 독립투쟁과 민주화 과정에서도 정 기능을 했다. 그러나 해방 후 좌우싸움에서 언론이 특정 이데올로기의 선전 선동의 도구였던 것이나 국가 건국 이후 제1공화국 시대 일부 신문이 편 정치 공격성 신문 논조나, 제3공화국 이후 대선 과정에서 특정 후보 공개 지지 선언 없이 불공정하게 특정 후보를 지원한 사례 등의 정파 신문 행태나 집권 세력의 나팔수로 전락했던 것은 부끄러운 족적이었다. 한국언론연구원이 98년에 발표한 '신문보도와 비평'은 신문보도의 문제점으로

① 언론인의 전문 직업인으로서의 윤리규범 부재 : 촌지 오보 정보원과의 유착
② 정치면 기사의 정파적 보도
③ 의견과 정보 시장의 독과점 : 여론 독과점 및 조작 가능성
④ 정보와 의견의 다양성 위축 : 공중의 정보 선택권 제한
⑤ 대중지 지배구조 : 권위지 고급정보의 부재
⑥ 획일화·동질화 : 대중적 상업주의 만연
⑦ 관급 정보에의 높은 의존도

등을 열거했다. 언론학자들도

① 신문 기사의 획일화, 규격화, 동질화 현상과 다양성 결여
② 정치와의 연계와 피구속성으로 인한 제약
③ 강자에 약하고 약자에게 강한 이중성
④ 권력의 통제술을 능가할 시각과 줏대의 상실
⑤ 권력층 보도에서 파수견 기능의 실종

⑥ 권력의 중요 쟁점 물타기를 통한 여론 조작

⑦ 정보원의 언론 플레이에 이용당하는 비전문성 보도

⑧ 정부 기업의 관료적 선전의 도구로 전락

⑨ 편파 보도

⑩ 미확인 보도

⑪ 선정적·단정적 사회조사

⑫ 여론영합주의

⑬ 보수성

⑭ 대안 해결 방안 제시 부재

⑮ 오보

⑯ 물타기 보도

⑰ 불공정성, 편파성

등을 지적했다. 김대중 정부가 제기한 '언론개혁 파동'으로 그동안 간과했던 한국 신문의 정파주의 등의 문제가 언론학의 연구 과제로 급부상한 것은 특기할 만하다. 2005년 11월 25일 '권력 비판과 언론 : 표현의 자유와 한계를 주제'로 연 제11회 한국언론법학회 세미나에서 최영재 한림대교수는 대통령 관련 보도 특성과 문제점으로 한국언론의 정파성 공격 저널리즘의 문제점을 제기했다. 그러나 이 세미나는 정파성 공격의 문제점을 부각하면서도 "언론의 대통령에 대한 불공정 왜곡 편파 보도를 문제 삼아 대통령을 포함한 국가권력이 직설적으로 언론개혁에 나설 경우 언론자유를 침해한다."고 경고했다. 언론자유 남용을 치유하겠다는 정치권력의 발상이 오히려 언론자유를 규제하고 통제하는 모순을 초래한다고 지적한 것이다.

그러나 노무현 대통령 재임 시 신문과 집권당의 갈등과 정파적 공격 기사는 일반 정파적 공격 기사 논의를 뛰어넘는 특수한 문제였다. 노무현 정권에 대한 신문의 정파성 공격 저널리즘이 폭로저널리즘 수준에 머물러 의제 설정을 제대로 못했다. 대통령 공격이 낡은 레코드판을 돌리는 판에 박은 비난으로 그친다는 지적도 받았다. 신문의 고급화와 언론인의 자질 향상이 시급하다. 신문의 질을 높이기 위해 신문 유통 지원보다 언론인 재교육 기회를 늘리는 것이 효과적일 것이다. 집권 세력과 신문의 싸움이 지루한 가운데 현직 중진 언론인들이 김영삼 정부에서 노무현 정부까지 신문의 정파적 공격성 보도의 문제점을 분석한 논문들이 발표돼 학계에 신선한 충격을 주었다. 전남식 전 경향신문 부국장(뉴스저널 편집장)은 2004년 경희대 박사논문 '한국 신문의 공격적 기사프레임 분석'을 통해 김영삼, 김대중, 노무현 정부와 신문의 갈등을 신문의 정파적 보도 측면에서 분석했다. 특히 노무현 정부의 언론 관계는 시장을 지배하고 있는 보수 언론과 반목 대립이 일종의 언론 통제 전략이었다고 보았다. 보수 언론의 기득권을 빼앗고 상대적으로 우호적인 진보 언론 매체의 활동 영역을 확대, 권력과 언론이 공론장 쟁탈을 위한 투쟁 단계였다고 분석했다.

제1공화국 시대 일부 신문이 특정 정파의 시각으로 이승만 건국 대통령을 공격한 정파성 신문 제작이 대한민국의 정통성을 부정하는 전후세대의 자학적인 현대사 인식의 한 요인이 된 것을 부인할 수 없다. 유재천 한림대 교수는 관훈저널 100호 기념 특집 논문을 통해 한국 신문이 주창(advocacy) 저널리즘을 지양, 공정하고 객관적이며 진실을 전달하는 보도를 통해 공론을 형성해야 한다고 지적했다. '전환기 한국언론'을 주제로 한 2004년 한국언론학회 학술회의에서 임상원 고려대 교수는 언론의 통치 도구화를 경고했다. 사실에 대한 충성과 정직성, 독립성을 강조한 것이다. 정파적인 미국 신문이 선정적인 황색 신문의 대중지 단계를 지나 진실을 보도하는 고급지, 정론지로 발전했다. 진보 보수 싸움의 한복판에 있는 한국 신문 개혁 논쟁도 가면을 벗고 독자에게 진실을 알리는 역사의식 있는 신문으로 거듭나야 한다. 신문윤리강령, 신문윤리실천요강, 신문사마다 윤리강령 등이 제정되었으나 사문서가 되었다. 언론인 재교육 등을 강화해 전문직 언론인으로서의 직업윤리를 제고시켜야 한다.

노무현 정권에 동원됐던 전 청와대 고위직 인사는 이임 후 "재직 중 언론 문제를 풀려고 노력했으나 최고 정책 결정권자가 단호히 거절했다."고 털어놓았다. 이 증언은 대통령 임기가 끝난 뒤에도 언론과의 싸움을 계속하겠다는 노 대통령의 발언으로 확인되었다. 21세기 초 언론과 정권의 정면충돌은 규범적인 언론 창달 목적보다 정치적 이해관계가 더 큰 요인이었다. 집권 세력의 강압적인 신문 규제에서 신문은 정면 대결과 함께 신문이 스스로 사회 책임형 언론으로 발전하는 방법을 강구해야 한다.

대전환의 한국과 언론의 새 방향

2001년 동아, 조선 사주 구속 직후 열린 한국언론학회 세미나에서 신문 사주 구속을 부패한 언론 권력을 응징하는 공권력의 조세 정의 실현이라고 긍정적으로 평가하는 시각과 대선을 앞둔 집권 세력의 '언론 길들이기'라는 전혀 상반된 시각이 맞섰다. 국제언론인협회(IPI)는 한국을 경제개발협력개발기구(OECD) 가입국 가운데 처음으로 언론탄압 감시대상국으로 결정했고 국제기자연맹 대표단은 한국의 언론개혁은 지연돼서는 안 될 급박한 과제라고 밝혔다. 한국언론이 자유롭지 못하다는 지적과 개혁 대상이라는 불명예스런 지적을 동시에 받은 것이다. 이번 이른바 '언론 개혁 파동'이 한국언론의 선진화를 가로막는 제반 걸림돌을 제거하는 기회가 되어야 할 것이다. 그러기 위해서는 언론인들의 윤리 확립과 언론이 정치권력으로부터 독립되는 자정 작업이 선행되어야 한다. 언론이 특정 정치 세력의 앞잡이가 되는 권언 유착만은 차제에 청산해야 할 것이다. 신문 개혁은 자율적으로 하는 것이 바람직하다. 신문의 불법이나 탈법은 정부의 관심 대상이 될 수는 있다. 그러나 선진국에서 정부가 가능한 개입을 자제하는 이유는 더 큰 공익인 민주주의 자체가 만에 하나라도 훼손될까 두렵기 때문이다. 신문이 강요에 의해서 침묵하면 신문만 망하는 것이 아니라 정권도 망하고 체제 자체가 붕괴된다. 구소련이나 공산권 체제의 붕괴에서 그것을 보았다. 국민은 명실상부한 신문의 주체로서 신문 개혁을 요구할 권리가 있다. 그러나 특정 세력의 선전 선동 도구로 이용되는 잘못을 범하지 말아야 한다. 신문은 국민의 사랑과 존경을 받으면서 자랑스럽게 서기 위해 신문 제작 기본 원칙과 윤리 요강을 실천해야 한다.

첫째, 신문은 인간의 의사소통 현상이며, 사회의 신경 조직이다. 민주화의 견인차며, 국가 운영의 항해사임을 명심해야 한다.

둘째, 신문의 생명인 언론자유의 진정한 의미를 정확하게 인식해야 한다.

셋째, 신문은 공익성, 기업성, 전문성의 명제를 조화시켜 나가야 한다.

넷째, 현대사회의 변화, 한국사회의 변화와 국가적 요청, 그리고 독자 성향의 변화들에 대해서 능동적으로 대처해 나가야 한다.

[2006년 12월 15~17일 인도 뉴델리 자와할랄 네루대학에서 열린 제8차 태평

양-아시아 한국학 학술회의(8차PACKS)에 보고한 논문 '21세기 한국언론의 위기와 도전'에 '신문 등의 자유와 기능 보장에 관한 법률'과 '언론 중재 및 피해 구제 등에 관한 법률'에 대한 헌법재판소의 2006년 6월 29일 일부 위헌 판결과 노무현 정권이 2007년 5월 22일 발표한 이른바 '취재선진화 방안'을 둘러싼 언론과 정부의 갈등을 추가했다.]

4. 미래 신문의 과제

Philip Meyer(North California대) 신문방송학 교수는 "21세기 신문도 예전과 같은 저널리즘이지만 더 나은 도구다. 어떠한 편집의 혁명도 근본적인 것이 아니라 점진적인 것이고 효과적인 것이다."라고 전망했다. Philip Meyer의 미래 신문은 "예전과 같은 저널리즘"과 약속된 "혁명"이라고 주장했다. 21세기 신문은 새로운 스타일, 더 작아진 헤드라인, 더 커진 사진, 더 나은 컨텐츠의 전문화, 그리고 편집의 칼라화와 정보의 그래픽화, 전통적인 컨텐츠가 아닌 다양한 포맷의 새로운 저널이 요청된다는 것이다. 컴퓨터 에 의한 신문제작의 기술 혁명은 신문의 탈대중화와 독자의 개인화를 충족시킨다. 컴퓨터화된 취재 편집 시스템은 뉴스의 수집, 보고, 작성, 편집, 인쇄 기술을 확 바꾸었다. 인공위성을 통한 저널리즘의 세계화로 국제 뉴스의 질이 신문의 격차를 드러냈다. 국제뉴스 뿐만 아니라 모든 뉴스의 전문성과 탐사보도가 신문의 성가를 판가름하는 척도가 됐다.

21세기 신문 보고서

미국신문인협회(ASNE)는 '21세기의 신문' 보고서에서 다음과 같이 지적했다.

* 독자들은 신문에서 뉴스를 원한다.
* 뉴스가 그들 자신과 공동체에 관련되길 원한다.
* 편집상의 속임수나 화려한 디자인에 속지 않는다.
* 실생활에 도움이 되는 실제적이고 유용한 정보를 원한다.
* 조언과 권고를 바란다.
* 어떻게 살 것인가가 관심이다.

여성 인구가 몇%인가. 독자의 연령층 분포. 등이 신문 만드는 사람들의 관심사가 돼야 한다. 21세기 신문의 변화에 따른 기자의 역할도 변화가 요청된다. 다매체시대는 기자에게 다기능을 요구 한다. 기자는 더욱 전문화되어야 한다. 전문 지식을 갖추어야 한다. 정보 홍수 시대에 기자는 올바른 정보를 선택해 독자에게 제공해야 한다. 점증하는 국가적 쟁점을 효과적으로 취재 보도하기 위해 학자와 맞먹는 지식을 갖추어야 한다. 의제설정 기능, 권위 있는 심층 분석과 해설 등이 필요하다.

장미 빛 미래를 전망하던 한국의 뉴밀레니엄은 불확실성과 혼돈이다. 냉전은 갔으나 한반도에는 한 세기전의 악몽을 되살리게 하는 비슷한 국제 정세가 엄습하고 있고 국내 정치는 낡은 이념 논쟁의 늪에 빠져 허덕이고 있다. 이런 와중에 신문까지 양분되어 싸움이나 한다면 청산 대상으로 지탄 받아도 감수해야 할 것이다. 신문은 위기의 늪을 벗어나 객관적으로 오늘의 한국 현실을 냉철하게 분석하고 새 방향을 제시해야 할 것이다. 그것이 독자들이 바라는 신문이다.

한국 신문 개선 방향과 과제

언론은 자율적으로 개선되는 것이 바람직하다. 신문의 불법이나 탈법은 정부의 관심 대상이다. 그러나 정부가 신문 문제에 대해 가능한 한 개입을 자제해야 한다. 그 이유는 더 큰 공익인 민주주의 자체가 만에 하나라도 훼손될까 두렵기 때문이다. 신문이 강요에 의해서 침묵하면 신문만 망하는 것이 아니라 정부도 망하고 체제 자체가 붕괴된다. 조선왕조의 언관 약화와 구소련이나 공산권 체제의 붕괴가 그런 사례였다. 국민은 신문의 주체로서 신문 개혁을 요구할 권리가 있다. 공적 단체들에 의한 신문비평, 신문조사, 신문감시, 신문 소비자 운동, 신문 고발 등이 효율적인 자극제다. 신문은 국민의 사랑과 존경을 받으면서 자랑스럽게 존재하기 위해 기본 원칙을 실천해야 한다.

첫째, 신문은 현상보다 본질에 더욱 주목해야 한다. 신문은 인간의 의사소통 현상이며, 사회의 신경 조직이며, 민주화의 견인차며, 국가 운영의 항해사다.

둘째, 신문은 언론 자유의 진정한 의미를 정확하게 인식해야 한다. 언론 자유란 모든 사람에게 귀속되는 자유의 개념이다. 다만 언론의 자유가 개인의 기본권 보장과 대의 민주주의 구성 조건이라는 데서 다른 사회적 가치에 비해 우월적 지위를 누리고 있다. 무엇으로 부터의 자유와 더불어 무엇을 위한 자유를 지향해야 한다.

셋째, 신문은 공익성과 기업성의 명제를 적절히 조화시켜나가야 한다.

넷째, 신문은 전문성 수준을 대폭 향상시켜야 한다. 기술적으로 훈련되고 윤리적으로 무장된 전문인에게 맡겨져야 한다.

다섯째, 현대 사회의 변화, 한국 사회의 변화와 국가적 요청, 그리고 독자 성향의 변화들에 대해서 능동적으로 대처해 나가야 한다.

신문 경영인은 저널리즘의 본질 회복 위해서 신문의 정치적 자유와 경제적 독립성을 유지하면서 공익성과 전문성을 확대해 나가야 한다. 토마스 제퍼슨은 "신문이 자유롭고 모든 사람이 그것을 읽을 수 있다면 모든 것은 안전하다"고 했다. 신문의 주임무는 토론을 장려하는 것이다. 진실 보도의 가치는 불변이다. 정보의 공급자로서의 기자는 기록을 하고 권력자의 행위와 선언을 기록하는 사람으로서 충분하다는 사람이 있고 다른 사람들은 한 걸음 더 나가 방향을 제시하고 권력자를 감시하고 수색 작업을 해야 한다고 주장한다, 미국 신문 역사에서 추문 캐는 기자, 폭로 저널리즘(Ativist journalism watch dog journalism) 은 노동 착취 정치적 뒷거래 악덕 자본가들과 투쟁했다. 퓨리처는 사회적 부정을 폭로하는 고발과 사회정의 구현 캠페인 등 환경 감시 기능을 신문의 공공 봉사라고 역설했다. 신문은 정의 개혁 변화의 도구로 적대적 언론 역할을 했다. 언론은 가난한자 장애자 소수 의견 등 사회적 약자에 온정과 동정심을 갖고 권력 없는 일반 시민과 역사가 불순 세력에 의해 부당하게 희생되는 것에 대해 도덕적 분개심을 갖는 호민관적 전통을 신봉하고 있다.

Albert Camus는 1957년 노벨문학상 수상 연설에서 "(글쓰는 사람)의 천직이 고매함은 두 가지 서약에 근거를 두고 있다. 지키기는 어렵지만 우리가 알고 있는 것에 대해 거짓말하기를 거부하는 것과 탄압에 저항하는 것입니다."라고 말했다. 남시욱 전 문화일보 사장은 "무엇이 진실 보도인가. 언론보도의 정확성 공정성 객관성은 영원한 숙제지만 그것 없이는 신문의 신뢰 추구와 역사적인 증언은 어렵다."고 지적했다. 현대 매체를 통한 의사소통은 점점 더 복잡해져 간다. 언론이 침묵하는 다수를 무시한다면 민주화나 사회정의 구호는 대중에게 구두선으로 들릴 것이다. 좌파의 자본주의 비판에서 선동적인 구호 하나만을 언론이 차용한다면 사실을 왜곡할 수도 있다.

언론은 진실을 적확하게 찾아내 공론의 주제로 삼아야 한다. 현대 언론은 표현의 자유를 내세운 매체 소유주나 매체 전문가의 매체 파시즘 위협과 유혹에서도 벗어나야 한다. 현대 언론은 언론 자유를 강조하며 몇몇 사람들의 사상과 주장 정치적·경제적 이익만을 대변하는 실수를 범하기도 한다. 마치 사회주의 국가에서 대중에게 특정 이념을 교화시키기 위해 배우만이 무대에서 떠들고 나머지는 가만히 쳐다보기만 하는 연극 공연장 같기도 하다. 다양한 가치관과 서로 다른 가치를 신봉하는 집단들이 서로 경쟁하는 민주주의 사회에서 제기되는 주의 주장은 무엇이 옳고 그른지 정해져 있지 않다. 민주주의를 하기 위한 규칙과 헌법만이 유효하며 지킬 의무가 있다. 대중이 특정한 가치를 추종하는 무시할 수 없는 현상에 휩쓸릴 때, 이런 경우에 무엇이 좋고 무엇이 나쁘며 무엇이 바람직한 방향이며 대중의 취향이 일시적인지 지속적인 것인지를 판단해야 한다.

아젠다를 설정 공론을 진작해야 하는 언론이 꼭 지켜야 할 원칙이 있다. 독자와 대중의 소리를 너무 빨리 수준 이하로 치부해버리지 말고 이 목소리를 공적인 대화로 이끌어 가야 한다. 언론인에게는 대중의 소리를 바르게 전달하는 객관성과 공정성이 요구된다. 바오로 6세 교황은 침묵하는 다수를 위한 언론의 사명을 강조했다. 바오로 6세는 현대사회가 말 꽤나 하는 극소수인의 무대이고 대중은 찬반을 표현할 기회마저 막혀 있다며, 언론은 침묵하는 다수를 말하게 해야 한다고 당부했다. 바오로 6세는 사회 안에서 이루어지는 대화가 독백으로 끊어지는 것이 아니라 공중과 의사소통이 되기 위하여, 언론이 여론 형성에서 실제로 참여해야 한다며 진실에 접근하기 위하여 언론인은 비행기 조종사의 눈으로 예언자적 사명을 다해야 한다고 주장했다. 비오 12세, 요한 23세, 바오로 6세, 요한바오로 2세 등 현대 교황들이 발표한 언론윤리 지침은 위기의 한국언론에 시의적절하고 설득력 있는 가르침이다.

인용도서와 참고문헌

 서정우 : 현대신문학, 나남출판사
 오먼 : 가톨릭 전통과 그리스도교 영성
 박용운 : 고려시대 대간제도 연구
 라우셔 : 사회라는 울타리, 바오로딸
 최승희 : 조선초기 언관 언론연구
 장원호 : 미국신문의 위기, 나남출판
 남시욱 : 인터넷시대의 취재보도론, 나남출판사

중요 개념 및 용어

 바오로 6세, 21세기 신문보고서, 바그디켄, 신문 등의 자유와 기능 보장에 관한
 법률, 헌법재판소의 언론관계법 위헌 판결, 침묵하는 다수를 위한 언론

이 책은 관훈클럽신영연구 기금의 도움을 받아 저술·출판 되었습니다.

박석흥 朴錫興 ────────────────────────────

▌약 력

1969.4.4~1991.10.1	경향신문 문화부 기자 · 문화부장 · 학술문화부장 · 논설위원
1988-1990	간행물윤리위원회 위원
1991.4.1	UNESCO 한국위원회 문화분과 위원
1991.10.1	문화일보 편집국 부국장 대우 학술문화부장
1995.12.22	관훈클럽 43대 편집위원
1996~1998	건양학원 이사
1997~1999	한국신문방송편집인협회 보도자유위원회 위원
1998.7.1	문화일보 편집국 국장 대우
2000.7.29	문화일보 출판국장 겸 편집국 오피니언 포럼담당 국장
2001~현재	서울 Y.M.C.A. 국제친선위원회 위원 · 홍보위원
2001.~2009	한국외국어대학교 언론정보학부 정책대학원 강사, 겸임교수
2001.9~2002.6	숙명여자대학교 정법대학 정보방송학과 강사
2001~2004	독립기념관 감사
2002.3.1~8.31	연세대 교육대학원 강사
2002.6~현재	언론법학회 이사, 감사
2003.3~2006.2	대전대학교 문과대학 한국문화사학과 겸임교수
2004.6.30~현재	한국전통문화연구회 이사
2006	가톨릭대학교 영성대학원 강사
2007.9~현재	건양대학교 겸임교수, 건국대학교 강사
2008.9~현재	대한언론인회 논설위원 · 편집위원
2009.4.26	문화재위원회 무형문화재위원

▌저 서

건국 60년 한국의 역사학과 역사의식
위기의 한국 어디로 가나(편집), 나무를 심어 가꾸어 키워오듯(편집)

신뢰와 존경을 받는 언론
- 취재 보도의 이론과 실제 -

초판인쇄 | 2009년 9월 1일
초판발행 | 2009년 9월 1일

편 저 자 | 박석흥
펴 낸 이 | 채종준
펴 낸 곳 | 한국학술정보㈜
주   소 | 경기도 파주시 교하읍 문발리 파주출판문화정보산업단지 513-5
전   화 | 031) 908-3181(대표)
팩   스 | 031) 908-3189
홈페이지 | http://www.kstudy.com
E-mail | 출판사업부 publish@kstudy.com

등   록 | 제일산-115호(2000. 6. 19)

ISBN   978-89-268-0349-3 93070(Paper Book)
        978-89-268-0350-9 98070(e-Book)

이담 Books 는 한국학술정보(주)의 지식실용서 브랜드입니다.